데이터베이스 개론

김연희 지음

지은이 김연희 yhkim@bc.ac.kr

홍익대학교 컴퓨터공학과에서 박사 학위를 취득하였고, 주기억 데이터베이스, 멀티미디어 데이터베이스, XML 데이터베이스, 시맨틱 웹 검색 시스템, 자연어 처리 시스템과 관련된 여러 프로젝트에 참여하였습니다. 홍익대학교, 경인교육대학교, 삼육대학교, 서일대학교 등 다수의 대학에서 데이터베이스 개론, 데이터베이스 프로그래밍, 응용 데이터베이스, C/C++ 프로그래밍, 자바 프로그래밍 등을 강의하였습니다. 최근에는 빅데이터 분석과 개인화 추천 서비스 관련 연구를 진행하고 있으며, 현재 부천대학교 IT융합비즈니스과에 재직 중입니다.

데이터베이스 개론 3판

초판발행 2022년 1월 15일
4쇄발행 2024년 1월 20일

지은이 김연희 / **펴낸이** 전태호
펴낸곳 한빛아카데미(주) / **주소** 서울시 서대문구 연희로2길 62 한빛아카데미(주) 2층
전화 02-336-7112 / **팩스** 02-336-7199
등록 2013년 1월 14일 제2017-000063호 / **ISBN** 979-11-5664-577-1 93000

총괄 박현진 / **책임편집** 유경희 / **기획·편집** 유경희 / **교정** 박정수 / **진행** 유경희
디자인 표지 박정우, 내지 박정화 / **전산편집** 박종희 / **삽화** 윤병철 / **제작** 박성우, 김정우
영업 김태진, 김성삼, 이정훈, 임현기, 이성훈, 김주성 / **마케팅** 길진철, 김호철, 심지연

이 책에 대한 의견이나 오탈자 및 잘못된 내용에 대한 수정 정보는 아래 이메일로 알려주십시오.
잘못된 책은 구입하신 서점에서 교환해 드립니다. 책값은 뒤표지에 표시되어 있습니다.
홈페이지 www.hanbit.co.kr / **이메일** question@hanbit.co.kr

지금 하지 않으면 할 수 없는 일이 있습니다.
책으로 펴내고 싶은 아이디어나 원고를 메일(writer@hanbit.co.kr)로 보내주세요.
한빛아카데미(주)는 여러분의 소중한 경험과 지식을 기다리고 있습니다.

데이터베이스 개론 _{3판}

김연희 지음

HB 한빛아카데미
Hanbit Academy, Inc.

변화는 새로운 도약의 기회,
데이터베이스 변화의 중심에 서자!

수업을 듣는 학생들 중에 데이터 과학자, 데이터 분석가를 꿈꾸는 친구들이 많아졌습니다. 관련 책들도 부쩍 늘어난 것을 보면 제 학생들만의 이야기는 아닌 것 같습니다. 4차 산업혁명, 빅데이터와 같은 용어들이 낯설지 않고 데이터의 중요성에 대해 많은 사람들이 힘주어 이야기하는 모습을 종종 봅니다. 그럴 때마다 왠지 모를 뿌듯함과 함께 걱정스러운 마음도 듭니다.

"4차 산업혁명 시대의 데이터는 지금까지의 데이터와는 달라 새로운 처리 방법이 필요하다.", "빅데이터는 지금까지의 데이터베이스로는 처리하기 어렵다." 이런 주장과 함께 데이터 과학자가 되려면 데이터베이스의 기본 개념보다 R과 파이썬 공부가 우선이라고 이야기하는 학생들이 있습니다. 이런 이야기를 들으면 중요한 계단 하나를 건너뛰는 것 같은 느낌이 들곤 합니다. 다르다면 어떻게 다른 것인지, 새로운 처리 방법이라면 기존 처리 방법은 어떤 것이었는지, 처리하기 어렵다면 그 이유는 무엇인지를 정확하게 파악해야 하는데, 그러려면 데이터와 데이터베이스에 대한 기본적인 이해가 반드시 필요하기 때문입니다. 또한 데이터 과학자나 데이터 분석가가 되지 않더라도 우리 모두 데이터가 중심인 시대에 살고 있으니 이 책을 통해 데이터베이스의 전반적인 내용을 살펴보는 것은 의미 있는 일이라고 생각합니다.

설렘과 부끄러움 가득한 마음으로 초판의 머리말을 썼던 기억이 아직 남아있는데 벌써 꽤 시간이 지났습니다. 계속해서 데이터 유형은 더욱 다양해지고 매일 생성되는 데이터양은 우리가 상상하는 그 이상입니다. 이러한 흐름은 기존 데이터베이스에는 위협이 되기도 하지만 기회이기도 합니다. 그래서 부담스러운 과정임을 알면서도 다시 개정 작업을 하게 되었습니다.

새로운 유형의 데이터가 나타나고 그 양이 엄청나게 빠르게 증가하더라도 기존 유형의 데이터가 사라지는 것은 아닙니다. 또한 생성되는 데이터 중에서 꼭 필요한 것만 선별하여 일정량을 유지하는 것이 효율적이기 때문에 데이터베이스의 기본 개념이나 특징은 여전히 유효합니다.

그래서 3판에서도 입문자에게 필요한 이론을 모두 담고, 어려운 개념을 일상 예와 그림을 활용해 쉽게 설명한 2판의 흐름은 그대로 유지하였습니다. 큰 변화를 주기보다는 표현이 애매하거나 오해할 수 있는 내용을 다듬고 보강하여 이해를 돕는 데 목표를 두었습니다. 데이터를 형태와 특성에 따라 세분화하고, 데이터베이스의 발전 방향에 대한 내용을 보강하여 미래의 데이터베이스 모습을 예측해볼 수 있도록 했습니다. 특히, 크게 주목받고 있는 데이터 과학과 빅데이터, 데이터베이스와의 관계를 다룬 13장 내용을 보강하여 독자들이 좀 더 쉽게 다가갈 수 있도록 안내하였습니다. 그리고 2020년에 개편된 정보처리기사·데이터 분석 전문가 및 준전문가·전산직 공무원·정보관리기술사 시험의 최신 기출 경향에 맞게 연습문제를 보강하였습니다. 다양한 형태의 문제를 통해 본문에서 학습한 내용을 복습하고 이해하는 것은 물론, 주요 시험에서 어떤 내용들을 중요하게 평가하는지 직접 확인할 수 있습니다. 이전 정보처리기사 및 공무원 시험 기출 문제는 온라인으로 제공합니다. 다만, 기출문제 중에는 개론서의 범위에서 벗어나 본문에서 다루지 않은 문제들도 포함되어 있습니다. 그런 문제들을 만나면 당황하지 말고 관련 내용을 찾아 좀 더 깊이 있게 공부해보길 바랍니다.

개론서이긴 하지만 실무 활용성을 염두에 두고 구성한 책입니다. 실제 업무에 적용할 수 있는 예제를 통해 데이터베이스 설계를 연습해볼 수 있게 하였고, 부록을 통해 최신 버전의 오라클을 중심으로 데이터베이스를 직접 구축하고 활용할 수 있게 단계별로 자세히 안내하였습니다. 그리고 오라클을 설치하지 않아도 서비스를 제공받을 수 있는 Live SQL 웹 사이트 사용 방법도 소개하였습니다. 또한 프로젝트를 추가하여 특정 주제와 관련한 데이터베이스 개발 과제를 스스로 수행할 수 있는 기회를 제공하였습니다.

처음 계획했던 목표가 책에 얼마나 반영되었는지 되돌아보게 됩니다. 좀 더 쉽고 정확하게 이해할 수 있도록 표현하는 데 많은 시간과 노력을 들였습니다. 그럼에도 부족한 부분이 계속 눈에 밟힙니다. 초판 때부터 서점 한구석에서 먼지만 쌓여가지 않을까 우려했습니다. 하지만 우려와 달리 많은 독자들이 관심을 보여주셨습니다. 독자 여러분에게 감사드립니다. 앞으로도 독자의 의견에 귀 기울이고 시대의 변화에 맞춰 계속 개선해 나가겠습니다.

이 책으로 기본기를 다진 독자가 급격히 변화하는 시대의 흐름을 읽고 데이터와 데이터베이스가 이끄는 새로운 변화의 중심에 서게 되기를 응원합니다. 데이터베이스라는 밑그림에 여러분만의 다양한 색을 더해 멋진 그림을 완성해보세요. 부디 데이터베이스라는 바다에서 첫 항해를 시작하는 독자들에게 이 책이 좋은 길잡이가 되길 바랍니다.

마지막으로, 초판부터 3판까지 집필의 부족함을 채워주고 무사히 개정판이 나오도록 도와주신 한빛아카데미㈜ 관계자 여러분, 특히 유경희 차장님과 강은희 과장님께 진심으로 감사의 마음을 전합니다. 그리고 늘 사랑과 응원을 아끼지 않는 가족과 지인들에게도 감사드립니다.

저자 **김연희**

| 강의 보조 자료 | 한빛아카데미 홈페이지에서 '교수회원'으로 가입하신 분은 인증 후 교수용 강의 보조 자료를 제공받을 수 있습니다. 한빛아카데미 홈페이지 상단의 〈교수전용공간〉 메뉴를 클릭하세요.
http://www.hanbit.co.kr/academy

| 예제 소스 | 실습에 필요한 자료는 아래 주소에서 다운로드할 수 있습니다. SQL 코드는 오라클, MS SQL 서버, MySQL 세 가지 버전으로 제공하고, MS SQL 서버 설치와 활용 방법을 PDF로 제공합니다.
http://www.hanbit.co.kr/src/4577

| 연습문제 해답 안내 | 이 책은 대학 강의용 교재로 개발되었으므로 연습문제 해답을 제공하지 않습니다.

| 주요 내용 |

❶ **데이터베이스 기초 이론(1~3장)** 1장에서 데이터베이스를, 2장에서 DBMS를 소개합니다. 3장에서는 이들을 조합한 데이터베이스 시스템을 소개합니다.

❷ **데이터 모델과 연산(4~6장)** 4장에서 데이터 모델링의 개념과 데이터 모델의 역할을 알아봅니다. 그리고 5장에서 핵심 데이터 모델인 관계 데이터 모델의 전반을, 6장에서 관계 데이터의 주요 연산을 살펴봅니다.

❸ **데이터베이스 언어 SQL(7장)** SQL의 주요 기능을 소개한 후, 테이블 생성과 데이터 검색 및 조작을 위해 SQL로 질의문을 작성하는 방법을 알아봅니다.

❹ **데이터베이스 설계(8~9장)** 데이터베이스 설계의 중요성과 목표를 소개하고, 두 가지 주요 설계 방법을 다룹니다. 8장에서는 E-R 모델과 릴레이션 변환 규칙을 이용한 설계 방법을, 9장에서는 정규화를 이용한 설계 방법을 알아봅니다.

❺ **데이터베이스 관리(10~11장)** 10장에서 다양한 회복 기법과 병행 수행 시 발생할 수 있는 문제를 해결하는 병행 제어 기법에 대해 알아봅니다. 11장에서는 데이터베이스 보안을 유지하기 위해 SQL을 이용해 권한을 부여하고 취소하는 방법을 알아봅니다.

❻ **데이터베이스 응용 기술(12~13장)** 12장에서 관계 데이터베이스와 다른 특성을 가진 객체지향·객체관계·분산·멀티미디어 데이터베이스를 소개합니다. 13장에서는 데이터 과학과 빅데이터의 관련성을 알아보고 빅데이터 관련 기술을 소개합니다.

❼ **데이터베이스 활용(부록)** 오라클을 이용해 데이터베이스를 실제로 구축하는 방법을 알아봅니다. 그리고 책 전반의 이론을 적용할 수 있는 간단한 프로젝트를 소개합니다.

|구성 요소|

Preview
각 장에서 배울 내용을 안내합니다.

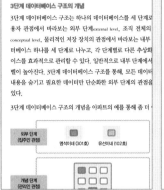

본문
주요 개념을 일상생활에서 흔히 접할 수 있는 사례를 통해 쉽게 설명합니다.

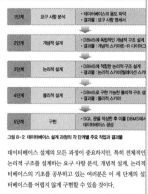

그림과 표
개념 간의 관계를 명확히 보여주고, 핵심 개념을 일목요연하게 정리합니다.

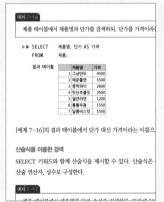

예제
주요 개념을 직접 구현하고 활용해 보는 문제입니다.

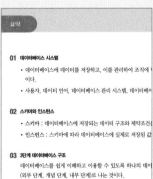

요약
장이 끝날 때마다 핵심 내용을 요약·정리합니다. 배운 내용을 복습하면서 전체적인 맥락을 파악할 수 있습니다.

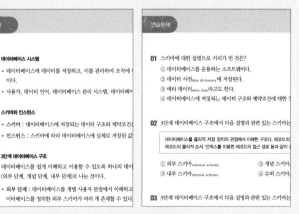

연습문제
다양한 유형의 문제 풀이를 통해 본문에서 학습한 내용을 꼼꼼하게 응용할 수 있습니다.

이 책의 내용 흐름도

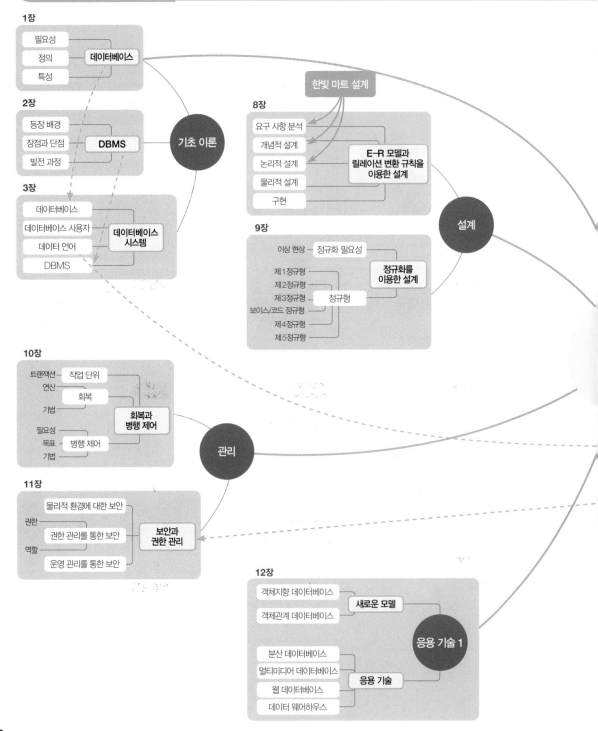

1장
- 필요성
- 정의
- 특성
→ 데이터베이스

2장
- 등장 배경
- 장점과 단점
- 발전 과정
→ DBMS

3장
- 데이터베이스
- 데이터베이스 사용자
- 데이터 언어
- DBMS
→ 데이터베이스 시스템

기초 이론

8장
한빛 마트 설계
- 요구 사항 분석
- 개념적 설계
- 논리적 설계
- 물리적 설계
- 구현
→ E-R 모델과 릴레이션 변환 규칙을 이용한 설계

9장
- 이상 현상 ─ 정규화 필요성
- 제1정규형
- 제2정규형
- 제3정규형 ─ 정규형
- 보이스/코드 정규형
- 제4정규형
- 제5정규형
→ 정규화를 이용한 설계

설계

10장
- 트랜잭션 ─ 작업 단위
- 연산 ─ 회복
- 기법
- 필요성
- 목표 ─ 병행 제어
- 기법
→ 회복과 병행 제어

관리

11장
- 물리적 환경에 대한 보안
- 권한 ─ 권한 관리를 통한 보안
- 역할 ─ 운영 관리를 통한 보안
→ 보안과 권한 관리

12장
- 객체지향 데이터베이스
- 객체관계 데이터베이스
→ 새로운 모델
- 분산 데이터베이스
- 멀티미디어 데이터베이스
- 웹 데이터베이스
- 데이터 웨어하우스
→ 응용 기술

응용 기술 1

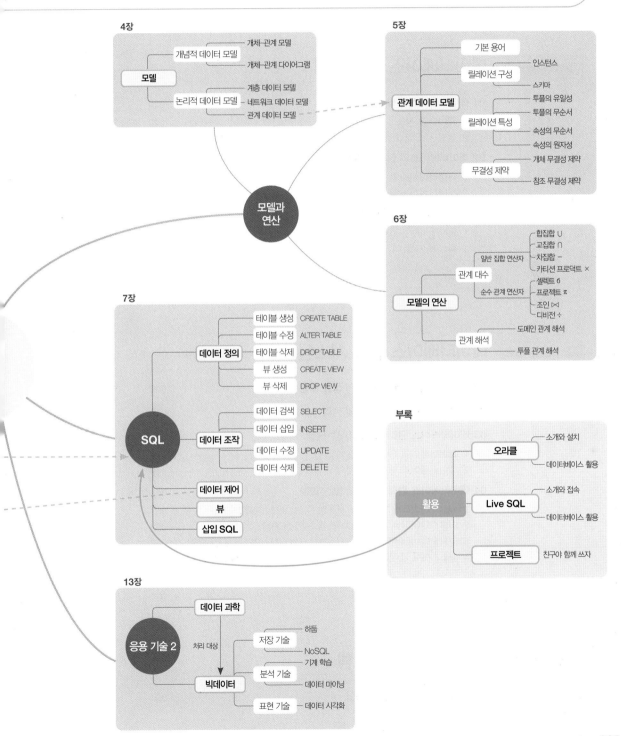

4장

모델

- 개념적 데이터 모델
  - 개체-관계 모델
  - 개체-관계 다이어그램
- 논리적 데이터 모델
  - 계층 데이터 모델
  - 네트워크 데이터 모델
  - 관계 데이터 모델

5장

관계 데이터 모델

- 기본 용어
- 릴레이션 구성
  - 인스턴스
  - 스키마
- 릴레이션 특성
  - 투플의 유일성
  - 투플의 무순서
  - 속성의 무순서
  - 속성의 원자성
- 무결성 제약
  - 개체 무결성 제약
  - 참조 무결성 제약

모델과 연산

6장

모델의 연산

- 관계 대수
  - 일반 집합 연산자
    - 합집합 ∪
    - 교집합 ∩
    - 차집합 −
    - 카티션 프로덕트 ×
  - 순수 관계 연산자
    - 셀렉트 6
    - 프로젝트 π
    - 조인 ⋈
    - 디비전 ÷
- 관계 해석
  - 도메인 관계 해석
  - 투플 관계 해석

7장

SQL

- 데이터 정의
  - 테이블 생성 CREATE TABLE
  - 테이블 수정 ALTER TABLE
  - 테이블 삭제 DROP TABLE
  - 뷰 생성 CREATE VIEW
  - 뷰 삭제 DROP VIEW
- 데이터 조작
  - 데이터 검색 SELECT
  - 데이터 삽입 INSERT
  - 데이터 수정 UPDATE
  - 데이터 삭제 DELETE
- 데이터 제어
- 뷰
- 삽입 SQL

부록

활용

- 오라클
  - 소개와 설치
  - 데이터베이스 활용
- Live SQL
  - 소개와 접속
  - 데이터베이스 활용
- 프로젝트 — 친구야 함께 쓰자

13장

응용 기술 2

- 데이터 과학
- 처리 대상 → 빅데이터
  - 저장 기술
    - 하둡
    - NoSQL
  - 분석 기술
    - 기계 학습
    - 데이터 마이닝
  - 표현 기술 — 데이터 시각화

Chapter 04   데이터 모델링

Chapter 08 데이터베이스 설계

Chapter 09 정규화

Chapter 10 회복과 병행 제어

Chapter 13   데이터 과학과 빅데이터

Appendix   데이터베이스의 활용

데이터베이스 기본 개념

학습목표

- 데이터와 정보의 차이를 이해한다.
- 데이터베이스의 필요성을 알아본다.
- 데이터베이스의 정의에 숨겨진 의미와 주요 특징을 이해한다.
- 형태와 특성에 따른 데이터 분류 방법을 알아본다.

여러분은 중요한 데이터를 잘 보관하고 있는가? 데이터를 관리하는 데 어려움을 겪은 적은 없는가? 이러한 질문에 어렵지 않게 답할 수 있다면 데이터베이스의 개념을 따로 배우지 않았더라도 이미 데이터베이스의 필요성을 알고 있다고 할 수 있다. 그렇다 해도 연락처를 적어둔 곳이 기억나지 않거나 가끔 쓰는 비밀번호를 여러 군데에 다르게 적어두어 당황한 경험이 한 번쯤은 있을 것이다. 그러다 보니 중요한 데이터를 누가 대신 좀 관리해주었으면 좋겠다는 생각도 해보았을 것이다.

데이터 관리는 학교나 기업과 같은 큰 조직에서는 더욱 절실한 문제다. 이 장에서는 복잡하고 머리 아픈 데이터 관리를 대신해주는 데이터베이스를 소개한다. 이 장을 통해 데이터베이스가 필요한 이유를 생각해보고, 데이터베이스에 숨겨진 의미와 특징을 알아보도록 하자.

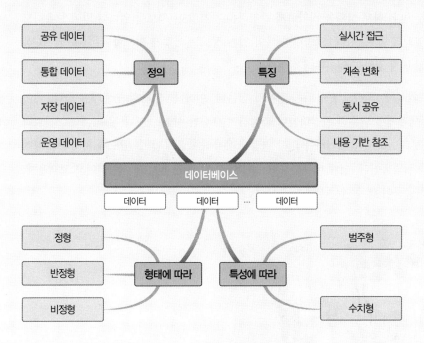

01 데이터베이스의 필요성

1 데이터와 정보

현대사회에서 개인이나 조직의 성공 여부를 결정짓는 중요한 요소가 정보라는 것은 누구나 알고 있는 사실이다. 정보가 개인이나 조직이 올바른 의사 결정을 내리는 데 중요한 판단 기준이 되기 때문이다. 현재 상황을 정확하게 반영하는 가치 있는 정보를 얼마나 많이 보유하느냐가 성공의 열쇠라 할 수 있다. 그렇다면 가치 있는 정보는 어떻게 확보할 수 있을까? 그 해답을 찾기 위해 먼저 정보의 의미부터 살펴보자.

정보를 데이터와 같은 의미로 사용하는 경우가 많은데, 이 둘은 명확히 구별해야 한다. 데이터data는 현실 세계에서 단순히 관찰하거나 측정하여 수집한 사실fact이나 값value으로, 자료라고도 한다. 정보information는 데이터를 의사 결정에 유용하게 활용할 수 있도록 처리하여 체계적으로 조직한 결과물이다. 쉽게 비유하자면, 목장에서 방금 짠 원유가 데이터이고 고객을 위해 공장에서 가공하여 팩에 담는 우유가 정보다.

그림 1-1 데이터와 정보의 이해 : 원유와 가공 우유

\multicolumn{4}{c}{한빛 인터넷 쇼핑몰 주문 내역}
주문 번호	주문 일자	제품명	판매 금액
1	2022-01-10	냉장고	50만 원
2	2022-02-12	세탁기	30만 원
3	2022-03-03	세탁기	30만 원
4	2022-04-05	에어컨	70만 원
5	2022-05-15	에어컨	80만 원
6	2022-06-19	에어컨	70만 원
7	2022-07-07	에어컨	70만 원
8	2022-08-12	냉장고	40만 원
9	2022-10-11	청소기	10만 원
10	2022-12-27	전자레인지	15만 원

정보 처리

\multicolumn{2}{c}{제품별 총 판매액}
제품	총 판매액
에어컨	290만 원
냉장고	90만 원
세탁기	60만 원
전자레인지	15만 원
청소기	10만 원

그림 1-2 정보 처리의 예

데이터에서 정보를 추출하는 과정 또는 방법을 정보 처리information processing라 한다. 즉, 정보 처리는 데이터를 상황에 맞게 분석하거나 해석하여 데이터 간의 의미 관계를 파악하는 것이다.

[그림 1-2]는 데이터를 처리하여 필요한 정보를 추출하는 정보 처리의 예다. 한빛 인터넷 쇼핑몰은 주문 내역 데이터를 분석하여 제품별 총 판매액과 분기별 총 판매액 정보를 추출하였다. 이렇게 추출한 정보는 이듬해 제품 판매 전략을 세우는 데 의미 있게 활용될 것이다.

좋은 우유를 얻으려면 품질 좋은 원유를 확보해야 하는 것처럼, 현재성과 정확성을 보장하는 가치 있는 정보를 얻으려면 현재 상황을 정확히 관찰하고 측정하여 의미 있는 데이터를 많이 수집해야 한다. 그러나 데이터를 많이 수집하는 데 그쳐서는 안 된다. 수집한 데이터를 효율적으로 저장했다가 필요할 때 언제든 사용할 수 있어야 한다. 유용하게 활용할 수 있는 정보를 정확히 추출할 수 있도록 데이터를 대신 관리해주는 역할은 이 책의 주제인 데이터베이스가 담당한다. 데이터베이스 관련 기술을 본격적으로 살펴보기에 앞서 데이터베이스의 필요성부터 간단히 알아보자.

② 정보 시스템과 데이터베이스

조직 운영에 필요한 데이터를 수집하여 저장해두었다가 의사 결정이 필요할 때 처리하여 유용한 정보를 만들어주는 수단을 정보 시스템Information System이라 한다. 정보 시스템 안에서 데이터를 저장하고 있다가 필요할 때 제공하는 핵심 역할은 데이터베이스가 담당한다.

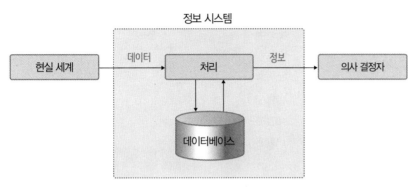

그림 1-3 정보 시스템의 역할과 구성

정보 시스템은 사용 목적에 따라 저장되는 데이터의 내용도 다르고 부르는 이름도 다르다. 예를 들어 기업의 경영 관리에 필요한 의사 결정용 정보 시스템을 경영 정보 시스템MIS; Management Information System이라 한다. 복합적이고 광범위한 의사 결정을 위해 사용되는 정보 시스템은 의사 결정 지원 시스템DSS; Decision Support System이라 한다. 이외에도 다양한 정보 시스템이 사회 전반에서 활용되고 있다. 그에 따라 정보 시스템의 핵심 요소인 데이터베이스가 매우 중요해졌다.

> **NOTE** 흔히 데이터베이스, 데이터베이스 관리 시스템, 데이터베이스 시스템이라는 용어를 구분하지 않고 섞어 쓰는데 모두 다른 용어다. 각 용어의 차이는 3장에서 종합해서 살펴보기로 하고, 이 장에서는 일단 데이터베이스를 데이터를 모아두는 창고 정도로만 이해하자.

02 데이터베이스의 정의와 특징

1 데이터베이스의 정의

데이터베이스라는 용어는 1963년 '컴퓨터 중심의 데이터베이스 개발과 관리Development and Management of a Computer-centered Data Base' 심포지엄에서 공식적으로 처음 소개되었다. 데이터베이스는 쉽게 말해 관련 있는 데이터를 모아두는 창고이지만, 의미를 보다 정확히 파악하기 위해 널리 통용되는 정의를 살펴보자.

일반적으로 데이터베이스DB; DataBase는 특정 조직의 여러 사용자가 '공유'하여 사용할 수 있도록 '통합'해서 '저장'한 '운영' 데이터의 집합이라고 정의한다. 핵심 개념을 하나씩 살펴보자.

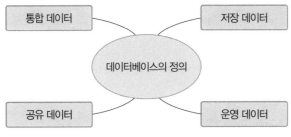

그림 1-4 데이터베이스의 정의

■ **데이터베이스는 공유 데이터**shared data

데이터베이스는 특정 조직의 여러 사용자가 함께 소유하고 이용할 수 있어야 하는 공용 데이터다. 그러므로 사용 목적이 다른 사용자들을 두루 고려하여 데이터베이스를 구성해야 한다.

■ **데이터베이스는 통합 데이터**integrated data

데이터베이스는 데이터 중복성data redundancy, 즉 똑같은 데이터가 여러 개 존재하는 것을 허용하지 않는다. 데이터가 중복되면 관리하기 어려운 문제가 발생할 수 있기 때문이다. 하지만 효율성 때문에 중복을 의도적으로 허용하는 경우도 있으므로, 통합 데이터는 데이터의 중복을 최소화하고 통제가 가능한 중복만 허용하는 데이터라는 의미로 이해해야 한다.

■ **데이터베이스는 저장 데이터**stored data

데이터베이스의 데이터는 주로 컴퓨터가 처리하므로, 컴퓨터가 접근할 수 있는 매체에 데이터베이스를 저장해야 한다.

■ **데이터베이스는 운영 데이터**operational data

데이터베이스는 조직을 운영하고 조직의 주요 기능을 수행하기 위해 꼭 필요하다. 일시적으로 사용하고 마는 것이 아닌, 지속적으로 유지해야 하는 데이터다.

2 데이터베이스의 특징

데이터베이스에 대한 정의를 바탕으로 데이터베이스의 주요 특징을 살펴보자.

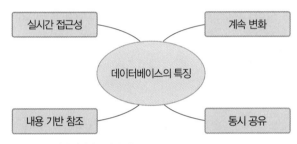

그림 1-5 데이터베이스의 특징

■ **데이터베이스는 실시간 접근**real-time accessibility**이 가능하다**

데이터베이스는 사용자의 데이터 요구에 실시간으로 응답할 수 있어야 한다. 실시간 처리에서는 사용자의 개인 특성이나 제공되는 서비스 유형에 따라 허용되는 응답 시간이 다르지만 대개 몇 초를 넘지 않는 시간 내에 데이터를 제공할 수 있어야 한다.

■ **데이터베이스는 계속 변화**continuous evolution**한다**

데이터베이스는 현실 세계의 상태를 정확히 반영해야 의미가 있다. 그런데 현실 세계는 끊임없이 변하므로 데이터베이스에 저장된 데이터도 계속 변해야 한다. 즉, 데이터베이스는 동적인 특징이 있어 데이터를 계속 삽입insert · 삭제delete · 수정update하여 현재의 정확한 데이터를 유지해야 한다.

■ **데이터베이스는 동시 공유**concurrent sharing**가 가능하다**

데이터베이스는 여러 사용자가 동시에 이용할 수 있는 동시 공유의 특징을 제공해야 한다. 여기서 동시 공유는 단순히 여러 사용자가 함께 이용한다거나 시간 차를 두고 같은 데이터 영역을 함께 사용한다는 개념과 다르다. 동시 공유는 여러 사용자가 서로 다른 데이터를 동시에 사용하는 것뿐 아니라, 같은 데이터를 동시에 사용하는 것도 모두 지원한다는 의미다. 그런데 데이터베이스가 동시 공유의 개념을 지원하도록 조직하고 관리하기는 쉽지 않다. 특히 같은 데이터를 동시에 사용할 수 있도록 하려면 더욱 까다로운 처리가 필요하다.

■ **데이터베이스는 내용으로 참조**content reference**가 가능하다**

데이터베이스는 저장된 주소나 위치가 아닌 데이터의 내용content, 즉 값value으로 참조할 수 있다. 일반적으로 컴퓨터에 저장된 데이터는 저장 주소를 알아야 검색이 가능하다. 하지만 데이터베이스는 '재고량이 1,000개 이상인 제품의 이름을 검색하시오'처럼 찾고자 하는 데이터의 내용 조건만 제시하면 조건에 맞는 데이터가 서로 다른 위치에 저장되어 있어도 모두 검색할 수 있다.

그림 1-6 데이터베이스의 이용

03 데이터 과학 시대의 데이터

데이터베이스의 가장 중요한 목적은 데이터를 모아두는 것이다. 최근 주목받고 있는 데이터 과학, 빅데이터도 결국 데이터를 수집하는 것에서부터 그 기술이 시작된다. 나에게 맞는 데이터를 수집하기 위해서는 먼저 수집 대상이 되는 데이터의 유형을 파악하고 있어야 한다. 그리고 유형별로 저장 및 처리 기술을 적합하게 선택하는 것이 중요하다. 다양한 기준으로 데이터의 유형을 구분할 수 있는데 이번 장에서는 저장 및 처리 방식을 선택할 때 중요한 판단 기준이 되는 형태와 특성을 중심으로 데이터를 분류해보자.

1 형태에 따른 데이터 분류

데이터는 구조화된 형태에 따라 정형 데이터, 반정형 데이터, 비정형 데이터로 분류할 수 있다.

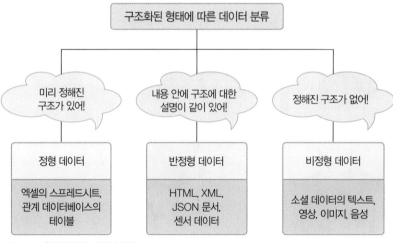

그림 1-7 형태에 따른 데이터 분류

정형 데이터

정형 데이터structured data는 구조화된 데이터, 즉 미리 정해진 구조에 따라 저장된 데이터다. 표 안에서 행과 열에 의해 지정된 각 칸에 데이터를 저장하는 엑셀의 스프레드시트, 관계 데이터베이스의 테이블이 정형 데이터를 담고 있는 대표적인 예다. 데이터 구조에 대한 설명과 데이터 내용은 별도로 유지된다. [그림 1-8]은 엑셀의 스프레드시트로 배송 업체의 배송 건수와 전일 대비 상승률을 저장한 정형 데이터의 예다.

	A	B	C	D
1	일자	배송 업체	배송 건수	전일대비 상승률
2	2022-03-02	빠르다 택배	100	0%
3	2022-03-02	한빛 택배	200	10%
4	2022-03-02	안전 택배	50	3%
5	2022-03-02	당일 택배	30	-10%

그림 1-8 정형 데이터의 예

NOTE 미리 정해진 데이터 구조를 스키마schema 라 한다.

반정형 데이터

반정형 데이터semi-structured data는 구조에 따라 저장된 데이터이지만 정형 데이터와 달리 데이터 내용 안에 구조에 대한 설명이 함께 존재한다. 따라서 데이터 내용에 대한 설명, 즉 구조를 파악하는 파싱parsing 과정이 필요하고, 보통 파일 형태로 저장된다. 웹에서 데이터를 교환하기 위해 작성하는 HTML, XML, JSON 문서나 웹 로그, 센서 데이터 등이 반정형 데이터에 속한다. [그림 1-9]는 한 사람에 대한 기본 정보를 JSON과 XML로 작성한 간단한 예다.

NOTE 내용과 함께 설명된 데이터 구조를 스키마schema라고도 하지만 메타 데이터metadata라고도 한다.

```
{
  "이름" : "오형준",
  "나이" : 23,
  "성별" : "남"
}
```

(a) JSON

```
〈친구정보〉
  〈이름〉 오형준 〈/이름〉
  〈나이〉 23 〈/나이〉
  〈성별〉 남 〈/성별〉
〈/친구정보〉
```

(b) XML

그림 1-9 반정형 데이터의 예

비정형 데이터

비정형 데이터unstructured data는 정해진 구조가 없이 저장된 데이터다. 소셜 데이터의 텍스트, 영상, 이미지, 음성, 워드나 PDF 문서와 같은 멀티미디어 데이터가 대표적인 예다. 최근에는 스마트 기기의 활성화로 SNS 이용자가 크게 늘면서 실시간으로 많은 양의 비정형 데이터가 생산되고 있어, 그 증가 속도는 예측하기 어려울 정도다.

그림 1-10 비정형 데이터의 예(Designed by S.salvador / Freepik)

> **NOTE XML 데이터베이스와 멀티미디어 데이터베이스**
>
> 앞서 살펴본 데이터베이스는 문자나 숫자로 구성된 정형 데이터를 담고 있는 보편적인 데이터베이스다. 하지만 데이터베이스의 오랜 역사만큼이나 반정형, 비정형 데이터 같은 다른 유형의 데이터를 위주로 저장하는 데이터베이스를 구축하기 위해 오랫동안 다양한 시도가 있어 왔다. 대표적인 예로 XML 데이터베이스와 멀티미디어 데이터베이스가 있다.
>
> 먼저 XML 데이터베이스는 웹에서 시스템 간의 데이터 교환을 위해 작성된 XML 문서를 효율적으로 저장하고 검색할 수 있도록 개발되었다. 기존 데이터베이스에 XML 문서 자체를 하나의 단위로 저장하는 방법과 XML 문서의 계층적 구조를 그대로 유지하면서 효율적인 관리가 가능하도록 XML 전용 데이터베이스를 따로 구성하는 방법으로 나뉜다. XML 전용 데이터베이스를 구성하는 경우 데이터 처리를 위해 XQuery라는 언어를 사용한다.
>
> 멀티미디어 데이터베이스는 문자나 숫자뿐 아니라 이미지, 영상 등이 조합된 멀티미디어 데이터를 효율적으로 저장하고 검색할 수 있도록 개발되었다. 다양한 형태의 데이터를 저장하고 처리하기 위해 객체지향적 접근이 필요하다. 멀티미디어 데이터는 일반 데이터보다 용량이 크다는 점을 고려해야 한다. 또한 실시간으로 저장된 멀티미디어를 읽어내고 전송할 수 있어야 하며 멀티미디어 데이터의 특징을 고려한 검색이 이루어지도록 하는 기능 등이 추가로 필요하다.

2 특성에 따른 데이터 분류

정형 데이터이든 반정형 데이터이든 그 내부를 좀 더 세밀하게 들여다보면 다양한 특성의 데이터가 모여 있다. 예를 들어, [그림 1-8]에서 소개한 정형 데이터의 예는 세부적으로 일자, 배송 업체, 배송 건수, 전일대비 상승률로 구성되어 있다. 즉, 다양한 특성의 데이터가 어느 정도 구조화된 형태로 모여 있느냐에 따라 정형, 반정형, 비정형 데이터로 분류하는 것이라 생각할 수 있다.

일반적으로 데이터를 특성에 따라 범주형 데이터와 수치형 데이터로 분류한다. 이러한 분류는 통계적 관점에서 데이터 특성에 따라 보다 적합한 분석 방법을 선택하기 위해 데이터 분석 분야에서 주로 활용한다.

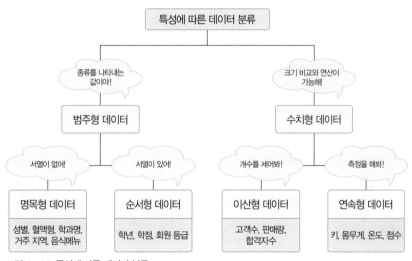

그림 1-11 특성에 따른 데이터 분류

범주형 데이터

범주형 데이터categorical data는 범주category로 구분할 수 있는 값, 즉 종류를 나타내는 값을 가진 데이터를 의미한다. 남자와 여자로 구분되는 성별이나 1학년, 2학년 등으로 구분되는 학년이 범주형 데이터에 해당한다. 범주형 데이터는 명목형 데이터와 순서형 데이터로 다시 세분화할 수 있다.

명목형 데이터nominal data는 남자와 여자로 구분되는 성별이나 16개의 성격 유형으로 구분되는 MBTI 검사 결과처럼 순서, 즉 서열이 없는 값을 가지는 데이터를 의미한다. A, B, O, AB로 구분되는 혈액형이나 특정 대학의 학과명, 거주 지역, 음식 메뉴 등도 모두 명목형 데이터에 속한다. 반면에 순서형 데이터ordinal data는 순서, 즉 서열이 있는 값을 가지는 데이터로 1학년, 2학년 등으로 구분되는 학년이나 학점, 회원 등급 등이 순서형 데이터에 속한다.

범주형 데이터는 대부분 문자 타입의 값으로, 양적 측면에서 크기 비교와 산술적인 연산이 가능하지 않기 때문에 질적 데이터Qualitative Data라고도 한다. 물론 학년은 1학년, 2학년과 같이 숫자를 포함하여 값을 표현하긴 하지만 "1학년 + 2학년 = ?"처럼 값들 간의 덧셈 연산이 가능하지 않다. 간혹 남자는 1, 여자는 2와 같이 문자 값을 숫자로 표현하는 경우가 있지만, 이때도 덧셈, 뺄셈과 같은 산술 연산은 의미가 없다.

명목형 데이터	서열이 없는 값을 가지는 데이터
순서형 데이터	서열이 있는 값을 가지는 데이터

그림 1-12 범주형 데이터

수치형 데이터

수치형 데이터numerical data는 양적 측면에서 크기 비교와 산술적인 연산이 가능한 숫자 값을 가진 데이터를 의미한다. 그래서 양적 데이터Quantitative Data라고도 한다. 키, 몸무게, 고객 수, 판매량 등이 수치형 데이터에 해당한다. 수치형 데이터는 이산형 데이터와 연속형 데이터로 다시 세분화할 수 있다.

이산형 데이터discrete data는 개수를 셀 수 있는 고객 수, 판매량, 합격자 수와 같이 이어지지 않고 띄엄띄엄 단절된 숫자 값을 가지는 데이터를 의미한다. 보통 소수점이 없는 정수 타입의 값으로 표현된다. 반면에 연속형 데이터continuous data는 측정을 통해 얻어지는 키, 몸무게, 온도, 점수와 같이 연속적으로 이어진 숫자 값을 가지는 데이터를 의미한다. 보통 소수점이 있는 실수 타입의 값으로 표현된다.

이산형 데이터	단절된 숫자 값을 가지는 데이터

연속형 데이터	연속적으로 이어진 숫자 값을 가지는 데이터

그림 1-13 수치형 데이터

데이터 속에 숨겨진 가치 있는 정보를 추출하기 위해서는 데이터 특성에 맞는 저장 및 분석 기술을 적용할 필요가 있다. 간단한 예로 고객 수와 같은 수치형 데이터에 대해서는 평균 연산을 적용해 일평균 방문 고객 수를 분석하고 매장 내 재고량 관리에 활용할 수 있지만, 성별이나 회원 등급과 같은 범주형 데이터에 대해서는 다른 분석 방법을 적용해야 한다.

따라서 데이터의 저장 및 처리 기술을 공부하기 전에 여러 기준으로 데이터를 분류하고 데이터에 대해 이해하는 것이 무엇보다 중요하다. 좀 더 다양한 기준의 데이터 분류 방법이 있지만 데이터베이스에 첫발을 내딛은 지금은 이번 장에서 설명한 데이터 분류 방법만 이해해도 충분하다.

> NOTE 데이터 유형을 정성적 데이터qualitative data와 정량적 데이터quantitative data로 분류하기도 한다. 좁은 의미로는 범주형 데이터를 정성적 데이터로, 수치형 데이터를 정량적 데이터로 볼 수 있다. 보다 넓은 의미로 제품이나 서비스에 대한 후기와 같이 사람의 주관적인 생각과 평가를 기술한 비정형 데이터를 정성적 데이터로, 객관적인 측정을 통해 수치나 도형, 기호 등으로 표현한 정형 데이터를 정량적 데이터로 정의하기도 한다. 정량적 데이터에 비해 정성적 데이터가 저장 및 처리 측면에서 더 큰 비용이 드는 경우가 많다.

01 데이터와 정보

- **데이터** : 현실 세계에서 단순히 관찰하거나 측정하여 수집한 사실이나 값이다.
- **정보** : 의사 결정에 유용하게 활용할 수 있도록 데이터를 처리한 결과물이다.

02 정보 처리, 정보 시스템, 데이터베이스

- **정보 처리** : 데이터에서 정보를 추출하는 과정 또는 방법이다.
- **정보 시스템** : 조직을 운영하기 위해 필요한 데이터를 수집하여 저장해두었다가 필요할 때 유용한 정보를 만들어주는 수단이다.
- **데이터베이스** : 정보 시스템 안에서 데이터를 저장하고 있다가 필요할 때 제공하는 역할을 한다.

03 데이터베이스의 정의

특정 조직의 여러 사용자가 공유해서 사용할 수 있도록 통합해서 저장한 운영 데이터의 집합이다.

- 여러 사용자가 함께 소유하고 사용할 수 있는 공유 데이터
- 중복을 최소화한 통합 데이터
- 컴퓨터가 접근할 수 있는 매체에 들어 있는 저장 데이터
- 조직의 주요 기능을 수행하기 위해 반드시 필요한 운영 데이터

04 데이터베이스의 특징

- 실시간 접근이 가능하다.
- 계속 변화한다.
- 동시 공유가 가능하다.
- 내용으로 참조가 가능하다.

05 형태에 따른 데이터 분류

- **정형 데이터** : 미리 정해진 구조에 따라 저장된 데이터
- **반정형 데이터** : 내용 안에 구조에 대한 설명이 함께 존재하는 데이터
- **비정형 데이터** : 정해진 구조가 없이 저장된 데이터

06 특성에 따른 데이터 분류

- **범주형 데이터** : 범주로 구분할 수 있는 값, 종류를 나타내는 값을 가진 데이터
- **수치형 데이터** : 크기 비교와 산술적인 연산이 가능한 숫자 값을 가진 데이터

01 데이터와 정보에 대한 설명으로 옳지 않은 것은?

① 데이터와 정보를 구별하는 기준은 가공의 유무다.

② 데이터는 현실 세계에서 관찰이나 측정으로 수집한 사실이나 값이다.

③ 정보는 의사 결정에 활용하기 위해 데이터를 처리한 결과물이다.

④ 정보를 가공하면 데이터를 얻을 수 있다.

02 데이터와 정보의 차이를 고려했을 때, 다음 중 정보의 예로 가장 적합하지 않은 것은?

① 제품 가격　　　　　　　　　　　② 베스트셀러

③ 우수 고객　　　　　　　　　　　④ 월별 평균 주문 금액

03 데이터베이스의 정의와 거리가 먼 것은?

① 전용 데이터exclusive data　　　　② 통합 데이터integrated data

③ 저장 데이터stored data　　　　　④ 운영 데이터operational data

04 다음 설명과 관련 있는 데이터베이스의 정의는?

> 데이터베이스는 데이터의 중복을 최소화하고, 통제가 가능한 중복만 허용한다.

① 운영 데이터　　　　　　　　　　② 저장 데이터

③ 공유 데이터　　　　　　　　　　④ 통합 데이터

05 다음 설명과 관련 있는 데이터베이스의 정의는?

> 데이터베이스는 조직을 운영하고 조직의 주요 기능을 수행하기 위해 꼭 필요한 데이터의 집합이다.

① 운영 데이터　　　　　　　　　　② 저장 데이터

③ 공유 데이터　　　　　　　　　　④ 통합 데이터

06 다음 중 데이터베이스에 대한 설명으로 거리가 먼 것은?

① 조직의 고유한 업무를 수행하기 위해 반드시 필요한 데이터가 모여 있다.

② 컴퓨터가 접근할 수 있는 매체에 데이터를 저장한다.

③ 검색의 효율성을 위해 모든 데이터를 반드시 여러 개 중복해서 저장한다.

④ 여러 사용자가 공동으로 데이터를 소유하고 이용할 수 있다.

07 데이터베이스의 특징과 거리가 먼 것은?

① 실시간 접근성real-time accessibility

② 계속 변화continuous evolution

③ 동시 공유concurrent sharing

④ 위치 기반 참조location reference

08 다음 설명과 관련 있는 데이터베이스의 특징은?

> 데이터베이스는 현실 세계의 상태를 정확히 반영하기 위해 데이터를 계속 삽입·삭제·수정하여 현재의 정확한 데이터를 유지해야 한다.

① 실시간 접근성

② 계속 변화

③ 동시 공유

④ 내용 기반 참조

09 데이터베이스의 특성으로 옳지 않은 것은?

① 같은 내용의 데이터를 여러 사람이 동시에 사용할 수 있다.

② 데이터베이스는 데이터의 삽입, 삭제, 수정으로 내용이 계속적으로 변한다.

③ 수시로 이루어지는 사용자 질의에 대하여 실시간 처리로 응답할 수 있어야 한다.

④ 데이터의 참조는 저장되어 있는 데이터의 주소나 위치에 의해 이루어진다.

10 다음 중 비정형 데이터로 분류하기 어려운 것은?

① CCTV 녹화 영상

② 이메일

③ 회사의 인사 기록

④ SNS 활동 기록

11 다음 중 데이터 유형이 다른 것은?

① 개인 SNS에 올린 영화 관람 후기
② 물류 창고 관리를 위해 온도와 습도를 시간별로 기록한 센서 데이터
③ 통화 내용을 녹음한 음성 파일
④ 항공권 구매를 위한 챗봇과의 대화 내용

12 다음 중 범주형 데이터에 속하는 것은?

① 도서 가격   ② 도서 장르
③ 판매 부수   ④ 도서 평점

13 다음 중 이산형 데이터에 속하는 것은?

① 고객 멤버십 등급   ② 가입 기간
③ 고객 거주 지역   ④ 가입 고객 수

14 데이터를 정성적 데이터와 정량적 데이터로 구분했을 때, 정성적 데이터에 속하는 것은?

① 신문 기사   ② 주가
③ 강수량   ④ 습도

15 데이터베이스의 특징에 대한 설명이 맞으면 ○, 틀리면 ×를 표시하시오.

(1) 데이터베이스는 실시간으로 접근이 가능하다. (　　)
(2) 데이터베이스는 변화가 허용되지 않는다. (　　)
(3) 데이터베이스는 동시 공유가 가능하다. (　　)
(4) 데이터베이스의 데이터는 주소로 참조된다. (　　)

16 다음 설명에서 Ⓐ와 Ⓑ가 각각 무엇인지 답하시오.

> 데이터를 구조화된 형태에 따라 분류했을 때, 엑셀의 스프레드시트나 관계 데이터베이스의 테이블과 같이 미리 정해진 구조에 따라 저장된 데이터를 Ⓐ라 한다. 그리고 소셜 데이터의 텍스트, 영상, 이미지와 같이 정해진 구조가 없이 저장된 데이터를 Ⓑ라 한다.

17 다음은 범주형 데이터 중에서도 어떤 유형의 데이터에 대한 설명인가?

> 성별, 혈액형, 음식 메뉴, 제품 색상, 거주 도시

18 다음은 수치형 데이터 중에서도 어떤 유형의 데이터에 대한 설명인가?

> 온도, 길이, 몸무게, 시력, 점수

19 데이터를 정성적 데이터와 정량적 데이터로 구분했을 때 다음은 무엇에 대한 설명인가?

> 판매량, 재고량, 매출액과 같이 객관적인 수치로 표현된 데이터로 저장하고 검색이나 분석 처리를 수행하는 데 상대적으로 비용이 적게 든다.

20 데이터와 정보의 차이를 설명하시오.

21 정보 시스템이 무엇인지 설명하시오.

22 데이터베이스를 한 문장으로 정의하시오.

23 데이터베이스의 네 가지 특징을 설명하시오.

24 반정형 데이터에 대해 설명하시오.

25 범주형 데이터와 수치형 데이터의 차이를 설명하시오.

데이터베이스 관리 시스템

학습목표

• 파일 시스템의 문제점과 데이터베이스 관리 시스템의 필요성을 알아본다.

• 데이터베이스 관리 시스템의 필수 기능을 살펴본다.

• 데이터베이스 관리 시스템의 장단점을 알아본다.

• 데이터베이스 관리 시스템의 발전 과정을 살펴본다.

PREVIEW

4차 산업혁명 시대의 핵심 기술인 사물 인터넷, 인공지능, 빅데이터, 로봇 등의 원동력을 데이터라고 말할 정도로 우리는 데이터가 중요한 시대에 살고 있다. 따라서 데이터를 효율적으로 다루기 위해서는 데이터베이스가 반드시 필요하다. 그런데 데이터베이스는 특정 공간에 모아놓은 데이터의 집합일 뿐, 데이터베이스에 데이터를 삽입하고 불필요해진 데이터를 삭제하며 잘못된 데이터를 수정하는 것은 다른 이의 몫이다. 그렇다면 누가 그 힘들고 귀찮은 일을 대신해주는 걸까?

컴퓨터 분야에서 데이터 관리 담당자로 잘 알려진 시스템은 파일 시스템과 데이터베이스 관리 시스템이다. 두 후보 중 어떤 시스템이 데이터를 관리하는 데 더 큰 도움이 될지는 이 장을 통해 직접 판단해보자.

여러분의 판단을 돕기 위해 이 장에서는 파일 시스템이 지닌 문제점을 알아본다. 그리고 그러한 문제를 해결할 수 있는 대안으로 제시된 데이터베이스 관리 시스템의 핵심 기능과 장단점을 살펴보고 지금까지의 발전 과정을 소개한다.

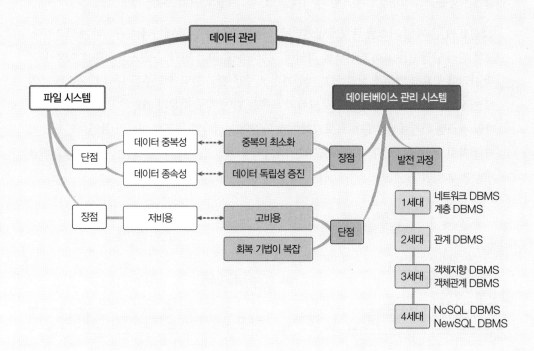

01 데이터베이스 관리 시스템의 등장 배경

과거에는 데이터를 관리하기 위해 파일 시스템file system이라는 소프트웨어를 이용하였다. 파일 시스템은 오래 전부터 사용되어 온 정보 처리 시스템이다. 데이터를 파일로 관리할 수 있도록 파일을 생성·삭제·수정·검색하는 기능을 제공하며, 운영체제와 함께 설치된다. 파일 시스템은 응용 프로그램별로 필요한 데이터를 별도의 파일로 관리한다.

[그림 2-1]은 파일 시스템 환경에서 인터넷 쇼핑몰 운영을 위해 데이터를 관리하는 모습이다. 고객 관리 담당자는 고객 데이터를 파일에 저장해두고 고객 관리 응용 프로그램을 이용해 고객 관리에 필요한 업무를 처리한다. 마찬가지로 주문 관리 담당자도 주문 내역 데이터를 파일에 저장해두고 주문 관리 응용 프로그램의 도움을 받아 제품 주문과 관련한 업무를 처리한다. 파일 시스템 환경에서는 응용 프로그래머가 파일의 논리적인 구조뿐 아니라 물리적인 구조까지 정확히 파악해야 한다. 그래야 필요한 데이터에 직접 접근하여 처리하는 응용 프로그램을 개발할 수 있었다.

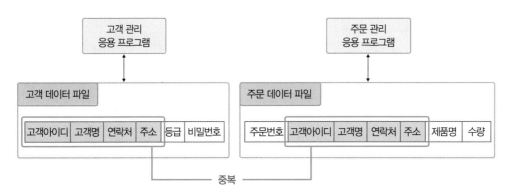

그림 2-1 파일 시스템에서의 데이터 관리

파일 시스템은 별도의 구매 비용이 들지 않는다는 장점이 있지만 응용 프로그램마다 파일을 따로 유지하는 특징 때문에 다음과 같은 문제가 발생한다.

❶ 같은 내용의 데이터가 여러 파일에 중복 저장된다

파일 시스템에서는 응용 프로그램별로 파일을 유지하므로 같은 데이터가 여러 파일에 저장될 수 있다. 즉, 데이터 중복성data redundancy 문제가 발생한다. [그림 2-1]에서는 고객아이디, 고객명, 연락처, 주소 데이터가 고객 데이터 파일과 주문 데이터 파일에 모두 존재한다. 데이터가 중복되면 저장 공간이 낭비될 뿐 아니라 데이터 일관성data consistency과 데이터 무결성data integrity을 유지하기가 어렵다.

[그림 2-1]에서 한 고객의 연락처가 변경되어 고객 데이터 파일만 수정하고 실수로 주문 데이터 파일을 수정하지 않았다고 해보자. 그러면 같은 고객의 연락처가 파일마다 달라 데이터 간 불일치가 발생하므로 결과적으로 데이터 일관성이 유지되지 않는다.

만약 고객아이디가 영어와 숫자를 섞어 5자 이상이어야 한다는 규약이 있다면 고객아이디가 포함된 파일을 이용하는 모든 응용 프로그램에서 이런 제약 사항을 확인해야 한다. 그렇게 하지 않으면 유효하지 않은 고객아이디가 저장된 파일이 존재하여 데이터 무결성, 즉 정확성이 유지되지 못한다. 특히, 데이터가 여러 파일에 중복되어 통제가 어려운 환경에서는 이런 문제가 더욱 빈번히 발생한다.

이렇게 많은 문제를 야기하는 데이터 중복성을 해결하는 방법으로 [그림 2-2]와 같은 데이터 통합을 생각해볼 수 있다. 하지만 데이터 중복 문제가 해결되더라도 파일 시스템에는 다른 문제점들이 아직 남아 있다.

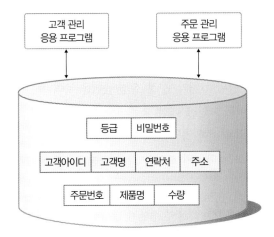

그림 2-2 파일 시스템의 데이터 중복성 문제를 해결하는 1차 방안

❷ 응용 프로그램이 데이터 파일에 종속적이다

응용 프로그램은 파일에 직접 접근하여 데이터를 처리해야 하므로 사용하는 파일의 데이터를 구성하는 방법이나 물리적인 저장 구조에 맞게 작성되어야 한다. 그래서 사용하는 파일의 구조를 변경하면 응용 프로그램도 함께 변경해야 하는데 이러한 특징을 데이터 종속성 data dependency이라 한다.

[그림 2-3]의 왼쪽과 같이 고객아이디와 고객명 데이터로 구성된 파일에 나이 데이터가 추가되어 구조가 오른쪽과 같이 변경되면, 관련된 모든 응용 프로그램에서 파일에 접근하는 방법을 변경해야 한다. 데이터의 형식이나 길이가 변경될 때도 마찬가지다. 이 문제는 파일을 사용하는 응용 프로그램이 많거나 파일의 구조가 자주 변경되는 경우 더 심각하게 부각될 것이다.

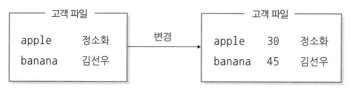

그림 2-3 파일 구조 변경 예

❸ 데이터 파일에 대한 동시 공유, 보안, 회복 기능이 부족하다

일반 파일 시스템에서는 응용 프로그램 하나가 사용 중인 파일을 다른 응용 프로그램이 접근하여 사용할 수 있는 동시 공유 기능을 제공하지 않는다. 물론 같은 내용의 파일을 여러 개 만들어 응용 프로그램마다 제공할 수도 있다. 하지만 이렇게 하면 결국 데이터가 중복되기 때문에 더 큰 문제가 발생할 수 있다.

파일 시스템에서는 사용자에게 보통 파일 단위로 읽기·수정·실행 권한을 부여하는 방식으로 데이터 접근을 통제한다. 하지만 데이터 보안에 대한 요구가 더욱 세분화되고 있어 파일 안의 레코드나 필드 같은 더 작은 단위에 대한 접근 통제와 더 구체적인 권한 부여가 가능해야 한다. 그리고 데이터가 중복된 모든 파일의 보안을 같은 수준으로 유지하기도 어렵다.

파일 시스템에서 응용 프로그램이 파일을 사용하는 도중에 장애가 발생하면 데이터를 일관된 상태로 회복하기 어렵다. 특히 데이터를 수정하는 도중에 장애가 발생한 경우에는 더욱 어렵다.

❹ 응용 프로그램을 개발하기 쉽지 않다

파일 시스템에서는 파일에 접근하여 데이터를 관리하는 모든 작업을 응용 프로그램이 담당해야 하기 때문에 사용자 요구에 맞는 응용 프로그램을 개발하는 데 어려움이 많다. 새로운 응용 프로그램을 개발하려면 파일에서 데이터 읽기, 데이터 삽입하기, 기존 데이터 삭제하기 등의 기본적인 데이터 관리 기능을 모두 포함해야 한다.

파일 시스템이 지닌 모든 문제의 근본 원인은 데이터 중복성과 데이터 종속성으로 요약할 수 있다. 앞서 언급했듯이 파일 시스템이 지닌 문제를 해결하는 1차 방안은 [그림 2-2]처럼 데이터를 통합하여 저장하는 것이다. 하지만 통합 저장된 데이터를 관리하고 모든 응용 프로그램이 공통으로 요구하는 데이터에 대한 기본 처리를 담당하면서 동시 공유, 보안, 회복 등의 복잡한 기능을 제공해주는 새로운 무엇이 여전히 필요하다. 그 대안으로 제시된 것이 바로 데이터베이스 관리 시스템이다.

데이터베이스 관리 시스템DBMS; DataBase Management System은 파일 시스템의 데이터 중복과 데이터 종속 문제를 해결하기 위해 제시된 소프트웨어다. 데이터베이스 관리 시스템은 조직에 필요한 데이터를 데이터베이스에 통합하여 저장하고 이에 대한 관리를 집중적으로 담당한다. 데이터베이스 관리 시스템은 응용 프로그램을 대신하여 데이터베이스에 들어 있는 데이터를 삽입·삭제·수정·검색하고, 모든 응용 프로그램이 데이터베이스를 공유할 수 있게 한다.

데이터베이스 관리 시스템

파일 시스템

파일 시스템

그림 2-4 파일 시스템과 데이터베이스 관리 시스템

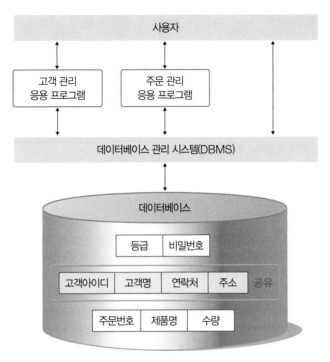

그림 2-5 데이터베이스 관리 시스템에서의 데이터 관리

[그림 2-5]에서 사용자, 데이터베이스 관리 시스템, 데이터베이스의 관계를 확인할 수 있다. 고객아이디, 고객명, 연락처, 주소 데이터는 이제 데이터베이스에 통합되어 저장된다. 그리고 고객 관리 응용 프로그램과 주문 관리 응용 프로그램이 동시에 데이터베이스를 사용할 때 발생할 수 있는 모든 분쟁을 데이터베이스 관리 시스템이 중재해주기 때문에 데이터 중복으로 인한 여러 문제가 해결된다. 데이터베이스 관리 시스템은 사용하기 쉬운 다양한 인터페이스를 제공하므로 사용자가 응용 프로그램 없이도 데이터 처리를 직접 요구할 수 있다.

데이터베이스를 생성하고 접근하며 관리하는 일은 데이터베이스 관리 시스템이 모두 담당한다. 사용자는 직접 또는 응용 프로그램을 통해 원하는 데이터가 무엇이며, 어떤 처리를 원하는지만 데이터베이스 관리 시스템에 요청하면 된다. 데이터베이스와 관련한 작업은 데이터베이스 관리 시스템이 수행한 후 그 결과만 응용 프로그램을 통해 사용자에게 전달해주는 것이다. 사용자나 응용 프로그램은 데이터베이스의 물리적 저장 구조나 데이터 접근 및 처리 방법 등을 자세히 알 필요가 없어 부담이 줄어든다. 또한 데이터베이스 구조나 접근 방법 등이 변경되어도, 사용자가 미리 알거나 응용 프로그램을 변경할 필요가 없어 데이터 독립성data independency이 확보된다.

데이터베이스 관리 시스템이 제공하는 주요 기능은 다음 세 가지로 요약할 수 있다.

정의 기능	데이터베이스 구조를 정의하거나 수정할 수 있다.
조작 기능	데이터를 삽입·삭제·수정·검색하는 연산을 할 수 있다.
제어 기능	데이터를 항상 정확하고 안전하게 유지할 수 있다.

그림 2-6 데이터베이스 관리 시스템의 주요 기능

■ **정의 기능**

데이터베이스 관리 시스템은 조직에 필요한 데이터를 저장하기 적합한 데이터베이스 구조를 정의하거나, 이미 정의된 구조를 수정할 수 있다.

■ **조작 기능**

데이터베이스 관리 시스템은 데이터베이스에 저장된 데이터에 접근하여 사용할 수 있는 기능을 제공한다. 즉, 사용자 요구에 따라 데이터를 삽입·삭제·수정·검색하는 연산을 효율적으로 처리한다.

■ **제어 기능**

데이터베이스 관리 시스템은 데이터를 여러 사용자가 공유해도 항상 정확하고 안전하게 유지하는 기능을 제공한다. 데이터베이스 관리 시스템은 데이터를 삽입·삭제·수정하는 연산을 한 후에도 내용이 일관되면서 무결성을 유지하게 하고, 장애가 발생해도 회복이 가능하도록 제어한다. 그리고 권한이 있는 사용자에게만 데이터 접근을 허용하여 보안이 유지되도록 제어한다. 특히, 여러 사용자가 데이터베이스에 동시에 접근하여 데이터를 처리할 수 있도록 제어한다.

03 데이터베이스 관리 시스템의 장·단점

1 데이터베이스 관리 시스템의 장점

파일 시스템과 비교해 데이터베이스 관리 시스템은 다음과 같은 장점이 있다.

❶ 데이터 중복을 통제할 수 있다

파일 시스템은 응용 프로그램마다 별도의 파일을 유지하기 때문에 같은 내용의 데이터가 여러 파일에 중복 저장될 수 있다. 데이터가 중복되면 저장 공간이 낭비되고 데이터를 저장·수정하는 비용도 증가한다. 더 심각한 문제는 내용이 변경되었을 때 중복된 데이터를 모두 수정하지 않으면 데이터 불일치로 인해 일관성이 유지되지 못할 수 있다는 것이다. 데이터베이스 관리 시스템은 데이터베이스에 데이터를 통합하여 관리하므로 데이터 중복 문제를 해결할 수 있다. 또한 효율성 때문에 데이터 중복을 허용하는 경우에도 중복을 최소화하도록 통제하므로 데이터 일관성도 유지할 수 있다.

❷ 데이터 독립성이 확보된다

파일 시스템에는 파일 구조가 바뀌면 응용 프로그램도 함께 수정해야 하는 데이터 종속 문제가 존재한다. 데이터 접근 방법이나 저장 구조가 변경되는 상황은 발생할 수밖에 없기 때문에 많은 응용 프로그램을 수정해야 하거나 심지어 새로 작성해야 한다면 큰 부담이 아닐 수 없다.

반면, 데이터베이스 관리 시스템은 응용 프로그램을 대신해서 데이터베이스에 접근하고 이를 관리하는 모든 책임을 지기 때문에 데이터베이스 구조가 변경되어도 응용 프로그램이 영향을 받지 않는다. 즉, 응용 프로그램과 데이터베이스 사이에 독립성이 확보된다.

❸ 데이터를 동시 공유할 수 있다

데이터베이스 관리 시스템은 데이터베이스에 통합된 데이터를 여러 응용 프로그램이 공유하여 같은 데이터에 동시 접근할 수 있도록 지원한다. 이는 데이터베이스 관리 시스템이 동일한 데이터를 각 응용 프로그램의 요구에 따라 다양한 구조로 제공해줄 수 있고, 동시 접근을 제어하는 어려운 기술을 보유하고 있어 가능한 일이다. 그리고 동시 공유를 지원하기 때문에 불필요한 데이터 중복을 제한할 수 있다.

❹ 데이터 보안이 향상된다

조직의 중요한 데이터를 여러 응용 프로그램이 사용하기 때문에 데이터 보안은 중요한 문제다. 파일 시스템은 중복된 모든 파일의 보안을 같은 수준으로 유지하기 어렵고 사용 권한을 파일 단위로 제한하기 때문에 더 구체적이고 다양한 접근 제어를 제공하지 않는다.

반면, 데이터베이스 관리 시스템은 데이터베이스를 이용해 데이터를 중앙 집중식으로 관리하므로 데이터에 대한 효율적인 접근 제어가 가능하다. 권한이 없는 사용자의 접근, 허용되지 않은 데이터와 연산에 대한 요청을 사전에 차단할 수 있어 철저한 보안을 제공한다. 그리고 사용자별로 접근 가능한 데이터베이스 영역을 제한하거나 접근 수준을 차별화할 수 있다.

❺ 데이터 무결성을 유지할 수 있다

데이터 무결성은 저장된 데이터 값의 정확성accuracy을 의미한다. 예를 들어 학생의 성적이 100점인데 10점으로 잘못 저장하거나 고객의 나이를 음수로 저장했다면 무결성을 위반했다고 할 수 있다. 정확하지 않은 값이나 허용되지 않은 값이 저장되어 있으면 잘못된 처리 결과를 유도하여 올바른 의사 결정이 어려워진다. 그러므로 새로운 데이터가 입력되거나 기존 데이터가 변경될 때마다 유효성을 검사할 필요가 있는데, 이 작업은 데이터 중복이 존재하는 파일 시스템에서는 쉽지 않다. 반면, 데이터베이스 관리 시스템은 데이터에 대한 관리를 집중적으로 수행하면서 데이터에 대한 연산이 수행될 때마다 유효성을 검사하여 데이터 무결성을 유지할 수 있게 해준다.

❻ 표준화할 수 있다

데이터에 대한 모든 접근이 데이터베이스 관리 시스템을 통해 이루어지기 때문에 데이터에 접근하는 방법, 데이터 형식과 구조 등을 표준화하기 쉽다. 모든 응용 프로그램은 데이터베이스 관리 시스템이 미리 정한 표준화된 방식을 통해 데이터베이스에 접근한다.

❼ 장애 발생 시 회복이 가능하다

저장된 데이터에 접근하여 처리하는 과정에서는 다양한 장애가 발생할 수 있다. 데이터베이스 관리 시스템은 장애가 발생해도 데이터 일관성과 무결성을 유지하면서 데이터를 장애가 발생하기 이전 상태로 복구하는 회복 기능을 지원한다.

❽ 응용 프로그램 개발 비용이 줄어든다

데이터에 대한 모든 관리를 응용 프로그램 대신 데이터베이스 관리 시스템이 담당하기 때문에 파일 시스템을 사용할 때보다 응용 프로그램 개발 비용이 적게 든다. 그리고 데이터베이스의 구조가 변경되어도 응용 프로그램은 변경할 필요가 없어 유지 보수 비용이 파일 시스템을 사용할 때보다 줄어든다.

2 데이터베이스 관리 시스템의 단점

데이터베이스 관리 시스템은 장점이 많지만 모든 상황에 적합한 것은 아니다. 다음과 같은 단점들도 있기 때문이다.

❶ 비용이 많이 든다

파일 시스템은 운영체제와 함께 설치되므로 따로 구매 비용이 들지 않지만, 데이터베이스 관리 시스템은 따로 설치해야 하므로 구매 비용이 많이 든다. 특히, 동시 사용이 허용되는 사용자 수에 따라 제품 가격도 증가한다. 그리고 데이터베이스 관리 시스템은 복잡하고 다양한 기능을 제공하기 위해 컴퓨터 자원을 많이 사용한다.

❷ 백업과 회복 방법이 복잡하다

데이터베이스는 데이터양이 많아 구조가 복잡하고, 여러 사용자의 동시 공유를 지원하므로 장애가 발생했을 때 원인과 상태를 정확히 파악하기 어렵다. 그래서 장애 발생 전에 데이터를 미리 백업해놓고 장애 발생 후 데이터를 원래의 일관된 상태로 회복하는 방법이 복잡할 수밖에 없다.

❸ 중앙 집중 관리로 인한 취약점이 존재한다

모든 데이터가 데이터베이스에 통합되어 있고 이에 대한 관리 책임이 데이터베이스 관리 시스템에 집중되어, 데이터베이스나 데이터베이스 관리 시스템에 장애가 발생하면 전체 시스템의 업무 처리가 중단된다. 특히, 데이터베이스에 대한 의존도가 높은 시스템일수록 가용성과 신뢰성에 치명적인 영향을 받을 수 있다.

데이터베이스 관리 시스템의 여러 단점에도 불구하고 대량의 데이터는 대개 데이터베이스 관리 시스템을 이용해 처리한다. 데이터베이스 관리 시스템을 이용함으로써 얻는 이점이 더 많기 때문이다. 물론 비용을 많이 투자할 수 없거나 소수 사용자를 위한 시스템을 개발하는 경우, 데이터 구조나 내용이 자주 변경되지 않는 경우에는 데이터베이스 관리 시스템을 사용하지 않는 것이 더 나을 수도 있다. 그러므로 업무의 특성, 경제적인 상황 같은 다양한 요소를 고려하여 데이터베이스 관리 시스템의 사용 여부를 결정해야 한다.

장점	단점
☐ 데이터 중복을 통제할 수 있다	☐ 비용이 많이 든다
☐ 데이터 독립성이 확보된다	☐ 백업과 회복 방법이 복잡하다
☐ 데이터를 동시 공유할 수 있다	☐ 중앙 집중 관리로 인한 취약점이 존재한다
☐ 데이터 보안이 향상된다	
☐ 데이터 무결성을 유지할 수 있다	
☐ 표준화할 수 있다	
☐ 장애 발생 시 회복이 가능하다	
☐ 응용 프로그램 개발 비용이 줄어든다	

그림 2-7 데이터베이스 관리 시스템의 장점과 단점

04 데이터베이스 관리 시스템의 발전 과정

1960년대에 개발된 데이터베이스 관리 시스템은 현재까지도 진화를 거듭하고 있다. 사용하는 데이터 모델에 따라 네트워크 DBMS, 계층 DBMS, 관계 DBMS, 객체지향 DBMS, 객체관계 DBMS로 구분할 수 있다. 데이터 모델data model은 데이터를 데이터베이스에 저장하는 구조를 의미한다. 여기서는 데이터 모델을 일반 사용자가 생각하는 데이터베이스의 논리적인 구조나 모습 정도로만 이해하고 DBMS의 발전 과정을 살펴본다. 각 DBMS의 기반이 되는 데이터 모델은 4~5장에서 자세히 다룰 예정이다.

데이터베이스 관리 시스템은 발전 과정에 따라 다음 4세대로 나누어볼 수 있다.

1 1세대 데이터베이스 관리 시스템 : 네트워크 · 계층 DBMS

1960~1970년대에 사용된 네트워크 DBMS와 계층 DBMS가 1세대에 속한다.

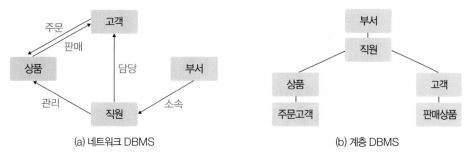

(a) 네트워크 DBMS   (b) 계층 DBMS

그림 2-8 1세대 DBMS 구조의 예

네트워크 DBMS는 데이터베이스를 노드와 간선을 이용한 그래프 형태로 구성하는 네트워크 데이터 모델을 사용한다. [그림 2-8(a)]는 네트워크 데이터 모델로 구성한 회사 데이터베이스 구조의 예다. 고객은 상품을 주문할 수 있고, 직원은 상품과 고객을 관리하며 부서에 소속되어 있음을 표현하고 있다. 실제로는 훨씬 복잡하겠지만 단순화한 그림을 통해 네트워크 DBMS에서 관리하는 데이터베이스의 모습을 이해할 수 있을 것이다. 네트워크 DBMS는 간선을 이용해 데이터 간의 관계를 표현하기 때문에 데이터베이스의 구조가 복잡하고 변경하기 어렵다는 단점이 있다. 대표적인 네트워크 DBMS로는 1960년대 초에 개발된 IDSIntegrated Data Store가 있다.

계층 DBMS는 데이터베이스를 트리 형태로 구성하는 계층 데이터 모델을 사용한다. [그림 2-8(b)]는 계층 데이터 모델에 따라 구성한 회사 데이터베이스 구조의 예다. 부서에 소속된 직원이 상품과 고객을 관리할 수 있음을 표현하고 있다. 계층 DBMS는 네트워크 DBMS보다 구조가 단순하다. 하지만 복잡한 현실 세계의 모습을 부모 자식 관계가 명확한 트리 형태만으로 표현하기가 힘들고, 구조 변경이 어렵다는 단점이 여전히 존재한다. 대표적인 계층 DBMS 로는 1960년대 후반에 개발된 IMSInformation Management System가 있다.

② 2세대 데이터베이스 관리 시스템 : 관계 DBMS

1980년대 초반부터 계속 사용되어 온 관계 DBMS가 2세대에 속한다. 관계 DBMS는 데이터 베이스를 테이블 형태로 구성하는 관계 데이터 모델을 사용한다. [그림 2-9]는 관계 데이터 모델에 따라 구성한 회사 데이터베이스의 고객 테이블이다. 고객 관련 주요 데이터를 테이블 형태로 표현하고 있다.

아이디	비밀번호	이름	연락처	주소	적립금
apple	1234	정소화	02-111-1111	서울시 마포구	1000
banana	9876	김선우	02-222-2222	경기도 부천시	500

그림 2-9 관계 DBMS의 테이블 예 : 고객 테이블

관계 데이터 모델은 데이터베이스를 단순하고 이해하기 쉬운 구조로 구성한다는 장점이 있다. 이러한 이유로 관계 데이터 모델을 사용하는 관계 DBMS가 많이 개발되었으며, 이론적인 연구도 많이 이루어졌다. 1980년대에는 관계 DBMS가 데이터베이스 관리 시스템의 주류가 되었고, 1990년대에도 기술이 계속 확장되고 성능이 향상되었다. 관계 DBMS는 지금도 널리 사용되고 있는데, 대표적인 관계 DBMS로 오라클Oracle, MS SQL 서버MS SQL Server, 액세 스Access, 인포믹스Informix, MySQL, 마리아DBMariaDB 등이 있다.

③ 3세대 데이터베이스 관리 시스템 : 객체지향 · 객체관계 DBMS

객체지향 DBMS와 객체관계 DBMS가 3세대에 속한다. 1980년대 후반에 등장한 객체지향 DBMS는 객체지향 프로그래밍에서 도입한 객체라는 개념을 이용해 데이터베이스를 구성하

는 객체지향 데이터 모델을 사용한다. 객체지향 DBMS는 더 다양하고 복잡한 응용 분야의 데이터를 관리하려는 사용자 요구를 충족시키기 위해 제안되었다. 이 시스템은 새로운 유형의 데이터를 저장하고, 데이터에 대한 복잡한 분석 및 처리를 지원한다. 대표적인 객체지향 DBMS로는 오투O2, 온투스ONTOS, 젬스톤GemStone 등이 있다.

1990년대 후반에 등장한 객체관계 DBMS는 관계 데이터 모델에 객체지향 개념을 도입한 객체관계 데이터 모델을 사용한다. 쉽게 말해 객체지향 DBMS와 관계 DBMS의 개념을 통합한 것이다. 기존에 관계 DBMS로 분류된 제품들이 객체지향 기능을 지원하면서 객체관계 DBMS로 분류되기도 하는데 오라클이 대표적이다.

일반적으로 단순하고 이해하기 쉬운 구조인 관계 DBMS가 많이 사용된다. 하지만 객체관계 DBMS의 사용도 늘고 있어 2세대와 3세대 DBMS가 공존한다고 볼 수 있다.

4 4세대 이후 데이터베이스 관리 시스템 : NoSQL · NewSQL DBMS

객체지향 DBMS와 객체관계 DBMS가 등장한 뒤에도 대표적인 데이터베이스 관리 시스템은 여전히 관계 DBMS라는 인식이 일반적이었다. 대부분의 기업에서는 관계 DBMS의 여러 장점을 그대로 유지하고자 했고, 새롭게 등장한 DBMS로 전환하는 데 큰 매력을 느끼지 못했다. 그런데 수많은 사람들이 소셜 네트워크 서비스를 폭발적으로 이용하면서 사진, 동영상, 검색 로그와 같은 비정형 데이터가 대량으로 생산되었다. 이와 더불어 클라우드 컴퓨팅, 빅데이터의 개념이 등장하면서 관계 DBMS에 대한 확신이 흔들리게 되었다. 관계 DBMS는 빠른 속도로 증가하는 대량의 비정형 데이터를 처리하는 데는 비효율적이므로 관계 DBMS는 그대로 유지한 채 CPU나 메모리 같은 하드웨어 장치의 성능을 향상하는 것만으로는 문제를 해결할 수 없기 때문이다.

이러한 시대적 흐름은 NoSQL DBMS의 등장을 이끌었다. NoSQL DBMS는 관계 DBMS가 강점으로 제시하던 안정성과 일관성 유지를 위한 복잡한 기능을 포기하고, 데이터 구조를 미리 정해두지 않기 때문에 비정형 데이터를 저장하고 처리하는 데 적합하다. 그리고 확장성이 뛰어나 여러 대의 서버 컴퓨터에 데이터를 분산하여 저장하고 처리하는 환경에서 주로 사용한다. NoSQL은 1998년에 처음 언급되었으나 Not Only SQL, 즉 관계 DBMS를 적용하기 어려운 환경에서 선택할 수 있는 대안으로서의 의미를 가지게 된 것은 2009년 이후부터다. 특히, 구글, 페이스북, 트위터 같은 SNS를 제공하는 회사들이 NoSQL의 필요성을 강조하면서 더욱 주목받게 되었다.

NOTE 원래 SQL은 관계 DBMS를 위한 표준 질의어다. NoSQL에서 SQL은 관계 DBMS를 의미하는 것으로 생각하면 이해하기 쉽다.

대표적인 NoSQL DBMS로 몽고디비MongoDB, H베이스HBase, 카산드라Cassandra, 레디스Redis, 네오포제이Neo4j, 오리엔트DBOrientDB 등이 있다.

NoSQL이 많은 장점을 지니고 있음에도 불구하고 관계 DBMS를 온전하게 대신하는 DBMS로 생각하는 사람은 많지 않다. 일반 기업들은 관계 DBMS가 제공하는 안정성과 일관성을 여전히 중요하게 평가하고 있고, 각 기업에서 처리하는 데이터 중에 정형 데이터가 차지하는 비율이 높기 때문이다. 따라서 정형 데이터를 정확하게 처리하기 위해서는 기존의 관계 DBMS를 그대로 유지해야 하고, 비정형 데이터를 처리하려면 NoSQL을 추가로 도입해야 하는 부담이 발생한다. 이 같은 불편함은 NewSQL DBMS의 등장을 이끌었다. 2011년에 처음 언급된 NewSQL DBMS는 안정성과 일관성을 유지하면서도 SQL을 이용해 다양하고 복잡한 데이터 처리를 편리하게 요청할 수 있다. 즉, 관계 DBMS의 장점과 NoSQL의 확장성 및 유연성을 모두 지원한다. 따라서 정형 및 비정형 데이터를 안정적이고 빠르게 처리할 수 있다. 구글 스패너Spanner, 볼트DBVoltDB, 누오DBNuoDB 등이 대표적이다.

그렇지만 NewSQL이 관계 DBMS나 NoSQL을 완전히 대신할 것으로 생각한다면 섣부른 판단이다. NewSQL은 시장에 진입한 지 얼마 되지 않았으므로 앞으로 더 큰 발전이 기대되지만 당분간 관계 DBMS, NoSQL, NewSQL이 상호 보완하면서 공존할 것으로 예상된다. 이용자는 저장할 데이터의 형태, 업무 처리 성격 등을 고려해서 적합한 DBMS를 선택하는 것이 중요하다.

DBMS		NewSQL DBMS	4세대
		NoSQL DBMS	
			3세대
		객체관계 DBMS	
		객체 DBMS	
			2세대
		관계 DBMS	
			1세대
		계층 DBMS	
		네트워크 DBMS	
			1960년
파일 시스템	파일 시스템		

그림 2-10 DBMS의 발전 과정

01 파일 시스템

- 데이터를 파일로 관리하기 위해 파일의 생성·삭제·수정·검색 기능을 제공하는 소프트웨어다.
- 응용 프로그램마다 필요한 데이터를 별도 파일로 관리한다.
- 데이터 중복성과 데이터 종속성 문제가 발생한다.

02 데이터베이스 관리 시스템

- 파일 시스템의 문제를 해결하기 위해 제시된 소프트웨어다.
- 조직에 필요한 데이터를 데이터베이스에 통합하여 저장해두고 이를 관리한다.

03 데이터베이스 관리 시스템의 주요 기능

- 정의 기능 : 데이터베이스의 구조를 정의하거나 수정한다.
- 조작 기능 : 데이터를 삽입·삭제·수정·검색하는 연산을 한다.
- 제어 기능 : 데이터를 항상 정확하고 안전하게 유지한다.

04 데이터베이스 관리 시스템의 장단점

장점	단점
□ 데이터 중복을 통제할 수 있다	□ 비용이 많이 든다
□ 데이터 독립성이 확보된다	□ 백업과 회복 방법이 복잡하다
□ 데이터를 동시 공유할 수 있다	□ 중앙 집중 관리로 인한 취약점이 존재한다
□ 데이터 보안이 향상된다	
□ 데이터 무결성을 유지할 수 있다	
□ 표준화할 수 있다	
□ 장애 발생 시 회복이 가능하다	
□ 응용 프로그램 개발 비용이 줄어든다	

05 데이터베이스 관리 시스템의 발전 과정

크게 4세대로 분류하고, 사용하는 데이터 모델에 따라 네트워크 DBMS, 계층 DBMS, 관계 DBMS, 객체지향 DBMS, 객체관계 DBMS, NoSQL, NewSQL로 나눈다.

- 1세대 : 네트워크 DBMS, 계층 DBMS
- 2세대 : 관계 DBMS
- 3세대 : 객체지향 DBMS, 객체관계 DBMS
- 4세대 : NoSQL DBMS, NewSQL DBMS

01 다음이 설명하는 파일 시스템의 문제점은?

> 응용 프로그램이 파일에 직접 접근하여 데이터를 처리해야 하므로 파일의 데이터 구성 방법이나 물리적인 저장 구조에 맞게 응용 프로그램을 작성해야 하고, 파일의 구조가 변경되면 응용 프로그램도 함께 변경해야 한다.

① 데이터 중복성   ② 데이터 변경성
③ 데이터 독립성   ④ 데이터 종속성

02 데이터베이스의 등장 이유로 보기 어려운 것은?

① 여러 사용자가 데이터를 공유해야 할 필요가 생겼다.
② 데이터 구조가 수시로 변경됨에 따라 응용 프로그램을 매번 수정하는 번거로움을 줄여보고 싶었다.
③ 데이터의 가용성 증가를 위해 중복을 허용하고 싶었다.
④ 물리적인 주소가 아닌 데이터 값에 의한 검색을 수행하고 싶었다.

03 데이터베이스 관리 시스템DBMS을 사용하는 것이 파일 시스템을 사용하는 것보다 더 적합한 경우는?

① 데이터와 응용이 단순하고 변경이 거의 일어나지 않는 경우
② 예약 시스템과 같이 최신 정보를 다수의 사용자가 공유해야 하는 경우
③ 응용 프로그램의 실시간 요구 사항이 엄격한 경우
④ 내장형 시스템과 같이 저장 용량이 제한된 경우

04 데이터베이스 관리 시스템에 대한 설명으로 거리가 먼 것은?

① 파일 시스템이 갖는 한계를 극복하기 위해 제안되었다.
② 데이터베이스의 안정성을 유지하기 위해 사용자의 데이터 공유를 제한한다.
③ 데이터베이스의 구성, 접근 방법, 유지관리에 대한 모든 책임을 지고 있다.
④ 사용자가 데이터베이스를 편하게 사용할 수 있도록 지원하는 소프트웨어다.

05 데이터베이스 관리 시스템의 주요 기능이 아닌 것은?

① 정의 기능　　　　② 조작 기능　　　　③ 제어 기능　　　　④ 절차 기능

06 다음은 데이터베이스 관리 시스템의 주요 기능 중 무엇에 대한 설명인가?

> 사용자 요구에 따라 데이터베이스에 저장된 데이터에 접근하여 삽입·삭제·수정·검색 연산을 정확하고 효율적으로 수행한다.

① 정의 기능　　　　② 조작 기능　　　　③ 제어 기능　　　　④ 연산 기능

07 데이터베이스 관리 시스템의 주요 기능인 제어 기능에 대한 설명으로 옳지 않은 것은?

① 연산을 수행한 후에도 데이터의 일관성과 무결성을 유지한다.

② 여러 사용자가 데이터베이스에 동시에 접근하여 데이터를 처리할 수 있도록 제어한다.

③ 데이터베이스의 구조를 정의하거나 수정한다.

④ 정당한 사용자가 허가된 데이터에만 접근할 수 있도록 보안을 유지한다.

08 데이터베이스 관리 시스템의 주요 기능과 거리가 먼 것은?

① 데이터베이스 내용의 정확성과 안전성을 유지할 수 있는 제어 기능

② 데이터베이스 구조를 정의할 수 있는 정의 기능

③ 데이터의 삽입, 삭제, 수정, 검색 연산을 수행할 수 있는 조작 기능

④ 데이터베이스 사용자를 통제하고 접근을 제어하는 보안 기능

09 데이터베이스 관리 시스템의 주요 기능 중 모든 응용 프로그램들이 요구하는 데이터 구조를 지원하기 위해 데이터베이스에 저장될 데이터의 타입과 구조에 대한 정의, 이용 방식, 제약조건 등을 명시하는 것은?

① 정의 기능　　　　　　　　② 조작 기능

③ 제어 기능　　　　　　　　④ 절차 기능

10 데이터베이스 관리 시스템의 장점으로 보기 어려운 것은?

① 데이터 중복을 통제할 수 있다.　　② 데이터 보안이 향상된다.

③ 백업과 회복 방법이 간단하다.　　④ 데이터 무결성을 유지할 수 있다.

11 데이터베이스 관리 시스템의 단점으로 가장 적합한 것은?

① 표준화가 어렵다.　　② 응용 프로그램의 개발 비용이 많이 든다.

③ 데이터 독립성을 확보하기 어렵다.　　④ 백업과 회복 기법이 복잡하다.

12 다음과 같은 특징이 있는 데이터베이스 관리 시스템의 유형은?

> 데이터베이스를 노드와 간선을 이용한 그래프 형태로 구성하는 데이터 모델을 사용한다. 데이터베이스의 구조가 복잡하고 변경이 어렵다는 단점이 있다.

① 네트워크 데이터베이스 관리 시스템　　② 계층 데이터베이스 관리 시스템

③ 관계 데이터베이스 관리 시스템　　④ 객체지향 데이터베이스 관리 시스템

13 다음은 어떤 유형의 데이터베이스 관리 시스템으로 분류할 수 있는가?

> 오라클, MS SQL 서버, 액세스, 인포믹스, MySQL, 마리아DB

① 네트워크 데이터베이스 관리 시스템　　② 계층 데이터베이스 관리 시스템

③ 관계 데이터베이스 관리 시스템　　④ 객체지향 데이터베이스 관리 시스템

14 NoSQL에 대한 설명으로 옳지 않은 것은?

① Not only SQL의 약자다.

② 비정형 데이터를 저장하고 처리하기 위해 데이터 구조를 미리 정해두지 않는 유연한 데이터 모델을 지원한다.

③ 데이터의 안정성과 일관성 유지를 위한 다양한 기능을 지원한다.

④ 관계 DBMS와는 다른 비관계형 DBMS다.

15 데이터를 파일로 관리하기 위해 파일을 생성·삭제·수정·검색하는 기능을 제공하는 소프트웨어를 무엇이라 하는가?

16 파일 시스템의 문제점을 설명하시오.

17 데이터베이스 관리 시스템이 무엇인지 설명하시오.

18 데이터베이스 관리 시스템의 세 가지 주요 기능을 설명하시오.

19 데이터베이스 관리 시스템을 사용함으로써 얻게 되는 장점을 설명하시오.

20 다음이 설명하는 데이터베이스 관리 시스템의 유형은?

> 관계 DBMS의 장점과 NoSQL의 확장성 및 유연성을 모두 지원한다. 대표적으로 구글 스패너, 볼트DB, 누오DB 등이 이에 해당한다.

21 NoSQL과 NewSQL의 특징을 설명하시오.

데이터베이스 시스템

학습목표

• 데이터베이스, 데이터베이스 관리 시스템, 데이터베이스 시스템의 차이를 이해한다.

• 데이터베이스 시스템의 구성 요소를 살펴본다.

• 데이터베이스 3단계 구조에서 데이터 독립성의 개념을 실현하는 방법을 이해한다.

• 데이터 언어별 특징을 알아본다.

• 데이터베이스 사용자별 특징을 알아본다.

• 데이터베이스 관리 시스템의 구성을 알아본다.

모든 조각을 제자리에 맞춰야 그림을 완성할 수 있는 퍼즐을 해본 적이 있는가? 앞서 공부한 데이터베이스와 데이터베이스 관리 시스템은 퍼즐 조각과 같다. 이들을 제자리에 맞춰야 하나의 데이터베이스 시스템을 완성할 수 있다.

그리고 더 큰 데이터베이스 전문가 퍼즐을 완성하려면 퍼즐 조각이 몇 개 더 필요하다. 데이터베이스 관련 기술을 공부하는 이유는 보통 데이터 관리가 필요한 조직의 요구 사항에 딱 들어맞는 데이터베이스 시스템을 개발하거나, 이미 개발된 데이터베이스 시스템을 잘 활용하기 위해서다. 그러므로 데이터베이스 시스템의 개념과 구성이 데이터베이스 전문가 퍼즐을 완성하기 위한 나머지 조각이 될 수 있다.

이 장에서는 데이터베이스, 데이터베이스 관리 시스템, 데이터베이스 시스템의 차이를 알아보고 데이터베이스 시스템을 구성하는 핵심 요소들의 특징을 살펴본다. 이 장에서 소개하는 내용들은 데이터베이스 전문가 퍼즐을 완성하는 데 꼭 필요한 추가 퍼즐 조각이다. 이 퍼즐 조각들을 제자리에 잘 맞춰 데이터베이스 전문가가 되기 위한 한 걸음을 크게 내딛어보자.

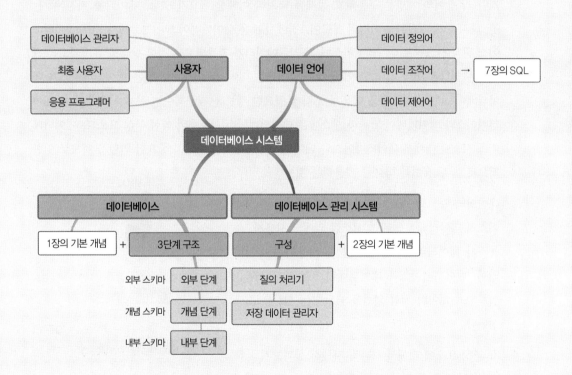

01 데이터베이스 시스템의 정의

데이터베이스 시스템DBS; DataBase System은 데이터베이스에 데이터를 저장하고, 저장된 데이터를 관리하여 조직에 필요한 정보를 생성해주는 시스템이다. 따라서 다양한 목적의 정보 처리 시스템을 구축하는 데 필요한 핵심 요소가 된다.

흔히 데이터베이스, 데이터베이스 관리 시스템, 데이터베이스 시스템을 같은 의미로 사용하지만 각 용어의 개념을 구분하고 관계를 명확히 이해할 필요가 있다. 데이터를 저장해두는 곳, 다시 말해 저장된 데이터의 집합이 1장에서 배운 데이터베이스다. 2장에서 배운 데이터베이스 관리 시스템은 데이터베이스에 저장된 데이터가 일관되고 무결한 상태로 유지되도록 관리하는 역할을 한다. 그리고 이 장에서 알아보는 데이터베이스 시스템은 데이터베이스와 데이터베이스 관리 시스템을 이용해 조직에 필요한 정보를 제공해주는 전체 시스템이다. 데이터베이스와 데이터베이스 관리 시스템은 데이터베이스 시스템의 핵심 구성 요소다. 데이터베이스 시스템 내에서 데이터베이스와 데이터베이스 관리 시스템이 중요한 역할을 하므로 일반적으로 이 두 용어를 더 자주 사용하는 것이다.

데이터베이스 시스템은 [그림 3-1]과 같이 데이터베이스와 데이터베이스 관리 시스템 외에도 사용자, 사용자가 데이터베이스에 접근할 때 사용하는 데이터 언어, 데이터베이스와 데이터베이스 관리 시스템을 설치하고 데이터 처리 연산을 담당하는 컴퓨터로 구성된다.

각 구성 요소에 대해서 하나씩 자세히 살펴보기로 하자. 우선 다음 절에서는 핵심 구성 요소인 데이터베이스를 깊이 있게 이해하는 데 도움이 되는 데이터베이스의 구조부터 살펴본다.

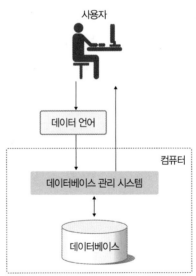

그림 3-1 데이터베이스 시스템의 구성

02 데이터베이스의 구조

이 절에서는 데이터베이스의 구조를 이해하는 데 필요한 개념인 스키마를 알아본 후, 데이터베이스를 3단계로 나누어 구조를 살펴본다. 그리고 3단계 데이터베이스 구조에서 데이터 독립성의 개념을 실현하는 방법에 대해 알아본다.

1 스키마

스키마schema는 데이터베이스에 저장되는 데이터 구조와 제약조건을 정의한 것이다. [그림 3-2]는 스키마를 그림으로 간략히 표현한 것이다. 고객과 관련된 데이터인 고객번호, 이름, 나이, 주소를 저장한다고 가정한다. 고객번호는 정수로, 이름은 최대 10자의 문자열로, 나이는 정수로, 주소는 최대 20자의 문자열만 허용하기로 했다면 이 모든 정해진 내용이 스키마다. 그리고 정의된 스키마에 따라 데이터베이스에 실제로 저장된 값이 인스턴스instance다. 보통 스키마는 한번 정의되면 자주 변경되지 않지만, 인스턴스는 계속 변하는 특성이 있다. 이는 한번 지어진 집의 구조는 잘 바뀌지 않지만 이사 등을 통해 사는 사람들이 계속 바뀌는 것과 같다.

고객

고객번호 INT	이름 CHAR(10)	나이 INT	주소 CHAR(20)

그림 3-2 스키마의 예

2 3단계 데이터베이스 구조

데이터를 데이터베이스에 저장하고 관리하기는 쉽지 않지만, 데이터베이스의 여러 장점 때문에 많은 사용자가 데이터베이스를 이용한다. 그런데 데이터베이스의 복잡한 내부 구조와 동작 방식을 모두 이해하고 있어야 한다면 일반 사용자에게 데이터베이스는 그림의 떡일 수밖에 없다. 미국의 표준화 기관인 ANSI/SPARC에서는 데이터베이스의 복잡한 내부 구조를 감추고 일반 사용자가 데이터베이스를 쉽게 이해하고 이용할 수 있도록 3단계 데이터베이스 구조3-level database architecture를 제안하였다.

3단계 데이터베이스 구조의 개념

3단계 데이터베이스 구조는 하나의 데이터베이스를 세 단계로 나누어 이해한다. 즉, 개별 사용자 관점에서 바라보는 외부 단계external level, 조직 전체의 관점에서 바라보는 개념 단계 conceptual level, 물리적인 저장 장치의 관점에서 바라보는 내부 단계internal level로 나눈다. 데이터베이스 하나를 세 단계로 나누고, 각 단계별로 다른 추상화abstraction를 제공하면 데이터베이스를 효과적으로 관리할 수 있다. 일반적으로 내부 단계에서 외부 단계로 갈수록 추상화 레벨이 높아진다. 3단계 데이터베이스 구조를 통해, 모든 데이터의 저장·유지와 관련된 복잡한 내용을 숨기고 필요한 데이터만 단순화한 외부 단계의 관점을 일반 사용자들에게 제공할 수 있다.

3단계 데이터베이스 구조의 개념을 아파트의 예를 통해 좀 더 이해해보자.

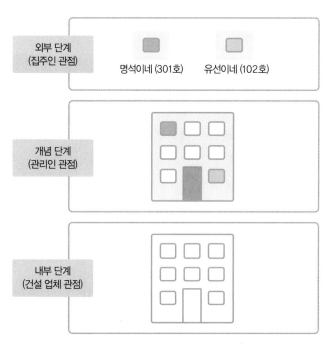

그림 3-3 3단계 데이터베이스 구조의 개념

[그림 3-3]의 아파트에는 여러 세대가 살고 있다. 각 세대의 주민들은 자기 집에만 관심을 두면 되지 굳이 다른 집까지 알 필요가 없다. 유선이는 102호의 구조나 크기, 인테리어 등에 관심이 있을 뿐 명석이가 사는 301호나 다른 집이 어떤지는 관심이 없다. 이렇게 유선이나 명

석이 관점에서 아파트를 바라보는 것이 외부 단계다. 이와 달리 아파트 관리인은 어느 한 집에만 관심을 두면 안 된다. 아파트를 문제없이 관리하려면 아파트 전체를 잘 알고 있어야 하는데, 이처럼 관리인 관점에서 전체 아파트를 바라보는 것이 개념 단계다. 하지만 아파트 관리인도 아파트 뼈대, 즉 철근 콘크리트 구조가 어떻게 생겼는지, 시멘트를 얼마나 사용했는지 등은 잘 모른다. 이것은 아파트 건설 업체의 관심사다. 아파트를 건설한 업체 관점에서 전체 아파트를 바라보는 것이 바로 내부 단계가 된다.

데이터베이스를 서로 다른 추상화 레벨에서 바라보는 3단계 데이터베이스 구조를 단계별로 좀 더 자세히 알아보자.

그림 3-4 3단계 데이터베이스 구조의 이해

외부 단계

외부 단계external level에서는 개별 사용자 관점에서 데이터베이스를 이해하고 표현한다. 하나의 데이터베이스를 조직 내의 사용자들이 함께 사용하지만 각 사용자가 데이터베이스 전체에 관심이 있는 것은 아니다. 사용자마다 업무 내용과 사용 목적이 달라 필요한 데이터 내용이 다를 수 있다. 예를 들어 쇼핑몰을 운영하기 위해 필요한 데이터베이스에는 고객, 상품, 직원, 주문 등과 관련한 데이터들이 존재할 것이다. 그러면 사용자 가운데 고객 관리를 담당하는 직원은 데이터베이스에서 고객과 관련된 데이터에만, 상품 관리를 담당하는 직원은 상품과 관련된 데이터에만 관심을 가질 것이다.

외부 단계에서는 개별 사용자가 데이터베이스를 어떻게 보는가를 표현하므로 사용자마다 생각하는 데이터베이스의 구조가 다르다. 이처럼 외부 단계에서 사용자에게 필요한 데이터베이스를 정의한 것을 외부 스키마external schema라 한다. 외부 스키마는 각 사용자가 생각하는 데이터베이스의 모습을 표현한 논리적인 구조로, 사용자마다 다르다.

하나의 데이터베이스에는 외부 스키마가 여러 개 존재할 수 있고, 외부 스키마 하나를 사용 목적이 같은 사용자들이 공유할 수 있다. 외부 스키마는 전체 데이터베이스 중 사용자가 관심을 가지는 일부분으로 볼 수 있어 서브 스키마sub schema라고도 한다.

개념 단계

개념 단계conceptual level에서는 데이터베이스를 이용하는 사용자들의 관점을 통합하여, 데이터베이스를 조직 전체의 관점에서 이해하고 표현한다. 데이터베이스 관리 시스템이나 데이터베이스 관리자는 데이터베이스의 일부분이 아닌 전체 데이터베이스에 관심을 둔다. 개념 단계에서는 데이터베이스 관리 시스템이나 관리자의 관점에서 모든 사용자에게 필요한 데이터를 통합하여 전체 데이터베이스의 논리적 구조를 정의한다. 그리고 이를 개념 스키마conceptual schema라 한다.

개념 스키마는 조직 전체의 관점에서 생각하는 데이터베이스의 모습이며, 모든 개별 사용자가 생각하는 데이터베이스의 모습을 하나로 합친 형태다. 개념 스키마는 전체 데이터베이스에 어떤 데이터가 저장되는지, 데이터들 간에는 어떤 관계가 존재하고 어떤 제약조건이 있는지에 대한 정의뿐만 아니라, 데이터에 대한 보안 정책이나 접근 권한에 대한 정의도 포함한다. 하지만 데이터를 물리적으로 저장하는 방법이나 데이터 저장 장치와는 독립적이다.

하나의 데이터베이스에는 개념 스키마가 하나만 존재하고, 각 사용자는 개념 스키마의 일부분을 사용한다. 즉, 외부 스키마는 개념 스키마를 기초로 하여 사용자의 이용 목적에 맞게 만들어진다. 일반적으로 스키마라고 하면 개념 스키마를 의미한다.

내부 단계

내부 단계internal level에서는 데이터베이스를 디스크나 테이프 같은 저장 장치의 관점에서 이해하고 표현한다. 즉, 내부 단계에서는 전체 데이터베이스가 저장 장치에 실제로 저장되는 방법을 정의하며 이를 내부 스키마internal schema라고 한다.

데이터베이스는 저장 장치에 파일 형태로 저장되는데 내부 스키마는 파일에 데이터를 저장하는 레코드의 구조, 레코드를 구성하는 필드 크기, 인덱스를 이용한 레코드 접근 경로 등을 정의한다. 내부 스키마는 데이터베이스의 개념 스키마에 대한 물리적인 저장 구조를 표현하므로 하나의 데이터베이스에 하나만 존재한다.

[그림 3-5]는 쇼핑몰의 데이터베이스를 3단계 데이터베이스 구조로 표현한 예다. 쇼핑몰 운영에는 상품, 주문, 직원 등의 데이터도 필요하지만 고객 데이터만 저장한다고 단순화하였다.

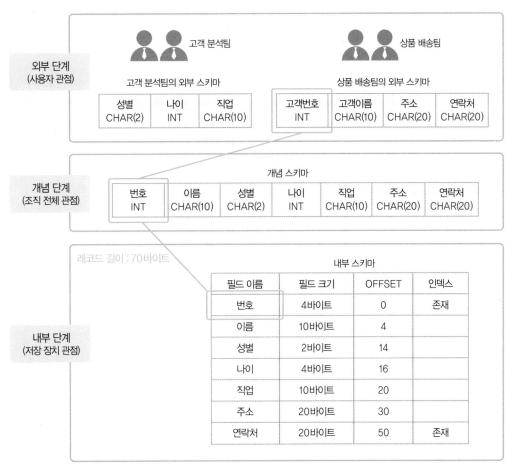

그림 3-5 3단계 데이터베이스 구조의 예

외부 단계에는 고객 분석팀과 상품 배송팀 사용자가 존재한다. 두 사용자는 자신의 팀에 필요한 데이터로 구성된 외부 스키마를 각각 가지고 있다. 고객 분석팀은 상품을 구매한 고객의 성향을 분석하는 것이 주 업무이므로 고객의 성별·나이·직업 데이터를 필요로 한다. 따라서 데이터베이스가 성별·나이·직업으로 구성되어 있다고 생각하고 다른 데이터에는 관심이 없다. 만약 고객 분석팀에 팀원이 여러 명이라면 팀원들은 성별·나이·직업으로 구성된 외부 스키마를 함께 사용할 것이다. 상품 배송팀은 고객에게 상품을 배송하는 업무를 담당하므로 데이터베이스가 고객번호·고객이름·주소·연락처로만 구성되어 있다고 생각한다. 외부 단계에서는 사용자별로 외부 스키마를 정의하여 불필요한 데이터 접근을 사전에 막아 보안 측면에서도 효과적이다.

개념 단계에는 고객 데이터베이스 전체에 대한 논리적 구조를 정의하는 개념 스키마가 하나 존재한다. 개념 스키마는 고객 데이터베이스를 이용하는 모든 사용자에게 필요한 데이터를 종합하여 번호·이름·성별·나이·직업·주소·연락처로 데이터베이스를 구성하고, 각 데이터의 타입도 함께 정의한다.

내부 단계에는 고객 데이터베이스를 저장 장치에 저장하는 파일의 레코드 구조를 정의한 내부 스키마가 하나 존재한다. 내부 스키마에 정의된 고객 레코드는 필드 7개로 구성되어 있고, 레코드 총 길이는 70바이트다. 이 내부 스키마는 번호와 연락처 필드에 인덱스를 정의하고 있어, 번호나 연락처 필드의 값을 이용해 해당 고객 레코드에 빠르게 접근할 수 있다.

③ 데이터 독립성

하나의 데이터베이스에는 세 가지 유형의 스키마가 존재하지만, 각각의 스키마는 데이터베이스를 바라보는 관점이 다를 뿐 모두 같은 데이터베이스를 표현한다. 실제 데이터는 물리적 저장 장치에 저장된 데이터베이스에만 존재하므로 사용자가 자신의 외부 스키마를 통해 원하는 데이터를 얻으려면 내부 스키마에 따라 저장된 데이터베이스에 접근해야 한다. 그러므로 세 가지 스키마 사이에는 유기적인 대응 관계가 성립해야 한다.

예를 들어 [그림 3-5]에서 상품 배송팀의 외부 스키마에 있는 고객번호 데이터는 개념 스키마에 있는 번호 데이터에 대응하고, 개념 스키마에 있는 번호 데이터는 내부 스키마에 있는 번호 필드에 대응한다는 연결 관계가 미리 정의되어 있어야 한다. 그래야 사용자가 물리적 저장 장치에 저장된 고객번호 데이터에 접근할 수 있다.

스키마 사이의 대응 관계를 사상 또는 매핑mapping이라 한다. 외부 스키마와 개념 스키마는 외부/개념 사상에 의해 대응되고, 개념 스키마와 내부 스키마는 개념/내부 사상에 의해 대응된다. 데이터베이스 관리 시스템은 미리 정의된 외부/개념 사상과 개념/내부 사상 정보를 이용해 사용자가 원하는 데이터에 접근할 수 있다.

데이터베이스를 3단계 구조로 나누고, 단계별로 스키마를 유지하며 스키마 사이의 대응 관계를 정의하는 궁극적인 목적은 데이터 독립성data independency을 실현하기 위해서다. 데이터 독립성은 데이터베이스 관리 시스템의 중요한 장점이자 데이터베이스 관리 시스템이 필요한 이유이기도 하다. 데이터 독립성은 하위 스키마를 변경하더라도 상위 스키마가 영향을 받지 않는 특성이다. 3단계 데이터베이스 구조에는 논리적 데이터 독립성과 물리적 데이터 독립성이 존재한다.

[그림 3-6]은 3단계 데이터베이스 구조에 존재하는 외부/개념 사상과 개념/내부 사상이 어떤 스키마 간의 대응 관계를 의미하는지 그림으로 보여준다. 논리적 데이터 독립성과 물리적 데이터 독립성이 어떤 사상 정보와 관련이 있는지도 확인할 수 있다.

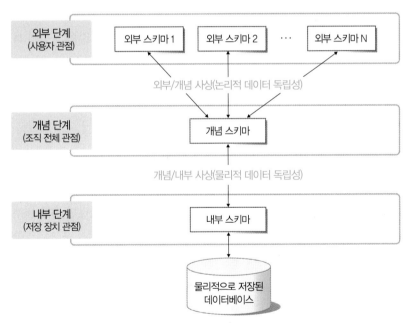

그림 3-6 3단계 데이터베이스 구조에서 스키마 간의 사상

논리적 데이터 독립성

논리적 데이터 독립성은 개념 스키마가 변경되더라도 외부 스키마가 영향을 받지 않는 것이다. 그래서 전체 데이터베이스의 논리적인 구조가 변경되어도 관련된 외부/개념 사상 정보만 적절히 수정해주면 직접 관련이 없는 사용자를 위한 외부 스키마는 변경할 필요가 없다. 외부/개념 사상은 외부 스키마와 개념 스키마의 대응 관계를 정의한 것으로, 응용 인터페이스application interface라고도 한다. 개념 스키마가 변경되어도 외부 스키마가 영향을 받지 않는다는 것은 결국 외부 스키마의 사용자가 전체 데이터베이스의 논리적 구조가 변경되었다는 사실을 알 필요가 없음을 의미한다.

> **NOTE** 사용자는 응용 프로그램을 통해 데이터베이스 시스템을 이용하는 경우가 많으므로 여기서는 사용자와 응용 프로그램을 동일하게 생각한다.

예를 들어 [그림 3-5]의 개념 스키마에서 연락처 데이터의 이름이 전화번호로 바뀌는 경우, 상품 배송팀의 외부 스키마에 있는 연락처가 이후부터는 개념 스키마의 전화번호와 대응 관계에 있다고 외부/개념 사상만 정확히 수정해주면 된다. 그러면 상품 배송팀의 외부 스키마에 있는 연락처 데이터의 이름을 변경할 필요가 없고, 변경된 내용과 직접 관련이 없는 고객 분석팀의 외부 스키마도 변경할 필요가 없다. 개념 스키마에 새로운 내용이 추가되거나 기존 내용이 삭제되는 경우에도 외부 스키마는 영향을 받지 않는다.

물리적 데이터 독립성

물리적 데이터 독립성은 내부 스키마가 변경되더라도 개념 스키마가 영향을 받지 않는 것이다. 그래서 결과적으로 외부 스키마도 영향을 받지 않는다.

물리적 데이터 독립성이 실현되면 데이터베이스의 저장 구조가 변경되어도 관련된 개념/내부 사상 정보만 적절히 수정해주면 직접적으로 관련이 없는 데이터베이스의 논리적 구조는 영향을 받지 않는다. 개념/내부 사상은 개념 스키마와 내부 스키마의 대응 관계를 정의한 것으로, 저장 인터페이스storage interface라고도 한다.

예를 들어 [그림 3-5]의 내부 스키마에는 주소 다음에 연락처 필드가 저장되어 있는데 이 순서가 바뀌어도 두 필드와 관련된 개념/내부 사상 정보만 수정해주면 된다. 그러면 개념 스키마에는 변경할 내용이 없고 외부 스키마도 변경할 필요가 없다. 내부 스키마에 새로운 인덱스가 추가되거나 기존 인덱스가 삭제되는 경우에도 개념 스키마는 영향을 받지 않는다.

◢ 데이터 사전

데이터베이스는 조직 운영에 필요한 실제 데이터를 저장하는데, 저장된 데이터를 올바르게 관리하고 이용하려면 필요한 부가 정보도 저장해야 한다. 대표적인 부가 정보가 스키마와 사상 정보다.

데이터 독립성을 실현하면서 데이터베이스를 다양한 관점에서 이해하기 위해 정의되는 세 가지 스키마에 대한 정보와 스키마 간의 사상 정보도 어딘가에 저장되어 있어야 필요할 때 사용할 수 있다. 데이터베이스에 저장되는 데이터에 관한 정보를 저장하는 곳을 데이터 사전data dictionary 또는 시스템 카탈로그system catalog라고 한다. 데이터 사전은 일반 사전처럼 데이터베이스에 저장되어 있는 데이터를 정확하고 효율적으로 이용하기 위해 참고해야 되는 스키마, 사상 정보, 다양한 제약조건 등을 저장하고 있다. 데이터베이스에 저장되는 데이터에 관한 정보(데이터 사전 정보)이므로 데이터에 대한 데이터data about data를 의미해 메타 데이터meta data라고도 한다.

데이터 사전도 데이터를 저장하는 데이터베이스의 일종이기 때문에 시스템 데이터베이스system database라고도 한다. 그리고 이와 구별하기 위해 사용자가 실제로 이용하는 데이터가 저장되는 일반 데이터베이스를 사용자 데이터베이스user database라 부르기도 한다. 데이터 사전은 데이터베이스 관리 시스템이 스스로 생성하고 유지하는 것으로, 데이터베이스 관리 시스템이 주로 접근하지만 일반 사용자도 접근할 수 있다. 단, 데이터베이스 관리 시스템이 데이터 사전에 내용을 새로 추가하거나 수정할 수 있는 반면, 사용자는 저장 내용을 검색만 할 수 있다.

데이터 사전에 있는 데이터에 실제로 접근하는 데 필요한 위치 정보는 데이터 디렉터리data directory라는 곳에서 관리한다. 데이터 사전과 데이터 디렉터리는 둘 다 시스템을 위한 데이터베이스라는 공통점이 있지만, 데이터 사전은 사용자가 접근할 수 있고 데이터 디렉터리는 시스템만 접근할 수 있다는 차이가 있다.

03 데이터베이스 사용자

데이터베이스 시스템을 구성하는 또 하나의 중요 요소가 사용자다. 사용자user는 데이터베이스를 이용하기 위해 접근하는 모든 사람을 의미한다. 데이터베이스를 이용하는 사용자는 매우 다양한데, 이용 목적에 따라 크게 데이터베이스 관리자, 최종 사용자, 응용 프로그래머로 나눌 수 있다.

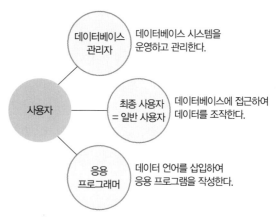

그림 3-7 데이터베이스 사용자

1 데이터베이스 관리자

데이터베이스 관리자DBA; DataBase Administrator는 데이터베이스 시스템을 운영·관리한다. 데이터베이스를 직접 활용하기보다는 조직 내의 사용자를 위해 데이터베이스를 설계 및 구축하고, 제대로 서비스할 수 있도록 데이터베이스를 제어한다. 그래서 데이터베이스 관리자는 다음 절에서 살펴볼 데이터 언어 중 주로 데이터 정의어와 데이터 제어어를 이용해 데이터베이스에 접근한다. 데이터베이스 관리자는 데이터베이스 운영·관리를 책임지므로 컴퓨터 시스템이나 데이터베이스와 관련해 지식과 경험을 많이 갖추고 있어야 한다. 큰 조직에서는 데이터베이스 설계 업무만 담당하는 데이터베이스 설계자database designer를 따로 두기도 한다.

데이터베이스 관리자의 주요 업무는 다음과 같다.

■ **데이터베이스 구성 요소 선정**

사용자의 요구 사항을 분석하여 데이터베이스를 구성할 데이터를 결정한다.

■ **데이터베이스 스키마 정의**

선정된 데이터베이스의 구성 요소를 토대로 데이터베이스 스키마를 설계하고, 데이터 정의어를 이용해 설계한 스키마를 데이터베이스 관리 시스템에 설명한다.

■ **물리적 저장 구조와 접근 방법 결정**

데이터베이스를 물리적으로 저장하기 위한 레코드 구조를 설계한다. 레코드들 간의 저장 순서와 레코드에 빠르게 접근하기 위해 인덱스를 만들 기준 필드 등도 결정한다.

■ **무결성 유지를 위한 제약조건 정의**

현실 세계의 실제 데이터와 일치하는, 즉 결함이 없는 데이터만 데이터베이스에 저장할 수 있도록 필요한 규칙을 정의한다. 그리고 데이터베이스를 이 규칙에 따라 제어하여 데이터의 정확성과 유효성을 유지한다.

■ **보안 및 접근 권한 정책 결정**

허가되지 않는 사용자가 데이터베이스에 불법적으로 접근하는 것을 방지하고, 허가된 사용자에게 적절한 권한을 부여하는 보안 관련 정책을 결정한다.

■ **백업 및 회복 기법 정의**

시스템 장애에 대비하여 데이터베이스를 백업하거나, 손상된 데이터베이스를 일관된 상태로 복구하는 방법을 정의한다.

■ **시스템 데이터베이스 관리**

데이터 사전 같은 시스템 데이터베이스를 관리한다.

■ **시스템 성능 감시 및 성능 분석**

시스템 성능을 저해하는 병목 현상bottleneck 등이 발생하지 않는지 확인하고, 시스템 자원의 활용도 분석 등을 통해 시스템의 성능을 감시한다.

■ **데이터베이스 재구성**

사용자의 요구 사항이나 사용 형태가 달라지면, 변화된 내용에 맞게 데이터베이스를 재구성하여 사용자의 만족도를 높여야 한다. 시스템의 전체 성능을 향상시켜야 하거나 시스템 장비가 교체된 경우에도 데이터베이스를 재구성해야 한다. 데이터베이스 관리자는 항상 사용자의 요구 사항에 귀 기울이고 시스템 성능을 분석하여, 새로운 변화에 부응하면서 성능을 향상시키는 방향으로 데이터베이스를 재구성해야 한다.

② 최종 사용자

데이터를 조작(삽입·삭제·수정·검색)하기 위해 데이터베이스에 접근하는 사람들을 일반 사용자 또는 최종 사용자end user라 한다. 최종 사용자는 컴퓨터 시스템이나 데이터베이스에 관한 전문 지식을 꼭 갖출 필요는 없다. 그리고 데이터 정의어를 사용할 수도 있지만 주로 데이터 조작어를 사용한다.

최종 사용자는 캐주얼 사용자casual end user와 초보 사용자 naive end user로 구분할 수 있다. 캐주얼 사용자는 데이터베이스에 대한 이론적 지식이 있으며, 주로 데이터 조작어를 이용해 원하는 데이터와 데이터에 대한 처리를 데이터베이스 관리 시스템에 직접 설명한다. 초보 사용자는 데이터베이스를 초보 수준으로 이용할 수 있어, 데이터 조작어로 자신의 요구를 직접 표현하기보다는 메뉴나 GUI Graphic User Interface 형태의 응용 프로그램을 통해 데이터베이스를 사용한다.

③ 응용 프로그래머

응용 프로그래머application programmer는 C 언어, 자바Java 등과 같은 프로그래밍 언어로 응용 프로그램을 작성할 때 데이터베이스에 접근하는 데이터 조작어를 삽입하는 사용자다. 데이터 정의어를 삽입할 수도 있지만 주로 데이터 조작어를 삽입한다.

최종 사용자는 응용 프로그래머가 작성한 응용 프로그램을 이용해 데이터베이스에 접근할 수 있다. 도서 위치를 검색하거나 고객의 구매 요청을 처리하기 위해 서점 직원에게 제공하는 응용 프로그램이 좋은 예다.

그림 3-8 최종 사용자와 응용 프로그래머의 예

04 데이터 언어

미국 사람에게 도움을 요청해야 한다면 어떤 언어로 부탁할까? 대부분 영어를 사용할 것이다. 데이터베이스에서도 사용자를 대신해 데이터베이스를 구축하고 활용 및 관리하는 데이터베이스 관리 시스템에 부탁할 때 사용하는 언어가 있다. 이것이 바로 데이터 언어data language다. 데이터 언어는 사용자가 데이터베이스를 구축하고 이에 접근하기 위해 데이터베이스 관리 시스템과 통신하는 수단이다.

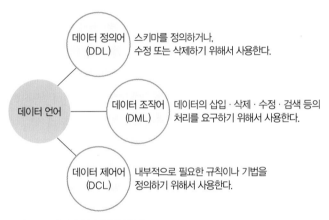

그림 3-9 데이터 언어의 종류와 용도

인간의 언어에 때와 장소에 맞는 용법이 있는 것처럼 데이터 언어에도 상황에 따른 용법이 있다. 데이터 언어는 데이터베이스 관리 시스템의 정의·조작·제어 기능을 이용하기 위한 수단이기 때문에 사용 목적에 따라 데이터 정의어, 데이터 조작어, 데이터 제어어로 나뉜다. 이는 하나의 데이터 언어를 기능에 따라 내부적으로 구분 짓는 것일 뿐 독립적으로 존재하는 언어들은 아니다.

이제 데이터 정의어, 데이터 조작어, 데이터 제어어를 어떤 용도로 사용하는지 하나씩 살펴보자.

1 데이터 정의어

데이터 정의어DDL; Data Definition Language는 새로운 데이터베이스를 구축하기 위해 스키마를 정의하거나 기존 스키마의 정의를 삭제 또는 수정하기 위해 사용하는 데이터 언어다. 즉, 새로 만들려는 데이터베이스의 스키마를 설명하거나 이미 정의된 스키마의 구조나 제약조건 등을 변경 또는 삭제하고 싶어 이를 데이터베이스 관리 시스템에 알릴 때 사용한다. 데이터 정의어로 정의된 스키마는 데이터 사전에 저장되고, 삭제나 수정이 발생하면 이 내용도 데이터 사전에 반영된다. 데이터 사전에 저장된 스키마 정보는 사용자나 데이터베이스 관리 시스템이 필요할 때 참고할 수 있다.

2 데이터 조작어

데이터 조작어DML; Data Manipulation Language는 사용자가 데이터의 삽입·삭제·수정·검색 등의 처리를 데이터베이스 관리 시스템에 요구하기 위해 사용하는 데이터 언어다. 데이터 정의어를 이용해 스키마를 정의하면 스키마에 따라 조직에 필요한 실제 데이터 값(인스턴스)이 저장되는데, 사용자가 실제 데이터 값을 활용하기 위해 사용하는 것이 데이터 조작어다. 데이터 조작어는 설명 방식에 따라 절차적 데이터 조작어와 비절차적 데이터 조작어로 나뉜다.

■ 절차적 데이터 조작어

절차적 데이터 조작어procedural DML는 사용자가 어떤what 데이터를 원하고 해당 데이터를 얻으려면 어떻게how 처리해야 하는지를 구체적으로 설명한다. [그림 3-10]에서 위쪽 상황과 같이 어머니가 두부를 사오라고 심부름을 시킬 때 1번 버스를 타고 두 정거장을 지나 한빛마트에 가야 두부를 사올 수 있다고 설명하는 것과 같다.

■ 비절차적 데이터 조작어

비절차적 데이터 조작어nonprocedural DML는 사용자가 어떤what 데이터를 원하는지만 설명한다. 즉, 해당 데이터를 얻으려면 어떻게how 처리해야 하는지는 데이터베이스 관리 시스템에 맡긴다. 비절차적 데이터 조작어는 사용자가 어떤 데이터를 원하는지만 데이터베이스 관리 시스템에 선언하는 방식이기 때문에 선언적 언어declarative language라고도 한다. [그림 3-10]에서 아래쪽 상황과 같이 두부를 사오라고만 하고 어떻게 사와야 하는지는 따로 설명하지 않는 것과 같다. 사오는 방법을 알아내는 것은 심부름하는 사람의 몫이다.

두부를 사오는 방법까지 구체적으로 알려주는 심부름 상황 : 절차적 조작어

단순히 두부를 사오라고만 지시하는 심부름 상황 : 비절차적 조작어

그림 3-10 절차적 데이터 조작어와 비절차적 데이터 조작어의 이해

③ 데이터 제어어

데이터 제어어DCL; Data Control Language는 데이터베이스에 저장된 데이터를 여러 사용자가 무결성과 일관성을 유지하며 문제없이 공유할 수 있도록, 내부적으로 필요한 규칙이나 기법을 정의하는 데 사용하는 데이터 언어다. 사용자는 데이터베이스를 올바르게 관리하기 위해 필요한 규칙과 기법을 데이터 제어어를 이용해 데이터베이스 관리 시스템에 설명한다. 그러면 데이터베이스 관리 시스템이 이 규칙과 기법에 따라 데이터베이스를 제어하고 보호한다.

데이터 제어어를 이용해 규칙이나 기법을 정의하는 이유는 다음과 같은 특성을 보장하기 위해서다. 이 특성들은 데이터베이스 관리 시스템의 장점이기도 하다.

- **무결성**integrity : 데이터베이스에 정확하고 유효한 데이터만 유지한다.

- **보안**security : 허가받지 않는 사용자가 데이터에 접근하는 것을 차단하거나, 허가된 사용자가 접근 권한이 있는 데이터에만 접근할 수 있게 한다.

- **회복**recovery : 장애가 발생해도 데이터의 일관성을 유지한다.

- **동시성**concurrency : 여러 사용자가 같은 데이터에 동시에 접근하여 처리할 수 있게 한다.

NOTE 데이터 제어어는 원래 데이터 정의어로 분류되었지만, 데이터베이스 제어 기능이 중요해지고 다양한 제어 기능이 소개되면서 독립되었다.

05 데이터베이스 관리 시스템의 구성

데이터베이스를 관리하고 사용자의 데이터 처리 요구를 수행하는 데이터베이스 관리 시스템
은 데이터베이스 시스템의 주요 구성 요소다. 사용자와 데이터베이스 사이에 위치하며, 기능
에 따라 크게 질의 처리기와 저장 데이터 관리자로 구분할 수 있다.

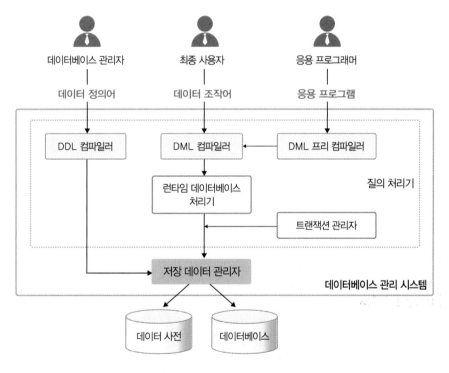

그림 3-11 데이터베이스 관리 시스템의 구성

1 질의 처리기

질의 처리기query processor는 사용자의 데이터 처리 요구를 해석하여 처리하는 역할을 담당하고, 다음의 주요 구성 요소들을 포함한다.

- **DDL 컴파일러**DDL compiler : 데이터 정의어로 작성된 스키마의 정의를 해석한다. 그리고 저장 데이터 관리자의 도움을 받아 새로운 데이터베이스를 구축하고, 스키마의 정의를 데이터 사전에 저장한다. 데이터 정의어로 작성된 기존 스키마의 삭제나 수정 요청도 처리하여, 변경된 내용을 데이터 사전에 적용한다.

- **DML 프리 컴파일러**DML precompiler : 응용 프로그램에 삽입된 데이터 조작어를 추출하여 DML 컴파일러에 전달한다. 단, 데이터 조작어와 관련 없는 나머지 코드들은 해당 언어의 컴파일러에 보내진다.

- **DML 컴파일러**DML compiler : 데이터 조작어로 작성된 데이터의 처리(삽입·삭제·수정·검색) 요구를 분석하여 런타임 데이터베이스 처리기가 이해할 수 있도록 해석한다.

- **런타임 데이터베이스 처리기**run-time database processor : 저장 데이터 관리자를 통해 데이터베이스에 접근하여, DML 컴파일러로부터 전달받은 데이터 처리 요구를 데이터베이스에서 실제로 실행한다.

- **트랜잭션 관리자**transaction manager : 데이터베이스에 접근하는 과정에서 사용자의 접근 권한이 유효한지를 검사하고, 데이터베이스 무결성을 유지하기 위한 제약조건 위반 여부를 확인한다. 회복이나 병행 수행과 관련된 작업도 담당한다.

2 저장 데이터 관리자

저장 데이터 관리자stored data manager는 디스크에 저장된 데이터베이스와 데이터 사전을 관리하고, 여기에 실제로 접근하는 역할을 담당한다. 그런데 디스크에 저장된 데이터에 접근하는 것은 운영체제의 기본 기능이므로 저장 데이터 관리자는 운영체제의 도움을 받아 데이터베이스에 대한 접근을 수행한다.

01 데이터베이스 시스템

- 데이터베이스에 데이터를 저장하고, 이를 관리하여 조직에 필요한 정보를 생성해주는 시스템이다.
- 사용자, 데이터 언어, 데이터베이스 관리 시스템, 데이터베이스, 컴퓨터로 구성된다.

02 스키마와 인스턴스

- 스키마 : 데이터베이스에 저장되는 데이터 구조와 제약조건을 정의한 것이다.
- 인스턴스 : 스키마에 따라 데이터베이스에 실제로 저장된 값이다.

03 3단계 데이터베이스 구조

데이터베이스를 쉽게 이해하고 이용할 수 있도록 하나의 데이터베이스를 관점에 따라 세 단계(외부 단계, 개념 단계, 내부 단계)로 나눈 것이다.

- 외부 단계 : 데이터베이스를 개별 사용자 관점에서 이해하고 표현한다. 사용자에게 필요한 데이터베이스를 정의한 외부 스키마가 여러 개 존재할 수 있다.
- 개념 단계 : 데이터베이스를 조직 전체의 관점에서 이해하고 표현한다. 데이터베이스 전체의 논리적 구조를 정의하는 개념 스키마가 하나만 존재한다.
- 내부 단계 : 데이터베이스를 저장 장치의 관점에서 이해하고 표현한다. 데이터베이스가 저장 장치에 저장되는 방법을 정의한 내부 스키마가 하나만 존재한다.

04 데이터 독립성

3단계 데이터베이스 구조의 목적은 데이터 독립성을 실현하는 데 있다. 데이터 독립성에는 논리적 데이터 독립성과 물리적 데이터 독립성이 존재한다.

- 논리적 데이터 독립성 : 개념 스키마가 변경되어도 외부 스키마는 영향을 받지 않는다(외부/개념 사상).
- 물리적 데이터 독립성 : 내부 스키마가 변경되어도 개념 스키마는 영향을 받지 않는다(개념/내부 사상).

05 데이터 사전(시스템 카탈로그)

데이터베이스에 저장되는 데이터에 관한 정보, 즉 메타 데이터를 유지하는 시스템 데이터베이스다.

06 데이터베이스 사용자

데이터베이스를 이용하기 위해 접근하는 모든 사람을 의미한다. 데이터베이스 관리자, 최종 사용자, 응용 프로그래머로 나뉜다.

- **데이터베이스 관리자** : 데이터베이스 시스템을 운영·관리한다.
- **최종 사용자** : 데이터베이스에 접근하여 데이터를 조작(삽입·삭제·수정·검색)한다.
- **응용 프로그래머** : 데이터 언어를 삽입하여 응용 프로그램을 작성한다.

07 데이터 언어

사용자와 데이터베이스 관리 시스템 간의 통신 수단이다. 데이터 정의어, 데이터 조작어, 데이터 제어어로 나뉜다.

- **데이터 정의어DDL** : 스키마를 정의하거나, 수정 또는 삭제하기 위해서 사용한다.
- **데이터 조작어DML** : 데이터의 삽입·삭제·수정·검색 등의 처리를 요구하기 위해서 사용한다.
- **데이터 제어어DCL** : 동시 공유가 가능하면서도 무결성과 일관성을 유지하도록 내부적으로 필요한 규칙이나 기법들을 정의하기 위해서 사용한다.

08 데이터베이스 관리 시스템

주요 기능은 데이터베이스 관리와 데이터 처리 요구에 대한 수행이다. 질의 처리기와 저장 데이터 관리자로 나뉜다.

- **질의 처리기** : 사용자의 데이터 처리 요구를 해석하여 처리한다.
- **저장 데이터 관리자** : 디스크에 저장된 데이터베이스와 데이터 사전을 관리하고, 여기에 실제로 접근한다.

01 스키마에 대한 설명으로 거리가 먼 것은?

① 데이터베이스를 운용하는 소프트웨어다.

② 데이터 사전data dictionary에 저장된다.

③ 메타 데이터meta data라고도 한다.

④ 데이터베이스에 저장되는 데이터 구조와 제약조건에 대한 정의다.

02 3단계 데이터베이스 구조에서 다음 설명과 관련 있는 스키마는?

> 데이터베이스를 물리적 저장 장치의 관점에서 이해한 구조다. 레코드의 구조, 레코드를 구성하는 필드 크기, 레코드의 물리적 순서, 인덱스를 이용한 레코드의 접근 경로 등과 같이 실제로 저장되는 방법을 정의한다.

① 외부 스키마external schema   ② 개념 스키마conceptual schema

③ 내부 스키마internal schema   ④ 슈퍼 스키마super schema

03 3단계 데이터베이스 구조에서 다음 설명과 관련 있는 스키마는?

> 데이터베이스를 사용자 관점에서 이해한 구조다. 각 사용자에게 필요한 데이터베이스의 구조를 정의하여 하나의 데이터베이스에 여러 개가 존재할 수 있다.

① 외부 스키마external schema   ② 개념 스키마conceptual schema

③ 내부 스키마internal schema   ④ 슈퍼 스키마super schema

04 개념 스키마conceptual schema에 대한 설명으로 옳은 것을 모두 고르시오.

① 사용자 관점에서 본 데이터베이스의 구조다.

② 조직 전체의 관점에서 본 데이터베이스의 구조다.

③ 저장 장치의 관점에서 본 데이터베이스의 구조다.

④ 여러 개가 존재할 수 있다.

⑤ 데이터베이스에 저장되는 데이터들 간의 관계와 제약조건을 정의한다.

⑥ 접근 권한, 보안 정책을 정의한다.

⑦ 데이터를 물리적으로 저장하는 방법을 정의한다.

⑧ 서브 스키마sub schema라고도 한다.

05 데이터베이스 관리 시스템DBMS의 필수 기능 중에서 데이터베이스의 논리적 구조와 물리적 구조 사이의 변환이 가능하도록 두 구조 사이의 대응 관계, 즉 사상Mapping을 명세하여 하나의 물리 적 구조로 여러 사용자가 요구하는 데이터베이스의 구조를 지원하게 하는 것은 어떤 기능에 포 함되는가?

① 사상 기능   ② 정의 기능   ③ 조작 기능   ④ 제어 기능

06 논리적 데이터의 독립성을 설명한 것은?

① 개별 사용자나 응용 프로그램에 영향을 주지 않고 데이터베이스의 물리적 구조를 변경할 수 있다.

② 물리적인 파일 구조를 변경하더라도 개념 스키마는 영향을 받지 않는다.

③ 개별 사용자나 응용 프로그램의 데이터 관점을 변경하지 않고 전체 데이터베이스의 논리적 구조를 변경시킬 수 있다.

④ 데이터베이스의 논리적 구조를 변경하지 않고 데이터베이스의 물리적 구조를 변경시킬 수 있다.

07 물리적 데이터 독립성에 대한 설명으로 가장 적합한 것은?

① 기존 응용 프로그램을 변경하면 데이터베이스의 물리적 구조도 이에 따라 변경되는 것이다.

② 데이터베이스의 물리적 구조를 변경할 때, 자동으로 데이터베이스의 논리적 구조도 변경되 는 것이다.

③ 기존 응용 프로그램에 영향을 주지 않고 데이터베이스의 물리적 구조를 변경할 수 없는 것이다.

④ 기존 응용 프로그램에 영향을 주지 않고 데이터베이스의 물리적 구조를 변경할 수 있는 것이다.

08 데이터 사전에 대한 설명으로 옳지 않은 것은?

① 데이터 사전에 저장된 데이터를 메타 데이터라고도 한다.

② 시스템 자신이 필요로 하는 스키마 및 여러 객체에 관한 정보를 저장한다.

③ 사용자가 데이터 사전에 내용을 직접 추가하거나 수정할 수 없다.

④ 시스템 데이터베이스이므로 일반 사용자는 내용을 검색할 수 없다.

09 데이터 사전에 대한 설명으로 옳은 것은?

① 데이터베이스 관리자가 생성하고 유지한다.

② 데이터 사전의 내용은 새로 추가하거나 수정할 수 없다.

③ 데이터베이스 관리자가 아닌 일반 사용자는 데이터 사전의 내용을 검색할 수 없다.

④ 메타 데이터를 가지고 있는 시스템 데이터베이스로 시스템 카탈로그라고도 한다.

10 데이터베이스 관리자의 주요 업무와 거리가 먼 것은?

① 데이터베이스 스키마 정의   ② 보안 및 접근 권한 정책 결정

③ 응용 프로그램의 개발   ④ 무결성 유지를 위한 제약조건 정의

11 사용자가 데이터의 삽입·삭제·수정·검색 등의 처리를 데이터베이스 관리 시스템에 요구하기 위해 사용하는 데이터 언어는?

① 데이터 정의어$_{DDL}$ ② 데이터 조작어$_{DML}$

③ 데이터 제어어$_{DCL}$ ④ 데이터 요청어$_{DRL}$

12 데이터 제어어$_{DCL}$의 기능으로 거리가 먼 것은?

① 무결성 유지   ② 회복 및 동시 공유 제어

③ 접근 제어 및 권한 부여   ④ 스키마 정의

13 데이터베이스의 스키마를 정의·변경·삭제할 수 있는 데이터 언어는?

① 데이터 정의어   ② 데이터 조작어

③ 데이터 제어어   ④ 데이터 관리어

14 데이터의 보안, 무결성, 회복과 밀접한 관련이 있는 데이터 언어는?

① 데이터 정의어   ② 데이터 조작어

③ 데이터 제어어   ④ 데이터 관리어

15 데이터베이스 관리 시스템의 역할에 대한 설명으로 옳지 않은 것은?

① 트랜잭션 관리자는 무결성 제약조건 검사, 사용자의 접근 권한 검사, 병행 제어, 회복 등과 관련한 작업을 수행한다.

② 데이터 조작어로 스키마의 구조를 기술하여 데이터 사전에 저장한 후 필요할 때 활용한다.

③ 저장 데이터 관리자는 디스크에 저장되어 있는 사용자 데이터베이스와 데이터 사전에 대한 접근을 책임진다.

④ DML 컴파일러는 데이터 조작어로 작성된 데이터의 처리 요구를 분석하여 런타임 데이터베이스 처리기가 이해할 수 있도록 해석한다.

16 다음은 데이터베이스 관리 시스템의 주요 구성 요소에 대한 설명이다. ㉠~㉣에 들어갈 요소가 바르게 짝지어진 것은?

> (㉠)는 데이터베이스 관리자가 명세한 스키마 정의를 해석하고 데이터 사전에 저장한다.
> (㉡)는 저장 데이터 관리자를 통해 데이터베이스에 접근하여 데이터 처리 요구를 실제로 실행한다.
> (㉢)는 응용 프로그램에 삽입된 데이터 조작어를 추출한다.
> (㉣)는 데이터베이스에 접근하는 과정에서 접근 권한, 무결성 제약조건 등을 검사한다.

	㉠	㉡	㉢	㉣
①	DDL 컴파일러	DML 프리 컴파일러	트랜잭션 관리자	런타임 데이터베이스 처리기
②	저장 데이터 관리자	DML 프리 컴파일러	DDL 컴파일러	런타임 데이터베이스 처리기
③	DDL 컴파일러	런타임 데이터베이스 처리기	DML 프리 컴파일러	트랜잭션 관리자
④	저장 데이터 관리자	런타임 데이터베이스 처리기	DDL 컴파일러	트랜잭션 관리자

17 다음 설명에서 Ⓐ와 Ⓑ가 각각 무엇인지 답하시오.

> (Ⓐ)는 데이터베이스에 저장되는 데이터 구조와 제약조건을 정의한 것이다. 그리고 (Ⓐ)에 따라 데이터베이스에 실제로 저장된 값을 (Ⓑ)라고 한다.

18 다음 설명에서 Ⓐ가 무엇인지 답하시오.

> 3단계 데이터베이스 구조에서 (Ⓐ)는 개념 스키마와 내부 스키마의 대응 관계를 정의한 것으로, 저장 인터페이스라고도 한다.

19 다음 설명에서 Ⓐ와 Ⓑ가 각각 무엇인지 답하시오.

> (Ⓐ)는 하위 스키마를 변경하더라도 상위 스키마가 영향을 받지 않는 특성을 의미한다. 3단계 데이터베이스 구조에서는 두 가지 유형으로 존재한다. 이 중 개념 스키마가 변경되더라도 외부 스키마가 영향을 받지 않는 것을 (Ⓑ)라고 한다.

20 다음 설명에서 Ⓐ와 Ⓑ가 각각 무엇인지 답하시오.

> (Ⓐ)는 데이터베이스에 저장되는 데이터에 관한 정보를 저장하는 곳으로, 스키마, 매핑 정보, 다양한 제약조건 등을 저장한다. 그리고 (Ⓐ)에 저장되어 있는 정보에 실제로 접근하는 데 필요한 위치 정보는 (Ⓑ)에서 관리한다.

21 다음 설명에서 Ⓐ와 Ⓑ가 각각 무엇인지 답하시오.

> 데이터베이스 관리 시스템은 내부적으로 사용자의 데이터 처리 요구를 해석하여 처리하는 역할을 담당하는 (Ⓐ)와 디스크에 저장되어 있는 사용자 데이터베이스와 데이터 사전을 관리하고 접근하는 역할을 담당하는 (Ⓑ)로 구성되어 있다.

22 데이터베이스의 스키마Schema에 대해 간략히 설명하시오.

23 데이터베이스 시스템이 무엇인지 설명하시오.

24 데이터베이스 시스템의 주요 구성 요소 다섯 가지를 설명하시오.

25 데이터 독립성의 의미를 설명하고, 3단계 데이터베이스 구조에서 데이터 독립성을 실현하는 방
법을 설명하시오.

26 데이터베이스 관리자가 담당하는 주요 업무를 간단히 설명하시오.

27 데이터 언어를 사용 목적에 따라 세 가지 유형으로 분류하고, 각각을 설명하시오.

데이터 모델링

학습목표

• 데이터 모델링과 데이터 모델의 개념을 이해한다.
• 개념적 데이터 모델인 개체-관계 모델을 이용해 모델링하는 방법을 익힌다.
• 개체-관계 다이어그램을 작성하는 방법을 익힌다.
• 논리적 데이터 모델의 종류와 특징을 이해한다.

PREVIEW

데이터베이스 공책을 찾으시오.

관련 있는 물건은 모아서 정리해두면 찾기가 수월하다. 책상을 정리할 때 책이나 공책끼리 모으고, 옷장을 정리할 때 윗옷이나 속옷끼리 정리하는 것처럼 말이다. 그리고 이 원리는 데이터베이스에도 적용된다. 하나의 데이터베이스에 저장된 데이터들은 이미 관련이 있는 것들이지만 좀 더 관련 있는 것들끼리 묶어서 관리하면 이용하기 편리하다. 특히 데이터를 검색할 때 도움이 된다.

그렇다면 현실 세계에서는 관련 있는 데이터를 어떻게 찾고, 찾은 데이터를 어떤 기준으로 데이터베이스에 정리해두어야 할까? 정말 쉽지 않은 문제라 데이터베이스 전문가조차도 한 번에 해결하기 힘들다.

아파트 건설과 연관 지어 생각해보자. 아파트를 처음 짓는 건설 회사라 할지라도 바로 땅부터 파지는 않는다. 아파트에 살 사람들의 요구 사항에 맞게 설계도부터 꼼꼼히 그린 후에 설계도를 토대로 모델하우스를 만들어보기도 한다. 데이터베이스 분야에도 이런 과정이 존재한다. 데이터베이스를 개발할 때는 데이터 저장 구조를 먼저 결정하고, 결정한 사항에 문제가 없는지 검토하는 설계 과정을 거친다.

이제 여러분은 품질 좋은 데이터베이스, 고객이 만족하는 데이터베이스를 개발하기 위해 데이터베이스를 설계하는 핵심 방법과 도구를 만날 것이다. 앞으로 소개하는 내용을 정확히 이해하고 충분히 연습하여 멋진 데이터베이스를 직접 개발할 수 있도록 준비해보자.

여러분의 준비를 돕기 위해 이 장에서는 데이터베이스 설계 과정에 꼭 필요한 데이터 모델링과 데이터 모델의 개념을 소개한다. 이어서 개념적 데이터 모델인 개체–관계 모델을 이용한 모델링 방법과 개체–관계 다이어그램 작성 방법을 살펴본 후 논리적 데이터 모델의 종류와 특징을 알아보고자 한다.

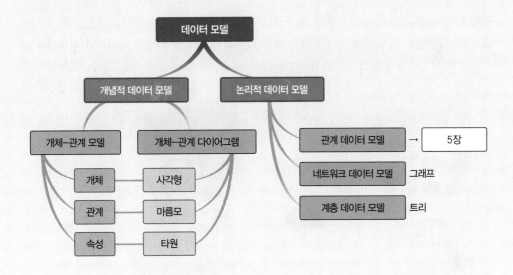

01 데이터 모델링과 데이터 모델의 개념

데이터베이스는 현실 세계에 존재하는 수많은 데이터 중에서 조직을 운영하는 데 꼭 필요한 데이터만 선별하여 컴퓨터에 저장한 것이다. [그림 4-1]은 현실 세계의 병원을 컴퓨터 세계의 병원 데이터베이스로 변환한 모습이다.

[그림 4-1]과 같이 현실 세계에 존재하는 데이터를 컴퓨터 세계의 데이터베이스로 옮기는 변환 과정을 보통 데이터 모델링data modeling이라 한다. 그런데 현실 세계의 데이터를 컴퓨터 세계의 데이터베이스로 옮기는 작업은 결코 쉽지 않다. 현실 세계와 컴퓨터 세계는 근본적으로 많은 차이가 있고, 현실 세계에 존재하는 엄청난 양의 데이터 중 필요한 데이터만 선별하려면 상당히 많은 고민과 결정이 필요하기 때문이다.

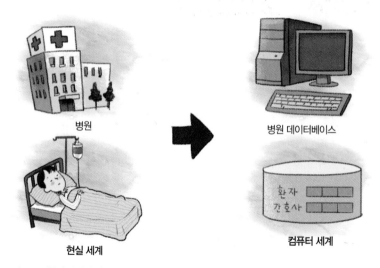

병원

현실 세계

병원 데이터베이스

컴퓨터 세계

그림 4-1 현실 세계와 컴퓨터 세계

[그림 4-2]와 같이 코끼리를 데이터베이스로 변환하는 과정을 생각해보자. 현실의 코끼리를 있는 그대로 컴퓨터에 넣을 수는 없다. 그 대신 데이터베이스에 저장하여 관리할 만한 가치가 있는 중요 데이터만 찾아내야 한다. 즉, '발이 4개이고, 코가 길며, 몸무게는 1톤 이상이고, 코를 이용해 물건을 잡는다' 등 누가 들어도 머릿속에서 코끼리를 그릴 수 있는 데이터를 찾아야

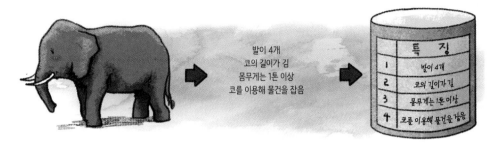

그림 4-2 코끼리의 데이터 모델링 예

한다. 이런 작업을 추상화abstraction라고 한다. 추상화 과정을 통해 찾아낸 데이터를 실제 코끼리 대신 데이터베이스에 저장해야 되는데, 이때 결정할 문제가 하나 더 있다. 바로 데이터베이스에 저장하는 구조다.

만약 코끼리에 대해 찾은 데이터를 표 형태로 저장하기로 결정했다면 코끼리는 데이터베이스에 [그림 4-2]와 같이 옮겨질 수 있다. 이처럼 현실 세계의 코끼리를 컴퓨터 세계의 데이터베이스로 한 번에 옮기기는 쉽지 않다. 그래서 [그림 4-3]과 같이, 사람의 머릿속에 코끼리를 연상시킬 수 있는 중요한 데이터를 찾아 개념 세계로 옮기는 단계와 이를 컴퓨터 세계에 저장하는 구조를 결정해서 표현하는 단계로 나누어 진행한다.

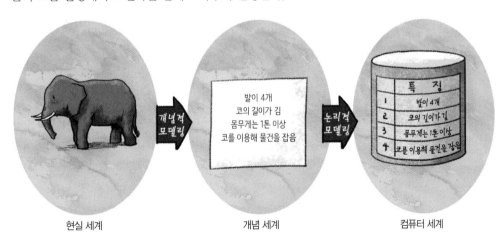

그림 4-3 코끼리의 2단계 데이터 모델링 예

현실 세계에서 코끼리에 대한 중요 데이터를 추출하여 개념 세계로 옮기는 작업을 데이터 모델링 과정 중에서도 개념적 모델링conceptual modeling이라 한다. 그리고 개념 세계의 데이터를 데이터베이스에 저장할 구조를 결정하고 이 구조로 표현하는 작업을 논리적 모델링logical modeling이라 한다. 일반적으로 개념적 모델링과 논리적 모델링을 명확히 구분하지는 않고 합쳐서 데이터 모델링이라 부른다. 데이터 모델링은 데이터베이스 설계의 핵심 과정이다.

코끼리 하나도 데이터베이스로 옮기는 일이 쉽지 않은 만큼, 학교·병원·회사 등 다양한 현실 세계의 조직을 데이터베이스로 옮기는 일은 더욱 복잡하고 어렵다. 병원을 위한 데이터베이스를 생각해보자. 병원의 어떤 데이터를 추출하여 개념 세계로 옮겨야 할까? 머릿속에서 병원을 떠올리게 하는 데이터를 선택하는 일조차 쉽지 않을 것이다. 이러한 데이터 모델링을 쉽게 할 수 있도록 도와주는 도구가 있는데 이것이 바로 데이터 모델data model이다.

데이터 모델은 데이터 모델링의 결과물을 표현하는 도구로, 개념적 데이터 모델과 논리적 데이터 모델이 있다. 개념적 데이터 모델은 사람의 머리로 이해할 수 있도록 현실 세계를 개념적 데이터 모델링하여 데이터베이스의 개념적 구조로 표현하는 도구다. 논리적 데이터 모델은 개념적 구조를 논리적 데이터 모델링하여 데이터베이스의 논리적 구조로 표현하는 도구다.

일반적으로 데이터 모델은 데이터 구조data structure, 연산operation, 제약조건constraint으로 구성된다. 데이터 모델에서는 보통 데이터 구조를 강조하지만, 적용 가능한 연산과 제약조건도 이해할 필요가 있다.

개념적 데이터 모델에서 데이터 구조는 현실 세계를 개념 세계로 추상화했을 때 어떤 요소로 이루어져 있는지를 표현하는 개념적 구조다. 그리고 논리적 데이터 모델에서 데이터 구조는 데이터를 어떤 모습으로 저장할 것인지를 표현하는 논리적 구조다. 보통 데이터 구조는 자주 변하지 않고 정적이라는 특징이 있다. 연산은 데이터 구조에 따라 개념 세계나 컴퓨터 세계에서 실제로 표현된 값들을 처리하는 작업으로, 값이 연산에 의해 계속 변경될 수 있으므로 동적이라는 특징이 있다. 마지막으로 데이터 무결성 유지를 위한 제약조건에는 구조적 측면의 제약 사항과 연산을 적용하는 경우 허용할 수 있는 의미적 측면의 제약 사항이 있다.

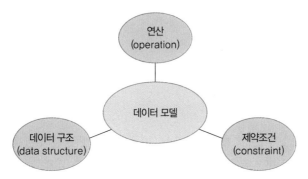

그림 4-4 데이터 모델의 구성

데이터 모델링과 데이터 모델의 개념을 아파트 짓는 일을 통해 좀 더 이해해보자. 사람들이 원하는 아파트를 건설하려면 먼저 사람들이 원하는 요구 사항을 잘 반영할 수 있도록 설계도부터 꼼꼼히 그려야 한다. 그런 다음, 완성된 설계도를 토대로 건설하기 전에 모델하우스를 지어보고 요구 사항이 제대로 반영되었는지를 확인해야 한다. 여기서 사람들의 요구 사항을 반영하여 설계도를 그리는 과정이 개념적 데이터 모델링이고, 설계도를 그릴 때 사용하는 방법이나 도구가 개념적 데이터 모델이다. 설계도를 토대로 모델하우스를 만드는 과정을 논리적 데이터 모델링으로, 모델하우스를 만들 때 사용하는 방법이나 도구를 논리적 데이터 모델로 생각할 수 있다.

보통 개념적 데이터 모델링과 논리적 데이터 모델링을 통틀어 데이터베이스 설계라고 한다. 데이터 모델링 과정을 통해 논리적 구조가 결정되면, 컴퓨터 저장 장치에 실제로 저장되는 형태를 의미하는 물리적 구조로 변환하는 작업을 통해 현실 세계의 데이터를 컴퓨터 세계의 데이터로 저장한다.

개념적 데이터 모델링과 논리적 데이터 모델링 작업을 지원하는 다양한 데이터 모델이 존재하는데, 사용하는 데이터 모델에 따라 현실 세계를 표현하는 개념적 구조나 논리적 구조의 모습이 달라진다. 개념적 데이터 모델 중 대표적으로 많이 사용되는 것이 개체-관계 모델E-R Model; Entity-Relationship Model이다. 논리적 데이터 모델로는 관계 데이터 모델relational data model이 가장 많이 사용된다. 개체-관계 모델은 다음 절에서 알아보고, 관계 데이터 모델은 5장에서 자세히 살펴보자.

02 개체-관계 모델

개체-관계 모델은 피터 첸Peter Chen이 1976년에 제안한 것으로, 개체entity와 개체 간의 관계 relationship를 이용해 현실 세계를 개념적 구조로 표현하는 방법이다. 현실 세계를 개체-관계 모델을 이용해 개념적으로 모델링하여 그림으로 표현한 것을 개체-관계 다이어그램Entity-Relationship Diagram 또는 E-R 다이어그램이라 한다.

개체-관계 모델을 제대로 활용하려면 먼저 개체, 속성, 관계를 이해해야 하므로 각각의 개념을 살펴보자.

1 개체

개체entity는 현실 세계에서 조직을 운영하는 데 꼭 필요한 사람이나 사물과 같이 구별되는 모든 것을 의미한다. 즉, 개체는 저장할 만한 가치가 있는 중요 데이터를 가지고 있는 사람이나 사물 등이며, 개념적 모델링을 하는 데 가장 중요한 요소다. 예를 들어 현실 세계의 서점을 개념적으로 모델링할 때 중요 데이터를 가지고 있는 사람인 고객과 중요 데이터를 가지고 있는 사물인 책이 개체가 된다.

개체는 사람과 사물처럼 물리적으로 존재하는 것만을 의미하지는 않는다. 개념이나 사건처럼 개념적으로만 존재하는 것도 개체가 될 수 있다. 예를 들어 학교 운영에 필요한 데이터를 가지고 있는 학과나 과목은 물리적으로 존재하지 않지만 반드시 필요한 개념이기 때문에 개체가 될 수 있다.

개체는 다른 개체와 구별되는 이름을 가지고 있고, 각 개체만의 고유한 특성이나 상태, 즉 속성을 하나 이상 가지고 있다. 개체를 고유한 이름과 속성들로 정의한 것을 개체 타입entity type이라 한다. 예를 들어 서점의 고객 개체가 이름·주소·연락처·적립금의 속성으로 구성된다면 고객 개체 타입을 [그림 4-5]와 같이 정의할 수 있다.

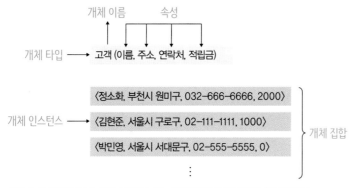

그림 4-5 개체 타입과 개체 인스턴스 예 : 고객 개체 타입과 고객 개체 인스턴스

개체를 구성하고 있는 속성이 실제 값을 가짐으로써 실체화된 개체를 개체 인스턴스entity instance 또는 개체 어커런스entity occurrence라 한다. [그림 4-5]의 〈정소화, 부천시 원미구, 032-666-6666, 2000〉과 같이, 고객 개체 타입을 구성하는 각 속성에 구체적인 값을 가지는 개체 인스턴스가 여러 개 존재할 수 있다. 특정 개체 타입에 대한 개체 인스턴스들을 모아 놓은 것을 개체 집합entity set이라 한다. 데이터베이스에서 실제로 저장하고 관리하는 것이 이 개체 인스턴스들의 모임인 개체 집합이라 할 수 있다.

개체와 속성은 파일 구조에서 레코드record와 필드field 용어에 대응된다. 그리고 개체 타입은 레코드 타입record type에, 개체 인스턴스는 레코드 인스턴스record instance에 대응된다.

E-R 다이어그램에서는 개체를 사각형으로 표현하고 사각형 안에 개체의 이름을 표기한다. [그림 4-6]은 고객 개체를 E-R 다이어그램으로 표현한 예다.

> 고객

그림 4-6 개체의 E-R 다이어그램 표현 예 : 고객 개체

2 속성

속성attribute은 개체가 가지고 있는 고유한 특성이다. 속성은 그 자체만으로는 의미가 없지만 관련 있는 속성들을 모아 개체를 구성하면 하나의 중요한 의미를 표현할 수 있다. 속성은 일반적으로 의미 있는 데이터의 가장 작은 논리적 단위로 인식된다.

E-R 다이어그램에서 속성은 타원으로 표현하고, 타원 안에 속성의 이름을 표기한다. [그림 4-7]에서 (a)가 고객아이디 속성을, (b)가 고객 개체의 고객아이디와 고객명 속성을 E-R 다이어그램으로 표현한 예다.

(a) 속성 표현　　　　　　(b) 개체에 대한 속성 표현

그림 4-7 속성의 E-R 다이어그램 표현 예

속성은 다음과 같이 다양한 기준으로 분류할 수 있다.

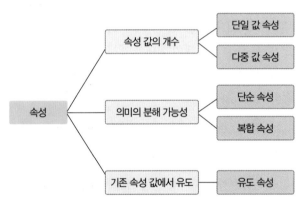

그림 4-8 속성의 분류

단일 값 속성과 다중 값 속성

특정 개체를 구성하는 속성 값이 하나면 단일 값 속성single-valued attribute으로 분류한다. 예를 들어 고객 개체를 구성하는 이름·적립금 등의 속성은 한 명의 고객 인스턴스에 대해 하나의 값만 가지므로 단일 값 속성이다.

이와 달리 속성이 값을 여러 개 가질 수 있으면 다중 값 속성multi-valued attribute으로 분류한다. 고객 개체를 구성하는 연락처 속성은 한 명의 고객 인스턴스에 대해 집 전화번호와 휴대폰 번호 등 값을 여러 개 가질 수 있으므로 다중 값 속성이다. 책 개체를 구성하는 저자 속성도 한 권의 책 인스턴스에 저자가 여러 명일 수 있기 때문에 다중 값 속성으로 분류한다.

다중값 속성은 이중 타원으로 표현한다. [그림 4-9]는 고객 개체가 가지고 있는 고객아이디·고객명 속성과 다중 값 속성인 연락처를 E-R 다이어그램으로 표현한 예다.

그림 4-9 다중 값 속성의 E-R 다이어그램 표현 예 : 연락처 속성

단순 속성과 복합 속성

단순 속성simple attribute은 의미를 더는 분해할 수 없는 속성이다. 즉, 단순 속성의 값은 의미가 하나다. 고객 개체를 구성하는 적립금 속성은 의미가 더는 분해되지 않기 때문에 단순 속성이 된다. 책 개체를 구성하는 이름·ISBN·가격 등의 속성도 의미를 나눌 수 없으므로 단순 속성으로 분류한다.

반면, 복합 속성composite attribute은 의미를 분해할 수 있어 값이 여러 개의 의미를 포함한다. 고객 개체를 구성하는 주소 속성은 도·시·동·우편번호 등으로 의미를 나눌 수 있다. 고객 개체의 생년월일 속성도 연·월·일로 의미를 세분화할 수 있으므로 복합 속성이다. 복합 속성은 단순 속성이 여러 개 모여 만들어진 속성으로 볼 수 있다. 하지만 일반적으로 주소나 생년월일 속성은 값이 전체 단위로 입력되거나 검색되고, 의미가 세부적으로 나뉘지 않는다. 그러므로 주소나 생년월일 속성은 하나의 단순 속성으로 처리하는 것도 괜찮다.

복합 속성은 E-R 다이어그램에서 [그림 4-10]과 같이 표현한다. [그림 4-10]은 고객 개체가 가지고 있는 고객아이디·고객명 속성과 복합 속성인 생년월일을 E-R 다이어그램으로 표현한 예다.

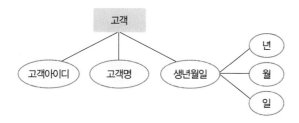

그림 4-10 복합 속성의 E-R 다이어그램 표현 예 : 생년월일 속성

유도 속성

값이 별도로 저장되는 것이 아니라 기존의 다른 속성 값에서 유도되어 결정되는 속성을 유도 속성derived attribute으로 분류한다. 책 개체를 구성하는 가격과 할인율 속성으로 계산되는 판매가격 속성이 유도 속성이다. 그리고 판매가격 속성을 계산하는 데 사용되는 가격과 할인율 같은 속성을 저장 속성stored attribute이라고 한다. 저장 속성인 출생년도에서 나이 속성을 유도하는 것도 이 예에 속한다. 실제로 값을 저장하고 있는 것은 저장 속성이고, 유도 속성은 필요할 때마다 계산되므로 값을 따로 저장할 필요가 없다.

유도 속성은 E-R 다이어그램에서 점선 타원으로 표현한다. [그림 4-11]은 책 개체가 가지고 있는 가격·할인율 속성과 해당 속성들에서 유도되는 판매가격 속성을 E-R 다이어그램으로 표현한 예다.

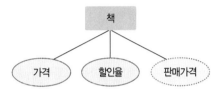

그림 4-11 유도 속성의 E-R 다이어그램 표현 예 : 판매가격 속성

널 속성

널null 값은 데이터베이스에서 여러 가지로 중요한 의미를 지니므로 의미를 정확히 이해해야 한다. 널 값은 아직 결정되지 않았거나 모르는 값unknown value을 의미한다. 또는 해당되는 값이 없는, 즉 존재하지 않는 값의 경우도 널 값이라 한다. 이처럼 널 값은 값을 아직 갖지 않은 것이므로 공백blank이나 0zero과는 다르다.

널 값이 허용되는 속성을 널 속성null attribute이라 한다. 한 명의 고객 개체 인스턴스의 등급 속성 값이 널이라면 고객의 등급이 아직 결정되지 않았음을 의미한다. 또 고객 개체 인스턴스의 취미 속성이 널 값이면 가입 시 고객이 취미를 입력하지 않았음을 의미한다. 다른 예로, 사원 개체를 구성하는 병역 속성은 사원 개체 인스턴스의 성별이 여자인 경우에는 해당 사항이 없으므로 널 값을 가질 수밖에 없다.

키 속성

개체를 구성하는 속성들 중에서 특별한 역할을 하는 속성이 있는데 바로 키 속성key attribute이다. 모든 개체 인스턴스의 키 속성 값이 다르므로 키 속성은 개체 집합에 존재하는 각 개체 인스턴스들을 식별하는 데 사용된다. 고객 개체의 고객아이디 속성은 고객마다 다르기 때문에 고객 개체의 키 속성이 될 수 있다. 책 개체에서는 ISBN 속성이 키 속성으로 사용될 수 있다. 키 속성은 간단히 키라고도 한다.

어떤 경우에는 키를 둘 이상의 속성들로 구성하기도 한다. 예를 들어 고객 개체에 고객아이디 속성이 없는 경우에는 고객명과 집전화번호 속성을 조합하여 키를 구성할 수도 있다. 함께 사는 가족의 집전화번호가 같을 수는 있지만 가족들 중에서 이름이 같은 사람은 없으므로 고객명과 집전화번호 속성을 조합하면 고객들을 구별할 수 있기 때문이다.

개체 타입을 정의할 때 중요한 제약조건은 키 속성의 값이 개체 인스턴스마다 달라서 이 값으로 개체 인스턴스를 식별할 수 있어야 한다는 것이다. 만약 키 속성으로 적합한 속성이 여러 개면 이 중 하나를 키로 사용하면 된다.

키 속성은 E-R 다이어그램에서 밑줄을 그어 표현한다. [그림 4-12]는 고객 개체의 고객아이디라는 키 속성을 E-R 다이어그램으로 표현한 예다.

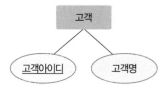

그림 4-12 키 속성의 E-R 다이어그램 표현 예 : 고객아이디 속성

③ 관계

관계relationship는 개체와 개체가 맺고 있는 의미 있는 연관성으로, 개체-관계 모델의 중요한 요소다. 관계는 개체 집합들 사이의 대응 관계correspondence, 즉 매핑mapping을 의미한다. 업무 처리에 대한 요구 사항을 개체들을 이용해 하나의 문장으로 만들었을 때 동사에 해당하는 것이 관계다. 고객과 책 개체에 관련된 업무 처리 내용을 '고객은 책을 구매한다' 식의 문장으로 만들 수 있는데, 이때 구매가 고객과 책 개체 사이의 관계가 될 수 있다. 관계를 고려하지 않으면 책을 구매한 고객에 대한 데이터나 특정 고객이 구매한 책에 대한 데이터를 검색할 수 없다. 관계를 통해서만 개체들 간의 연관성을 이용한 업무를 처리할 수 있다.

관계를 여러 개체(타입) 사이에서 정의되는 관계 타입relationship type과 실제 속성 값으로 구성된 특정 개체 인스턴스들 간에 맺어진 실제 관계인 관계 인스턴스로 구분하여 표현하기도 한다. 고객 개체와 책 개체 사이에 정의된 구매 관계는 관계 타입이 된다. 그리고 이름 속성의 값이 정소화인 고객 개체 인스턴스와 제목 속성의 값이 데이터베이스개론인 책 개체 인스턴스 사이에 맺어진 실제 관계는 관계 인스턴스가 되는 것이다.

관계도 개체처럼 속성을 가질 수 있다. 관계를 맺음으로써 발생하는 중요한 데이터들이 관계의 속성이 된다. 고객이 책을 구매하면 발생하는 구매일자·결제방식 등이 구매 관계의 속성이 될 수 있다.

관계는 E-R 다이어그램에서 마름모로 표현한다. [그림 4-13]은 고객 개체와 책 개체 사이에 정의되는 구매 관계를 E-R 다이어그램으로 표현한 예다. 예에서는 구매 관계가 가지고 있는 구매일자와 결제방식 속성도 함께 표현했다.

그림 4-13 관계의 E-R 다이어그램 표현 예 : 구매 관계

관계의 유형

관계도 다양한 기준에 따라 분류할 수 있다. 먼저 관계에 참여하는 개체 타입의 수를 기준으로 이항 관계, 삼항 관계, 순환 관계 등으로 나눌 수 있다. 이항 관계는 개체 타입 2개가 맺는 관계이고, 삼항 관계는 개체 타입 3개가 맺는 관계다. 그리고 순환 관계는 개체 타입 1개가 자기 자신과 맺는 관계다.

8장에서 살펴볼 데이터베이스 설계 과정에서 중요하게 활용되는 관계의 분류 기준은 매핑 원소의 수, 즉 매핑 카디널리티mapping cardinality다. 매핑 카디널리티는 관계를 맺는 두 개체 집합에서, 각 개체 인스턴스가 연관성을 맺고 있는 상대 개체 집합의 인스턴스 개수를 의미한다. 관계는 매핑 카디널리티를 기준으로 일대일1:1, 일대다1:n, 다대다n:m라는 세 가지 유형으로 분류할 수 있다. 개체 A와 B 사이에 관계가 정의되어 있다고 가정하고, 세 가지 관계 유형을 하나씩 살펴보자.

■ **일대일**1:1 **관계**

개체 A의 각 개체 인스턴스가 개체 B의 개체 인스턴스 하나와 관계를 맺을 수 있고, 개체 B의 각 개체 인스턴스도 개체 A의 개체 인스턴스 하나와 관계를 맺을 수 있다면 두 개체의 관계는 일대일 관계다. 예를 들어 [그림 4-14]와 같이 남편 개체와 아내 개체 사이에

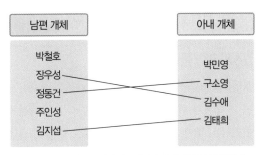

그림 4-14 일대일 관계의 예 : 남편과 아내 개체의 혼인 관계

는 혼인 관계가 존재한다. 그런데 대한민국에서는 남편 한 명이 아내 한 명과 혼인 관계를 맺어야 하고, 아내도 반드시 남편 한 명과 혼인 관계를 맺어야 하기 때문에 두 개체의 혼인 관계는 일대일 관계가 된다.

■ **일대다**1 : n **관계**

개체 A의 각 개체 인스턴스는 개체 B의 개체 인스턴스 여러 개와 관계를 맺을 수 있지만, 개체 B의 각 개체 인스턴스는 개체 A의 개체 인스턴스 하나와만 관계를 맺을 수 있다면 두 개체는 일대다 관계다. 예를 들어 [그림 4-15]와 같이 부서 개체와 사원 개체 사이에

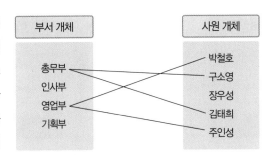

그림 4-15 일대다 관계의 예 : 부서와 사원 개체의 소속 관계

는 소속 관계가 존재한다. 일반적으로 한 부서에는 사원이 여러 명 소속될 수 있지만, 사원 한 명은 부서 하나에만 소속되기 때문에 두 개체의 소속 관계는 일대다 관계가 된다.

■ **다대다**n : m **관계**

개체 A의 각 개체 인스턴스가 개체 B의 개체 인스턴스 여러 개와 관계를 맺을 수 있고, 개체 B의 각 개체 인스턴스도 개체 A의 개체 인스턴스 여러 개와 관계를 맺을 수 있다면 두 개체는 다대다 관계다. 예를 들어 [그림 4-16]과 같이 고객 개체와 책 개체 사이에는

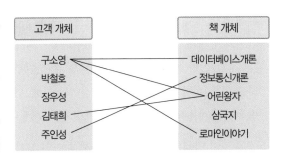

그림 4-16 다대다 관계의 예 : 고객과 책 개체의 구매 관계

구매 관계가 존재한다. 일반적으로 고객 한 명이 책을 여러 권 구매할 수 있고, 책은 한 종류가 여러 고객에게 판매될 수 있기 때문에 두 개체의 구매 관계는 다대다 관계가 된다.

관계의 참여 특성

개체 A와 B 사이의 관계에서, 개체 A의 모든 개체 인스턴스가 관계에 반드시 참여해야 된다면 개체 A가 관계에 '필수적 참여한다' 또는 '전체 참여한다'라고 한다. 그리고 개체 A의 개체 인스턴스 중 일부만 관계에 참여해도 되면 개체 A가 관계에 '선택적 참여한다' 또는 '부분 참여한다'라고 한다. 예를 들어 고객 개체와 책 개체 사이의 구매 관계에서 모든 고객이 책을 반드시 구매해야 한다는 제약조건이 존재한다면, 고객 개체가 구매 관계에 필수적 참여한다고 할 수 있다. 반대로 고객이 구매하지 않은 책이 존재할 수 있다면 책 개체가 구매 관계에 선택적 참여한다고 할 수 있다. 개체가 관계에 선택 참여하는지, 필수 참여하는지는 데이터베이스 설계 과정에서 중요하게 고려해야 되는 사항이다. 그리고 이는 데이터베이스를 구축한 후에 새로운 개체 인스턴스를 삽입하거나, 기존 개체 인스턴스를 삭제·변경할 때 제약 사항으로도 활용된다.

필수적 참여 관계는 E-R 다이어그램에서 이중선으로 표현한다. [그림 4-17]은 고객 개체가 구매 관계에 필수적으로 참여하고 있음을 E-R 다이어그램으로 표현한 예다.

그림 4-17 필수적 참여 관계의 E-R 다이어그램 표현 예 : 고객 개체의 필수적 참여 관계

관계의 종속성

두 개체가 관계에 대해 종속적인 특성을 가지는 경우도 있다. 개체 B가 독자적으로는 존재할 수 없고 다른 개체 A의 존재 여부에 의존적이라면, 개체 B가 개체 A에 종속되어 있다고 한다. 개체 B가 개체 A에 종속되면, 이는 개체 A가 존재해야 개체 B가 존재할 수 있고 개체 A가 삭제되면 개체 B도 함께 삭제되어야 함을 의미한다. 이러한 종속을 특별히 존재 종속existence dependence이라 한다. 이때 다른 개체의 존재 여부에 의존적인 개체 B를 약한 개체weak entity라 하고 다른 개체의 존재 여부를 결정하는 개체 A를 강한 개체strong entity라 한다. 두 개체가 종속적인 관계를 맺고 있어 약한 개체를 종속 개체로, 강한 개체를 오너 개체로 부르기도 한다.

예를 들어 학생 개체와 학부모 개체 사이의 보호 관계를 살펴보자. 학교 입장에서 보면 학부모 개체만으로는 의미가 없다. 학생 개체가 있어야 학생을 보호하는 학부모 개체가 존재할 수 있으며, 학생 개체가 없으면 학부모 개체도 필요가 없다. 그래서 학교에 새로운 학생이 입학하면 보호 관계를 맺는 학부모가 생기지만, 학생이 졸업하면 학부모 데이터도 함께 삭제된다. 즉, 학생 개체가 강한 개체가 되고 학부모 개체는 약한 개체가 된다.

이번에는 직원 개체와 부양가족 개체 사이의 부양 관계를 살펴보자. 회사에 새로운 직원이 입사하면 해당 직원의 부양가족에 대한 데이터도 함께 저장하지만, 직원이 퇴사하면 퇴사한 직원의 부양가족 데이터도 함께 삭제한다. 그러므로 직원 개체가 강한 개체가 되고 부양가족 개체는 약한 개체가 된다.

강한 개체와 약한 개체는 일반적으로 일대다의 관계이며, 약한 개체는 강한 개체와의 관계에 필수적으로 참여한다는 특징이 있다. 약한 개체는 자신이 지닌 속성만으로는 식별이 어려워 일반적으로 강한 개체의 키를 포함하여 키를 구성한다.

앞서 예로 든 직원 개체와 부양가족 개체를 다시 살펴보자. 강한 개체인 직원 개체와 약한 개체인 부양가족 개체는 일반적으로 일대다 관계를 맺는다. 부양하는 직원이 있어야 부양가족도 존재하므로 부양가족은 부양 관계에 필수적으로 참여하고 있다. 그리고 한 직원의 부양가족 중 이름이 같은 사람은 없기 때문에 직원별로 보면 이름 속성이 부양가족을 식별하는 역할을 할 수 있다. 하지만 다른 직원의 부양가족 이름과 같을 수 있으므로 이름 속성만으로 부양가족을 구별하기 어렵다. 이럴 때는 먼저 직원번호 속성으로 직원 개체를 식별하고, 식별된 직원의 부양가족 개체를 이름 속성으로 구별하면 된다. 즉, 강한 개체인 직원 개체에 직원번호라는 키 속성이 존재한다면, 직원번호 속성과 이름 속성을 조합하여 약한 개체인 부양가족 개체의 키를 구성할 수 있다. 그러면 부양가족 개체의 키는 (직원번호, 이름)이 된다. 이때 이름과 같이 약한 개체를 구별해주는 속성을 구별자delimiter 또는 부분키partial key라고 한다.

[그림 4-18]은 강한 개체인 직원 개체와 약한 개체인 부양가족 개체의 관계를 E-R 다이어그램으로 표현한 예다. 이처럼 약한 개체는 이중 사각형으로 표현하고 약한 개체가 강한 개체와 맺는 관계는 이중 마름모로 표현한다. 예에서는 부양가족이 부양 관계에 필수적으로 참여하기 때문에 이중선으로 연결했다.

그림 4-18 관계 종속성의 E-R 다이어그램 표현 예 : 약한 개체인 부양가족 개체

4 E-R 다이어그램

앞서 설명한 것처럼 E-R 다이어그램은 개체-관계 모델을 이용해 현실 세계를 개념적으로 모델링한 결과물을 그림으로 표현한 것이다. 개체-관계 모델을 이용해 현실 세계로부터 개체, 속성, 개체 간의 관계를 찾아내 그림으로 표현하면 글로 작성하는 것보다 훨씬 더 이해하기 쉽기 때문에 E-R 다이어그램을 많이 선호한다.

E-R 다이어그램은 기본적으로 개체를 표현하는 사각형, 개체 간의 관계를 표현하는 마름모, 개체나 관계의 속성을 표현하는 타원, 각 요소를 연결하는 링크(연결선)로 구성된다. 그리고 일대일1:1, 일대다1:n, 다대다n:m 관계를 레이블로 표기한다.

[그림 4-19]는 고객과 책 개체의 구매 관계, 책과 출판사 개체 사이의 공급 관계를 E-R 다이어그램으로 표현한 예다. 고객 개체는 고객아이디·고객명·적립금 속성으로 구성되고, 책 개체는 ISBN·제목·저자·가격 속성으로 구성되어 있다. 그리고 출판사 개체는 출판사번호·이름·위치·전화번호 속성으로 구성되어 있다. 고객 개체와 책 개체 사이에는 구매 관계가 존재하고 이 관계는 다대다n:m 관계다. 그리고 구매 관계는 구매일자와 결제방식 속성을 가지고 있다. 출판사 개체와 책 개체 사이에는 공급 관계가 존재하고 이 관계는 일대다1:n 관계다. 공급 관계에는 특별한 속성이 없다.

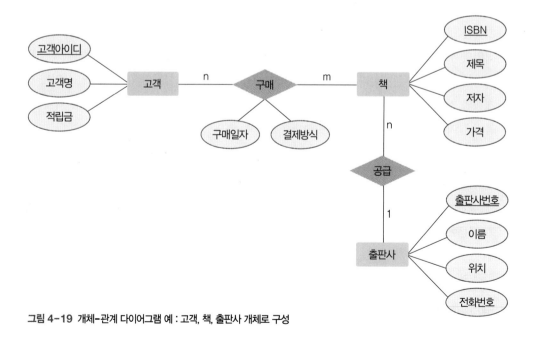

그림 4-19 개체-관계 다이어그램 예 : 고객, 책, 출판사 개체로 구성

03 논리적 데이터 모델

1 논리적 데이터 모델의 개념과 특성

개체-관계 모델은 현실 세계를 사람들의 머릿속에 그릴 수 있는 개념적인 구조로 모델링하는 데 사용하므로 어떤 데이터베이스 관리 시스템으로 데이터베이스를 구축하든 상관이 없다. 하지만 E-R 다이어그램으로 표현된 개념적인 구조를 데이터베이스에 표현하는 형태를 결정하는 논리적 데이터 모델링에서는 데이터베이스 관리 시스템 종류가 중요하다.

사용자 입장에서 선택한 데이터베이스 관리 시스템에 따라 E-R 다이어그램으로 표현된 개념적 구조를 데이터베이스에 어떤 형태로 저장할지를 논리적으로 표현하는데, 이러한 논리적인 구조를 논리적 데이터 모델이라 한다. 쉽게 말해 논리적 데이터 모델은 논리적 데이터 모델링의 결과물이고, 사용자가 생각하는 데이터베이스의 모습 또는 구조다. 그리고 논리적 데이터 모델로 표현된 데이터베이스의 논리적 구조가 바로 데이터베이스 스키마schema다. 논리적 구조는 사용하는 데이터베이스 관리 시스템에 따라 달라진다.

데이터베이스에 있는 데이터들 간의 관계를 표현하는 방법에 따라 다양한 논리적 데이터 모델이 존재한다. 일반적으로 많이 사용되는 논리적 데이터 모델은 관계 데이터 모델로, 데이터베이스의 논리적 구조가 2차원 테이블 형태다. 관계 데이터 모델이 제안되기 전에는 계층 데이터 모델과 네트워크 데이터 모델이 주로 사용되었다. 여기서는 계층 데이터 모델과 네트워크 데이터 모델만 간단히 살펴보고, 많이 사용되는 관계 데이터 모델은 5장에서 자세히 살펴볼 것이다.

2 계층 데이터 모델

계층 데이터 모델hierarchical data model은 데이터베이스의 논리적 구조가 트리tree 형태다. [그림 4-20]은 고객, 책, 출판사 개체와 그들 사이의 관계를 계층 데이터 모델로 표현한 예다. 개체는 사각형으로 나타내고 개체들 간의 관계는 링크(연결선)로 나타내는데, 링크는 일대다 관계만 표현할 수 있다. 그리고 계층 데이터 모델은 두 개체 사이에 관계를 하나만 정의할 수 있어 관계에 이름을 붙여 구별할 필요가 없다.

그림 4-20 계층 데이터 모델 예 : 고객, 책, 출판사 개체로 구성

계층 데이터 모델에서는 다대다 관계를 직접 표현할 수 없어 별도의 개체를 추가로 생성하여 이를 표현한다. [그림 4-20]에서는 고객 개체와 책 개체의 다대다 관계를 나타내기 위해 구입도서 개체를 추가로 만들어 표현하고 있다. 즉, 책 개체와 고객 개체의 일대다 관계, 고객 개체와 구입도서 개체의 일대다 관계로 고객 개체와 책 개체의 다대다 관계를 표현한다.

계층 데이터 모델은 트리 구조로 표현되기 때문에 출판사 개체처럼 루트 역할을 하는 개체가 존재하고 사이클이 존재하지 않는다. 그리고 일대다 관계를 맺는 개체들 사이에는 상하 관계가 성립한다. 상위에 있는 개체를 부모 개체, 하위에 있는 개체를 자식 개체라 하고, 이들 사이의 일대다 관계를 부모 자식 관계라 한다. 계층 데이터 모델에서는 트리 구조의 특성상 부모 개체 하나가 자식 개체를 여러 개 가질 수 있지만, 모든 자식 개체는 부모 개체를 하나만 가질 수 있다는 제약 사항이 존재한다.

[그림 4-21]은 부서, 직원, 상품, 고객 개체와 그들 사이의 관계를 계층 데이터 모델로 표현한 예다.

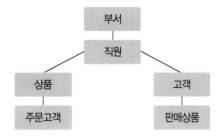

그림 4-21 계층 데이터 모델 예 : 부서, 직원, 상품, 고객 개체로 구성

계층 데이터 모델은 개체 사이의 관계를 정의할 때 여러 제약이 존재하기 때문에 개념적 구조를 논리적 구조로 자연스럽게 모델링하기 어려워 구조가 복잡해질 수 있다. 그리고 데이터의 삽입·삭제·수정 등을 연산하거나 원하는 데이터를 검색하기가 쉽지 않다는 단점이 있다.

❸ 네트워크 데이터 모델

네트워크 데이터 모델network data model은 데이터베이스의 논리적 구조가 그래프graph 또는 네트워크network 형태다. [그림 4-22]는 고객, 책, 출판사 개체와 그들 사이의 관계를 네트워크 데이터 모델로 표현한 예다. 개체는 사각형으로 나타내고 개체들 간의 관계는 화살표로 나타내는데, 화살표는 일대다 관계만 표현할 수 있다. 네트워크 데이터 모델에서는 계층 데이터 모델과 달리 두 개체 간의 관계를 여러 개 정의할 수 있어 관계를 이름으로 구별한다. 그림에서도 관계를 표현하는 화살표마다 이름을 붙여 구별하였다.

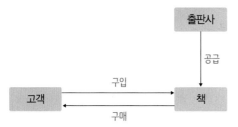

그림 4-22 네트워크 데이터 모델 예 : 고객, 책, 출판사 개체로 구성

네트워크 데이터 모델에서도 일대다 관계만 직접 표현할 수 있으므로 두 개체 사이의 일대다 관계들을 이용해 다대다 관계를 표현한다. [그림 4-22]에서는 고객 개체와 책 개체가 다대다의 관계를 맺고 있어 구입과 구매라는 2개의 일대다 관계로 이를 표현했다. 네트워크 데이터 모델에서는 일대다 관계의 개체들을 각각 오너owner와 멤버member라 부르고, 이들 사이의 관계를 오너–멤버 관계owner–member relationship라 부른다. 계층 데이터 모델과 달리 오너 개체 하나가 멤버 개체 여러 개와 관계를 맺을 수 있고 멤버 개체도 오너 개체 여러 개와 관계를 맺을 수 있다.

[그림 4-23]은 부서, 직원, 상품, 고객 개체와 그들 사이의 관계를 네트워크 데이터 모델로 표현한 예다.

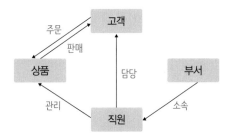

그림 4-23 네트워크 데이터 모델 예 : 부서, 직원, 상품, 고객 개체로 구성

네트워크 데이터 모델은 같은 개체들 사이의 관계를 2개 이상 표현할 수 있어 계층 데이터 모델보다 개념적 구조를 논리적 구조로 좀 더 자연스럽게 모델링할 수 있다. 그러나 계층 데이터 모델보다 구조가 훨씬 복잡해질 수 있어, 데이터의 삽입·삭제·수정 같은 연산과 데이터 검색이 계층 데이터 모델보다 더 어려워지는 문제가 발생한다.

최근에는 객체의 개념을 도입한 객체지향 데이터 모델object-oriented data model 및 객체지향 데이터 모델과 관계 데이터 모델의 특성을 모두 수용하는 객체관계 데이터 모델object-relational data model이 사용되기도 한다. 하지만 누구나 쉽게 이해할 수 있는 데이터 구조와 데이터의 검색·삽입·삭제·수정 등의 연산을 제공하는 관계 데이터 모델이 꾸준하게 인기가 높다. 일반적으로 데이터베이스 관리 시스템은 논리적 데이터 모델을 하나만 지원한다. 그러므로 데이터베이스를 구축하는 환경에 맞는 데이터베이스 관리 시스템을 먼저 선택한 후 이를 지원하는 논리적 데이터 모델을 선택해야 한다.

> **NOTE** 계층 데이터 모델과 네트워크 데이터 모델은 일대다 관계만 직접 표현할 수 있다고 하였다. 그러나 일대일 관계는 넓은 의미에서 일대다 관계의 한 유형으로 볼 수 있으므로 일대다 관계로 일대일 관계까지 표현하게 된다.

01 데이터 모델링

현실 세계에 존재하는 데이터를 컴퓨터 세계의 데이터베이스로 옮기는 변환 과정이다. 개념적 데이터 모델링과 논리적 데이터 모델링이 있다.

- 개념적 데이터 모델링 : 현실 세계의 중요 데이터를 추출하여 개념 세계로 옮긴다.
- 논리적 데이터 모델링 : 개념 세계의 데이터를 데이터베이스에 저장하는 구조로 표현한다.

02 데이터 모델

데이터 모델링의 결과물을 표현하는 도구로, 개념적 데이터 모델과 논리적 데이터 모델이 있다.

- 개념적 데이터 모델 : 현실 세계를 사람의 머리로 이해할 수 있도록 개념적 모델링의 결과물인 개념적 구조로 표현하는 도구다.
- 논리적 데이터 모델 : 개념적 구조를 논리적으로 모델링하여 논리적 구조로 표현하는 도구다.

03 개체-관계 모델

개체와 개체 간의 관계를 이용해 현실 세계를 개념적 구조로 표현하는 개념적 데이터 모델이다.

- 개체 : 현실 세계에서 조직을 운영하는 데 꼭 필요한 사람이나 사물과 같이 구별되는 모든 것을 의미한다.
- 속성 : 개체나 관계가 가지고 있는 고유한 특성이다.
- 관계 : 개체와 개체가 맺고 있는 의미 있는 연관성이다.

04 개체-관계 다이어그램

- 개체-관계 모델을 이용해 현실 세계를 개념적으로 모델링한 결과물을 그림으로 표현한 것이다. E-R 다이어그램이라고도 한다.
- 기본적으로 개체를 표현하는 사각형, 개체 간의 관계를 표현하는 마름모, 개체나 관계의 속성을 표현하는 타원과 각 요소들을 연결하는 선으로 구성된다.

05 논리적 데이터 모델

사용자 입장에서 선택한 데이터베이스 관리 시스템에 따라 E-R 다이어그램으로 표현된 개념적 구조를 다음과 같이 데이터베이스에 저장할 형태로 표현한 데이터베이스의 논리적인 구조다.

- 관계 데이터 모델 : 데이터베이스의 논리적 구조가 2차원 테이블 형태다(5장에서 다룸).
- 계층 데이터 모델 : 데이터베이스의 논리적 구조가 트리 형태다.
- 네트워크 데이터 모델 : 데이터베이스의 논리적 구조가 그래프 형태다.

01 데이터 모델의 개념으로 가장 적절한 것은?

① 컴퓨터 세계의 데이터 구조를 현실 세계의 데이터 구조로 기술하는 도구다.

② 현실 세계의 데이터 구조를 컴퓨터 세계의 데이터 구조로 기술하는 도구다.

③ 가상 세계의 데이터 구조를 현실 세계의 데이터 구조로 기술하는 도구다.

④ 현실 세계의 특정한 한 부분을 표현한 것이다.

02 데이터 모델의 구성 요소로 거리가 먼 것은?

① 데이터 구조data structure　　　② 연산operation

③ 제약조건constraint　　　④ 관계relationship

03 데이터 모델의 구성 요소 중 데이터 구조에 따라 실제로 표현된 값들을 처리하는 작업을 의미하는 것은?

① 데이터 구조data structure　　　② 연산operation

③ 제약조건constraint　　　④ 관계relationship

04 데이터 모델에 대한 다음 설명 중 빈칸에 적합한 것은?

> 데이터 모델은 논리적인 데이터 구조, 데이터 구조에서 처리 가능한 연산, 데이터 구조와 연산에 대한 (　　) 을(를) 구성 요소로 포함하고 있다.

① 개체entity　　　② 속성attribute

③ 제약조건constraint　　　④ 관계relationship

05 데이터 모델, 스키마, 인스턴스 간의 관계를 그림으로 표현한다면 다음 중 적합한 것은?

06 개체−관계 모델에 대한 설명으로 옳지 않은 것은?

① 개체, 속성, 개체 간의 관계를 이용해 현실 세계를 개념적 구조로 표현한 방법이다.

② 사용하는 DBMS의 종류에 영향을 받는다.

③ 1976년 Peter Chen이 제안하였다.

④ E−R 다이어그램을 통해 시각적으로 표현한다.

07 개체−관계 모델에 대한 설명으로 옳지 않은 것은?

① 개체는 현실 세계에서 개념적 또는 물리적으로 존재하는 구별 가능한 모든 것을 의미한다.

② 속성은 개체가 가지고 있는 고유한 특성이다.

③ 관계는 속성들에 대한 연관성을 의미한다.

④ 일대일$_{1:1}$, 일대다$_{1:n}$, 다대다$_{n:m}$ 관계를 모두 표현할 수 있다.

08 개체에 대한 설명으로 옳지 않은 것은?

① 개체는 데이터베이스에 저장할 만한 중요한 데이터를 가지고 있는 현실 세계의 모든 대상을 의미한다.

② 개념적으로만 존재하는 대상도 개체가 될 수 있다.

③ 개체는 다른 개체와 의미 있는 관계를 맺을 수 있다.

④ 개체에는 단 하나의 속성만 허용된다.

09 데이터의 가장 작은 논리적 단위로서, 파일 구조에서 필드에 해당하는 것은?

① 개체   ② 속성   ③ 관계   ④ 인스턴스

10 개체를 구성하고 있는 속성들이 실제로 값을 가지면서 실체화된 개체를 무엇이라 하는가?

① 개체 타입   ② 개체 인스턴스   ③ 개체 집합   ④ 개체 값

11 개체 집합 A의 각 개체 인스턴스가 개체 집합 B의 개체 인스턴스 여러 개와 관계를 맺을 수 있지만, 개체 집합 B의 각 개체 인스턴스는 개체 집합 A의 개체 인스턴스 하나와만 관계를 맺을 수 있음을 의미하는 것은?

① 1:1   ② 1:n   ③ n:m   ④ 1:0

12 개체 집합 A의 각 개체 인스턴스는 개체 집합 B의 개체 인스턴스 여러 개와 관계를 맺을 수 있고, 개체 집합 B의 각 개체 인스턴스도 개체 집합 A의 개체 인스턴스 여러 개와 관계를 맺을 수 있음을 의미하는 것은?

① 1:1   ② 1:n   ③ n:m   ④ 1:0

13 E-R 다이어그램의 구성 요소와 의미를 올바르게 연결하시오.

  ·   · 개체

  ·   · 속성

⬜ ·   · 관계

— ·   · 연결

14 E-R 다이어그램에서 사용되는 기호와 그 의미를 잘못 연결한 것은?

① 사각형 – 개체   ② 삼각형 – 속성
③ 마름모 – 관계   ④ 선 – 개체와 속성을 연결

15 E-R 다이어그램에서 다중 값 속성을 표현하기 위해 사용하는 기호는?

①   ②   ③   ④

16 관객과 영화 개체 간의 예매 관계를 E-R 다이어그램으로 옳게 표현한 것은?

17 병원에서 의사와 환자의 관계를 표현한 E–R 다이어그램이다. 이에 대한 설명으로 옳지 않은 것은?

① 의사 개체와 환자 개체는 일대다 관계다.
② 의사 한 명이 여러 명의 환자를 진료할 수 있다.
③ 환자 한 명이 여러 명의 의사에게 진료를 받을 수 있다.
④ 의사는 반드시 환자를 진료해야 한다.

18 회사에서 직원과 부양가족의 관계를 표현한 E–R 다이어그램이다. 이에 대한 설명으로 옳지 않은 것은?

직원 —1— 〈부양〉 —n— 부양가족

① 직원 개체와 부양가족 개체는 일대다 관계다.
② 부양가족 개체는 독자적으로 존재할 수 없고 직원 개체에 종속되어 있다.
③ 직원 한 명이 여러 부양가족을 부양할 수 있고, 부양가족이 없는 직원도 있을 수 있다.
④ 직원 한 명이 부양가족을 부양하거나, 부양하는 직원이 없을 수도 있다.

19 논리적 데이터 모델에 해당하지 않는 것은?
① 개체–관계 데이터 모델　　　　　② 계층 데이터 모델
③ 네트워크 데이터 모델　　　　　　④ 관계 데이터 모델

20 논리적 데이터 모델에 대한 설명으로 적합한 것은?
① 사용하는 DBMS의 종류에 영향을 받지 않는다.
② 대표적인 논리적 데이터 모델은 개체–관계 모델이다.
③ 데이터베이스의 논리적 구조를 표현한다.
④ 현실 세계를 사람이 이해할 수 있도록 개념적으로 표현한다.

21 계층 데이터 모델은 데이터베이스의 논리적 구조가 어떤 형태인가?

① 트리   ② 그래프   ③ 테이블   ④ 리스트

22 계층 데이터 모델에 대한 설명으로 옳지 않은 것은?

① 데이터베이스의 논리적 구조를 트리 형태로 표현한다.

② 부모 개체와 자식 개체는 일대일의 관계다.

③ 다대다의 관계를 직접 표현할 수 없다.

④ 사이클이 존재하지 않는다.

23 네트워크 데이터 모델은 데이터베이스의 논리적 구조가 어떤 형태인가?

① 트리   ② 그래프   ③ 테이블   ④ 리스트

24 네트워크 데이터 모델에 대한 설명으로 옳지 않은 것은?

① 데이터베이스의 논리적 구조를 그래프 형태로 표현한다.

② 일대일, 일대다, 다대다의 관계를 모두 직접 표현할 수 있다.

③ 오너 개체와 멤버 개체가 존재한다.

④ 개체 간의 관계를 여러 개 정의할 수 있다.

25 계층 데이터 모델과 네트워크 데이터 모델의 가장 큰 차이는 무엇인가?

① 개체를 표현하는 방법   ② 속성을 표현하는 방법

③ 관계를 표현하는 방법   ④ 데이터를 저장하는 방법

26 현실 세계에 존재하는 데이터를 컴퓨터 세계의 데이터베이스로 변환하는 데이터 모델링의 결과물을 표현하는 도구를 무엇이라 하는가?

27 개체-관계 모델을 제안한 사람은 누구인가?

28 개체–관계 모델에 대한 다음 설명을 읽고 Ⓐ, Ⓑ, Ⓒ의 빈칸을 적절히 채우시오.

> (Ⓐ)는 현실 세계에서 어떤 조직을 운영하는 데 꼭 필요한 사람, 사물과 같이 구별되는 모든 것을 의미한다. 그리고 (Ⓐ)가 가지고 있는 고유한 특성을 (Ⓑ)라 하고, (Ⓐ)를 고유한 이름과 (Ⓑ)를 가지고 정의한 것을 (Ⓒ)라고 한다.

29 속성은 다음과 같이 다양한 기준으로 분류할 수 있다. 각 설명이 의미하는 속성이 무엇인지 알 맞게 고르시오.

> ① 단일 값 속성(single–valued attribute)
> ② 다중 값 속성(multi–valued attribute)
> ③ 단순 속성(simple attribute)
> ④ 복합 속성(composite attribute)
> ⑤ 유도 속성(derived attribute)

(1) 여러 개의 더 작은 의미로 분해가 가능한 속성 (   )

(2) 다른 속성의 값으로부터 새롭게 유도되어 결정되는 속성 (   )

(3) E–R 다이어그램에서 이중 타원으로 표현되는 속성 (   )

(4) 의미를 더는 분해할 수 없는 속성 (   )

30 개체–관계 모델을 이용해 현실 세계를 개념적으로 모델링하여 개체, 속성, 개체 간의 관계를 그림으로 표현한 것을 무엇이라 하는가?

31 다음 E–R 다이어그램을 보고 각 물음에 답하시오.

(1) 개체를 찾아 나열하시오.

(2) 단순 속성을 찾아 나열하시오.

(3) 복합 속성을 찾아 나열하시오.

(4) 다중 값 속성을 찾아 나열하시오.

(5) 키 속성을 찾아 나열하시오.

(6) 관계를 찾아 나열하시오.

32 다음 E-R 다이어그램을 보고 각 물음에 답하시오.

(1) 다른 개체의 존재 여부에 의존적인 개체를 무엇이라 하는지 답하고, 위의 E-R 다이어그램에서 그러한 개체를 찾아보시오.

(2) 다른 개체의 존재 여부를 결정하는 개체를 무엇이라 하는지 답하고, 위의 E-R 다이어그램에서 그러한 개체를 찾아보시오.

33 데이터 모델링과 데이터 모델이 무엇인지 설명하시오.

34 데이터 모델링 과정을 두 단계로 나누어 설명하시오.

35 고객 개체와 이벤트 개체 간의 참여 관계가 있고, 고객 한 명이 여러 이벤트에 참여할 수 있으며, 이벤트 하나에 여러 고객이 참여할 수 있다고 할 때 이 내용을 E-R 다이어그램으로 표현하시오.

36 다음은 어느 학교에서 학생에게 학생증을 발급하는 업무에 대해 설명한 내용이다. 이 내용을 읽고 E-R 다이어그램으로 표현하시오.

- 학생 개체와 학생증 개체는 발급 관계가 있다.
- 학생 개체는 학번과 이름 속성을 가지고 있다. 이 중에서 학번이 키 속성이다.
- 학생증 개체는 키 속성인 발급번호 속성만 가지고 있다.
- 발급 관계는 발급날짜 속성을 가지고 있다.
- 학생 한 명은 학생증을 1개만 발급받을 수 있고, 학생증도 학생 한 명에게만 발급될 수 있다.

관계 데이터 모델

학습목표

- 관계 데이터 모델의 기본 용어를 익힌다.
- 릴레이션을 구성하는 요소와 특성을 이해한다.
- 릴레이션에서 키의 역할과 종류를 알아본다.
- 무결성 제약의 의미와 필요성을 이해한다.

PREVIEW

인기순으로 모여!

여러분은 물건을 살 때 맨 먼저 어떤 상품에 관심이 가는가? 필자는 인기 상품부터 비교해보고 구매할 상품을 결정하곤 한다. 여러분도 같은 경험이 있을 텐데, 그렇다면 왜 인기 상품에 먼저 관심이 가는 것일까? 아마도 많은 사람이 선택하였으니 좋은 상품일 것이라는 믿음 때문일 것이다.

데이터 모델링을 통해 현실 세계의 데이터를 데이터베이스에 저장하려면 논리적 데이터 모델들 중 하나를 선택해야 하는데, 이때의 선택 방법도 일반 상품 구매와 크게 다르지 않다. 그래서 이 장에서는 논리적 데이터 모델 중 가장 인기 있는 관계 데이터 모델을 소개하려고 한다.

관계 데이터 모델에 따라 제작된 데이터베이스를 관계 데이터베이스relational database라고 하는데, 그냥 데이터베이스라고 하면 관계 데이터베이스를 의미할 만큼 관계 데이터 모델은 많이 사용된다. 그러므로 당장은 관계 데이터 모델을 선택할 일이 없더라도 이 모델에 대해 정확히 알아두면 데이터베이스 분야를 공부하는 데 도움이 많이 될 것이다.

이 장에서는 관계 데이터 모델의 기본 용어를 소개하면서 관계 데이터 모델의 핵심인 릴레이션에 대해 자세히 알아보고자 한다. 릴레이션을 구성하는 요소와 특성, 키의 역할과 종류, 무결성제약의 의미와 필요성에 대해 순차적으로 공부하는 동안 관계 데이터 모델에 대해 점점 더 깊이이해하게 될 것이다.

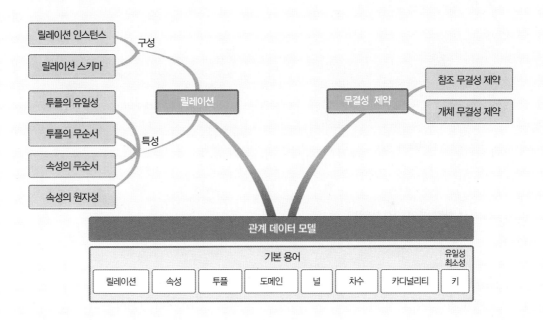

01 관계 데이터 모델의 개념

1 관계 데이터 모델의 기본 용어

일반적으로 관계 데이터 모델에서는 하나의 개체에 관한 데이터를 릴레이션relation 하나에 담아 데이터베이스에 저장한다. [그림 5-1]은 인터넷 쇼핑몰을 위한 데이터베이스에서 고객 개체를 표현한 고객 릴레이션의 예다. 이 예를 통해 릴레이션과 관련된 용어를 하나씩 알아보자.

열(속성, 애트리뷰트)

고객아이디	고객이름	나이	등급	직업	적립금
CHAR(20)	CHAR(20)	INT	CHAR(10)	CHAR(10)	INT
apple	김현준	20	gold	학생	1000
banana	정소화	25	vip	간호사	2500
carrot	원유선	28	gold	교사	4500
orange	정지영	22	silver	학생	0

행(튜플) → / 도메인 →

그림 5-1 릴레이션 예 : 고객 릴레이션

속성

릴레이션의 열을 속성 또는 애트리뷰트attribute라고 부른다. [그림 5-1]의 고객 릴레이션에는 고객과 관련하여 여섯 가지 중요한 데이터를 의미하는 고객아이디·고객이름·나이·등급·직업·적립금이라는 속성이 존재한다. 각 속성은 서로 다른 이름을 이용해 구별한다. 릴레이션은 파일 관리 시스템의 파일, 속성은 해당 파일의 필드field에 대응하는 개념이다.

튜플

릴레이션의 행을 튜플tuple이라 부른다. [그림 5-1]의 고객 릴레이션에서 각 튜플은 고객 한 명에 대한 실제 속성 값 6개를 모아놓은 것으로, 고객 개체의 인스턴스다. 따라서 고객 4명에 대한 데이터를 저장하고 있는 고객 릴레이션에는 4개의 투플 또는 4개의 고객 개체 인스턴스가 존재한다. 투플은 파일 관리 시스템 관점에서 해당 파일의 레코드record에 대응하는 개념이다.

도메인

속성 하나가 가질 수 있는 모든 값의 집합을 해당 속성의 도메인domain이라 한다. 관계 데이터 모델에서는 더는 분해할 수 없는 원자 값만 속성 값으로 사용할 수 있다. 그래서 도메인을 특정 속성이 가질 수 있는 모든 원자 값의 모임이라고도 정의한다. [그림 5-1]의 고객 릴레이션에서 등급 속성의 값으로 vip, gold, silver, bronze 중 하나만 허용된다면, 네 가지 값을 모아놓은 것이 등급 속성의 도메인이 된다. 등급 속성의 도메인을 정의해두면 사용자가 속성 값을 입력하거나 수정할 때 데이터베이스 시스템이 적합성을 판단하여 네 가지 이외의 값은 허용하지 않음으로써 항상 올바른 값만 유지할 수 있다는 장점이 있다.

그런데 고객아이디·고객이름·나이 등의 속성은 도메인을 정확히 정의하기가 어렵다. 고객이름 속성이 가질 수 있는 모든 값이나 나이 속성이 가질 수 있는 모든 값을 일일이 나열하여 도메인을 정의하기가 어렵기 때문이다. 이처럼 도메인은 가능한 값을 일일이 나열하기 어려운 경우가 대부분이라 일반적으로 속성의 특성을 고려한 데이터 타입으로 정의한다. [그림 5-1]의 고객 릴레이션처럼 고객이름 속성의 도메인은 CHAR(20), 즉 문자 20개로 구성된 문자 타입으로 정의하고, 나이 속성의 도메인은 INT, 즉 정수 타입으로 정의한다. 이는 프로그래밍 언어에서 데이터 타입과 변수의 관계로 이해할 수 있는데, 특정 데이터 타입으로 선언된 변수는 해당 데이터 타입의 값만 저장할 수 있는 것과 같은 원리다. 데이터 타입을 도메인, 변수를 속성으로 생각하면 이해하기 쉽다.

도메인을 데이터 타입으로 정의하더라도 서로 다른 속성의 도메인이 같은지 판단해 연산 가능 여부를 결정하기는 어렵지 않다. 예를 들어 도메인이 다른 고객이름과 나이 속성은 비교 연산이 무의미함을 직관적으로 판단할 수 있기 때문에 사용자가 잘못된 연산을 시도하더라도 이를 예방할 수 있다.

널 값

릴레이션에 있는 특정 투플의 속성 값을 모르거나, 적합한 값이 없는 경우에는 널null이라는 특별한 값을 사용할 수 있다. 널 값은 특정 속성에 해당되는 값 없음을 나타내므로 숫자 0이나 공백 문자와는 다르다. [그림 5-1]의 고객 릴레이션 예에서는 인터넷 쇼핑몰에 고객이 가입하면서 직업을 입력하지 않은 경우나 새로 가입한 고객의 등급이 아직 결정되지 않은 경우 널 값으로 표현할 수 있다. 널 값은 데이터베이스 관리 시스템마다 내부적으로 표시하는 기호가 다르다.

차수

하나의 릴레이션에서 속성의 전체 개수를 릴레이션의 차수degree라고 한다. 예를 들어 [그림 5-1]의 고객 릴레이션은 차수가 6이다. 모든 릴레이션은 최소 1 이상의 차수를 유지해야 한다. 릴레이션의 차수는 일반적으로 자주 변하지 않는다는 정적인 특징이 있다.

카디널리티

하나의 릴레이션에서 투플의 전체 개수를 릴레이션의 카디널리티cardinality라고 한다. 예를 들어 [그림 5-1]의 고객 릴레이션은 카디널리티가 4다. 투플이 없는 릴레이션이 존재할 수도 있다. 새로운 투플이 계속 삽입되거나 기존 투플이 삭제될 수 있으므로 릴레이션의 카디널리티는 일반적으로 자주 변한다는 동적인 특징이 있다.

2 릴레이션과 데이터베이스의 구성

관계 데이터 모델에서 릴레이션은 [그림 5-2]에서 확인할 수 있듯이 릴레이션 스키마와 릴레이션 인스턴스로 구성되어 있다.

고객아이디	고객이름	나이	등급	직업	적립금
apple	김현준	20	gold	학생	1000
banana	정소화	25	vip	간호사	2500
carrot	원유선	28	gold	교사	4500
orange	정지영	22	silver	학생	0

릴레이션 스키마
릴레이션 인스턴스

그림 5-2 릴레이션 구성 예 : 고객 릴레이션

릴레이션 스키마

릴레이션 스키마relation schema는 릴레이션의 이름과 릴레이션에 포함된 모든 속성의 이름으로 정의하는 릴레이션의 논리적 구조다. 릴레이션 스키마는 데이터베이스 관리 시스템이 내부적으로 데이터 정의어를 이용해 정의하지만, 일반적으로는 다음과 같은 형태로 쉽게 표현한다.

릴레이션이름(속성이름1, 속성이름2, ... , 속성이름n)

[그림 5-2]의 고객 릴레이션에서 릴레이션 스키마는 고객(고객아이디, 고객이름, 나이, 등급, 직업, 적립금)이다. 릴레이션 스키마를 보면 릴레이션의 이름이 무엇이고, 어떤 속성들로 구성되어 있는지 전체 구조를 쉽게 파악할 수 있다. 릴레이션 스키마는 릴레이션 내포relation intension라고도 부른다.

릴레이션 인스턴스

릴레이션 인스턴스relation instance는 어느 한 시점에 릴레이션에 존재하는 투플들의 집합이다. 릴레이션 인스턴스에 포함된 투플은 릴레이션 스키마에서 정의하는 각 속성에 대응하는 실제 값으로 구성되어 있다. [그림 5-2]의 고객 릴레이션에서는 4개의 투플로 구성된 릴레이션 인스턴스를 확인할 수 있다. 릴레이션 인스턴스를 보면 현재 릴레이션의 실제 내용을 쉽게 파악할 수 있다. 데이터베이스 관리 시스템이 내부적으로는 데이터 조작어를 이용해 릴레이션 인스턴스의 투플을 검색하거나, 새로운 투플 삽입과 기존 투플 삭제 및 수정을 수행한다. 릴레이션 인스턴스는 간단히 릴레이션이라 부르기도 하고 릴레이션 외연relation extension이라고도 부른다.

집의 전체 구조는 자주 바뀌지 않지만 집에 사는 사람은 수시로 바뀔 수 있다. 이처럼 논리적 구조를 정의하는 릴레이션 스키마는 자주 변하지 않는다는 정적인 특징이 있는 반면, 릴레이션 인스턴스는 투플의 삽입·삭제·수정이 자주 발생한다는 동적인 특징이 있다.

데이터베이스 스키마와 데이터베이스 인스턴스

일반적으로 데이터베이스는 릴레이션 여러 개로 구성된다. 예를 들면, 인터넷 쇼핑몰을 위한 데이터베이스는 고객 릴레이션, 상품 릴레이션, 주문 릴레이션으로 구성할 수 있다. 데이터베이스의 전체 구조를 의미하는 데이터베이스 스키마는 데이터베이스를 구성하는 릴레이션들의 스키마를 모아놓은 것이다. 즉, 특정 데이터베이스 스키마를 설계한다는 것은 필요한 모든 릴레이션의 스키마를 모두 정의한다는 뜻이다. 데이터베이스 인스턴스는 어느 한 시점에서 데이터베이스에 저장된 데이터 내용의 전체 집합을 의미한다. 즉, 데이터베이스를 구성하는 모든 릴레이션의 인스턴스를 모아놓은 것이다.

고객 릴레이션	상품 릴레이션	주문 릴레이션	
릴레이션 스키마	릴레이션 스키마	릴레이션 스키마	데이터베이스 스키마
릴레이션 인스턴스	릴레이션 인스턴스	릴레이션 인스턴스	데이터베이스 인스턴스

그림 5-3 데이터베이스 구성 예 : 인터넷 쇼핑몰 데이터베이스

③ 릴레이션의 특성

관계 데이터 모델의 릴레이션에는 네 가지 중요한 특성이 있다. 기본적으로 이 네 가지 특성을 만족해야 테이블이 릴레이션으로 인정받을 수 있다. 네 가지 특성을 하나씩 살펴보자.

❶ 투플의 유일성 : 하나의 릴레이션에는 동일한 투플이 존재할 수 없다

하나의 릴레이션에 똑같은 투플이 있으면 안 되고, 모든 투플에는 다른 투플과 구별되는 유일한 특성이 있어야 한다. 릴레이션을 투플의 모임인 집합의 개념으로 이해한다면, 하나의 집합에 동일한 원소가 존재할 수 없다는 특성과 연관 지어 생각할 수 있다. 그렇다면 똑같은 투플인지는 어떻게 판단할 수 있을까? 투플이 가진 모든 속성 값을 일일이 비교하여 동일한 투플인지 판단해야 한다면 속성 개수가 많을 경우 매우 귀찮은 작업이 될 것이다.

관계 데이터 모델의 릴레이션에서는 하나 또는 여러 개의 속성을 미리 선정해두고 이 속성 값을 투플마다 다르게 지정하여 투플의 유일성을 판단한다. 인터넷 쇼핑몰에 고객으로 가입하려고 할 때 다른 고객과 아이디가 같아 회원 가입에 실패한 경험이 한 번쯤은 있을 텐데 이것은 아이디 속성의 값으로 유일성을 판단하는 경우다.

[그림 5-2]의 고객 릴레이션에서도 고객아이디 속성의 값으로 모든 고객 투플을 유일하게 구별하여 같은 고객이 중복 가입하는 일을 방지한다. 이처럼 투플을 유일하게 구별하기 위해 선정하는 속성(또는 속성들의 모임)을 키key라고 부른다. 키는 다음 절에서 자세히 설명

할 텐데, 이 키를 이용해 투플의 유일성이 만족되면 릴레이션에서 원하는 투플에 쉽게 접근할 수 있다.

❷ 투플의 무순서 : 하나의 릴레이션에서 투플 사이의 순서는 무의미하다

[그림 5-2]의 고객 릴레이션에서는 김현준 고객 투플이 정소화 고객 투플보다 먼저 표현되어 있지만 두 투플의 순서가 바뀌어도 상관없다. 다시 말해, 투플 순서가 바뀐다고 다른 릴레이션이 될 수 없고, 순서와 상관없이 투플 내용이 같아야 같은 릴레이션이다. 1장에서 언급한 것처럼 데이터베이스는 위치가 아닌 내용으로 검색되므로 투플의 순서는 중요하지 않다. 집합과 연관 지어 생각해보면 집합의 원소 사이에 순서가 없다는 특성과 같다. 릴레이션에는 투플이 삽입 순서에 따라 저장되지만, 효율적인 처리를 위해 투플의 순서를 임의로 바꾸기도 한다.

❸ 속성의 무순서 : 하나의 릴레이션에서 속성 사이의 순서는 무의미하다

[그림 5-2]의 고객 릴레이션에는 고객아이디 속성이 등급 속성보다 먼저 표현되어 있지만 두 속성의 순서가 바뀌어도 상관없다. 다시 말해 속성은 순서가 바뀌어도 다른 릴레이션이 될 수 없고, 순서와 상관없이 같은 속성들로 구성되어 있어야 같은 릴레이션이다. 예를 들어 '고객(고객아이디, 고객이름, 나이, 등급, 직업, 적립금)'으로 표현된 릴레이션 스키마와 '고객(등급, 나이, 고객이름, 적립금, 직업, 고객아이디)'로 표현된 릴레이션 스키마는 동일하므로 두 릴레이션은 같다. 속성 값은 릴레이션에서 위치가 아닌 속성의 이름으로 접근하므로 하나의 릴레이션에는 이름이 같은 속성이 존재할 수 없고, 이름도 속성의 의미가 명확히 드러나는 것으로 사용하는 것이 좋다.

❹ 속성의 원자성 : 속성 값으로 원자 값만 사용할 수 있다

모든 속성 값은 더는 분해할 수 없는 하나의 값, 즉 원자 값만 가질 수 있다. 다시 말해 하나의 속성은 여러 개의 값, 즉 다중 값을 가질 수 없다. 예를 들어 [그림 5-4]의 고객 릴레이션은 (회사원, 학생)과 같이 값이 여러 개인 직업 속성을 포함하므로 관계 데이터 모델의 릴레이션으로 적합하지 않다. 물론 현실에서는 직업이 둘 이상인 고객이 존재할 수 있지만, 관계 데이터 모델은 이런 복잡한 개념을 배제하고 릴레이션을 단순한 구조로 정의하고자 하는 특징이 있어 다중 값을 허용하지 않는다.

고객아이디	고객이름	나이	등급	직업	적립금
apple	김현준	20	gold	학생	1000
banana	정소화	25	vip	간호사	2500
carrot	원유선	28	gold	교사	4500
orange	정지영	22	silver	회사원, 학생	0

그림 5-4 다중 값 속성을 포함하는 릴레이션 예 : 고객 릴레이션

4 키의 종류

투플을 유일하게 구별하기 위해 모든 속성을 이용하는 것보다 일부 속성만 이용하는 것이 효율성을 높일 수 있다. 릴레이션에 포함된 투플들을 유일하게 구별해주는 역할은 속성 또는 속성들의 집합인 키가 담당한다. 키key는 관계 데이터 모델에서 중요한 제약조건을 정의한다. 또한 투플을 처리하는 데 중요한 역할을 하므로 키의 개념을 정확히 이해할 필요가 있다.

관계 데이터 모델에서는 키를 다음과 같이 슈퍼키, 후보키, 기본키, 대체키, 외래키의 다섯 가지로 분류할 수 있다.

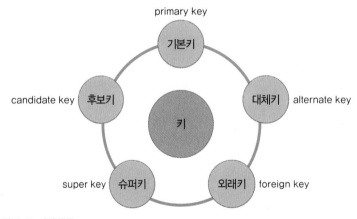

그림 5-5 키의 종류

슈퍼키

슈퍼키super key는 유일성의 특성을 만족하는 속성 또는 속성들의 집합이다. 유일성uniqueness은 키가 갖추어야 하는 기본 특성으로, 하나의 릴레이션에서 키로 지정된 속성 값은 투플마다 달라야 한다는 의미다. 즉, 키 값이 같은 투플은 존재할 수 없다.

예를 들어 [그림 5-2]의 고객 릴레이션에서 고객아이디 속성은 모든 고객 투플마다 값이 달라야 하고 이를 통해 다른 투플과 유일하게 구별할 수 있으므로 슈퍼키가 될 수 있다. 그러나 나이·등급·직업·적립금 속성은 값이 같은 고객이 있을 수 있으므로 유일성을 만족시키지 못해 슈퍼키가 될 수 없다. 그렇다면 고객이름 속성은 어떨까? 고객 릴레이션의 현재 상태만 생각하면 고객이름 속성도 슈퍼키가 될 수 있을 것 같다. 하지만 현실에서는 이름이 같은 고객이 얼마든지 존재할 수 있고, 언제든 고객 릴레이션에 새로운 투플로 삽입될 수 있으므로 고객이름 속성만으로는 슈퍼키가 될 수 없다. 이번에는 (고객아이디, 고객이름)으로 구성된 속성 집합을 살펴보자. 고객아이디 속성만으로도 모든 투플을 구별할 수 있으므로 고객아이디와 고객이름 속성 값의 조합도 유일성을 만족한다. 따라서 (고객아이디, 고객이름) 속성 집합도 슈퍼키가 될 수 있다. 즉, 고객아이디를 포함하는 속성 집합은 모두 슈퍼키가 될 수 있다.

(고객아이디, 고객이름)과 같이 슈퍼키 중에는 투플 하나를 유일하게 구별하기 위해서 또는 2개의 투플이 서로 다름을 판단하기 위해 불필요한 속성 값까지 확인하는 비효율적인 작업이 요구되는 경우도 있다. 그래서 꼭 필요한 속성의 집합만으로 투플을 유일하게 구별할 수 있도록 하는 또 다른 키의 개념이 필요한데, 이것이 다음으로 알아볼 후보키다.

후보키

후보키candidate key는 유일성과 최소성을 만족하는 속성 또는 속성들의 집합이다. 최소성minimality은 꼭 필요한 최소한의 속성들로만 키를 구성하는 특성이다. 그러므로 하나의 속성으로 구성된 키는 당연히 최소성을 만족한다.

후보키는 투플을 유일하게 구별하기 위해 꼭 필요한 최소한의 속성들로만 이루어지므로 슈퍼키 중에서 최소성을 만족하는 것이 후보키가 된다. [그림 5-2]의 고객 릴레이션에 있는 슈퍼키 중에서 고객아이디 속성은 단독으로 고객 투플을 유일하게 구별할 수 있으므로 후보키가 될 수 있다. 하지만 (고객아이디, 고객이름)은 후보키가 될 수 없다. 고객이름 속성이 없어도 고객아이디 속성만으로 유일성을 만족할 수 있기 때문이다.

후보키가 되기 위해 만족해야 하는 유일성과 최소성의 특성은 새로운 투플이 삽입되거나 기존 투플의 속성 값이 바뀌어도 유지되어야 한다. 그리고 후보키를 선정할 때는 현재의 릴레이션 내용, 즉 릴레이션 인스턴스만 보고 유일성과 최소성을 판단해서는 안 된다. 데이터베이스가 사용될 현실 세계의 환경까지 염두에 두고 속성의 본래 의미를 정확히 이해한 후 슈퍼키와 후보키를 선별해야 한다. [그림 5-2]의 고객 릴레이션에서는 현재 고객이름 속성의 값이 중복되지 않지만 새로 삽입되는 고객 투플의 고객이름이 언제나 다를 것이라고 보장할 수 없다. 그러므로 고객이름 속성은 슈퍼키는 물론 후보키로도 선택하지 않는 것이 바람직하다.

기본키

릴레이션에서 투플을 구별하기 위해 여러 개의 후보키를 모두 사용할 필요는 없다. 데이터베이스 설계자나 관리자는 여러 후보키 중에서 기본적으로 사용할 키를 반드시 선택해야 하는데 이것이 기본키primary key다. 만약 후보키가 1개만 존재하면 당연히 해당 후보키를 기본키로 선택해야 하겠지만 여러 개일 경우에는 데이터베이스 사용 환경을 고려하여 적합한 것을 기본키로 선택하면 된다.

[그림 5-2]의 고객 릴레이션에서는 고객아이디 속성만 후보키이기 때문에 자연스럽게 고객아이디 속성이 기본키가 된다. 선택한 기본키는 [그림 5-6]과 같이 속성 이름에 밑줄을 그어 표현한다.

기본키

<u>고객아이디</u>	고객이름	나이	등급	직업	적립금
apple	김현준	20	gold	학생	1000
banana	정소화	25	vip	간호사	2500
carrot	원유선	28	gold	교사	4500
orange	정지영	22	silver	학생	0

그림 5-6 기본키가 선택된 릴레이션 예 : 고객 릴레이션

[그림 5-7]과 같이 고객 릴레이션에 주소 속성이 추가된다면 고객아이디 속성과 함께 (고객이름, 주소) 속성 집합도 후보키가 될 수 있다. 일반적으로 같이 사는 가족의 주소는 같지만 이름까지 같은 경우는 없기 때문이다.

<u>고객아이디</u>	고객이름	나이	등급	직업	적립금	주소
apple	김현준	20	gold	학생	1000	서울시 구로구 고척로 27
banana	정소화	25	vip	간호사	2500	부천시 원미구 석천로 58
carrot	원유선	28	gold	교사	4500	서울시 영등포구 대림로 73
orange	정지영	22	silver	학생	0	서울시 마포구 토정로 56

그림 5-7 주소 속성이 추가된 릴레이션 예 : 고객 릴레이션

여러분이 데이터베이스 설계자나 관리자라면 고객아이디와 (고객이름, 주소) 중 무엇을 기본키로 선택할 것인가? 그리고 그것을 선택한 기준은 무엇인가? 기본키를 선택할 때 고려하면 도움이 되는 기준 몇 가지를 알아보자.

■ 널 값을 가질 수 있는 속성이 포함된 후보키는 기본키로 부적합하다

기본키는 투플을 식별할 뿐만 아니라 릴레이션에서 원하는 투플을 찾기 위한 기본 접근 방법을 제공하므로 매우 중요하다. 따라서 기본키가 널 값인 투플은 다른 투플들과 구별하여 접근하기 어려우므로 이런 가능성이 있는 키는 기본키로 선택하지 않는 것이 좋다.

예를 들어 [그림 5-7]의 고객 릴레이션에 존재하는 (고객아이디)와 (고객이름, 주소)라는 두 후보키 중 무엇을 선택하는 것이 좋을까? 인터넷 쇼핑몰에서는 고객으로 가입할 때, 고객아이디는 꼭 입력해야 하지만 고객이름이나 주소는 입력하지 않아도 되는 경우가 많다. 이런 경우, 고객이름이나 주소는 널 값을 가질 수 있으므로 (고객아이디) 후보키를 기본키로 선택하는 것이 좋다.

■ 값이 자주 변경될 수 있는 속성이 포함된 후보키는 기본키로 부적합하다

기본키는 다른 투플과 구별되는 값을 가지고 널 값은 허용하지 않으므로 이를 확인하는 작업이 필요하다. 그런데 값이 자주 변경되는 속성으로 구성된 후보키를 기본키로 선택하면 속성 값이 바뀔 때마다 기본키 값으로 적합한지 여부를 판단해야 하므로 번거롭다. 그러므로 값이 자주 변경되지 않는 속성으로 구성된 후보키를 기본키로 선택하는 것이 좋다.

예를 들어 [그림 5-7]의 고객 릴레이션에 존재하는 (고객아이디)와 (고객이름, 주소)라는 두 후보키 중 무엇을 선택하는 것이 좋을까? 보통 주소는 고객아이디와 고객이름보다 변경될 가능성이 높다. 그러므로 주소 속성이 포함되지 않은 (고객아이디) 후보키를 기본키로 선택하는 것이 좋다.

■ 단순한 후보키를 기본키로 선택한다

단순한 후보키는 자릿수가 적은 정수나 단순 문자열인 속성으로 구성되거나, 구성하는 속성의 개수가 적은 후보키다. 데이터베이스를 이용하는 일반 사용자뿐 아니라 데이터베이스를 실제로 처리하는 컴퓨터 시스템도 단순 값 처리를 선호한다.

예를 들어 [그림 5-7]의 고객 릴레이션에 존재하는 (고객아이디)와 (고객이름, 주소) 후보키 중 무엇을 선택하는 것이 좋을까? 속성 2개로 구성된 후보키보다는 하나로 구성된 후보

키가 이해하기도 쉽고 처리하기도 쉬울 것이다. 그러므로 (고객아이디) 후보키를 기본키로 선택하는 것이 좋다.

기본키 선정 과정은 대학에서 학생회장을 선발하는 과정과 유사하다. 대학에 다니는 학생들(슈퍼키) 중에서 학생회장이 될 만한 자격을 갖춘 후보 학생(후보키)을 추천한 다음, 지지를 가장 많이 받은 한 명의 학생(기본키)을 학생회장으로 임명하는 과정으로 이해하면 쉽다.

대체키

대체키alternate key는 기본키로 선택되지 못한 후보키들이다. 이름에서 알 수 있듯이 대체키는 기본키를 대신할 수 있지만 기본키가 되지 못하고 탈락한 이유가 있을 수 있다. 기본키를 선택할 때 고려할 사항을 하나씩 따져보면 [그림 5-7]의 고객 릴레이션은 고객아이디 속성을 기본키로 선택하는 것이 무난하다. 따라서 기본키로 선택되지 못한 (고객이름, 주소) 속성 집합이 대체키가 된다.

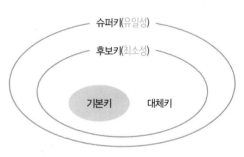

[그림 5-8]은 하나의 릴레이션에서 볼 수 있는 슈퍼키, 후보키, 기본키, 대체키의 관계를 그림으로 표현한 것이다. 이외에도 다른 릴레이션과의 관계에서 고려할 수 있는 외래키가 있다. 다음으로 외래키를 살펴보자.

그림 5-8 키의 관계

외래키

외래키foreign key는 어떤 릴레이션에 소속된 속성 또는 속성 집합이 다른 릴레이션의 기본키가 되는 키다. 다시 말해 다른 릴레이션의 기본키를 그대로 참조하는 속성의 집합이 외래키다. 외래키는 릴레이션들 사이의 관계를 올바르게 표현하기 위해 필요하다.

> **NOTE** 외래키가 다른 테이블의 대체키를 참조하는 것도 가능하다. 기본키로 선택받지 못했지만 유일성과 최소성을 만족하는 대체키를 참조하더라도 관련 있는 투플을 구분할 수 있기 때문이다. 다만 외래키는 다른 릴레이션의 기본키를 참조하는 경우가 많기 때문에 이해를 돕기 위해 이 책에서는 기본키 참조를 중심으로 설명한다.

외래키의 개념과 필요성을 파악하기 위해 인터넷 쇼핑몰을 위한 데이터베이스에서 고객 릴레이션과 주문 릴레이션의 관계를 생각해보자. 고객 릴레이션과 주문 릴레이션의 스키마는 [그림 5-9]와 같다.

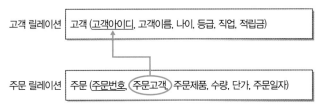

그림 5-9 고객 릴레이션과 주문 릴레이션의 스키마

[그림 5-9]에서 고객 릴레이션은 속성이 6개이고, 고객아이디 속성이 기본키다. 주문 릴레이션은 속성이 6개이고, 주문번호 속성이 기본키다. 여기서 주문 릴레이션의 주문고객 속성이 고객 릴레이션의 기본키인 고객아이디 속성을 참조하면 주문고객 속성을 외래키라고 한다. 외래키를 통해 고객 릴레이션과 주문 릴레이션이 관계를 맺어, 주문 릴레이션의 투플과 연관성 있는 고객 릴레이션의 투플을 연결시킬 수 있다. 일반적으로 주문 릴레이션과 같이 외래키를 가진 릴레이션을 '참조하는 릴레이션'이라 하고, 고객 릴레이션과 같이 기본키를 가진 릴레이션을 '참조되는 릴레이션'이라 한다.

[그림 5-10]은 고객 릴레이션과 주문 릴레이션을 인스턴스까지 표현한 것이다. 외래키가 되는 속성과 기본키가 되는 속성의 이름은 달라도 된다. 그림에서도 주문 릴레이션의 외래키인 주문고객 속성과 고객 릴레이션의 기본키인 고객아이디 속성은 이름이 다르다. 하지만 외래키 속성의 도메인과 참조되는 기본키 속성의 도메인은 반드시 같아야 한다. 도메인이 같아야 연관성 있는 투플을 찾기 위한 비교 연산이 가능하기 때문이다. 외래키가 없으면 2022년 1월 1일에 제품을 주문한 고객의 이름을 검색할 수 없지만 외래키가 있어 이 날짜에 주문한 고객이 김현준임을 쉽게 알아낼 수 있다.

만약 참조되는 릴레이션의 기본키가 아닌 다른 속성을 외래키가 참조한다면 어떻게 될까? 기본키가 아니면 투플을 유일하게 구별하기 어렵기 때문에 참조되는 릴레이션에서 관련 있는 투플을 검색하지 못할 수 있다. 예를 들어 [그림 5-10]에서 주문 릴레이션이 고객 릴레이션의 기본키가 아닌 고객이름·나이·등급·직업·적립금 속성 중 하나를 외래키로 참조한다고 가정해보자. 이 경우 속성 값이 같은 투플이 많아 연관성 있는 유일한 투플을 정확히 검색하기 어려워진다. 그러므로 외래키는 반드시 다른 릴레이션의 기본키를 참조해야 하며 외래키의 도메인은 참조되는 기본키와 같게 정의되어야 한다.

고객 릴레이션

고객 릴레이션의 기본키

고객아이디	고객이름	나이	등급	직업	적립금
apple	김현준	20	gold	학생	1000
banana	정소화	25	vip	간호사	2500
carrot	원유선	28	gold	교사	4500
orange	정지영	22	silver	학생	0

주문 릴레이션

주문 릴레이션의 기본키

주문번호	주문고객	주문제품	수량	단가	주문일자
1001	apple	진짜우동	10	2000	2022-01-01
1002	carrot	맛있는파이	5	500	2022-01-10
1003	banana	그대로만두	11	4500	2022-01-11

주문 릴레이션의 외래키

그림 5-10 외래키 예 : 고객 릴레이션과 주문 릴레이션

학생 상담을 위한 데이터베이스를 통해 조금 더 복잡한 외래키 사용 예를 살펴보자. [그림 5-11]은 학생 상담 데이터베이스에 속한 학생 릴레이션, 상담 릴레이션, 교사 릴레이션의 스키마다. 3개의 릴레이션은 외래키를 이용해 서로의 관계를 표현하고 있다. 상담 릴레이션의 학번 속성은 학생 릴레이션의 기본키인 학번 속성을 참조하는 외래키이고, 담당교사 속성은 교사 릴레이션의 기본키인 교사번호 속성을 참조하는 외래키다. 그리고 상담 릴레이션의 기본키는 두 외래키인 학번과 담당교사 속성의 조합으로 구성되어 있다. 이처럼 하나의 릴레이션에는 외래키가 여러 개 존재할 수도 있다. 그리고 외래키를 기본키로 사용할 수도 있고 외래키를 포함하여 기본키를 구성할 수도 있다.

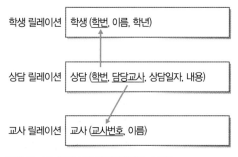

학생 릴레이션   학생 (학번, 이름, 학년)

상담 릴레이션   상담 (학번, 담당교사, 상담일자, 내용)

교사 릴레이션   교사 (교사번호, 이름)

그림 5-11 학생 상담 데이터베이스 스키마

외래키가 다른 릴레이션의 기본키를 참조하는 키라고 정의했지만 반드시 다른 릴레이션을 참조할 필요는 없다. 참조하는 릴레이션과 참조되는 릴레이션이 같을 수도 있다. 즉, 외래키 자신이 속한 릴레이션의 기본키를 참조하도록 외래키를 정의할 수도 있다.

고객 릴레이션의 기본키

고객아이디	고객이름	나이	등급	직업	적립금	추천고객
apple	김현준	20	gold	학생	1000	orange
banana	정소화	25	vip	간호사	2500	orange
carrot	원유선	28	gold	교사	4500	apple
orange	정지영	22	silver	학생	0	NULL

고객 릴레이션의 외래키

그림 5-12 기본키와 외래키의 관계가 함께 정의된 릴레이션 예 : 고객 릴레이션

[그림 5-12]의 고객 릴레이션은 고객아이디 속성이 기본키다. 그리고 추천고객 속성은 추천한 고객의 아이디를 의미하므로 같은 릴레이션의 고객아이디, 즉 기본키를 참조하는 외래키다. 이처럼 고객 릴레이션은 기본키와 외래키가 하나의 릴레이션에서 표현되며, 이것은 고객 릴레이션이 자신과 관계를 맺고 있음을 의미한다.

외래키는 기본키를 참조하지만 기본키와 다른 특징이 있다. [그림 5-12]에서 정지영 고객은 다른 고객의 추천을 받지 않고 가입하였기 때문에 다른 고객 투플과 달리 추천고객 속성의 값이 널이다. 이처럼 외래키는 기본키를 참조하지만 기본키가 아니기 때문에 널 값을 가질 수 있다. 그리고 김현준과 정소화 고객은 모두 정지영 고객의 추천을 받아 추천고객 속성의 값이 같다. 이 또한 외래키가 기본키가 아니기 때문에 서로 다른 투플이 같은 값을 가질 수 있는 것이다. 외래키에는 중요한 제약조건이 존재하는데, 이는 다음 절에서 자세히 다루겠다.

02 관계 데이터 모델의 제약

관계 데이터 모델에서 정의하고 있는 기본 제약 사항은 키와 관련한 무결성 제약조건integrity constraint이다. 무결성은 데이터에 결함이 없는 상태, 즉 데이터가 정확하고 유효하게 유지된 상태를 말한다. 무결성 제약조건의 주요 목적은 데이터베이스에 저장된 데이터의 무결성을 보장하고, 데이터베이스의 상태를 일관되게 유지하는 것이다. 그래서 이를 위해 필요한 세부 규칙도 정의하고 있다. 무결성 제약조건은 어느 시점에 데이터베이스에 저장된 데이터를 의미하는 데이터베이스 상태 또는 데이터베이스 인스턴스가 항상 지켜야 하는 중요한 규칙이라고 할 수 있다. 데이터베이스가 삽입·삭제·수정 연산으로 상태가 변하더라도 무결성 제약조건은 반드시 지켜져야 한다.

데이터베이스 내부의 데이터를 보호한다는 관점에서 무결성은 보안과 유사하다. 하지만 보안이 권한이 없는 사용자로부터 데이터를 보호하는 것이라면, 무결성은 권한이 있는 사용자의 잘못된 요구에 의해 데이터가 부정확해지지 않도록 보호하는 것이다.

관계 데이터 모델이 기본으로 포함하고 있는 무결성 제약조건에는 개체 무결성 제약조건과 참조 무결성 제약조건이 있다. 데이터베이스의 상태를 일관성 있게 유지하기 위해서는 두 가지를 모두 만족시켜야 한다.

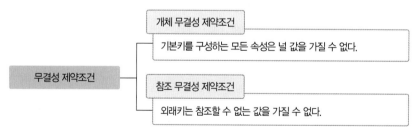

그림 5-13 관계 데이터 모델의 무결성 제약조건

1 개체 무결성 제약조건

개체 무결성 제약조건entity integrity constraint은 기본키를 구성하는 모든 속성은 널 값을 가지면 안 된다는 규칙이다. 관계 데이터 모델에서는 릴레이션에 포함된 투플들을 유일하게 구별해 주고 각 투플에 쉽게 접근할 수 있도록 릴레이션마다 기본키를 정의한다. 그런데 기본키를 구성하는 속성 전체나 일부가 널 값이 되면 투플의 유일성을 판단할 수 없어 기본키의 본래 목적을 상실하게 된다.

예를 들어 [그림 5-14]의 고객 릴레이션에서는 정소화와 정지영 고객 투플에서 기본키인 고객아이디 속성의 값이 널이다. 널 값은 아직 결정되지 않았거나 모르는 값을 의미하기 때문에, 이 경우에는 정소화 고객과 정지영 고객의 아이디가 다른 고객의 아이디와 다른지를 판단하기 어렵다. 또한 둘 다 고객아이디 속성의 값이 널이지만 두 고객의 아이디가 같다고 판단할 수도 없다. 따라서 하나의 릴레이션에는 동일한 투플이 존재할 수 없다는 릴레이션 고유의 특성을 만족시킨다고 장담할 수 없어, 이 고객 릴레이션은 개체 무결성 제약조건을 위반한 예가 된다. 그러므로 [그림 5-14]와 같은 상태의 릴레이션은 실제로 존재할 수 없다.

고객아이디	고객이름	나이	등급	직업	적립금
apple	김현준	20	gold	학생	1000
NULL	정소화	25	vip	간호사	2500
carrot	원유선	28	gold	교사	4500
NULL	정지영	22	silver	학생	0

그림 5-14 개체 무결성 제약조건을 위반한 릴레이션 예 : 고객 릴레이션

개체 무결성 제약조건을 만족시키려면 새로운 투플이 삽입되는 연산과 기존 투플의 기본키 속성 값이 변경되는 연산이 발생할 때 기본키에 널 값이 포함되는 상황에서는 연산의 수행을 거부하면 된다. 이것은 일반 사용자가 직접 수행하기보다는 데이터베이스 관리 시스템이 자동으로 수행하므로 새로운 릴레이션을 생성할 때마다 기본키를 어떤 속성들로 구성할 것인지 데이터베이스 관리 시스템에 알려주면 된다.

❷ 참조 무결성 제약조건

개체 무결성 제약조건이 기본키에 대한 규칙으로 각 릴레이션마다 적용된다면, 참조 무결성 제약조건은 외래키에 대한 규칙으로 연관된 릴레이션들에 적용된다.

참조 무결성 제약조건referential integrity constraint이란 외래키는 참조할 수 없는 값을 가질 수 없다는 규칙이다. 외래키는 다른 릴레이션의 기본키를 참조하는 속성이고 릴레이션 간의 관계를 표현하는 역할을 한다. 그런데 외래키가 자신이 참조하는 릴레이션의 기본키와 상관이 없는 값을 가지게 되면 두 릴레이션을 연관시킬 수 없으므로 외래키 본래의 의미가 없어진다. 그러므로 외래키는 자신이 참조하는 릴레이션에 기본키 값으로 존재하는 값, 즉 참조 가능한 값만 가져야 한다.

[그림 5-15]에서 주문 릴레이션의 주문고객 속성은 고객 릴레이션의 기본키인 고객아이디 속성을 참조하는 외래키다. 참조 무결성 제약조건을 만족하려면 주문고객 속성 값이 현재 고객 릴레이션에 존재하는 고객아이디 속성 값 중 하나여야 하지만, 주문번호가 1001인 cherry라는 주문고객의 속성 값은 현재의 고객 릴레이션에 존재하지 않는 고객아이디이다. 즉, 존재하지 않는 고객이 주문했다는 의미가 되므로 이것은 현실 세계를 올바르게 반영한 것이 아니다. 그러므로 이 고객 릴레이션과 주문 릴레이션은 참조 무결성 제약조건을 위반한 예가 된다.

고객 릴레이션

고객아이디	고객이름	나이	등급	직업	적립금
apple	김현준	20	gold	학생	1000
banana	정소화	25	vip	간호사	2500
carrot	원유선	28	gold	교사	4500
orange	정지영	22	silver	학생	0

고객 릴레이션의 기본키

주문 릴레이션

주문번호	주문고객	주문제품	수량	단가	주문일자
1001	cherry	진짜우동	10	2000	2022-01-01
1002	carrot	맛있는파이	5	500	2022-01-10
1003	banana	그대로만두	11	4500	2022-01-11

주문 릴레이션의 기본키

주문 릴레이션의 외래키

그림 5-15 참조 무결성 제약조건을 위반한 릴레이션 예 : 주문 릴레이션

[그림 5-16]의 주문 릴레이션에서는 주문번호가 1003인 주문고객이 누구인지 몰라 널 값으로 처리했다. 그렇다면 이렇게 외래키가 널 값인 경우는 무조건 참조 무결성 제약조건을 위반했다고 판단해야 할까? 그렇지 않다. 주문고객 속성 값이 널이라는 것은 주문한 고객이 누구인지 모를 뿐, 고객 릴레이션에 존재하지 않는 고객이 주문한 것으로 판단하기는 어렵기 때문이다. 그러므로 참조 무결성 제약조건을 만족시키려면 외래키가 참조 가능한 값만 가져야 하지만, 널 값을 가진다고 해서 참조 무결성 제약조건을 위반한 것으로 판단해서는 안 된다.

고객 릴레이션

고객 릴레이션의 기본키

고객아이디	고객이름	나이	등급	직업	적립금
apple	김현준	20	gold	학생	1000
banana	정소화	25	vip	간호사	2500
carrot	원유선	28	gold	교사	4500
orange	정지영	22	silver	학생	0

주문 릴레이션

주문 릴레이션의 기본키

주문번호	주문고객	주문제품	수량	단가	주문일자
1001	apple	진짜우동	10	2000	2022-01-01
1002	carrot	맛있는파이	5	500	2022-01-10
1003	NULL	그대로만두	11	4500	2022-01-11

주문 릴레이션의 외래키

그림 5-16 외래키가 널 값인 릴레이션 예 : 주문 릴레이션

데이터베이스의 상태가 변해도 참조 무결성 제약조건을 만족시켜야 한다. 데이터베이스의 상태가 변하더라도 참조 무결성 제약조건을 만족시키는 몇 가지 유형을 [그림 5-16]의 고객 릴레이션과 주문 릴레이션 예로 살펴보자.

[그림 5-16]의 고객 릴레이션에 새로운 고객 투플을 삽입하는 것은 참조 무결성 제약조건을 위반하는 작업이 아니다. 다만, 개체 무결성 제약조건을 위반하지 않도록 고객 릴레이션에 고객아이디 속성 값을 삽입해야 된다. 반면, 주문 릴레이션에 새로운 주문 투플을 삽입할 때는 참조 무결성 제약조건을 위반하지 않는지 확인해야 한다. 즉, 고객 릴레이션의 기본키인 고객아이디 속성 값으로 존재하지 않는 값은 주문고객 속성 값으로 지정하지 않아야 한다. 만약 고객아이디 속성 값으로 존재하지 않는 것이 주문고객 속성 값으로 선택되면 주문 릴레이션

에 새로운 투플을 삽입하는 연산의 수행을 거부하면 된다. 예를 들어 주문 릴레이션에 (1004, cherry, 초코과자, 20, 700, 2022-01-12) 투플을 삽입하는 연산은 고객 릴레이션에 고객 아이디가 cherry인 고객이 존재하지 않아 수행을 거부당한다.

[그림 5-16]의 고객 릴레이션에 존재하는 투플을 삭제하는 연산은 참조 무결성 제약조건을 위반하지 않는 경우에만 수행한다. 예를 들어 주문 릴레이션에는 주문고객이 apple인 고객이 주문한 투플이 존재하는데도 고객 릴레이션에서 고객아이디가 apple인 고객 투플을 삭제하면 존재하지 않는 고객이 주문한 내역이 되어 부정확한 데이터가 된다. 이처럼 연관된 투플이 주문 릴레이션에 남아 있으면, 고객 릴레이션에서 해당 고객의 투플을 삭제하는 연산을 수행하지 않거나 주문 릴레이션의 관련 투플을 함께 삭제하여 참조 무결성 제약조건을 만족시켜야 한다. 그리고 주문고객의 속성 값을 널이나 기본 값으로 지정하는 방법도 사용할 수 있다. 반면, 주문 릴레이션에 존재하는 투플을 삭제하는 것은 어떠한 제약조건도 위반하지 않는다.

[그림 5-16]의 고객 릴레이션에 존재하는 투플에서 기본키가 아닌 속성의 값을 변경하는 연산은 어떠한 제약조건도 위반하지 않는다. 하지만 기본키인 고객아이디 속성의 값은, 주문 릴레이션에 원래의 속성 값과 연관된 투플이 남아 있으면 변경 연산을 수행하지 않거나, 주문 릴레이션에 남아 있는 관련 투플에서 주문고객 속성의 값을 새로운 값으로 함께 변경해야 참조 무결성 제약조건을 만족시킨다. 예를 들어 고객 릴레이션에서 김현준 고객의 아이디를 grape로 변경한다면 기본키의 값을 변경하는 경우에 해당한다. 그리고 주문 릴레이션의 투플 중 외래키가 아닌 속성의 값을 변경하는 연산은 어떠한 제약조건도 위반하지 않는다. 하지만 외래키인 주문고객 속성의 값을 변경하고자 할 때는 반드시 존재하는 고객아이디 속성 값으로 변경하고 이외의 값은 허용하지 않아야 참조 무결성 제약조건을 만족시킨다.

데이터베이스 상태가 빈번하게 변경되는 경우 참조 무결성 제약조건을 계속 만족시키기가 쉽지 않다. 하지만 다행히도 이러한 작업은 데이터베이스 관리 시스템이 자동으로 수행한다. 사용자는 새로운 릴레이션을 생성할 때마다 어떤 속성들이 외래키이고 어떤 릴레이션의 기본키를 참조하면 되는지 데이터베이스 관리 시스템에 알려주면 된다. 그리고 참조 무결성 제약조건을 위반하게 되는 경우에 원하는 처리 방법도 알려주면 된다. 이와 관련해서는 새로운 릴레이션을 생성하는 SQL 문을 공부할 때 다시 한 번 자세히 알아보자.

01 관계 데이터 모델의 개념과 기본 용어

개념적 구조를 논리적 구조로 표현하는 논리적 데이터 모델 중 하나다. 관계 데이터 모델은 하나의 개체에 대한 데이터를 릴레이션 하나에 담아 데이터베이스에 저장한다. 이와 관련해 릴레이션, 속성과 투플, 도메인, 널, 차수, 카디널리티 등의 용어가 사용된다.

- **릴레이션** : 하나의 개체에 관한 데이터를 2차원 테이블의 구조로 저장한 것
- **속성(애트리뷰트)과 투플** : 릴레이션의 열과 행
- **도메인** : 하나의 속성이 가질 수 있는 값들의 집합
- **널** : 아직 모르거나 해당되는 사항이 없음을 표현하는 특별한 값
- **차수** : 하나의 릴레이션에서 속성의 전체 개수
- **카디널리티** : 하나의 릴레이션에서 투플의 전체 개수

열(속성, 애트리뷰트)

고객아이디	고객이름	나이	등급	직업	적립금
CHAR(20)	CHAR(20)	INT	CHAR(10)	CHAR(10)	INT
apple	김현준	20	gold	학생	1000
banana	정소화	25	vip	간호사	2500
carrot	원유선	28	gold	교사	4500
orange	정지영	22	silver	학생	0

도메인

행(투플)

02 릴레이션과 데이터베이스의 구성

릴레이션은 릴레이션 스키마와 릴레이션 인스턴스로 구성된다.

- **릴레이션 스키마** : 릴레이션의 이름과 릴레이션에 포함된 모든 속성의 이름으로 정의하는 릴레이션의 논리적 구조
- **릴레이션 인스턴스** : 어느 한 시점에 릴레이션에 존재하는 투플들의 집합
- **데이터베이스 스키마** : 데이터베이스를 구성하는 릴레이션 스키마의 모음
- **데이터베이스 인스턴스** : 데이터베이스를 구성하는 릴레이션 인스턴스의 모음

03 릴레이션의 특성

- **투플의 유일성** : 하나의 릴레이션에는 동일한 투플이 존재할 수 없다.
- **투플의 무순서** : 하나의 릴레이션에서 투플 사이의 순서는 무의미하다.
- **속성의 무순서** : 하나의 릴레이션에서 속성 사이의 순서는 무의미하다.
- **속성의 원자성** : 속성 값으로 원자 값만 사용할 수 있다.

04 키

키는 릴레이션에서 투플들을 구별하는 역할을 하는 속성 또는 속성들의 집합이다.

특성	• 유일성 : 한 릴레이션에서 모든 투플은 서로 다른 키 값을 가져야 함 • 최소성 : 꼭 필요한 최소한의 속성들로만 키를 구성
종류	• 슈퍼키 : 유일성을 만족하는 속성 또는 속성들의 집합 • 후보키 : 유일성과 최소성을 만족하는 속성 또는 속성들의 집합 • 기본키 : 후보키 중에서 기본적으로 사용하기 위해 선택한 키 • 대체키 : 기본키로 선택되지 못한 후보키 • 외래키 : 다른 릴레이션의 기본키를 참조하는 속성 또는 속성들의 집합

05 관계 데이터 모델의 제약조건

데이터를 정확하고 유효하게 유지하는 무결성을 보장해야 된다는 규칙이다. 개체 무결성 제약조건과 참조 무결성 제약조건이 있다.

- **개체 무결성 제약조건** : 기본키를 구성하는 모든 속성은 널 값을 가질 수 없다.
- **참조 무결성 제약조건** : 외래키는 참조할 수 없는 값을 가질 수 없다.

01 다음 중 개체에 관한 데이터를 릴레이션이라 불리는 테이블 형태로 저장하고, 릴레이션들 사이의 관계는 기본키와 이를 참조하는 외래키로 표현하는 논리적 데이터 모델은?

① 계층 데이터 모델

② 네트워크 데이터 모델

③ 관계 데이터 모델

④ 객체지향 데이터 모델

02 릴레이션에 대한 설명으로 옳지 않은 것은?

① 릴레이션은 릴레이션 스키마와 릴레이션 인스턴스로 구성되어 있다.

② 릴레이션 스키마는 릴레이션의 논리적인 구조로 릴레이션 내포intension라고도 한다.

③ 릴레이션 인스턴스는 어느 한 시점에 릴레이션에 존재하는 투플들의 집합을 의미하고 릴레이션 외연extension이라고도 한다.

④ 릴레이션 스키마는 동적인 특징이 있고, 릴레이션 인스턴스는 정적인 특징이 있다.

03 릴레이션에 대한 설명 중 옳지 않은 것은?

① 하나의 릴레이션에는 동일한 투플이 존재할 수 없다.

② 하나의 릴레이션에서 투플 사이의 순서는 무의미하다.

③ 하나의 릴레이션에서 속성 사이의 순서는 무의미하다.

④ 모든 속성 값은 논리적으로 분해 가능한 복합 값이어야 한다.

04 릴레이션 관련 용어에 대한 설명으로 옳지 않은 것은?

① 속성은 릴레이션에서 열을 의미한다.

② 투플은 릴레이션에서 행을 의미한다.

③ 도메인은 릴레이션에서 전체 속성의 개수를 의미한다.

④ 카디널리티는 릴레이션에서 전체 투플의 개수를 의미한다.

05 다음 설명에서 Ⓐ, Ⓑ, Ⓒ에 들어갈 수 있는 가장 적합한 용어들로 구성된 것은?

> 관계 데이터 모델 관련 용어 중 행은 (Ⓐ), 열은 (Ⓑ), 그리고 (Ⓒ)는 릴레이션이라 부른다.

① Ⓐ-투플, Ⓑ-테이블, Ⓒ-속성　　　② Ⓐ-테이블, Ⓑ-속성, Ⓒ-투플

③ Ⓐ-투플, Ⓑ-속성, Ⓒ-테이블　　　④ Ⓐ-속성, Ⓑ-투플, Ⓒ-테이블

06 관계 데이터 모델에서 릴레이션을 구성하는 모든 속성의 개수를 무엇이라 하는가?

① 도메인domain　　　　　　　　　② 인스턴스instance

③ 차수degree　　　　　　　　　　④ 카디널리티cardinality

07 릴레이션에서 속성에 대한 설명으로 옳지 않은 것은?

① 릴레이션에서 행에 해당한다.

② 하나의 릴레이션을 구성하는 모든 속성은 서로 다른 이름으로 구별한다.

③ 속성은 파일 관점에서 데이터 필드field에 해당한다.

④ 릴레이션을 구성하는 모든 속성의 개수를 차수라고 한다.

08 관계 데이터 모델에서 릴레이션에 존재하는 모든 투플의 개수를 무엇이라 하는가?

① 도메인domain　　　　　　　　　② 인스턴스instance

③ 차수degree　　　　　　　　　　④ 카디널리티cardinality

09 관계 데이터 모델로 표현된 다음 데이터에 대한 설명으로 옳은 것은?

고객ID	고객이름	나이
C01	박하얀	24
C02	김노랑	47
C03	이초록	35
C04	홍파랑	57
C05	조보라	66

① 릴레이션 3개, 속성 3개, 투플 5개   ② 릴레이션 3개, 속성 5개, 투플 3개

③ 릴레이션 1개, 속성 5개, 투플 3개   ④ 릴레이션 1개, 속성 3개, 투플 5개

10 한 릴레이션의 스키마가 속성 5개, 후보키 3개를 가지고 그 스키마에 대응하는 릴레이션 인스턴스가 10개의 투플을 갖는다면 그 릴레이션의 카디널리티는?

① 3   ② 5

③ 10   ④ 15

11 널null 값에 대한 설명으로 옳지 않은 것은?

① 아직 모르는 값이다.

② 적합한 값이 없다.

③ 숫자 0이나 공백 문자와 같은 의미로 해석해야 한다.

④ 기본키로 선택된 속성은 널 값을 가질 수 없다.

12 다음 설명에 해당되는 키는?

> 하나의 릴레이션 내 속성 또는 속성들의 집합으로 구성되고, 릴레이션에 있는 모든 투플에 대해 유일성은 만족시키지만 최소성은 만족시키지 못한다.

① 외래키   ② 슈퍼키

③ 후보키   ④ 대체키

13 다음 설명에서 Ⓐ와 Ⓑ에 들어갈 수 있는 가장 적합한 용어들로 구성된 것은?

> 투플을 유일하게 구별하는 속성 또는 속성들의 집합으로 투플을 검색하거나 정렬할 때 주로 사용하는 키는 (Ⓐ), 릴레이션들 사이의 관계를 표현하는 키는 (Ⓑ)다.

① Ⓐ – 후보키, Ⓑ – 외래키   ② Ⓐ – 기본키, Ⓑ – 외래키

③ Ⓐ – 후보키, Ⓑ – 슈퍼키   ④ Ⓐ – 기본키, Ⓑ – 슈퍼키

14 후보키에 대한 설명으로 옳지 않은 것은?

① 다른 릴레이션의 기본키와 대응되어 릴레이션 간의 참조 무결성 제약조건을 표현하는 데 사용되는 중요한 도구다.

② 릴레이션의 후보키는 유일성과 최소성을 모두 만족해야 한다.

③ 하나의 릴레이션에 속하는 모든 투플들은 중복된 값을 가질 수 없으므로 모든 릴레이션은 반드시 하나 이상의 후보키를 갖는다.

④ 릴레이션에서 투플을 유일하게 구별해주는 속성 또는 속성들의 집합을 의미한다.

15 개체 무결성 제약조건에 대한 설명으로 적합한 것은?

① 릴레이션 내의 투플들이 각 속성의 도메인에 지정된 값만 가져야 한다.

② 릴레이션은 참조할 수 없는 외래키 값을 가질 수 없다.

③ 외래키 값은 참조되는 릴레이션의 기본키 값과 동일해야 한다.

④ 기본키를 구성하는 모든 속성은 널 값을 가질 수 없다.

16 외래키와 관련이 있는 무결성 제약조건은?

① 도메인 무결성 제약조건   ② 개체 무결성 제약조건

③ 참조 무결성 제약조건   ④ 기본키 무결성 제약조건

17 릴레이션 A의 기본키에 해당하는 속성 값을 변경하려면 이를 참조하는 릴레이션 B의 외래키에 해당하는 속성 값도 변경해야 하는데 이러한 특성과 관련 있는 무결성 제약조건은?

① 도메인 무결성 제약조건   ② 개체 무결성 제약조건

③ 참조 무결성 제약조건   ④ 기본키 무결성 제약조건

18 관계 데이터 모델에서 하나의 속성이 가질 수 있는 모든 값들의 집합을 무엇이라 하는가?

19 다음 각 문장을 읽고 맞으면 ○, 틀리면 ×를 표시하시오.

(1) 슈퍼키는 후보키이기도 하다. (   )

(2) 기본키는 후보키이기도 하다. (   )

(3) 기본키로 외래키를 사용할 수 있다. (   )

(4) 외래키는 널 값이 허용되지 않는다. (   )

(5) 외래키의 속성 개수와 참조되는 릴레이션에 있는 기본키의 속성 개수는 같아야 한다. (   )

20 릴레이션의 특성으로 적합한 것을 모두 고르시오.

> (A) 하나의 릴레이션에 있는 모든 투플은 서로 다른 값을 가진다.
> (B) 하나의 릴레이션에서 투플 사이의 순서는 없다.
> (C) 하나의 릴레이션에 있는 모든 속성은 서로 다른 이름으로 구별된다.
> (D) 하나의 릴레이션에서 속성의 순서는 중요한 의미를 지닌다.
> (E) 모든 속성의 값은 논리적으로 더는 분해할 수 없는 원자 값만 허용된다.

21 외래키에 대한 설명으로 적합한 것을 모두 고르시오.

> (A) 여러 후보키 중에서 기본키로 선택되지 못한 후보키들이다.
> (B) 외래키를 가진 릴레이션을 참조하는 릴레이션이라 하고, 대응되는 기본키를 가진 릴레이션을 참조되는 릴레이션이라 한다.
> (C) 릴레이션 R1에 속한 속성 집합이 다른 릴레이션 R2의 기본키임을 의미한다.
> (D) 외래키를 가진 릴레이션과 대응되는 기본키를 가진 릴레이션은 반드시 달라야 한다.
> (E) 외래키와 이에 대응되는 기본키는 이름이 같아야 한다.
> (F) 외래키와 이에 대응되는 기본키는 도메인이 같아야 한다.

22 관계 데이터 모델의 무결성 제약조건에 대한 다음 설명을 읽고 Ⓐ, Ⓑ를 적절히 채우시오.

> 기본키를 구성하는 모든 속성은 널 값을 가질 수 없음을 의미하는 무결성 제약조건을 (Ⓐ)라고 한다. 그리고 릴레이션 R1의 투플이 릴레이션 R2에 있는 투플을 참조하는 경우, 참조되는 투플이 반드시 릴레이션 R2에 존재해야 함을 의미하는 무결성 제약조건을 (Ⓑ)라고 한다.

23 관계 데이터 모델의 키에 대한 다음 설명을 읽고 Ⓐ, Ⓑ, Ⓒ를 적절히 채우시오.

> (Ⓐ)는 유일성을 만족하는 속성 또는 속성들의 집합이다. 후보키는 유일성과 (Ⓑ)를 만족하는 속성 또는 속성들의 집합이다. 기본키는 후보키들 중에서 선택된 키이고, 기본키로 선택되지 못한 키를 (Ⓒ)라고 한다.

24 다음 사원 릴레이션을 보고 각 물음에 답하시오.

사원번호	사원이름	나이	주소	직급
E001	홍준화	30	서울시 마포구	대리
E002	김연주	28	서울시 영등포구	사원
E003	이명기	32	서울시 강남구	과장

(1) 차수$_{degree}$는 얼마인가?

(2) 카디널리티$_{cardinality}$는 얼마인가?

(3) 사원이름 속성은 기본키로 적합하지 않다. 그 이유는 무엇인가?

(4) 기본키로 적합한 속성은 무엇인가?

25 다음 두 릴레이션을 보고 각 물음에 답하시오.

환자 릴레이션

환자번호	환자이름	나이	담당의사
P001	오우진	31	D002
P002	채광주	50	D001
P003	김용욱	43	D003

의사 릴레이션

의사번호	의사이름	소속
D001	정지영	내과
D002	김선주	피부과
D003	정성호	정형외과

(1) 두 릴레이션 중 외래키를 포함하고 있는 릴레이션은 무엇인가? 그리고 외래키는 무엇인가?

(2) 다음 중 두 릴레이션에 대해 참조 무결성 제약조건의 영향을 받는 연산으로 적합한 것을 모두 고르시오.

> (A) 환자 릴레이션에서 새로운 환자 투플을 삽입하는 연산
> (B) 환자 릴레이션에서 담당의사 속성 값을 변경하는 연산
> (C) 환자 릴레이션에서 기존 환자 투플을 삭제하는 연산
> (D) 의사 릴레이션에서 새로운 의사 투플을 삽입하는 연산
> (E) 의사 릴레이션에서 의사번호 속성 값을 변경하는 연산
> (F) 의사 릴레이션에서 기존 의사 투플을 삭제하는 연산

26 참조 무결성 제약조건 만족 여부를 검사할 필요가 있는 항목에 ○표를 하시오.

	Insert	Delete	Update
외래키에 의해 참조되는 기본키			
외래키			

27 A, B, C 속성으로 구성된 한 릴레이션에서 A 속성의 도메인은 2개 값, B 속성의 도메인은 3개 값, C 속성의 도메인은 4개 값을 갖는다면 이 릴레이션에 삽입될 수 있는 투플의 최대 개수는 얼마인가?

28 대학에서 학생은 교수에게 진로 지도를 받는다. 또한 학생들 간에도 멘토링mentoring을 실시하고 있는데 누구나 멘토mentor, 멘티mentee가 될 수 있다. 이에 대한 관계 데이터베이스 스키마와 조건이 다음과 같을 때 외래키로 선언할 수 있는 속성을 모두 나열하시오.

〈데이터베이스 스키마〉

학생(<u>학번</u>, 이름, 학과)

교수(<u>교수ID</u>, 이름, 학과)

지도(<u>지도교수ID</u>, <u>참여학생</u>, 내용)

멘토링(<u>멘토</u>, <u>멘티</u>, 내용)

〈조건〉

· 진로 지도를 담당하지 않는 교수가 있을 수 있다.

· 진로 지도를 받지 않는 학생이 있을 수 있다.

· 멘토링 프로그램에 멘토 또는 멘티로 참가하지 않는 학생이 있을 수 있다.

관계 데이터 연산

학습목표

• 관계 데이터 연산의 개념과 종류를 알아본다.
• 일반 집합 연산자와 순수 관계 연산자의 차이를 이해한다.
• 일반 집합 연산자와 순수 관계 연산자를 이용해 질의를 표현하는 방법을 익힌다.
• 관계 해석의 개념을 간단히 정리해본다.

PREVIEW

여러분은 여우와 두루미 이야기를 기억하는가? 두루미가 납작한 접시에 담긴 음식을 먹지 못하고, 여우가 호리병에 담긴 음식을 먹지 못했다는 이야기다. 만약 이 이야기에서 두루미가 숟가락이라는 도구를 사용하고, 여우가 빨대라는 도구를 사용했다면 결과가 어떻게 달라졌을까?

관계 데이터베이스의 릴레이션에 존재하는 수많은 데이터 중 원하는 데이터를 쉽게 얻으려면 두루미의 숟가락과 여우의 빨대 같은 도구가 필요하다. 이것이 바로 관계 데이터 연산이다. 그런데 두루미에게는 빨대가 필요 없고 여우에게는 숟가락이 필요 없는 것처럼, 상황에 맞지 않는 도구가 주어진다면 문제를 제대로 해결할 수가 없다. 즉, 상황에 따라 적합한 도구가 달라지고 얼마나 적합한 도구를 사용하느냐에 따라 결과가 달라진다.

관계 데이터 연산에는 다양한 연산자가 존재하므로 각각의 특성을 잘 알아야 필요할 때 똑똑하게 선택할 수 있다.

이 장을 통해 관계 데이터 연산이라는 도구의 중요성을 이해하고 일반 집합 연산자와 순수 관계 연산자로 구분되는 관계 데이터 연산의 기능을 정확히 파악해보자. 각 연산의 기능을 제대로 이해해야 원하는 데이터를 얻기 위한 질의를 작성하는 데 유용하게 활용할 수 있다. 그리고 관계 해석의 개념도 함께 살펴보도록 하자.

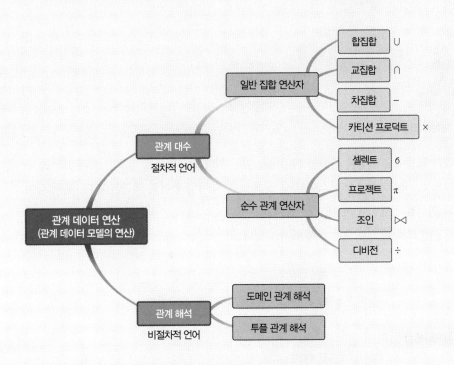

01 관계 데이터 연산의 개념

4장에서 언급했듯이 데이터 모델은 데이터 구조, 연산, 제약조건으로 구성된다. 5장에서 데이터 모델의 구조와 제약조건을 알아보았으니 이 장에서는 연산을 알아보자.

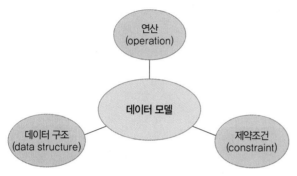

그림 6-1 데이터 모델의 구성

관계 데이터 모델에서 연산은 원하는 데이터를 얻기 위해 릴레이션에 필요한 처리 요구를 수행하는 것으로, 데이터베이스 시스템의 구성 요소 중 데이터 언어의 역할을 한다. 관계 데이터 모델의 연산을 간단히 관계 데이터 연산relationship data operation이라고도 한다. 대표적인 관계 데이터 연산으로 관계 대수와 관계 해석이 있다.

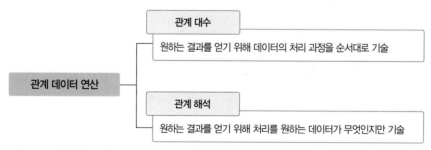

그림 6-2 관계 데이터 연산의 종류

관계 대수와 관계 해석은 원하는 데이터를 얻기 위한 처리 절차를 얼마나 자세히 기술하느냐에서 큰 차이를 보인다. 관계 대수relational algebra는 원하는 결과를 얻기 위해 데이터의 처리 과정을 순서대로 기술하는 절차 언어procedural language다. 관계 해석relational calculus은 원하는 결과를 얻기 위해 처리를 원하는 데이터가 무엇인지만 기술하는 비절차 언어nonprocedural language다.

사용자 입장에서는 처리 과정을 자세히 기술하는 것보다 처리를 원하는 데이터가 무엇인지만 기술하는 비절차 언어가 더 편리하게 느껴질 수 있다. 하지만 데이터를 처리하는 기능과 처리를 요구하는 표현력에서 관계 대수와 관계 해석은 능력이 동등하다. 관계 대수로 기술된 데이터 처리 요구는 관계 해석으로도 기술할 수 있고, 관계 해석으로 기술된 데이터 처리 요구를 관계 대수로도 기술할 수 있다. 데이터에 대한 처리 요구를 일반적으로 질의query라 한다. 따라서 앞으로는 질의라는 용어를 사용할 것이다.

관계 대수와 관계 해석은 상용화된 관계 데이터베이스에서는 실제로 사용되지 않는 개념적 언어다. 그렇다면 관계 대수와 관계 해석을 공부해야 하는 이유는 무엇일까?

새로운 데이터 언어가 제안되면 해당 데이터 언어의 유용성을 검증해야 하는데 검증의 기준 역할을 하는 것이 관계 대수와 관계 해석이다. 관계 대수나 관계 해석으로 기술할 수 있는 모든 질의를 새로 제안된 데이터 언어로 기술할 수 있으면 관계적으로 완전relationally complete하다고 하고, 이를 통해 해당 언어가 어느 정도 검증됐다고 판단한다. 보통 상용화된 관계 데이터베이스에서 사용하는 데이터 언어들도 관계적으로 완전하다고 판단된 것들이다. 그러므로 상용화된 데이터 언어를 공부하기 전에 관계 데이터 언어부터 이해하는 것이 도움이 된다.

이 장에서는 관계 데이터 연산 중 관계 대수를 중심으로 살펴보고 관계 해석은 개념만 정리한다.

02 | 관계 대수

1 관계 대수의 개념과 연산자

관계 대수는 원하는 결과를 얻기 위해 릴레이션을 처리하는 과정을 순서대로 기술하는 언어다. 연산자들의 집합으로도 정의할 수 있다. 일반적으로 연산자와 함께 연산의 대상이 되는 피연산자가 존재하기 마련인데 관계 대수에서는 피연산자가 릴레이션이다. 즉, 관계 대수는 릴레이션을 연산한다. 피연산자인 릴레이션에 연산자를 적용해 얻은 결과도 릴레이션이다. 이러한 관계 대수의 특성을 폐쇄 특성closure property이라 하는데, 이는 '콩 심은 데 콩 나고 팥 심은 데 팥 난다'는 속담을 떠올리게 한다.

관계 대수에 속하는 대표적인 연산자 8개는 특성에 따라 일반 집합 연산자set operation와 순수 관계 연산자relational operation로 분류할 수 있다.

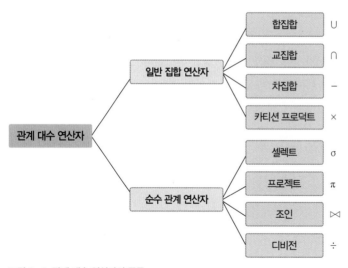

그림 6-3 관계 대수 연산자의 종류

일반 집합 연산자는 릴레이션이 투플의 집합이라는 개념을 이용하는데 이는 수학의 집합 관련 연산자를 차용한 것이다. 일반 집합 연산자에 속하는 연산자의 종류와 기능은 [그림 6-4]와 같다.

연산자	기호	표현	의미
합집합	∪	R∪S	릴레이션 R과 S의 합집합을 반환
교집합	∩	R∩S	릴레이션 R과 S의 교집합을 반환
차집합	−	R−S	릴레이션 R과 S의 차집합을 반환
카티션 프로덕트	×	R×S	릴레이션 R의 각 투플과 릴레이션 S의 각 투플을 모두 연결하여 만든 새로운 투플을 반환

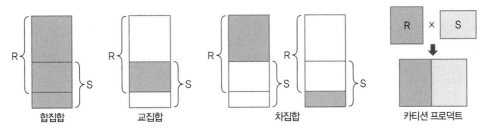

그림 6-4 일반 집합 연산자의 종류와 기능

순수 관계 연산자는 릴레이션의 구조와 특성을 이용하는 것으로 관계 데이터 모델에서 새로 제시된 연산자다. 순수 관계 연산자에 속하는 연산자의 종류와 기능은 [그림 6-5]와 같다.

연산자	기호	표현	의미
셀렉트	σ	$\sigma_{조건}(R)$	릴레이션 R에서 조건을 만족하는 투플들을 반환
프로젝트	π	$\pi_{속성리스트}(R)$	릴레이션 R에서 주어진 속성들의 값으로만 구성된 투플들을 반환
조인	⋈	R ⋈ S	공통 속성을 이용해 릴레이션 R과 S의 투플들을 연결하여 만든 새로운 투플들을 반환
디비전	÷	R ÷ S	릴레이션 S의 모든 투플과 관련이 있는 릴레이션 R의 투플들을 반환

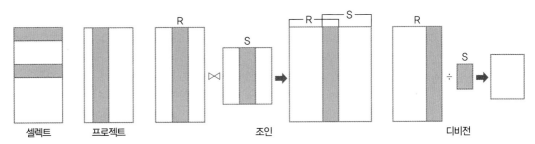

그림 6-5 순수 관계 연산자의 종류와 기능

이제 일반 집합 연산자와 순수 관계 연산자에 속하는 대표 연산자 8개의 기능을 실제 예를 통해 살펴보자.

2 일반 집합 연산자

일반 집합 연산자에 속하는 합집합, 교집합, 차집합, 카티션 프로덕트는 수학의 집합 연산자를 떠올리면 쉽게 이해할 수 있을 것이다. 그런데 이들을 자세히 살펴보기에 앞서 꼭 알아두어야 할 제약조건이 있다. 첫째, 일반 집합 연산자는 연산을 위해 피연산자가 2개 필요하다. 즉, 일반 집합 연산자는 2개의 릴레이션을 연산한다. 둘째, 합집합, 교집합, 차집합은 피연산자인 2개의 릴레이션이 합병 가능union-compatible해야 한다. 그럼 합병 가능하다는 것은 무슨 의미일까? 다음 조건을 만족해야 2개의 릴레이션은 합병이 가능하다.

❶ 두 릴레이션의 차수가 같다. 즉, 두 릴레이션은 속성 개수가 같다.

❷ 2개의 릴레이션에서 서로 대응되는 속성의 도메인이 같다. 단, 도메인이 같으면 속성의 이름은 달라도 된다.

[그림 6-6]은 합병이 불가능한 예다. 고객 릴레이션과 직원 릴레이션은 속성이 모두 3개로 차수는 같다. 그러나 고객 릴레이션의 나이 속성은 도메인이 INT이지만 이에 대응되는 직원 릴레이션의 직위 속성은 도메인이 CHAR(20)이라 서로 다르다. 그러므로 합병을 위한 ❷번 조건을 위반하여 두 릴레이션은 합병이 불가능하다. 즉, 두 릴레이션에 합집합, 교집합, 차집합 연산을 수행할 수 없다.

고객 릴레이션

고객번호	고객이름	나이
INT	CHAR(20)	INT
100	정소화	20
200	김선우	35
300	고명석	24

직원 릴레이션

직원번호	직원이름	직위
INT	CHAR(20)	CHAR(20)
10	김용욱	부장
20	채광주	과장
30	김수진	대리

그림 6-6 합병이 불가능한 예

반면, [그림 6-7]은 합병이 가능한 예다. 고객 릴레이션과 직원 릴레이션은 모두 속성이 3개이므로 차수가 같다. 그리고 고객 릴레이션과 직원 릴레이션에서 서로 대응하는 속성이 이름은 다르지만 도메인이 같다. 그러므로 합병을 위한 ❶번과 ❷번 조건을 모두 만족하여 두 릴레이션은 합병이 가능하다. 즉, 두 릴레이션에 합집합, 교집합, 차집합의 연산을 수행할 수 있다. 단, 카티션 프로덕트는 합병 가능 여부와 상관없이 연산이 가능하다.

고객 릴레이션

고객번호	고객이름	나이
INT	CHAR(20)	INT
100	정소화	20
200	김선우	35
300	고명석	24

직원 릴레이션

직원번호	직원이름	나이
INT	CHAR(20)	INT
10	김용욱	40
20	채광주	32
30	김수진	28

그림 6-7 합병이 가능한 예

이제 합집합, 교집합, 차집합, 카디션 프로덕트의 기능을 본격적으로 살펴보자. 이해를 돕기 위해 예로 제시하는 릴레이션 R과 S에서, 대응되는 각 속성은 도메인과 이름이 같다고 가정한다.

합집합

합병이 가능한 두 릴레이션 R과 S의 합집합union은 R∪S로 표현한다. R∪S는 릴레이션 R에 속하거나 릴레이션 S에 속하는 모든 투플로 결과 릴레이션을 구성한다. [그림 6-8]은 합병이 가능한 릴레이션 R과 S를 합집합 연산한 예다.

R

번호	이름
100	정소화
200	김선우
300	고명석

S

번호	이름
100	정소화
101	채광주
102	김수진

 합집합 연산

R∪S

번호	이름
100	정소화
200	김선우
300	고명석
101	채광주
102	김수진

그림 6-8 합집합 연산의 예

[그림 6-8]에서 (100, 정소화) 투플은 릴레이션 R과 S에 모두 존재하지만 합집합 연산의 결과 릴레이션에서는 중복되지 않고 한 번만 나타난다. 합집합 연산의 결과도 릴레이션이므로 중복 투플이 존재할 수 없다는 릴레이션의 기본 특징을 유지해야 하기 때문이다.

합집합 연산을 한 후 얻게 되는 결과 릴레이션의 차수는 피연산자인 릴레이션 R과 S의 차수와 같다. 그리고 카디널리티(투플의 전체 개수)는 중복이 없기 때문에 릴레이션 R과 S의 투플 개수를 더한 것과 같거나 적어진다.

합집합에는 교환적 특징이 있다. 릴레이션 R과 S에 합집합 연산을 수행한다면 R∪S와 S∪R의 결과 릴레이션은 같다. 합집합에는 결합적 특징도 있다. 릴레이션 R, S, T에 합집합 연산을 수행한다면 어떤 릴레이션에 합집합을 먼저 수행하느냐와 상관없이 결과 릴레이션은 같다. 즉, (R∪S)∪T와 R∪(S∪T)의 결과 릴레이션은 같다.

교집합

합병이 가능한 두 릴레이션 R과 S의 교집합intersection은 R∩S로 표현한다. R∩S는 릴레이션 R과 S에 공통으로 속하는 투플로 결과 릴레이션을 구성한다. [그림 6-9]는 합병이 가능한 릴레이션 R과 S를 교집합 연산한 예다.

그림 6-9 교집합 연산의 예

교집합 연산을 한 후 얻게 되는 결과 릴레이션의 차수는 피연산자인 릴레이션 R과 S의 차수와 같다. 그리고 카디널리티는 릴레이션 R과 S의 어떤 카디널리티보다 크지 않다. 즉, 같거나 적다.

교집합에도 교환적 특징이 있다. 릴레이션 R과 S에 교집합 연산을 수행한다면 R∩S와 S∩R의 결과 릴레이션은 같다. 그리고 결합적 특징도 있다. 릴레이션 R, S, T에 교집합 연산을 수행한다면 어떤 릴레이션에 교집합을 먼저 수행하느냐와 상관없이 결과 릴레이션은 같다. 즉, (R∩S)∩T와 R∩(S∩T)의 결과 릴레이션은 같다.

차집합

합병이 가능한 두 릴레이션 R과 S의 차집합difference은 R−S로 표현한다. R−S는 릴레이션 R에는 존재하지만 릴레이션 S에는 존재하지 않는 투플들로 결과 릴레이션을 구성한다. [그림 6−10]은 합병 가능한 릴레이션 R과 S를 차집합 연산한 예다.

R

번호	이름
100	정소화
200	김선우
300	고명석

S

번호	이름
100	정소화
101	채광주
102	김수진

차집합 연산

R−S

번호	이름
200	김선우
300	고명석

S−R

번호	이름
101	채광주
102	김수진

그림 6-10 차집합 연산의 예

차집합 연산을 한 후 얻게 되는 결과 릴레이션의 차수는 피연산자인 릴레이션 R과 S의 차수와 같다. 그리고 카디널리티는 릴레이션 R이나 릴레이션 S의 카디널리티와 같거나 적다. 즉, R−S는 릴레이션 R의 카디널리티와 같거나 적고, S−R은 릴레이션 S의 카디널리티와 같거나 적다.

차집합은 피연산자의 순서에 따라 결과 릴레이션이 달라지기 때문에 교환적 특징은 물론 결합적 특징도 없다.

카티션 프로덕트

두 릴레이션 R과 S의 카티션 프로덕트cartesian product는 R×S로 표현한다. R×S는 릴레이션 R에 속한 각 투플과 릴레이션 S에 속한 각 투플을 모두 연결하여 만들어진 새로운 투플로 결과 릴레이션을 구성한다. 릴레이션 R에 속한 투플 $(r_1, r_2, \cdots, r_n)$과 릴레이션 S에 속한 투플 $(s_1, s_2, \cdots, s_m)$을 연결하여 생성되는 투플 $(r_1, r_2, \cdots, r_n, s_1, s_2, \cdots, s_m)$을 모아 결과 릴레이션을 구성하는 것이다. [그림 6-11]은 예제 릴레이션 R과 S를 카티션 프로덕트 연산한 예다.

R

번호	이름
INT	CHAR(20)
100	정소화
200	김선우
300	고명석

S

번호	나이
INT	INT
100	40
101	30
102	25

카티션 프로덕트 연산

R×S

R.번호	R.이름	S.번호	S.나이
INT	CHAR(20)	INT	INT
100	정소화	100	40
100	정소화	101	30
100	정소화	102	25
200	김선우	100	40
200	김선우	101	30
200	김선우	102	25
300	고명석	100	40
300	고명석	101	30
300	고명석	102	25

그림 6-11 카티션 프로덕트 연산의 예

[그림 6-11]에서 카티션 프로덕트 연산에 참여하는 릴레이션 R과 S는 차수가 같지만 릴레이션 R에 속하는 이름 속성과 이에 대응하는 릴레이션 S의 나이 속성은 도메인이 다르다. 앞서

언급했듯이 두 릴레이션이 합병은 불가능한 경우에도 카티션 프로덕트 연산은 가능하다. 그림에서 결과 릴레이션의 속성은 '릴레이션이름.속성이름' 형식으로 표기되었다. 이것은 속성이 원래 어느 릴레이션 소속인지를 나타내기 위한 표기법이다. 릴레이션 R과 S에 동일한 이름의 번호 속성이 존재하기 때문에 카티션 프로덕트 연산을 한 후 결과 릴레이션에서 구분하려고 이 표기법을 사용한 것이다. 릴레이션 R의 이름 속성과 릴레이션 S의 나이 속성은 각 릴레이션에만 존재하므로 구분할 필요가 없어 소속 릴레이션을 표기하지 않아도 된다. 즉 'R.이름' 대신 '이름'으로, 'S.나이' 대신 '나이'로 표기해도 된다.

카티션 프로덕트 연산을 한 후 얻게 되는 결과 릴레이션의 차수는 피연산자인 릴레이션 R과 S의 차수를 더한 것과 같다. 그리고 카디널리티는 릴레이션 R과 S의 카디널리티를 곱한 것과 같다. [그림 6-11]에서 R×S의 결과 릴레이션의 차수는 릴레이션 R의 차수 2와 릴레이션 S의 차수 2를 더한 4가 되고, 카디널리티는 릴레이션 R의 카디널리티 3과 릴레이션 S의 카디널리티 3을 곱한 9가 된다.

카티션 프로덕트에는 교환적 특징이 있다. 릴레이션 R과 S에 카티션 프로덕트 연산을 수행한다면 R×S와 S×R의 결과 릴레이션은 같다. 그리고 결합적 특징도 있다. 릴레이션 R, S, T에 카티션 프로덕트 연산을 수행한다면 어떤 릴레이션에 카티션 프로덕트를 먼저 수행하느냐와 상관없이 결과 릴레이션은 같다. 즉, (R×S)×T와 R×(S×T)의 결과 릴레이션은 같다.

3 순수 관계 연산자

순수 관계 연산자는 릴레이션의 구조와 특성을 이용하는 연산자다. 대표적으로 셀렉트, 프로젝트, 조인, 디비전이 있다. 순수 관계 연산자는 관계 데이터 모델에서 새로 제시된 것이라 일반 집합 연산자에 비해 다소 생소할 수 있다. 하지만 릴레이션에 저장되어 있는 데이터를 다양하게 처리하는 데 자주 사용되므로, 개념을 이해하고 이를 이용한 질의 표현 방법을 익힐 필요가 있다.

셀렉트

셀렉트select 연산은 릴레이션에서 주어진 조건을 만족하는 투플만 선택하여 결과 릴레이션을 구성한다. 그래서 결과 릴레이션은 주어진 릴레이션을 수평으로 절단한 모양이 된다. 즉, 해당 릴레이션에서 수평적 부분집합horizontal subset을 생성한 것과 같다. 셀렉트 연산은 시그마 기호인 σsigma를 이용해 다음과 같이 수학적으로 표현한다.

$$\sigma_{조건식}(릴레이션)$$

셀렉트 연산은 하나의 릴레이션을 대상으로 수행한다. 조건식은 비교 연산자(>, ≥, <, ≤, =, ≠)를 이용해 구성하는데, 조건식을 비교식 또는 프레디킷predicate이라고도 한다. 조건식을 속성과 상수의 비교나 다른 속성들 간의 비교로 표현할 수 있다. 조건식을 속성과 상수의 비교로 구성할 때는 상수의 데이터 타입이 속성의 도메인과 일치해야 한다. 그리고 조건식을 다른 속성들 간의 비교로 구성할 때는 속성들의 도메인이 같아야 비교가 가능하다. 비교 연산자와 함께 논리 연산자(∧, ∨, ¬)를 사용해 조건식을 좀 더 복잡하게 구성할 수도 있다. 조건이 여러 개이고 이들을 모두 만족해야 하는 경우는 ∧and를, 이들 중 하나만 만족해도 되는 경우는 ∨or를 사용해 조건을 연결한다. 그리고 ¬not을 사용해 조건을 만족하지 않는 투플만 검색할 수도 있다.

셀렉트 연산은 다음과 같이 where 문을 이용해 일반적인 데이터 언어의 형식으로도 표현할 수 있다.

릴레이션 where 조건식

[그림 6-12]는 셀렉트 연산의 예에 사용할 고객 릴레이션이다. 이 릴레이션에 셀렉트 연산을 적용한 예제를 살펴보자.

고객아이디	고객이름	나이	등급	직업	적립금
apple	김현준	20	gold	학생	1000
banana	정소화	25	vip	간호사	2500
carrot	원유선	28	gold	교사	4500
orange	정지영	22	silver	학생	0

그림 6-12 셀렉트 연산을 적용할 릴레이션 예 : 고객 릴레이션

예제 6-1

고객 릴레이션에서 등급이 gold인 투플을 검색하시오.

▶▶ $\sigma_{등급='gold'}$(고객)　　또는　　고객 where 등급 = 'gold'

결과 릴레이션

고객아이디	고객이름	나이	등급	직업	적립금
apple	김현준	20	gold	학생	1000
carrot	원유선	28	gold	교사	4500

예제 6-2

고객 릴레이션에서 등급이 gold이고, 적립금이 2000 이상인 투플을 검색하시오.

▶▶ $\sigma_{등급='gold' \wedge 적립금 \geq 2000}$(고객)　　또는　　고객 where 등급 = 'gold' and 적립금 $\geq$ 2000

결과 릴레이션

고객아이디	고객이름	나이	등급	직업	적립금
carrot	원유선	28	gold	교사	4500

[그림 6-13]에서 볼 수 있듯이 셀렉트는 릴레이션의 모든 투플 중 조건식을 참으로 만드는 일부분의 투플들만 선택한다. 투플은 릴레이션에서 행에 해당되므로 셀렉트는 연산 대상 릴레이션의 수평적 부분집합으로 결과 릴레이션을 구성하는 수평적 연산자라 할 수 있다.

고객아이디	고객이름	나이	등급	직업	적립금
apple	김현준	20	gold	학생	1000
banana	정소화	25	vip	간호사	2500
carrot	원유선	28	gold	교사	4500
orange	정지영	22	silver	학생	0

 등급 = 'gold'

셀렉트 연산

고객아이디	고객이름	나이	등급	직업	적립금
apple	김현준	20	gold	학생	1000
carrot	원유선	28	gold	교사	4500

그림 6-13 셀렉트 연산의 수행 과정 : 고객 릴레이션

셀렉트 연산에는 다음과 같이 교환적 특징이 있다.

$$\sigma_{조건식1}(\sigma_{조건식2}(릴레이션)) = \sigma_{조건식2}(\sigma_{조건식1}(릴레이션)) = \sigma_{조건식1 \wedge 조건식2}(릴레이션)$$

예를 들어 [예제 6-2]의 질의문은 다음과 같이 세 가지 다른 질의문으로 표현할 수 있다.

$$\sigma_{적립금 \geq 2000}(\sigma_{등급='gold'}(고객)) = \sigma_{등급='gold'}(\sigma_{적립금 \geq 2000}(고객)) = \sigma_{등급='gold' \wedge 적립금 \geq 2000}(고객)$$

프로젝트

프로젝트project 연산은 릴레이션에서 선택한 속성에 해당하는 값으로 결과 릴레이션을 구성한다. 결과 릴레이션이 주어진 릴레이션의 일부 열로만 구성되어 해당 릴레이션에서 수직적 부분집합vertical subset을 생성하는 것과 같다. 프로젝트 연산은 파이 기호인 πpi를 사용해 다음과 같이 수학적으로 표현한다.

$$\pi_{속성리스트}(릴레이션)$$

프로젝트 연산을 다음과 같이 일반 데이터 언어의 형식으로 표현할 수도 있다.

릴레이션[속성리스트]

[그림 6-14]의 고객 릴레이션에 프로젝트 연산을 적용한 예제 몇 개를 살펴보자.

고객아이디	고객이름	나이	등급	직업	적립금
apple	김현준	20	gold	학생	1000
banana	정소화	25	vip	간호사	2500
carrot	원유선	28	gold	교사	4500
orange	정지영	22	silver	학생	0

그림 6-14 프로젝트 연산을 적용할 릴레이션 예 : 고객 릴레이션

고객 릴레이션에서 고객이름, 등급, 적립금을 검색하시오.

▶▶ $\pi_{고객이름,등급,적립금}$(고객)   또는   고객[고객이름,등급,적립금]

결과 릴레이션

고객이름	등급	적립금
정소화	gold	1000
김선우	vip	2500
고명석	gold	4500
김용욱	silver	0

예제 6-4

고객 릴레이션에서 등급을 검색하시오.

▶▶ $\pi_{등급}$(고객)   또는   고객[등급]

결과 릴레이션

등급
gold
vip
silver

프로젝트 연산을 한 결과 릴레이션에도 동일한 투플이 중복되지 않고 한 번만 나타난다. 프로젝트 연산의 결과도 릴레이션이기 때문에 중복되는 투플이 존재할 수 없다는 릴레이션의 기본 특성을 유지하는 것이다. 그래서 [예제 6-4]의 결과 릴레이션에도 gold라는 속성 값이 중복되지 않고 한 번만 나타나고 있다.

[그림 6-15]에서 볼 수 있듯이 프로젝트는 릴레이션의 모든 속성 중 일부분만 선택한다. 그런데 속성은 릴레이션에서 열에 해당되므로 프로젝트는 대상 릴레이션의 수직적 부분집합으로 결과 릴레이션을 구성하는 수직적 연산자라고 할 수 있다.

$\pi_{\text{고객이름,등급,적립금}}(\text{고객})$

고객아이디	고객이름	나이	등급	직업	적립금
apple	김현준	20	gold	학생	1000
banana	정소화	25	vip	간호사	2500
carrot	원유선	28	gold	교사	4500
orange	정지영	22	silver	학생	0

프로젝트 연산

고객이름	등급	적립금
김현준	gold	1000
정소화	vip	2500
원유선	gold	4500
정지영	silver	0

그림 6-15 프로젝트 연산의 수행 과정 예 : 고객 릴레이션

조인

릴레이션 하나로 원하는 데이터를 얻을 수 없어 관계가 있는 여러 릴레이션을 함께 사용해야 하는 경우 조인join 연산을 이용한다. 조인 연산은 조인 속성join attribute을 이용해 두 릴레이션을 조합하여 하나의 결과 릴레이션을 구성한다. 조인 속성은 두 릴레이션이 공통으로 가지고 있는 속성으로, 두 릴레이션이 관계가 있음을 나타낸다. 조인 연산한 결과 릴레이션은 피연산자 릴레이션에서 조인 속성의 값이 같은 투플만 연결하여 만든 새로운 투플을 포함한다. 따라서 조인 연산의 결과는 두 릴레이션에 대해 카티션 프로덕트 연산을 수행한 후 조인 속성의 값이 같은 조건을 만족하는 투플을 반환하는 셀렉트 연산을 수행한 것과 같다.

조인 연산은 ⋈ 기호를 사용해 다음과 같이 표현한다.

릴레이션1 ⋈ 릴레이션2

[그림 6-16]은 관계가 있는 고객 릴레이션과 주문 릴레이션 예다. 이를 통해 다양한 조인 방법을 알아보자.

고객 릴레이션

고객아이디	고객이름	나이	등급
apple	김현준	20	gold
banana	정소화	25	vip
carrot	원유선	28	gold
orange	정지영	22	silver

주문 릴레이션

주문번호	고객아이디	주문제품	수량
1001	apple	진짜우동	10
1002	carrot	맛있는파이	5
1003	banana	그대로만두	11

주문 릴레이션의 외래키

그림 6-16 조인 연산을 적용할 예제 릴레이션들의 관계

[그림 6-16]에서 주문 릴레이션의 외래키인 고객아이디 속성은 고객 릴레이션의 기본키를 참조한 것이며 두 릴레이션 간의 관계를 표현한다. 그러므로 주문 릴레이션의 고객아이디 속성과 고객 릴레이션의 고객아이디 속성은 두 릴레이션에 공통으로 존재하는 조인 속성이다. 두 릴레이션을 조인할 때는 조인 속성의 값이 같은 투플만 연결하여 결과 릴레이션을 구성해야 한다.

그래서 [그림 6-17]의 결과 릴레이션은 두 릴레이션에서 조인 속성 값이 같은 투플끼리만 연결하여 생성된 새로운 투플로 구성된 것을 확인할 수 있다. 그리고 고객 릴레이션의 마지막 투플은 조인 속성인 고객아이디 속성 값에 대응하는 주문 릴레이션의 고객아이디 속성 값이 없기 때문에 조인 연산에 참여하지 못하고 제외되었다.

고객 릴레이션과 주문 릴레이션에 대한 조인 연산은 다음과 같이 표현한다.

고객 ⋈ 주문

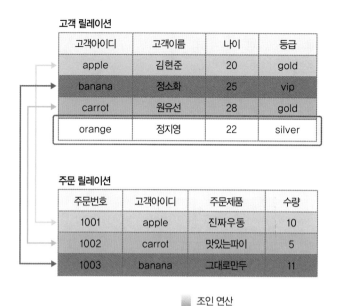

그림 6-17 조인 연산의 수행 과정 예 : 고객과 주문 릴레이션

[그림 6-17]의 결과 릴레이션에는 첫 번째 릴레이션의 속성부터 두 번째 릴레이션의 속성까지 순서대로 표현되는데, 조인 속성의 이름이 같기 때문에 어느 릴레이션의 소속인지 구분하기 위해 '릴레이션이름.속성이름' 형식으로 표기하였다.

그렇다면 두 릴레이션을 조인하는 이유는 무엇일까? 예를 들어 정소화 고객이 주문한 제품을 검색하려면 고객 데이터와 고객과 관련된 주문 데이터가 모두 필요하므로, 고객 릴레이션과 주문 릴레이션을 조인하여 결과 릴레이션을 구성한 후 조건에 맞는 투플을 찾기 위해서다.

지금까지 설명한 조인은 좀 더 정확히 분류하면 동등 조인$_{equi-join}$이다. 질의에서 동등 조인의 개념이 많이 사용되기 때문에 조인이라고 하면 보통 동등 조인을 의미하고, ⋈ 기호도 동등 조인을 의미한다. 따라서 [그림 6-17]의 결과 릴레이션은 고객 릴레이션과 주문 릴레이션에 대한 동등 조인 연산의 결과물이다.

동등 조인에 비해 좀 더 일반화된 조인으로 세타 조인theta-join, θ-join이 있다. 세타 조인은 주어진 조인 조건을 만족하는 두 릴레이션의 모든 투플을 연결한 새로운 투플로 결과 릴레이션을 구성한다. 세타 조인은 ⋈ 기호를 사용해 다음과 같이 표현한다.

릴레이션1 ⋈$_{A θ B}$ 릴레이션2

AθB는 조인 조건으로, A는 릴레이션1의 속성이고 B는 릴레이션2의 속성이다. 그리고 θ는 비교 연산자($>$, $\geq$, $<$, $\leq$, $=$, $\neq$)다. 속성 값에 대한 비교 연산이 가능하도록 A와 B는 같은 도메인으로 정의되어야 한다.

세타 조인 연산을 한 후 얻게 되는 결과 릴레이션의 차수는 릴레이션1의 차수와 릴레이션2의 차수를 더한 것과 같다. 그리고 릴레이션1과 릴레이션2에 이름이 같은 속성이 존재하면 결과 릴레이션에서는 '릴레이션이름.속성이름'과 같은 표기법을 이용해 구분한다.

세타 조인은 θ, 즉 비교 연산자를 이용해 다양한 조인 조건을 표현할 수 있는데, 특히 θ 연산자가 '='인 세타 조인이 동등 조인인 것이다. 따라서 동등 조인을 다음과 같이 좀 더 명확히 표현하는 것이 좋다.

릴레이션1 ⋈$_{A=B}$ 릴레이션2

[그림 6-17]에서 고객 릴레이션과 주문 릴레이션에 대한 동등 조인 연산은 다음과 같이 표현할 수 있다.

고객 ⋈$_{고객.고객아이디=주문.고객아이디}$ 주문

[그림 6-17]에서 동등 조인의 결과 릴레이션을 보면 두 릴레이션이 공통으로 가지고 있는 조인 속성인 고객아이디가 두 번 나타난다. 동등 조인 연산의 결과 릴레이션에는 두 릴레이션의 모든 속성이 포함되기 때문에 조인 속성이 중복되어 나타나는 것이다. 만약, 동등 조인의 결과 릴레이션에서 조인 속성이 중복되지 않고 한 번만 표현되도록 하고 싶다면 자연 조인 연산을 수행하면 된다.

자연 조인natural join은 동등 조인의 결과 릴레이션에서 중복된 속성을 제거하여 조인 속성이 한 번만 나타나고, ⋈ₙ 기호로 표현한다.

고객 릴레이션과 주문 릴레이션에 대한 자연 조인 연산은 다음과 같이 표현하고 그 결과 릴레이션은 [그림 6-18]과 같다.

고객 ⋈ₙ 주문

고객 릴레이션

고객아이디	고객이름	나이	등급
apple	김현준	20	gold
banana	정소화	25	vip
carrot	원유선	28	gold
orange	정지영	22	silver

주문 릴레이션

주문번호	고객아이디	주문제품	수량
1001	apple	진짜우동	10
1002	carrot	맛있는파이	5
1003	banana	그대로만두	11

자연 조인 연산

고객 ⋈ₙ 주문

고객아이디	고객이름	나이	등급	주문번호	주문제품	수량
apple	김현준	20	gold	1001	진짜우동	10
banana	정소화	25	vip	1003	그대로만두	11
carrot	원유선	28	gold	1002	맛있는파이	5

그림 6-18 자연 조인 연산의 예 : 고객과 주문 릴레이션

[그림 6-18]을 보면, 동일 조인의 결과 릴레이션과 달리 자연 조인의 결과 릴레이션에서는 중복된 두 번째 고객아이디 속성이 제거되어 한 번만 표현된 것을 확인할 수 있다.

세타 조인에서 '=' 연산자를 이용해 조인 조건을 표현한 것이 동등 조인이고, 동등 조인의 결과 릴레이션에서 중복된 조인 속성을 제거하는 것이 자연 조인인 것으로 이해하면 쉽다.

만약 조인 속성이 여러 개의 속성으로 구성되어 있다면 어떻게 될까? [그림 6-19]는 간단한 릴레이션에서 조인 속성이 2개의 속성으로 구성된 자연 조인 연산의 예다. [그림 6-19]에서 릴레이션 R과 S의 조인 속성은 B1과 B2로 구성되어 있다. 그래서 릴레이션 R과 S에서 B1과 B2 속성 값의 쌍이 같은 투플만 조인 연산에 참여하게 된다.

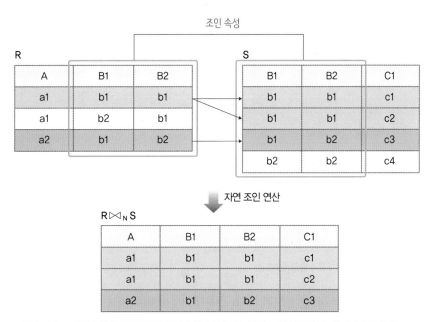

그림 6-19 2개의 속성으로 이루어진 조인 속성을 이용하는 자연 조인 연산의 예 : R과 S 릴레이션

디비전

두 릴레이션 R과 S의 디비전division 연산은 R÷S로 표현한다. R÷S는 릴레이션 S의 모든 투플과 관련 있는 릴레이션 R의 투플로 결과 릴레이션을 구성한다. 단, 릴레이션 R이 릴레이션 S의 모든 속성을 포함하고 있어야 R÷S 연산이 가능하다. 이는 릴레이션 S의 모든 속성과 이름이 같은 속성을 릴레이션 R이 포함하고 있어야 한다는 의미가 아니라, 릴레이션 S의 모든 속성과 도메인이 같은 속성을 릴레이션 R이 포함하고 있어야 한다는 의미다.

디비전 연산은 정수의 나눗셈과 비슷하다. 12 ÷ 2, 즉 12를 2로 나눈 결과 값을 찾는 과정을 살펴보면 다음과 같다. 12는 6과 2를 곱한 값이기 때문에 나누는 수인 2를 제외한 6이 결과 값이 된다. 12를 릴레이션 R로, 2를 릴레이션 S로 보고 R÷S 연산을 이해하면 쉽다.

$$12 ÷ 2 = (6 × \boxed{2}) ÷ \boxed{2} = 6$$

[그림 6-20]은 고객 릴레이션과 우수등급 릴레이션의 디비전 연산 결과의 예다. 이는 등급이 gold인 모든 고객의 고객아이디, 고객이름, 나이, 직업, 적립금을 검색하는 것과 의미가 같다.

고객 릴레이션

고객아이디	고객이름	나이	등급	직업	적립금
apple	김현준	20	gold	학생	1000
NULL	정소화	25	vip	간호사	2500
carrot	원유선	28	gold	교사	4500
NULL	정지영	22	silver	학생	0

우수등급 릴레이션

등급
gold

디비전 연산

고객 ÷ 우수등급

고객아이디	고객이름	나이	직업	적립금
apple	김현준	20	학생	1000
carrot	원유선	28	교사	4500

그림 6-20 디비전 연산의 예 1 : 고객과 우수등급 릴레이션

[그림 6-21]은 좀 더 다양한 디비전 연산의 예다. 주문내역÷제품1 연산은 진짜우동과 그대
로만두를 모두 주문한 고객의 아이디와 제조업체를 검색하는 것과 의미가 같다. 그리고 주문
내역÷제품2 연산은 한빛식품에서 제조한 그대로만두를 주문한 고객의 아이디를 검색하는 것
과 의미가 같다.

주문내역 릴레이션

주문고객	제품이름	제조업체
apple	진짜우동	한빛식품
carrot	맛있는파이	마포과자
banana	그대로만두	한빛식품
apple	그대로만두	한빛식품
carrot	그대로만두	한빛식품

제품1 릴레이션

제품이름
진짜우동
그대로만두

제품2 릴레이션

제품이름	제조업체
그대로만두	한빛식품

디비전 연산

주문내역 ÷ 제품1

주문고객	제조업체
apple	한빛식품

주문내역 ÷ 제품2

주문고객
banana
apple
carrot

그림 6-21 디비전 연산의 예 2 : 주문내역, 제품1, 제품2 릴레이션

4 관계 대수를 이용한 질의 표현

사용자의 질의가 단순하여 앞서 살펴본 예처럼 한 가지 연산자만으로 표현이 가능한 경우도 있지만 대부분 여러 연산자를 함께 사용해 복잡하게 표현되는 경우가 많다. 여기서는 복잡한 질의에 대해 여러 개의 관계 대수 연산자를 사용해 표현하는 몇 가지 예제를 살펴보려 한다. 질의 하나가 여러 형태로 표현될 수 있으므로 예제로 제시한 표현 외에 다른 형태도 가능하다는 점을 알아두기 바란다.

[그림 6-22]의 고객 릴레이션과 주문 릴레이션에 대한 몇 가지 질의 예제를 관계 대수 연산자를 이용해 표현하고 결과 릴레이션을 알아보자.

고객 릴레이션

고객아이디	고객이름	나이	등급
apple	김현준	20	gold
banana	정소화	25	vip
carrot	원유선	28	gold
orange	정지영	22	silver

주문 릴레이션

주문번호	주문고객	주문제품	수량
1001	apple	진짜우동	10
1002	carrot	맛있는파이	5
1003	banana	그대로만두	11

주문 릴레이션의 외래키

그림 6-22 질의 표현에 사용할 예제 릴레이션들 : 고객과 주문 릴레이션

예제 6-5

등급이 gold인 고객의 이름과 나이를 검색하시오.

▶▶ $\pi_{고객이름,나이}(\sigma_{등급='gold'}(고객))$

결과 릴레이션

고객이름	나이
김현준	20
원유선	28

예제 6-6

고객이름이 원유선인 고객의 등급과, 원유선 고객이 주문한 주문제품, 수량을 검색하시오.

▶▶ $\pi_{등급,주문제품,수량}(\sigma_{고객이름='원유선'}(고객 \bowtie 주문))$

결과 릴레이션

등급	주문제품	수량
gold	맛있는파이	5

예제 6-7

주문수량이 10개 미만인 주문 내역을 제외하고 검색하시오.

▶▶ $주문 - (\sigma_{수량<10}(주문))$

결과 릴레이션

주문번호	주문고객	주문제품	수량
1001	apple	진짜우동	10
1003	banana	그대로만두	11

5 확장된 관계 대수 연산자

관계 대수가 처음 발표된 후 기본으로 제공되는 연산자를 확장한 연산자들이 계속 제안되었다. 이중 자연 조인 연산을 확장한 세미 조인과 외부 조인을 살펴보자.

[그림 6-23]은 세미 조인과 외부 조인 연산을 적용할 릴레이션 예다. 고객 릴레이션의 고객아이디 속성과 주문 릴레이션의 고객아이디 속성이 조인 속성이다.

고객 릴레이션

고객아이디	고객이름	나이
apple	김현준	20
banana	정소화	25
carrot	원유선	28
orange	정지영	22

주문 릴레이션

주문번호	고객아이디	주문제품
1001	apple	진짜우동
1002	carrot	맛있는파이
1003	banana	그대로만두

조인 속성

그림 6-23 세미 조인과 외부 조인 연산을 적용할 릴레이션 예 : 고객과 주문 릴레이션

우선 [그림 6-23]의 고객 릴레이션과 주문 릴레이션을 자연 조인한 결과 릴레이션은 [그림 6-24]와 같다. 이때, 고객 릴레이션의 마지막 투플은 조인 속성인 고객아이디 값에 대응하는 속성 값이 주문 릴레이션에 존재하지 않아 조인 연산에서 제외되었다.

고객 릴레이션

고객아이디	고객이름	나이
apple	김현준	20
banana	정소화	25
carrot	원유선	28
orange	정지영	22

주문 릴레이션

주문번호	고객아이디	주문제품
1001	apple	진짜우동
1002	carrot	맛있는파이
1003	banana	그대로만두

자연 조인 연산

고객 ⋈ₙ 주문

고객아이디	고객이름	나이	주문번호	주문제품
apple	김현준	20	1001	진짜우동
banana	정소화	25	1003	그대로만두
carrot	원유선	28	1002	맛있는파이

그림 6-24 고객과 주문 릴레이션의 자연 조인 연산

세미 조인

두 릴레이션 R과 S의 세미 조인semi-join 연산은 R ⋉ S로 표현한다. R ⋉ S는 릴레이션 S의 조인 속성으로만 구성한(프로젝트한) 릴레이션을 릴레이션 R에 자연 조인하는 것이다.

[그림 6-25]는 [그림 6-23]의 고객 릴레이션과 주문 릴레이션을 세미 조인한 예다. 먼저 주문 릴레이션에 조인 속성인 고객아이디 속성으로 프로젝트 연산을 수행한 후, 이 결과 릴레이션과 고객 릴레이션을 자연 조인하면 최종 결과를 얻을 수 있다. 결과적으로 세미 조인은 고객 릴레이션에서 자연 조인 연산에 참여할 수 있는 투플만 선택하여 결과 릴레이션을 구성한다. 주문을 한 적이 있는 고객의 데이터만 검색하고 싶을 때 세미 조인을 이용하면 검색에 불필요한 속성을 미리 제거하여 조인 연산의 비용을 줄일 수 있다는 장점이 있다. 하지만 세미 조인은 교환적 특성이 없어 R ⋉ S와 S ⋉ R의 결과 릴레이션이 다르다는 점에 주의해야 한다.

고객 릴레이션

고객아이디	고객이름	나이
apple	김현준	20
banana	정소화	25
carrot	원유선	28
orange	정지영	22

주문 릴레이션

주문번호	고객아이디	주문제품
1001	apple	진짜우동
1002	carrot	맛있는파이
1003	banana	그대로만두

π 고객아이디(주문)

고객아이디
apple
carrot
banana

자연 조인 연산

고객 ⋉ 주문

고객아이디	고객이름	나이
apple	김현준	20
banana	정소화	25
carrot	원유선	28

그림 6-25 고객과 주문 릴레이션의 세미 조인 연산

외부 조인

두 릴레이션 R과 S의 외부 조인outer-join 연산은 두 릴레이션에 자연 조인 연산을 수행할 때 조인 속성 값이 같은 투플이 상대 릴레이션에 존재하지 않아 조인 연산에서 제외된 모든 투플을 결과 릴레이션에 포함시킨다. 이때, 결과 릴레이션에 속성 값이 없는 경우는 널 값으로 처리한다.

외부 조인은 조인 연산에서 제외된 투플을 포함해 모든 투플을 결과 릴레이션으로 가져오고자 하는 릴레이션이 무엇이냐에 따라 왼쪽left 외부 조인, 오른쪽right 외부 조인, 완전full 외부 조인으로 세분화할 수 있다.

왼쪽 외부 조인은 왼쪽에 있는 첫 번째 릴레이션에 존재하는 모든 투플을 결과 릴레이션에 포함시키고, ⟗ 기호를 사용해 다음과 같이 표현한다.

릴레이션1 ⟗ 릴레이션2

[그림 6-26]은 고객 릴레이션과 주문 릴레이션을 왼쪽 외부 조인한 예다. [그림 6-24]의 자연 조인 결과와 달리, 일치하는 고객아이디 속성 값이 주문 릴레이션에 존재하지 않아 결과

고객 릴레이션

고객아이디	고객이름	나이
apple	김현준	20
banana	정소화	25
carrot	원유선	28
orange	정지영	22

주문 릴레이션

주문번호	고객아이디	주문제품
1001	apple	진짜우동
1002	carrot	맛있는파이
1003	banana	그대로만두

왼쪽 외부 조인 연산

고객 ⟗ 주문

고객아이디	고객이름	나이	주문번호	주문제품
apple	김현준	20	1001	진짜우동
banana	정소화	25	1003	그대로만두
carrot	원유선	28	1002	맛있는파이
orange	정지영	22	NULL	NULL

그림 6-26 고객과 주문 릴레이션의 왼쪽 외부 조인 연산

릴레이션에서 제외되었던 고객 릴레이션의 마지막 투플이 결과 릴레이션에 포함되어 있다. 단, 이 투플은 주문 릴레이션과 관련된 주문번호 속성과 주문제품 속성을 널 값으로 처리했다. 결과적으로 왼쪽 외부 조인에 의해 고객 릴레이션에 있는 모든 투플이 결과 릴레이션에 포함되었다.

오른쪽 외부 조인은 오른쪽에 있는 두 번째 릴레이션에 존재하는 모든 투플을 결과 릴레이션에 포함시키고, ⋈ 기호를 사용해 다음과 같이 표현한다.

릴레이션1 ⋈ 릴레이션2

[그림 6-26]에서 고객 릴레이션과 주문 릴레이션을 오른쪽 외부 조인한 결과 릴레이션은 두 릴레이션을 자연 조인한 [그림 6-24]의 결과 릴레이션과 같다. 오른쪽에 있는 주문 릴레이션에는 조인 연산에 참여하지 않은 투플이 없기 때문이다.

완전 외부 조인은 연산에 참여하는 두 릴레이션에 있는 모든 투플을 결과 릴레이션에 포함시키고, ⋈ 기호를 사용해 다음과 같이 표현한다.

릴레이션1 ⋈ 릴레이션2

[그림 6-26]에서 고객 릴레이션과 주문 릴레이션을 완전 외부 조인한 결과 릴레이션은 두 릴레이션을 왼쪽 외부 조인한 결과 릴레이션과 같다. 고객 릴레이션만 조인 연산에 참여하지 않은 투플을 가지고 있기 때문이다.

주문한 고객아이디는 모르는 새로운 주문 내역 투플이 주문 릴레이션에 추가된 상황에서 세 가지 외부 조인을 각각 적용한 결과 릴레이션을 [그림 6-27]에서 비교해보자.

고객 릴레이션

고객아이디	고객이름	나이
apple	김현준	20
banana	정소화	25
carrot	원유선	28
orange	정지영	22

주문 릴레이션

주문번호	고객아이디	주문제품
1001	apple	진짜우동
1002	carrot	맛있는파이
1003	banana	그대로만두
1004	NULL	얼큰라면

(1) 왼쪽 외부 조인 연산 : 고객 ⋈ 주문

고객아이디	고객이름	나이	주문번호	주문제품
apple	김현준	20	1001	진짜우동
banana	정소화	25	1003	그대로만두
carrot	원유선	28	1002	맛있는파이
orange	정지영	22	NULL	NULL

(2) 오른쪽 외부 조인 연산 : 고객 ⋈ 주문

고객아이디	고객이름	나이	주문번호	주문제품
apple	김현준	20	1001	진짜우동
banana	정소화	25	1003	그대로만두
carrot	원유선	28	1002	맛있는파이
NULL	NULL	NULL	1004	얼큰라면

(3) 완전 외부 조인 연산 : 고객 ⋈ 주문

고객아이디	고객이름	나이	주문번호	주문제품
apple	김현준	20	1001	진짜우동
banana	정소화	25	1003	그대로만두
carrot	원유선	28	1002	맛있는파이
orange	정지영	22	NULL	NULL
NULL	NULL	NULL	1004	얼큰라면

그림 6-27 세 가지 외부 조인 결과 비교 : 고객과 주문 릴레이션

[그림 6-27]에서 왼쪽 외부 조인 연산으로 주문 내역이 없는 고객에 대한 투플도 결과 릴레이션에서 확인할 수 있다. 그리고 오른쪽 외부 조인 연산으로 주문한 고객아이디를 알지 못하는 주문 내역에 대한 투플도 결과 릴레이션에서 확인할 수 있다. 완전 외부 조인 연산을 하면 주문 내역의 유무와 상관없이 모든 고객 투플을 결과 릴레이션에서 확인할 수 있을 뿐만 아니라 주문한 고객에 대한 확인 가능 여부와 상관없이 모든 주문 투플을 결과 릴레이션에서 확인할 수 있다. 따라서 상황에 따라 필요한 외부 조인 연산을 선택하면 된다.

03 | 관계 해석

여기서는 관계 해석의 개념 정도만 간단히 정리해본다. 관계 해석의 실제 사용법은 7장에서 대표적 비절차 언어인 SQL을 통해 이해해보자.

관계 해석은 처리를 원하는 데이터가 무엇인지만 기술하는 비절차 언어로, 관계 대수처럼 관계 데이터 연산의 한 종류다. 데이터를 처리하는 기능과 처리를 요구하는 표현력에서 관계 대수와 관계 해석은 능력이 모두 동일하다. 관계 해석은 관계 데이터 모델의 제안자인 코드E.F.Codd가 수학의 프레디킷 해석predicate calculus에 기반을 두고 제안했으며, 투플 관계 해석tuple relational calculus과 도메인 관계 해석domain relational calculus으로 분류된다.

01 데이터 모델 = 데이터 구조 + 제약조건 + 연산

02 관계 데이터 연산

원하는 데이터를 얻기 위해 릴레이션에 필요한 처리를 요구하는 것이다. 관계 대수와 관계 해석이 있는데, 이 둘은 기능과 표현력 모두에서 능력이 동등하다.

- **관계 대수** : 원하는 결과를 얻기 위해 데이터의 처리 과정을 순서대로 기술하는 절차 언어다.
- **관계 해석** : 원하는 결과를 얻기 위해 처리를 원하는 데이터가 무엇인지만 기술하는 비절차 언어다.

03 관계 대수

원하는 결과를 얻기 위해 데이터의 처리 과정을 순서대로 기술한 언어로, 간단히 말해 릴레이션을 처리하는 연산자들의 모임이다.

- 피연산자인 릴레이션에 연산자를 적용한 결과도 릴레이션이라는 폐쇄 특성이 있다.
- 일반 집합 연산자와 순수 관계 연산자로 분류한다.

04 일반 집합 연산자

릴레이션이 투플의 집합이라는 개념을 이용하는 연산자로, 두 릴레이션을 대상으로 연산을 수행한다. 합집합, 교집합, 차집합, 카티션 프로덕트가 있는데, 합집합, 교집합, 차집합은 피연산자인 두 릴레이션이 합병 가능해야 연산을 수행할 수 있다.

- **합집합**($\cup$) : 두 릴레이션의 합집합 투플을 구한다.
- **교집합**($\cap$) : 두 릴레이션의 교집합 투플을 구한다.
- **차집합**($-$) : 두 릴레이션의 차집합 투플을 구한다.
- **카티션 프로덕트**($\times$) : 두 릴레이션의 모든 투플을 각각 연결하여 생성된 투플을 구한다.

05 순수 관계 연산자

릴레이션의 구조와 특성을 이용하는 연산자다. 셀렉트, 프로젝트, 조인, 디비전이 있다.

- **셀렉트(σ)** : 릴레이션에서 조건을 만족하는 투플을 구한다.
- **프로젝트(π)** : 릴레이션에서 주어진 속성들의 값으로만 구성된 투플을 구한다.
- **조인($\bowtie$)** : 공통 속성을 이용해 두 릴레이션의 투플들을 연결하여 생성된 투플을 구한다.
- **디비전($\div$)** : 나누어지는 릴레이션에서 나누는 릴레이션의 모든 투플과 관련이 있는 투플을 구한다.

06 확장된 관계 대수 연산자

- **세미 조인($\ltimes$)** : 조인 속성으로 프로젝트한 릴레이션을 이용해 조인한다.
- **외부 조인($\rtimes$, $\bowtie$, $\ltimes$)** : 조인 연산에서 제외되었던 모든 투플을 결과 릴레이션에 포함시킨다.

07 관계 해석

원하는 결과를 얻기 위해 처리를 원하는 데이터가 무엇인지만 기술하는 언어다.

- 수학의 프레디킷 해석에 기반을 둔다.
- 투플 관계 해석과 도메인 관계 해석으로 분류한다.

01 릴레이션 A와 B가 합병 가능한지 여부를 판단하는 기준이 아닌 것은?

① 두 릴레이션의 인스턴스가 동일해야 한다.

② 두 릴레이션의 차수가 동일해야 한다.

③ 두 릴레이션의 대응하는 속성의 이름은 달라도 상관없다.

④ 두 릴레이션의 대응하는 속성의 도메인은 동일해야 한다.

02 관계 대수와 관계 해석에 대한 설명으로 옳지 않은 것은?

① 관계 대수와 관계 해석은 데이터를 처리하는 기능과 처리를 요구하는 표현력에서 동등한 능력이 있다.

② 관계 대수는 절차 언어이고, 관계 해석은 비절차 언어다.

③ 관계 대수는 수학의 프레디킷 해석에 기반을 두고 있다.

④ 관계 해석은 투플 관계 해석과 도메인 관계 해석으로 분류된다.

03 관계 대수 연산자 중 일반 집합 연산자에 속하지 않는 것은?

① ÷   ② −   ③ ∪   ④ ×

04 관계 대수 연산자 중 종류가 다른 것은?

① π   ② ⋈   ③ ×   ④ σ

05 릴레이션에서 조건을 만족하는 투플들을 반환하는 관계 대수 연산자는?

① σ   ② π   ③ ⋈   ④ ÷

06 릴레이션에서 제시된 특정 속성들의 값으로만 구성된 투플을 반환하는 관계 대수 연산은?

① select   ② project   ③ join   ④ division

07 릴레이션 R의 각 투플과 릴레이션 S의 각 투플을 모두 연결하여 만든 새로운 투플을 반환하는 관계 대수 연산자는?

① ∩   ② ∪   ③ −   ④ ×

08 공통 속성을 이용해 릴레이션 R과 S의 투플들을 연결하여 만든 새로운 투플들을 반환하는 관계 대수 연산은?

① select ② project ③ join ④ division

09 다음 중 교환적 특징을 가지지 않는 연산자는?

① ∪ ② ∩ ③ − ④ ×

10 관계 대수에 대한 설명으로 옳은 것은?

① 처리를 원하는 데이터가 무엇인지만 기술하는 비절차 언어다.

② 투플 관계 해석과 도메인 관계 해석이 있다.

③ 원하는 결과를 얻기 위해 릴레이션을 처리하는 연산자들의 집합으로, 피연산자와 결과가 모두 릴레이션이다.

④ 관계 대수는 수학의 프레디킷 해석에 기반을 두고 있다.

11 합병 가능한 두 릴레이션 R과 S가 있을 때, R−S 연산의 결과 릴레이션에 대한 설명으로 옳은 것을 모두 고르시오.

> (A) 결과 릴레이션의 차수는 릴레이션 R의 차수와 같다.
> (B) 결과 릴레이션의 차수는 릴레이션 S의 차수와 같다.
> (C) 결과 릴레이션의 차수는 릴레이션 R의 차수에서 릴레이션 S의 차수를 뺀 것과 같다.
> (D) 결과 릴레이션의 카디널리티는 릴레이션 R의 카디널리티와 같거나 적다.
> (E) 결과 릴레이션의 카디널리티는 릴레이션 R의 카디널리티에서 릴레이션 S의 카디널리티를 뺀 것과 같다.

12 릴레이션 R의 차수가 5이고 카디널리티가 8, 릴레이션 S의 차수가 3이고 카디널리티가 6일 때 두 릴레이션을 카티션 프로덕트한 결과 릴레이션의 차수와 카디널리티는?

① 8, 14 ② 8, 48 ③ 15, 14 ④ 15, 48

13 다음 관계 대수 표현의 의미는?

$$\pi_{제목, 평점}(\sigma_{상영시간 \geq 150 \wedge 감독이름='봉준호'}(영화))$$

① 상영시간이 150분 이상이거나 감독이름이 봉준호인 영화의 제목과 평점을 생성하시오.
② 상영시간이 150분 이상이고 감독이름이 봉준호인 영화의 제목과 평점을 생성하시오.
③ 상영시간이 150분 이상이거나 감독이름이 봉준호인 영화의 제목과 평점을 검색하시오.
④ 상영시간이 150분 이상이고 감독이름이 봉준호인 영화의 제목과 평점을 검색하시오.

14 자연 조인 연산을 수행할 때 상대 릴레이션에 조인 속성 값이 같은 투플이 존재하지 않아 조인 연산에서 제외되었던 모든 투플을 결과 릴레이션에 포함시키는 조인 연산은?

① 동일 조인   ② 세타 조인
③ 외부 조인   ④ 세미 조인

15 관계 대수의 조인 연산에서 중복된 속성이 한 번만 결과 릴레이션에 나타나는 것을 무엇이라 하는가?

① 세타 조인   ② 동등 조인
③ 자연 조인   ④ 외부 조인

16 관계 대수에 대한 설명으로 적합한 것을 모두 고르시오.

(A) 원하는 데이터를 얻기 위한 처리 과정을 순서대로 기술하는 절차 언어다.
(B) 일반 집합 연산자와 순수 관계 연산자가 있다.
(C) 원하는 결과를 얻기 위해 릴레이션을 처리하는 연산자들의 집합으로, 피연산자와 결과가 모두 릴레이션이다.
(D) 수학의 프레디킷 해석에 기반을 두고 있다.
(E) 원하는 결과를 얻기 위해 수행해야 하는 연산의 순서를 명확히 제시해야 한다.

17 관계 해석에 대한 설명으로 옳은 것은?

① 원하는 결과를 얻기 위해 데이터의 처리 과정을 순서대로 기술하는 절차 언어다.

② 수학의 프레디킷 해석에 기반을 두고 있다.

③ 관계 해석으로 표현한 질의는 관계 대수로 표현할 수 없다.

④ 일반 집합 연산자와 순수 관계 연산자로 분류된다.

18 관계 대수의 폐쇄 특성을 설명하시오.

19 다음 설명을 읽고 빈칸을 적절히 채우시오.

> 관계 대수나 관계 해석으로 기술할 수 있는 모든 데이터 처리 요구를 새로 제안된 데이터 언어가 기술할 수 있다면 그 언어를 (   )하다고 말할 수 있다.

20 동등 조인과 자연 조인의 차이를 설명하시오.

21 다음이 설명하고 있는 관계대수 연산자의 기호는 무엇인가?

> 두 릴레이션 R, S에 대해 릴레이션 R의 모든 조건을 만족하는 투플들을 릴레이션 S에서 분리해서 프로젝트하는 연산

22 다음이 설명하고 있는 관계대수 연산자의 기호는 무엇인가?

> 두 릴레이션 R, S에 대해 릴레이션 R에는 존재하지만 릴레이션 S에는 존재하지 않는 투플을 추출하는 연산

23 다음 설명을 읽고 각 물음에 답하시오.

> 릴레이션 R의 차수가 3이고, 릴레이션 S의 차수가 4다. 그리고 두 릴레이션은 1개의 속성을 공통으로 가지고 있다.

(1) 릴레이션 R과 S에 대해 동등 조인 연산을 수행한 경우 결과 릴레이션의 차수는 얼마인가?

(2) 릴레이션 R과 S에 대해 자연 조인 연산을 수행한 경우 결과 릴레이션의 차수는 얼마인가?

(3) 릴레이션 R과 S에 대해 세미 조인 연산(R⋉S)을 수행한 경우 결과 릴레이션의 차수는 얼마인가?

(4) 릴레이션 R과 S에 대해 완전 외부 조인 연산(R⋈S)을 수행한 경우 결과 릴레이션의 차수는 얼마인가?

24 다음 두 릴레이션 R과 S를 보고 각 물음에 답하시오.

R

A	B	C
a1	b1	c1
a2	b2	c2
a3	b3	c3
a4	b4	c4

S

A	B	C
a1	b1	c1
a2	b4	c4
a3	b3	c3
a4	b2	c2

(1) R∪S 연산을 수행한 결과 릴레이션을 작성하시오.

(2) R∩S 연산을 수행한 결과 릴레이션을 작성하시오.

(3) R−S 연산을 수행한 결과 릴레이션을 작성하시오.

(4) S−R 연산을 수행한 결과 릴레이션을 작성하시오.

25 다음 세 릴레이션 R, S, T를 보고 각 물음에 답하시오.

R

A	B	C
a1	b1	c1
a1	b1	c2
a3	b2	c1
a3	b2	c4
a3	b2	c2

S

A	B
a1	b1
a3	b2

T

C
c1
c2

(1) R ÷ S 연산을 수행한 결과 릴레이션을 작성하시오.

(2) R ÷ T 연산을 수행한 결과 릴레이션을 작성하시오.

26 다음 두 릴레이션 R, S에 대해 R × S 연산을 수행한 결과 릴레이션을 작성하시오.

R

A	B
a1	b1
a2	b2
a3	b3

S

B	C
b1	c1
b3	c2

27 다음 두 릴레이션 R과 S을 보고 각 물음에 답하시오.

R

A	B
a1	b1
a2	b2
a3	b3

S

B	C
b1	c1
b3	c2
b4	c3

(1) 동등 조인($R\bowtie_{R.B=S.B} S$) 연산을 수행한 결과 릴레이션을 작성하시오.

(2) 자연 조인($R\bowtie_N S$) 연산을 수행한 결과 릴레이션을 작성하시오.

(3) 세미 조인($R\ltimes S$) 연산을 수행한 결과 릴레이션을 작성하시오.

(4) 왼쪽 외부 조인($R\rtimes\!\!\bowtie S$) 연산을 수행한 결과 릴레이션을 작성하시오.

(5) 오른쪽 외부 조인($S\bowtie\!\!\ltimes R$) 연산을 수행한 결과 릴레이션을 작성하시오.

(6) 완전 외부 조인($R\rtimes\!\!\bowtie\!\!\ltimes S$) 연산을 수행한 결과 릴레이션을 작성하시오.

28 다음 두 릴레이션 R, S를 보고 각 물음에 답하시오.

R

A	B	C
a1	b1	c1
a2	b2	c2
a3	b3	c3
a4	b4	c4

S

B	C	D
b1	c1	d1
b3	c2	d2
b3	c3	d3
b5	c5	d5

(1) $\sigma_{B='b3'}(S)$ 연산을 수행한 결과 릴레이션을 작성하시오.

(2) $\pi_{B, C}(R \bowtie_N S)$ 연산을 수행한 결과 릴레이션을 작성하시오.

(3) $\pi_{A, B}(\sigma_{C='c3'}(R))$ 연산을 수행한 결과 릴레이션을 작성하시오.

(4) $R \bowtie S$ 연산을 수행한 결과 릴레이션의 투플 개수는 몇 개인가?

29 다음 3개의 릴레이션 스키마를 보고 각 물음에 답하시오.

> 학생(<u>학번</u>, 이름, 학년)
> 과목(<u>과목번호</u>, 과목이름)
> 수강(<u>학번</u>, <u>과목번호</u>, 중간성적, 기말성적, 학점)

(1) 모든 과목의 이름을 검색하는 질의문을 관계 대수로 표현하시오.

(2) 1학년 학생의 학번과 이름을 검색하는 질의문을 관계 대수로 표현하시오.

(3) 중간성적이 80점 이상이고 기말성적이 70점 이상인 학생의 학번과 수강한 과목번호, 학점을 검색하는 질의문을 관계 대수로 표현하시오.

(4) 모든 과목을 수강하고 있는 학생의 학번을 검색하는 질의문을 관계 대수로 표현하시오.

(5) 3번 과목에서 A0 학점을 받은 학생의 이름과 학년을 검색하는 질의문을 관계 대수로 표현하시오.

30 다음 4개의 릴레이션 스키마를 보고 각 물음에 답하시오.

> 고객(<u>고객번호</u>, 이름, 거주도시, 할인율)
> 판매자(<u>판매자번호</u>, 이름, 수수료)
> 제품(<u>제품번호</u>, 제품명, 재고량, 가격)
> 주문(<u>주문번호</u>, 고객번호, 제품번호, 판매자번호, 주문수량)

(1) 수수료가 5% 미만인 판매자의 번호와 이름을 검색하는 질의문을 관계 대수로 표현하시오.

(2) C001 고객이 주문한 P003 제품의 판매자 이름과 수수료를 검색하는 질의문을 관계 대수로 표현하시오.

(3) A005 판매자에게 주문하지 않은 고객의 이름을 모두 검색하는 질의문을 관계 대수로 표현하시오.

(4) 대구에 거주하는 모든 고객으로부터 주문을 받은 판매자의 번호를 검색하는 질의문을 관계 대수로 표현하시오.

(5) 주문된 적이 있는 제품에 대해서만 제품명과 가격을 검색하는 질의문을 관계 대수로 표현하시오.

데이터베이스 언어 SQL

학습목표

• SQL의 역할을 이해하고, 이를 기능별로 분류해본다.

• SQL의 데이터 정의 기능을 예제를 통해 익힌다.

• SQL의 데이터 조작 기능을 예제를 통해 익힌다.

• 뷰의 개념과 장점을 이해한다.

• 삽입 SQL의 역할을 이해한다.

PREVIEW

미국인이나 영국인에게는 어떤 언어로 길을 물어보는 것이 가장 좋을까? 당연히 영어로 물어봐야 내 의사를 정확히 전달할 수 있을 것이다. 마찬가지로 일본인이면 일본어로, 중국인이면 중국어로 물어보는 것이 좋을 것이다.

데이터베이스 관리 시스템을 통해 데이터베이스에 데이터의 삽입·삭제·수정·검색 등의 작업을 요청하고 싶으면 어떤 언어를 사용해야 할까? 물론 6장에서 이미 배운 관계 대수나 관계 해석을 사용할 수 있다. 하지만 관계 대수나 관계 해석은 일반 사용자가 사용하기 쉽지 않으므로 새로운 대안이 필요하다. 이런 이유로 개발된 대표적인 언어가 이 장의 주제인 SQL이다.

데이터베이스가 제아무리 장점이 많아도 제대로 이용하지 못하면 그림의 떡일 뿐이다. 그러므로 데이터베이스를 제대로 다루고 싶으면 이와 의사소통이 가능한 언어 하나쯤은 공부해둬야 한다. 하지만 새로운 언어를 접한다고 미리 겁먹지 않아도 된다. SQL은 영어나 일어, 중국어보다 훨씬 공부하기 쉬운 언어다.

이 장에서는 SQL로 다양한 요청을 표현하는 방법을 익힌다. 특히 SQL의 데이터 정의 기능과 조작 기능을 활용하는 예제를 소개하고 프로그램 내에 SQL을 삽입하는 방법에 대해서도 알아보고자 한다. 이 장에서 소개한 내용만 제대로 익혀도 데이터베이스와 자유롭게 의사소통하는 자신을 발견할 수 있을 것이다.

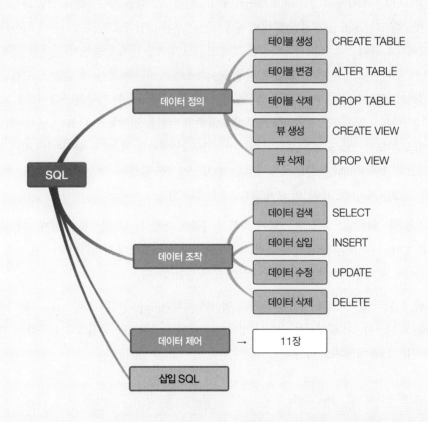

01 │ SQL의 소개

SQL_{Structured Query Language}은 관계 데이터베이스를 위한 표준 질의어로 많이 사용되는 언어다. SQL은 사용자가 처리를 원하는 데이터가 무엇인지만 제시하고 데이터를 어떻게 처리해야 하는지를 언급할 필요가 없어 비절차적 데이터 언어의 특징을 띤다고 할 수 있다.

SQL은 1974년에 개발된 SEQUEL_{Structured English QUEry Language}에서 유래했다. SEQUEL은 IBM 연구소에서 개발한 연구용 관계 데이터베이스 관리 시스템인 SYSTEM R을 위한 언어다. 이후 많은 회사에서 상용 관계 데이터베이스 관리 시스템을 개발하면서 서로 다른 질의어를 제공하거나, SQL을 변형한 형태로 제공하는 경우가 많았다. 그러다 보니 새로운 관계 데이터베이스 관리 시스템을 사용하려면 그에 맞는 질의어를 다시 학습해야 해서, 관계 데이터베이스 관리 시스템을 여러 개 함께 사용하는 경우에는 불편한 점이 더 많았다. 이런 문제를 해결하기 위해, 1986년 미국 표준 연구소인 ANSI와 국제 표준화 기구인 ISO에서 SQL을 관계 데이터베이스의 표준 질의어로 채택하고 표준화 작업을 진행하였다. 1986년에 제안된 표준 SQL을 SQL-86 또는 SQL1이라고 한다. 1992년에는 SQL2로도 불리는 SQL-92가 제안되었고, 1999년에는 SQL3로도 불리는 SQL-99까지 표준화 작업이 완료되었다. 이후로 계속 개정을 거치며 2019년에 SQL:2019가 발표되었다.

SQL은 데이터베이스 관리 시스템에 직접 접근하여 대화식으로 질의를 작성해 사용할 수도 있고, C나 C++ 또는 Java 같은 언어로 작성한 응용 프로그램에 삽입하여 사용할 수도 있다. 이 장에서 SQL을 사용하는 두 가지 방식을 모두 경험해보자.

[그림 7-1]과 같이, SQL은 기능에 따라 데이터 정의어_{DDL}, 데이터 조작어_{DML}, 데이터 제어어_{DCL}로 나눈다. 이 장에서는 데이터 정의어와 데이터 조작어를 중심으로 공부하고, 데이터 제어어는 11장에서 따로 다룬다.

> **NOTE** 현대의 상용 DBMS에서는 릴레이션보다 테이블이라는 용어를 더 많이 사용하므로 이 장에서는 테이블로 표기한다. 테이블은 5장에서 학습한 릴레이션과 같은 개념으로 이해하면 된다.

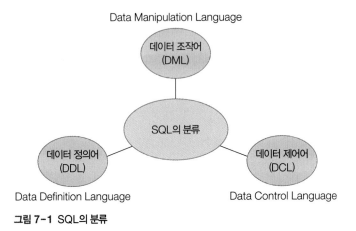

그림 7-1 SQL의 분류

- **데이터 정의어** : 테이블을 생성하고 변경·삭제하는 기능을 제공한다.
- **데이터 조작어** : 테이블에 새 데이터를 삽입하거나, 테이블에 저장된 데이터를 수정·삭제·검색하는 기능을 제공한다.
- **데이터 제어어** : 보안을 위해 데이터에 대한 접근 및 사용 권한을 사용자별로 부여하거나 취소하는 기능을 하는 언어다. 데이터베이스 관리자가 주로 사용한다.

앞서 SQL을 관계 데이터베이스를 위한 표준 데이터 언어 또는 표준 질의어로 소개했지만 원래 질의어는 데이터 언어 중 검색 위주의 기능을 하는 비절차적 데이터 조작어를 의미한다. 하지만 SQL은 데이터 조작 기능과 함께 정의 및 제어 기능까지 제공하므로 SQL을 데이터 언어와 같은 의미로 이해해도 무리는 없다.

이 장에서는 [그림 7-2]의 판매 데이터베이스를 예로 들어 SQL의 기능을 소개한다. 판매 데이터베이스는 고객, 제품, 주문 테이블(릴레이션)로 구성된다. 그리고 이 내용을 상용 데이터베이스 관리 시스템을 이용해 직접 실습해볼 수도 있다. 이 책의 부록에는 대표적인 데이터베이스 관리 시스템인 오라클과 MS SQL 서버(PDF로 제공)를 이용해 실습하는 데 필요한 내용을 소개하고 있다. 부록을 참고해 앞으로 설명할 이론 내용을 직접 실습하며 익히면 더 쉽게 이해할 수 있을 것이다.

고객 테이블

고객아이디	고객이름	나이	등급	직업	적립금
apple	정소화	20	gold	학생	1000
banana	김선우	25	vip	간호사	2500
carrot	고명석	28	gold	교사	4500
orange	김용욱	22	silver	학생	0
melon	성원용	35	gold	회사원	5000
peach	오형준	NULL	silver	의사	300
pear	채광주	31	silver	회사원	500

제품 테이블

제품번호	제품명	재고량	단가	제조업체
p01	그냥만두	5000	4500	대한식품
p02	매운쫄면	2500	5500	민국푸드
p03	쿵떡파이	3600	2600	한빛제과
p04	맛난초콜릿	1250	2500	한빛제과
p05	얼큰라면	2200	1200	대한식품
p06	통통우동	1000	1550	민국푸드
p07	달콤비스킷	1650	1500	한빛제과

주문 테이블

주문번호	주문고객	주문제품	수량	배송지	주문일자
o01	apple	p03	10	서울시 마포구	2022-01-01
o02	melon	p01	5	인천시 계양구	2022-01-10
o03	banana	p06	45	경기도 부천시	2022-01-11
o04	carrot	p02	8	부산시 금정구	2022-02-01
o05	melon	p06	36	경기도 용인시	2022-02-20
o06	banana	p01	19	충청북도 보은군	2022-03-02
o07	apple	p03	22	서울시 영등포구	2022-03-15
o08	pear	p02	50	강원도 춘천시	2022-04-10
o09	banana	p04	15	전라남도 목포시	2022-04-11
o10	carrot	p03	20	경기도 안양시	2022-05-22

그림 7-2 질의에 사용할 판매 데이터베이스 : 고객, 제품, 주문 테이블

02 | SQL을 이용한 데이터 정의

1 SQL의 데이터 정의 기능

SQL의 데이터 정의 기능은 테이블 생성, 생성된 테이블 구조의 변경, 테이블 삭제로 분류할 수 있다. 먼저 새로운 테이블을 생성하기 위한 SQL 문부터 알아보자.

테이블 생성	CREATE TABLE
테이블 변경	ALTER TABLE
테이블 삭제	DROP TABLE

그림 7-3 SQL의 데이터 정의 기능

2 테이블의 생성

새로운 테이블을 생성하려면 먼저 테이블의 이름과 테이블을 구성하는 속성의 이름을 의미 있게 정해야 한다. 그런 다음 각 속성의 특성에 맞게 데이터 타입을 결정한다.

테이블을 생성하는 SQL 명령어는 CREATE TABLE이다. CREATE TABLE 문은 생성할 테이블을 구성하는 속성들의 이름과 데이터 타입 및 제약 사항에 대한 정의, 기본키·대체키·외래키의 정의, 데이터 무결성을 위한 제약조건의 정의 등을 포함한다.

다음 CREATE TABLE 문의 기본 형식에서 ❶은 테이블을 구성하는 각 속성의 이름과 데이터 타입, 기본적인 제약 사항을 정의한다. ❷는 기본키로 테이블에 하나만 존재할 수 있다. ❸은 대체키로 테이블에 여러 개 존재할 수 있다. ❹는 외래키로 테이블에 여러 개 존재할 수 있다. ❺는 데이터 무결성을 위한 제약조건으로 테이블에 여러 개 존재할 수 있다. 그리고 [ ]로 표시한 항목은 생략이 가능하다.

```
CREATE TABLE 테이블_이름 (
    ❶ 속성_이름   데이터_타입 [NOT NULL] [DEFAULT 기본_값]
    ❷ [PRIMARY KEY (속성_리스트)]
    ❸ [UNIQUE (속성_리스트)]
    ❹ [FOREIGN KEY (속성_리스트) REFERENCES   테이블_이름(속성_리스트)]
        [ON DELETE 옵션]  [ON UPDATE 옵션]
    ❺ [CONSTRAINT 이름]  [CHECK(조건)]
);
```

모든 SQL 문은 세미콜론(;)으로 문장 끝을 표시한다. 그리고 SQL 문에 사용되는 CREATE TABLE, NOT NULL과 같은 키워드는 대소문자를 구분하지 않는다. 실제로 데이터베이스를 구축할 때는 보통 테이블 이름과 속성 이름을 영어로 작성하지만 이 장에서는 좀 더 직관적으로 이해할 수 있도록 테이블과 속성을 한글 이름으로 작성한 예를 통해 설명한다.

속성의 정의

[표 7-1]은 표준 SQL에서 지원하는 속성의 대표적인 데이터 타입이다. 각 속성의 특성을 고려해 적절한 데이터 타입을 선택하여 정의한다.

테이블을 구성하는 각 속성의 데이터 타입을 선택한 후에는 속성의 널 값 허용 여부와 기본 값 필요 여부를 결정해야 한다. CREATE TABLE 문으로 생성되는 테이블을 구성하는 속성은 기본적으로 널 값이 허용된다. 그러므로 널 값을 허용하지 않으려면 속성을 정의할 때 속성의 이름과 데이터 타입 다음에 NOT NULL 키워드를 포함해야 한다. 특히, 기본키를 구성하는 모든 속성은 널 값을 가질 수 없도록 반드시 NOT NULL 키워드를 표기한다. 이것은 기본키를 구성하는 속성은 널 값을 가질 수 없다는 개체 무결성 제약조건을 실제로 구현하기 위한 방법이다.

> **NOTE** 기본키로 지정한 속성은 굳이 NOT NULL을 표기하지 않아도 자동으로 NOT NULL 특성을 갖지만, 기본키로 사용할 속성은 널 값을 가질 수 없다는 제약조건을 더 명확히 표현하기 위해 NOT NULL을 표기했다.

표 7-1 속성의 데이터 타입

데이터 타입	의미
INT 또는 INTEGER	정수
SMALLINT	INT보다 작은 정수
CHAR(n) 또는 CHARACTER(n)	길이가 n인 고정 길이의 문자열
VARCHAR(n) 또는 CHARACTER VARYING(n)	최대 길이가 n인 가변 길이의 문자열
NUMERIC(p, s) 또는 DECIMAL(p, s)	고정 소수점 실수 p는 소수점을 제외한 전체 숫자의 길이, s는 소수점 이하 숫자의 길이
FLOAT(n)	길이가 n인 부동 소수점 실수
REAL	부동 소수점 실수
DATE	연, 월, 일로 표현되는 날짜
TIME	시, 분, 초로 표현되는 시간
DATETIME	날짜와 시간

NOTE 오라클은 VARCHAR보다 좀 더 성능이 개선된 VARCHAR2를 더 많이 사용하지만, 여기서 다루는 예제는 굳이 성능 좋은 데이터 타입을 선택해야 할 수준이 아니므로 VARCHAR을 사용한다. 그리고 오라클은 NUMERIC과 DECIMAL 대신 NUMBER 데이터 타입을 지원한다. 정수도 NUMBER 타입을 통해 표현하는 경우가 많다. 오라클은 DATETIME 타입을 별도로 지원하지 않고 DATE 타입으로 날짜와 시간을 함께 표현할 수 있다. 오라클을 이용한 실습 시 참고한다.

기본키를 구성하는 속성이 아니더라도 값을 꼭 입력해야 된다고 판단되는 속성은 NOT NULL 키워드를 표기한다. 여러분이 온라인이나 오프라인으로 회원 가입을 할 때 필수 입력 사항으로 분류된 항목이 회원 데이터를 저장하고 있는 테이블에서 NOT NULL로 지정된 속성이다.

예 고객아이디 VARCHAR(20) NOT NULL 고객 테이블의 고객아이디 속성을 길이가 최대 20인 가변 길이의 문자열 데이터로 구성하고, 널 값을 허용하지 않음

속성에 기본 값을 지정해두지 않으면 사용자가 속성에 값을 입력하지 않았을 때 해당 속성에 널 값이 기본으로 저장된다. 하지만 DEFAULT 키워드를 사용해 기본 값을 명확히 지정해두면 이 기본 값이 저장된다.

🅒 적립금 INT DEFAULT 0 　고객 테이블의 적립금 속성을 정수 데이터로 구성하고,
　　　　　　　　　　　　　　사용자가 적립금을 입력하지 않으면 0이 기본으로 저장되도록 함

DEFAULT 키워드로 기본 값을 지정할 때 숫자 데이터는 그대로 표현하고, 문자열이나 날짜 데이터는 작은따옴표로 묶어주어야 한다. 작은따옴표로 묶인 문자열은 대소문자를 구분한다.

🅒 담당자 VARCHAR(10) DEFAULT '방경아' 　고객 테이블의 담당자 속성은 길이가 최대 10인 가변 길이의
　　　　　　　　　　　　　　　　　　　　　　문자열 데이터로 구성하고, 담당자를 입력하지 않으면
　　　　　　　　　　　　　　　　　　　　　　방경아가 기본 값으로 지정됨

🅒 학점　　CHAR(2) DEFAULT 'a0'
　 학점　　CHAR(2) DEFAULT 'A0'　　a0와 A0는 다른 값으로 취급됨

키의 정의

CREATE TABLE 문으로 테이블을 정의할 때는 기본키, 대체키, 외래키를 지정할 수 있다.

기본키는 PRIMARY KEY 키워드를 사용해 지정한다. 기본키가 없어도 테이블을 정의할 수 있지만 각 투플을 식별할 수 있는 기본키는 가능한 한 선택하는 것이 좋다. 모든 테이블에서 기본키는 반드시 하나만 지정할 수 있고, 여러 개의 속성으로 구성할 수도 있다.

🅒 PRIMARY KEY(고객아이디)　　고객아이디 속성을 기본키로 지정함
🅒 PRIMARY KEY(주문고객, 주문제품)　　주문고객과 주문제품 속성으로 기본키를 지정함

대체키는 UNIQUE 키워드를 사용해 지정한다. 대체키는 기본키와 같이 각 투플을 유일하게 식별하는 특성이 있다. 대체키로 지정된 속성의 값은 테이블에서 중복되면 안 되고 유일성을 가져야 한다. 하지만 기본키로 지정된 속성과 달리 널 값을 가질 수 있다. 대체키는 한 테이블에서 여러 개를 지정할 수 있다.

🅒 UNIQUE(고객이름)　　고객이름 속성을 대체키로 지정함

외래키는 FOREIGN KEY 키워드를 사용해 지정한다. 외래키를 지정할 때는 출처를 분명히 밝혀야 한다. 즉, 외래키가 어떤 테이블의 무슨 속성을 참조하는지 REFERENCES 키워드 다

음에 명확히 제시해야 한다. 이는 참조 무결성 제약조건을 유지하기 위함이다. 이렇게 하면 참조되는 테이블에서 투플을 함부로 삭제하거나 변경하지 못한다. 그리고 참조되는 테이블에서 투플을 삭제하거나 변경할 때 처리하는 방법을 다양하게 선택할 수 있다. 예를 통해 살펴보자.

> **NOTE** 외래키는 다른 테이블의 기본키뿐 아니라 UNIQUE 제약조건으로 지정된 대체키를 참조하도록 정의할 수 있다.

부서 테이블

부서번호	부서이름
1	인사부
2	연구부
3	홍보부

사원 테이블   외래키

사원번호	사원이름	소속부서
1001	정소화	3
1002	김용욱	1
1003	고명석	2

그림 7-4 외래키를 통해 관계를 맺고 있는 2개의 테이블

[그림 7-4]에서 사원 테이블의 소속부서 속성은 부서 테이블의 부서번호 속성을 참조하는 외래키다. 부서 테이블에서 홍보부 투플을 삭제하려고 할 때 다음 네 가지 중 한 가지 방법으로 처리하도록 선택할 수 있다. 사원 테이블을 정의하는 CREATE TABLE 문을 작성할 때 이 중 하나를 지정하면 되는데, 별도로 지정하지 않으면 ON DELETE NO ACTION이 기본으로 선택된다.

❶ **ON DELETE NO ACTION** : 투플을 삭제하지 못하게 한다.
부서 테이블을 참조하는 사원 테이블이 존재하므로 부서 테이블의 투플을 삭제하지 못하게 함

❷ **ON DELETE CASCADE** : 관련 투플을 함께 삭제한다.
사원 테이블에서 홍보부에 근무하고 있는 정소화 사원에 대한 투플도 함께 삭제함

❸ **ON DELETE SET NULL** : 관련 투플의 외래키 값을 NULL로 변경한다.
사원 테이블에서 홍보부에 근무하는 정소화 사원 투플의 소속부서 속성의 값을 NULL로 변경함

❹ **ON DELETE SET DEFAULT** : 관련 투플의 외래키 값을 미리 지정한 기본 값으로 변경한다.
사원 테이블에서 홍보부에 근무하는 정소화 사원 투플의 소속부서 속성의 값을 미리 지정한 기본 값으로 변경함

참조되는 테이블의 투플이 변경될 때도 다음 네 가지 중 한 가지 방법으로 처리하도록 선택할

수 있다. 사원 테이블을 정의하는 CREATE TABLE 문을 작성할 때 네 가지 방법 중 하나를 지정하면 되는데, 지정하지 않으면 ON UPDATE NO ACTION이 기본으로 선택된다.

❶ **ON UPDATE NO ACTION** : 투플을 변경하지 못하도록 한다.

❷ **ON UPDATE CASCADE** : 관련 투플에서 외래키 값을 함께 변경한다.

❸ **ON UPDATE SET NULL** : 관련 투플의 외래키 값을 NULL로 변경한다.

❹ **ON UPDATE SET DEFAULT** : 관련 투플의 외래키 값을 미리 지정한 기본 값으로 변경한다.

> 예 FOREIGN KEY(소속부서) REFERENCES 부서(부서번호)
>   ON DELETE CASCADE ON UPDATE CASCADE
>
> 소속부서 속성이 부서 테이블의 부서번호 속성을 참조하는 외래키이고 ON DELETE CASCADE와 ON UPDATE CASCADE 방법으로 처리함

> 예 FOREIGN KEY(소속부서) REFERENCES 부서(부서번호)
>
> 소속부서 속성이 부서 테이블의 부서번호 속성을 참조하는 외래키이고 ON DELETE NO ACTION과 ON UPDATE NO ACTION 처리 방법이 자동으로 선택됨

데이터 무결성 제약조건의 정의

CREATE TABLE 문으로 테이블을 정의할 때 CHECK 키워드를 사용해 특정 속성에 대한 제약조건을 지정할 수 있다. 그러면 테이블에는 CHECK 키워드로 지정한 제약조건을 만족하는 투플만 존재하게 된다. 테이블에 새로운 투플을 삽입하거나 기존 투플을 수정할 때도 이 제약조건을 반드시 지켜야 한다. 이는 테이블에서 항상 정확하고 유효한 데이터를 유지하기 위해 데이터 무결성을 위한 제약조건을 표현하는 방법이다.

> 예 CHECK(재고량>=0 AND 재고량<=10000)
>
> 모든 제품의 재고량은 항상 0개 이상, 10,000개 이하로 유지되어야 한다는 데이터 무결성 제약조건

CHECK 키워드를 사용해 지정한 제약조건에 CONSTRAINT 키워드와 함께 고유의 이름을 부여할 수도 있다. 제약조건을 여러 개 지정할 때 고유의 이름을 부여하면 테이블이 생성된 이후에 제약조건을 수정하거나 제거할 때 식별하기가 쉽다.

> 예 CONSTRAINT CHK_CPY CHECK(제조업체 = '한빛제과')
>
> 모든 제품의 제조업체로 한빛제과만 허용된다는 데이터 무결성 제약조건에 CHK_CPY이라는 고유의 이름을 부여함. 다른 테이블에는 CHK_CPY이라는 이름으로 정의된 제약조건이 있으면 안 됨

테이블 생성의 예

[그림 7-2]의 판매 데이터베이스를 구성하는 고객, 제품, 주문 테이블을 위한 CREATE TABLE 문의 작성 방법을 예제를 통해 살펴보자.

예제 7-1

> 고객 테이블은 고객아이디, 고객이름, 나이, 등급, 직업, 적립금 속성으로 구성되고, 고객아이디 속성이 기본키다. 고객이름과 등급 속성은 값을 반드시 입력해야 하고, 적립금 속성은 값을 입력하지 않으면 0이 기본으로 입력되도록 고객 테이블을 생성해보자.

```
▶▶ CREATE TABLE 고객 (
        고객아이디  VARCHAR(20)   NOT NULL,
        고객이름    VARCHAR(10)   NOT NULL,
        나이        INT,
        등급        VARCHAR(10)   NOT NULL,
        직업        VARCHAR(20),
        적립금      INT  DEFAULT 0,
        PRIMARY KEY(고객아이디)
    );
```

예제 7-2

> 제품 테이블은 제품번호, 제품명, 재고량, 단가, 제조업체 속성으로 구성되고, 제품번호 속성이 기본키다. 재고량이 항상 0개 이상 10,000개 이하를 유지하도록 제품 테이블을 생성해보자.

```
▶▶ CREATE TABLE 제품 (
        제품번호    CHAR(3)       NOT NULL,
        제품명      VARCHAR(20),
        재고량      INT,
        단가        INT,
        제조업체    VARCHAR(20),
        PRIMARY KEY(제품번호),
        CHECK (재고량 >= 0 AND 재고량 <=10000)
    );
```

주문 테이블은 주문번호, 주문고객, 주문제품, 수량, 배송지, 주문일자 속성으로 구성되고, 주문번호 속성이 기본키다. 주문고객 속성이 고객 테이블의 고객아이디 속성을 참조하는 외래키이고, 주문제품 속성이 제품 테이블의 제품번호 속성을 참조하는 외래키가 되도록 주문 테이블을 생성해보자.

```
▶▶ CREATE TABLE 주문 (
        주문번호    CHAR(3)       NOT NULL,
        주문고객    VARCHAR(20),
        주문제품    CHAR(3),
        수량       INT,
        배송지     VARCHAR(30),
        주문일자    DATE,          MS SQL에서는 주문일자 속성의 데이터 타입을 DATETIME로 지정함
        PRIMARY KEY(주문번호),
        FOREIGN KEY(주문고객) REFERENCES 고객(고객아이디),
        FOREIGN KEY(주문제품) REFERENCES 제품(제품번호)
    );
```

[그림 7-2]의 판매 데이터베이스에는 없지만 배송업체 데이터를 저장하기 위한 테이블을 생성하는 CREATE TABLE 문도 살펴보자.

배송업체 테이블은 업체번호, 업체명, 주소, 전화번호 속성으로 구성되고 업체번호 속성이 기본키다. 배송업체 테이블을 생성해보자.

```
▶▶ CREATE TABLE 배송업체 (
        업체번호    CHAR(3)       NOT NULL,
        업체명     VARCHAR(20),
        주소      VARCHAR(100),
        전화번호    VARCHAR(20),
        PRIMARY KEY(업체번호)
    );
```

3 테이블의 변경

테이블은 ALTER TABLE 문으로 변경할 수 있다. ALTER TABLE 문을 이용해 새로운 속성 추가, 기존 속성 삭제, 새로운 제약조건 추가, 기존 제약조건 삭제 등이 가능하다.

새로운 속성의 추가

테이블에 새로운 속성을 추가하는 ALTER TABLE 문의 기본 형식은 다음과 같다.

```
ALTER  TABLE  테이블_이름
    ADD  속성_이름  데이터_타입  [NOT NULL]  [DEFAULT 기본_값];
```

예제 7-5

[예제 7-1]에서 생성한 고객 테이블에 가입날짜 속성을 추가해보자.

▶▶ ALTER TABLE 고객 ADD 가입날짜 DATE;

기존 속성의 삭제

테이블의 기존 속성을 삭제하는 ALTER TABLE 문의 기본 형식은 다음과 같다.

```
ALTER TABLE  테이블_이름  DROP COLUMN 속성_이름;
```

만약 삭제할 속성과 관련된 제약조건이 존재하거나 이 속성을 참조하는 다른 속성

> **NOTE** 오라클에서는 [CASCADE CONSTRAINTS] 옵션을 추가하여 삭제할 속성과 관련된 제약조건을 함께 삭제할 수도 있다.

이 존재하는 경우에는 속성을 삭제할 수 없다. 관련된 제약조건이나 참조하는 다른 속성을 먼저 삭제한 후 해당 속성을 삭제해야 한다.

예제 7-6

[예제 7-5]에서 추가한 고객 테이블의 가입날짜 속성을 삭제해보자.

▶▶ ALTER TABLE 고객 DROP COLUMN 가입날짜;

새로운 제약조건의 추가

테이블에 새로운 제약조건을 추가하는 ALTER TABLE 문의 기본 형식은 다음과 같다.

```
ALTER TABLE  테이블_이름  ADD  CONSTRAINT  제약조건_이름  제약조건_내용;
```

고객 테이블에 20세 이상의 고객만 가입할 수 있다는 데이터 무결성 제약조건을 추가해보자.

▶▶ ALTER TABLE 고객 ADD CONSTRAINT CHK_AGE CHECK(나이 >= 20);

기존 제약조건의 삭제

테이블의 기존 제약조건을 삭제하는 ALTER TABLE 문의 기본 형식은 다음과 같다.

```
ALTER TABLE  테이블_이름  DROP  CONSTRAINT  제약조건_이름;
```

예제 7-8

[예제 7-7]에서 추가한 고객 테이블에 20세 이상의 고객만 가입할 수 있다는 데이터 무결성 제약조건을 삭제해보자.

▶▶ ALTER TABLE 고객 DROP CONSTRAINT CHK_AGE;

4 테이블의 삭제

CREATE TABLE 문으로 생성한 테이블은 DROP TABLE 명령어로 삭제할 수 있다. 테이블을 삭제하는 DROP TABLE 문의 기본 형식은 다음과 같다.

```
DROP TABLE  테이블_이름;
```

NOTE 오라클에서는 [CASCADE CONSTRAINTS] 옵션을 추가하여 관련된 외래키 제약조건을 함께 삭제할 수도 있다.

삭제할 테이블을 참조하는 테이블이 있다면 삭제가 수행되지 않는다. 따라서 삭제하고자 하는 테이블을 참조하는 외래키 제약조건을 먼저 삭제해야 한다.

예제 7-9

배송업체 테이블을 삭제해보자.

▶▶ DROP TABLE 배송업체;

[예제 7-9]와 같이 배송업체 테이블은 문제없이 삭제된다. 하지만 고객 테이블은 주문 테이블이 참조하고 있어 삭제가 수행되지 않는다.

03 | SQL을 이용한 데이터 조작

1 SQL의 데이터 조작 기능

SQL의 데이터 조작 기능은 원하는 데이터 검색, 새로운 데이터 삽입, 데이터 수정, 데이터 삭제로 분류할 수 있다. 이 네 가지 데이터 조작 기능을 위한 SQL 문의 작성 규칙을 차례로 알아보자.

데이터 검색	SELECT
데이터 삽입	INSERT
데이터 수정	UPDATE
데이터 삭제	DELETE

그림 7-5 SQL의 데이터 조작 기능

2 데이터의 검색

테이블에서 원하는 데이터를 검색하기 위해 필요한 SQL 문은 SELECT다. SELECT 문은 다양한 검색 유형을 지원하며, 일반 사용자들이 가장 많이 사용하므로 꼼꼼히 살펴볼 필요가 있다.

이 절에서는 [그림 7-6]과 같은 고객, 제품, 주문 테이블로 이루어진 판매 데이터베이스를 기준으로 예제를 진행한다.

> **NOTE** 부록을 참고하여, 다음 예와 같은 INSERT 문을 이용해 앞에서 생성한 각 테이블에 [그림 7-6]과 같이 투플을 삽입한 후 예제를 실행해보면 좋다.
>
> 예 `INSERT INTO 고객 VALUES ('apple', '정소화', 20, 'gold', '학생', 1000);`

고객 테이블

고객아이디	고객이름	나이	등급	직업	적립금
apple	정소화	20	gold	학생	1000
banana	김선우	25	vip	간호사	2500
carrot	고명석	28	gold	교사	4500
orange	김용욱	22	silver	학생	0
melon	성원용	35	gold	회사원	5000
peach	오형준	NULL	silver	의사	300
pear	채광주	31	silver	회사원	500

제품 테이블

제품번호	제품명	재고량	단가	제조업체
p01	그냥만두	5000	4500	대한식품
p02	매운쫄면	2500	5500	민국푸드
p03	쿵떡파이	3600	2600	한빛제과
p04	맛난초콜릿	1250	2500	한빛제과
p05	얼큰라면	2200	1200	대한식품
p06	통통우동	1000	1550	민국푸드
p07	달콤비스킷	1650	1500	한빛제과

주문 테이블

주문번호	주문고객	주문제품	수량	배송지	주문일자
o01	apple	p03	10	서울시 마포구	2022-01-01
o02	melon	p01	5	인천시 계양구	2022-01-10
o03	banana	p06	45	경기도 부천시	2022-01-11
o04	carrot	p02	8	부산시 금정구	2022-02-01
o05	melon	p06	36	경기도 용인시	2022-02-20
o06	banana	p01	19	충청북도 보은군	2022-03-02
o07	apple	p03	22	서울시 영등포구	2022-03-15
o08	pear	p02	50	강원도 춘천시	2022-04-10
o09	banana	p04	15	전라남도 목포시	2022-04-11
o10	carrot	p03	20	경기도 안양시	2022-05-22

그림 7-6 데이터 조작 예제에서 사용하는 판매 데이터베이스 : 고객, 제품, 주문 테이블

기본 검색

기본 검색을 위한 SELECT 문의 기본 형식은 다음과 같다.

```
SELECT  [ ALL | DISTINCT ] 속성_리스트
FROM    테이블_리스트;
```

SELECT 키워드와 함께 검색하고 싶은 속성의 이름을 콤마(,)로 구분하여 차례로 나열한다. 그리고 FROM 키워드와 함께 검색하고 싶은 속성이 있는 테이블의 이름을 콤마(,)로 구분하여 차례로 나열한다. SELECT 문은 테이블을 대상으로 하고 수행 결과도 테이블이다. 예제를 통해 SELECT 문의 기본 작성 규칙을 알아보자. 예제의 결과 테이블은 오라클에서 실행한 결과다.

예제 7-10

고객 테이블에서 고객아이디, 고객이름, 등급 속성을 검색해보자.

▶▶ SELECT   고객아이디, 고객이름, 등급
    FROM   고객;

결과 테이블

	고객아이디	고객이름	등급
1	apple	정소화	gold
2	banana	김선우	vip
3	carrot	고명석	gold
4	orange	김용욱	silver
5	melon	성원용	gold
6	peach	오형준	silver
7	pear	채광주	silver

예제 7-11

고객 테이블에 존재하는 모든 속성을 검색해보자.

▶▶ SELECT   고객아이디, 고객이름, 나이, 등급, 직업, 적립금
    FROM   고객;

결과 테이블

	고객아이디	고객이름	나이	등급	직업	적립금
1	apple	정소화	20	gold	학생	1000
2	banana	김선우	25	vip	간호사	2500
3	carrot	고명석	28	gold	교사	4500
4	orange	김용욱	22	silver	학생	0
5	melon	성원용	35	gold	회사원	5000
6	peach	오형준	(null)	silver	의사	300
7	pear	채광주	31	silver	회사원	500

테이블에 존재하는 모든 속성을 검색하기 위해 속성의 이름을 전부 나열하지 않고 *를 사용할 수도 있다. *를 사용하면 결과 테이블의 속성 순서가 원본 테이블이 정의한 속성 순서와 같다. [예제 7-12]는 [예제 7-11]과 결과가 같다. 두 예제의 결과 테이블에서 확인할 수 있듯이 널 값은 오라클이나 MS SQL 서버에서 null로 출력된다.

예제 7-12

고객 테이블에 존재하는 모든 속성을 검색해보자.

▶▶ SELECT   *
     FROM   고객;

결과 테이블

	고객아이디	고객이름	나이	등급	직업	적립금
1	apple	정소화	20	gold	학생	1000
2	banana	김선우	25	vip	간호사	2500
3	carrot	고명석	28	gold	교사	4500
4	orange	김용욱	22	silver	학생	0
5	melon	성원용	35	gold	회사원	5000
6	peach	오형준	(null)	silver	의사	300
7	pear	채광주	31	silver	회사원	500

예제 7-13

제품 테이블에서 제조업체를 검색해보자.

▶▶ SELECT   제조업체
     FROM   제품;

결과 테이블

	제조업체
1	대한식품
2	민국푸드
3	한빛제과
4	한빛제과
5	대한식품
6	민국푸드
7	한빛제과

[예제 7-13]의 결과 테이블을 보면 같은 제조업체가 여러 번 중복된다. 이와 같이 SELECT 문의 결과 테이블은 관계 데이터 모델의 일반 릴레이션과 큰 차이가 있다. 관계 데이터 모델의 일반 릴레이션은 투플의 집합 개념으로 이해할 수 있으며 투플의 유일성을 만족해야 하기 때문에 릴레이션 하나에서 동일한 투플이 중복되면 안 된다. 그러나 SELECT 문의 수행 결과로 반환되는 결과 테이블에서는 동일한 투플이 중복될 수 있다.

결과 테이블이 중복을 허용하도록 ALL 키워드를 명시적으로 사용해도 된다. [예제 7-14]는 [예제 7-13]과 결과가 같다.

예제 7-14

제품 테이블에서 제조업체를 검색하되, ALL 키워드를 사용해보자.

▶▶ SELECT   ALL   제조업체
    FROM   제품;

결과 테이블

	제조업체
1	대한식품
2	민국푸드
3	한빛제과
4	한빛제과
5	대한식품
6	민국푸드
7	한빛제과

결과 테이블에서 투플의 중복을 제거하고 한 번씩만 출력되도록 하려면 DISTINCT 키워드를 사용한다.

예제 7-15

제품 테이블에서 제조업체 속성을 중복 없이 검색해보자.

▶▶ SELECT   DISTINCT   제조업체
    FROM   제품;

결과 테이블

	제조업체
1	대한식품
2	민국푸드
3	한빛제과

결과 테이블에 출력되는 속성의 이름을 다른 이름으로 바꾸어 출력할 수도 있다. AS 키워드를 변경할 이름과 함께 지정하면 된다. 원래 테이블의 속성 이름이 실제로 바뀌는 것은 아니다. SELECT 문의 결과 테이블에서만 지정한 이름으로 출력되는 것뿐이다. 지정하는 이름에 공백이 포함되어 있으면 오라클에서는 큰따옴표로 묶어주고 MS SQL 서버에서는 작은따옴표로 묶어주어야 한다. 그리고 AS 키워드는 생략할 수 있다.

제품 테이블에서 제품명과 단가를 검색하되, 단가를 가격이라는 새 이름으로 출력해보자.

▶▶ SELECT   제품명, 단가 AS 가격
   FROM   제품;

결과 테이블

	제품명	가격
1	그냥만두	4500
2	매운쫄면	5500
3	쿵떡파이	2600
4	맛난초콜릿	2500
5	얼큰라면	1200
6	통통우동	1550
7	달콤비스킷	1500

[예제 7-16]의 결과 테이블에서 단가 대신 가격이라는 이름으로 출력된 것을 확인할 수 있다.

산술식을 이용한 검색

SELECT 키워드와 함께 산술식을 제시할 수 있다. 산술식은 속성의 이름과 +, −, *, / 등의 산술 연산자, 상수로 구성한다.

제품 테이블에서 제품명과 단가 속성을 검색하되, 단가에 500원을 더해 '조정 단가'라는 새 이름으로 출력해보자.

▶▶ SELECT   제품명, 단가 + 500 AS "조정 단가"
   FROM   제품;

결과 테이블

	제품명	조정 단가
1	그냥만두	5000
2	매운쫄면	6000
3	쿵떡파이	3100
4	맛난초콜릿	3000
5	얼큰라면	1700
6	통통우동	2050
7	달콤비스킷	2000

[예제 7-17]에서 제품 테이블에 있는 단가 속성의 값이 실제로 변경되는 것은 아니다. 결과 테이블에서만 계산한 결과 값을 출력한다. 500원을 더한 금액은 제품 테이블에 원래 존재하던 속성 값이 아니기 때문에 AS 키워드와 함께 조정 단가라는 이름으로 결과 테이블에 출력하였다.

조건 검색

조건을 만족하는 데이터만 검색하는 SELECT 문의 기본 형식은 다음과 같다.

```
SELECT    [ ALL | DISTINCT ] 속성_리스트
FROM      테이블_리스트
[ WHERE   조건 ];
```

WHERE 키워드와 함께 [표 7-2]의 비교 연산자와 [표 7-3]의 논리 연산자를 이용한 검색 조건을 제시하면 된다. 조건에서는 비교 연산자를 이용해 숫자뿐 아니라 문자나 날짜 값을 비교할 수 있다. 예를 들어 'A'와 'C'를 비교하면 'C'가 더 큰 값으로 판단된다. 그리고 '2022-12-01'과 '2022-12-02'를 비교하면 '2022-12-02'가 더 큰 값으로 판단된다. 단, 조건에서 숫자 값은 그대로 작성해도 되지만 문자나 날짜 값은 속성의 이름과 구별할 수 있도록 작은따옴표로 묶어야 한다. 그리고 논리 연산자는 조건을 여러 개 결합하거나 조건을 만족하지 않는 데이터를 검색하고자 할 때 이용한다.

표 7-2 비교 연산자

연산자	의미
=	같다.
〈 〉	다르다.
〈	작다.
〉	크다.
〈=	작거나 같다.
〉=	크거나 같다.

표 7-3 논리 연산자

연산자	의미
AND	모든 조건을 만족해야 검색한다.
OR	여러 조건 중 한 가지만 만족해도 검색한다.
NOT	조건을 만족하지 않는 것만 검색한다.

제품 테이블에서 한빛제과가 제조한 제품의 제품명, 재고량, 단가를 검색해보자.

▶▶ SELECT   제품명, 재고량, 단가
   FROM   제품
   WHERE   제조업체 = '한빛제과';

결과 테이블

	제품명	재고량	단가
1	쿵떡파이	3600	2600
2	맛난초콜릿	1250	2500
3	달콤비스킷	1650	1500

주문 테이블에서 apple 고객이 15개 이상 주문한 주문제품, 수량, 주문일자를 검색해보자.

▶▶ SELECT   주문제품, 수량, 주문일자
   FROM   주문
   WHERE   주문고객 = 'apple' AND 수량 >= 15;

결과 테이블

	주문제품	수량	주문일자
1	p03	22	22/03/15

주문 테이블에서 apple 고객이 주문했거나 15개 이상 주문된 제품의 주문제품, 수량, 주문일자, 주문고객을 검색해보자.

▶▶ SELECT   주문제품, 수량, 주문일자, 주문고객
   FROM   주문
   WHERE   주문고객 = 'apple' OR 수량 >= 15;

결과 테이블

	주문제품	수량	주문일자	주문고객
1	p03	10	22/01/01	apple
2	p06	45	22/01/11	banana
3	p06	36	22/02/20	melon
4	p01	19	22/03/02	banana
5	p03	22	22/03/15	apple
6	p02	50	22/04/10	pear
7	p04	15	22/04/11	banana
8	p03	20	22/05/22	carrot

제품 테이블에서 단가가 2,000원 이상이면서 3,000원 이하인 제품의 제품명, 단가, 제조업체를 검색해보자.

```
▶▶ SELECT      제품명, 단가, 제조업체
   FROM        제품
   WHERE       단가 >= 2000  AND  단가 <= 3000;
```

결과 테이블

	제품명	단가	제조업체
1	쿵떡파이	2600	한빛제과
2	맛난초콜릿	2500	한빛제과

> **NOTE** SQL 문을 작성할 때 천 단위를 구분하는 콤마(,)는 숫자 값에 사용하지 않는다.

LIKE를 이용한 검색

검색 조건을 부분적으로만 알고 있다면 LIKE 키워드를 이용해 검색할 수 있다. 검색 조건을 정확히 알면 = 연산자로 조건을 표현하면 되지만 부분적으로만 알고 있다면 = 대신 LIKE 키워드를 사용한다. 단, LIKE 키워드는 문자열을 이용하는 조건에만 사용할 수 있다. LIKE 키워드와 함께 사용할 수 있는 대표 기호는 [표 7-4]와 같다. [표 7-5]는 LIKE 키워드를 사용해 문자열 조건을 표현한 예다.

표 7-4 LIKE 키워드와 함께 사용할 수 있는 기호

기호	설명
%	0개 이상의 문자 (문자의 내용과 개수는 상관 없음)
_	1개의 문자 (문자의 내용은 상관 없음)

표 7-5 LIKE 키워드의 사용 예

사용 예	설명
LIKE '데이터%'	데이터로 시작하는 문자열 (데이터로 시작하기만 하면 길이는 상관 없음)
LIKE '%데이터'	데이터로 끝나는 문자열 (데이터로 끝나기만 하면 길이는 상관 없음)
LIKE '%데이터%'	데이터가 포함된 문자열
LIKE '데이터 _ _ _'	데이터로 시작하는 6자 길이의 문자열
LIKE '_ _ 한%'	세 번째 글자가 '한'인 문자열

고객 테이블에서 성이 김 씨인 고객의 고객이름, 나이, 등급, 적립금을 검색해보자.

▶▶ SELECT   고객이름, 나이, 등급, 적립금
   FROM   고객
   WHERE   고객이름 LIKE '김%';

결과 테이블

	고객이름	나이	등급	적립금
1	김선우	25	vip	2500
2	김용욱	22	silver	0

고객 테이블에서 고객아이디가 5자인 고객의 고객아이디, 고객이름, 등급을 검색해보자.

▶▶ SELECT   고객아이디, 고객이름, 등급
   FROM   고객
   WHERE   고객아이디 LIKE '_ _ _ _ _';

결과 테이블

	고객아이디	고객이름	등급
1	apple	정소화	gold
2	melon	성원용	gold
3	peach	오형준	silver

NULL을 이용한 검색

검색 조건에서 특정 속성의 값이 널 값인지를 비교하려면 IS NULL 키워드를 사용한다. 반대로 특정 속성의 값이 널 값이 아닌지를 비교하려면 IS NOT NULL 키워드를 사용한다.

고객 테이블에서 나이가 아직 입력되지 않은 고객의 고객이름을 검색해보자.

▶▶ SELECT   고객이름
   FROM   고객
   WHERE   나이 IS NULL;

결과 테이블

	고객이름
1	오형준

[예제 7–24]의 검색 조건에서 나이가 아직 입력되지 않았다는 것은 나이 속성이 널 값임을 의미한다. 이러한 검색 조건은 '나이 = NULL'의 형태로 표현하면 안 되고 반드시 IS NULL 키워드를 이용하여 '나이 IS NULL'의 형태로 표현해야 한다.

예제 7–25

고객 테이블에서 나이가 이미 입력된 고객의 고객이름을 검색해보자.

```
▶▶ SELECT    고객이름
    FROM      고객
    WHERE     나이 IS NOT NULL;
```

결과 테이블

	고객이름
1	정소화
2	김선우
3	고명석
4	김용욱
5	성원용
6	채광주

[예제 7–25]의 검색 조건에서 나이가 이미 입력되었다는 것은 나이 속성이 널 값이 아님을 의미한다. 이러한 검색 조건은 '나이 〈〉 NULL'의 형태로 표현하지 않고 반드시 IS NOT NULL 키워드를 사용하여 '나이 IS NOT NULL'의 형태로 표현해야 한다.

검색 조건에서 널 값은 다른 값과 크기를 비교하면 결과가 모두 거짓$_{false}$이 된다. 예를 들어 재고량 속성의 값이 널이면 다음과 같이 어떤 비교 연산자를 사용해도 결과가 모두 거짓이 되어 조건을 만족하지 않는다고 판단한다.

- 재고량 〉 10
- 재고량 〈 10
- 재고량 〉= 10   〉 거짓
- 재고량 〈= 10
- 재고량 = 10
- 재고량 〈〉 10

정렬 검색

SELECT 문의 검색 결과 테이블은 일반적으로 DBMS가 정한 순서로 출력된다. 결과 테이블의 내용을 사용자가 원하는 순서로 출력하려면 ORDER BY 키워드를 사용한다. 결과 테이블의 내용을 원하는 기준에 따라 정렬하여 출력하는 SELECT 문의 기본 형식은 다음과 같다.

```
SELECT  [ ALL ¦ DISTINCT ] 속성_리스트
FROM    테이블_리스트
[ WHERE  조건 ]
[ ORDER BY  속성_리스트 [ ASC ¦ DESC ] ];
```

ORDER BY 키워드와 함께 정렬 기준이 되는 속성을 지정하고, 오름차순 정렬이면 ASC, 내림차순 정렬이면 DESC로 표현한다. 특별히 지정하지 않으면 오름차순으로 기본 정렬한다.

오름차순은 가장 작은 값을 먼저 출력하고 더 큰 값을 나중에 출력하는 방식이다. 문자 데이터를 오름차순으로 정렬하면 알파벳이나 사전 순으로 출력된다. 예를 들어 A로 시작하는 문자열이 B로 시작하는 문자열보다 먼저 출력된다. 날짜 데이터는 빠른 날짜가 먼저 출력되어 2022-12-01이 2022-12-02보다 먼저 출력된다. 내림차순은 오름차순과 반대로 출력된다. 널 값은 오름차순에서는 맨 마지막에 출력되고 내림차순에서는 맨 먼저 출력된다.

결과를 여러 기준에 따라 정렬하려면 ORDER BY 키워드와 함께 정렬 기준이 되는 속성을 차례로 제시하면 된다.

예제 7-26

고객 테이블에서 고객이름, 등급, 나이를 검색하되, 나이를 기준으로 내림차순 정렬해보자.

▶▶ SELECT   고객이름, 등급, 나이
    FROM   고객
    ORDER BY   나이   DESC;

결과 테이블

	고객이름	등급	나이
1	오형준	silver	(null)
2	성원용	gold	35
3	채광주	silver	31
4	고명석	gold	28
5	김선우	vip	25
6	김용욱	silver	22
7	정소화	gold	20

[예제 7-26]에서는 나이를 기준으로 내림차순 정렬되도록 지정하였다. 나이가 아직 입력되지 않은 오형준 고객이 먼저 출력되고, 그다음에 나이가 가장 많은 35세 성원용 고객이 출력되었다.

예제 7-27

주문 테이블에서 수량이 10개 이상인 주문의 주문고객, 주문제품, 수량, 주문일자를 검색해 보자. 단, 주문제품을 기준으로 오름차순 정렬하고, 동일 제품은 수량을 기준으로 내림차순 정렬해보자.

```
▶▶ SELECT    주문고객, 주문제품, 수량, 주문일자
   FROM      주문
   WHERE     수량 >= 10
   ORDER BY  주문제품 ASC, 수량 DESC;
```

결과 테이블

	주문고객	주문제품	수량	주문일자
1	banana	p01	19	22/03/02
2	pear	p02	50	22/04/10
3	apple	p03	22	22/03/15
4	carrot	p03	20	22/05/22
5	apple	p03	10	22/01/01
6	banana	p04	15	22/04/11
7	banana	p06	45	22/01/11
8	melon	p06	36	22/02/20

[예제 7-27]에서는 주문제품에 따라 오름차순으로 1차 정렬하고, 동일 주문제품은 수량에 따라 내림차순으로 2차 정렬하도록 지정했다. 그래서 p01 제품이 맨 먼저 출력되고 p03 제품 중에서는 수량이 22인 제품이 먼저 출력되었다.

집계 함수를 이용한 검색

특정 속성 값을 통계적으로 계산한 결과를 검색하기 위해 집계 함수aggregate function를 이용할 수 있다. 집계 함수는 열 함수column function라고도 하며 개수, 합계, 평균, 최댓값, 최솟값의 계산 기능을 제공한다. SELECT 문과 함께 자주 사용하는 다섯 가지 집계 함수는 [표 7-6]과 같다. SUM과 AVG 함수는 숫자 데이터 타입의 속성에만 적용할 수 있고, 나머지 함수는 숫자뿐 아니라 문자와 날짜 데이터 타입의 속성에도 적용할 수 있다.

표 7-6 집계 함수

함수	의미	사용 가능한 속성의 타입
COUNT	속성 값의 개수	모든 데이터
MAX	속성 값의 최댓값	
MIN	속성 값의 최솟값	
SUM	속성 값의 합계	숫자 데이터
AVG	속성 값의 평균	

집계 함수를 사용할 때 다음 두 가지 사항에 주의해야 한다.

- 집계 함수는 널인 속성 값은 제외하고 계산한다.
- 집계 함수는 WHERE 절에서는 사용할 수 없고 SELECT 절이나 HAVING 절에서만 사용할 수 있다.

> **NOTE** HAVING 절은 이후에 그룹별 검색을 설명할 때 자세히 다룬다.

예제 7-28

제품 테이블에서 모든 제품의 단가 평균을 검색해보자.

▶▶ SELECT   AVG(단가)
    FROM   제품;

결과 테이블

	AVG(단가)
1	2764.28571428571428571428571428571428571 4285714285714

[예제 7-28]에서 모든 제품의 단가 평균을 계산하기 위해 단가 속성에 AVG 함수를 적용하였다. 단가 평균이 계산되는 과정은 [그림 7-7]과 같다. 제품 7개의 단가 평균은 2,764원이다. 집계 함수는 특정 속성의 여러 값으로부터 개수, 합계, 평균, 최댓값, 최솟값을 계산하여 결과 값 하나로 반환한다.

제품번호	제품명	재고량	단가	제조업체
p01	그냥만두	5000	4500	대한식품
p02	매운쫄면	2500	5500	민국푸드
p03	쿵떡파이	3600	2600	한빛제과
p04	맛난초콜릿	1250	2500	한빛제과
p05	얼큰라면	2200	1200	대한식품
p06	통통우동	1000	1550	민국푸드
p07	달콤비스킷	1650	1500	한빛제과

AVG(단가)

2764

그림 7-7 모든 제품의 평균 단가를 계산하는 과정 : 제품 테이블

[예제 7-28]의 결과 테이블을 보면 속성의 이름이 별도로 지정되어 있지 않다. 이는 집계 함수의 결과가 테이블에 원래 있던 내용이 아니라 계산을 통해 새로 생성된 값이기 때문이다. 집계 함수를 이용해 계산된 결과 값을 출력할 때는 앞서 배운 AS 키워드를 사용해 새 이름을 부여해주는 것이 좋다.

예제 7-29

한빛제과에서 제조한 제품의 재고량 합계를 제품 테이블에서 검색해보자.

```
▶▶ SELECT    SUM(재고량)  AS "재고량 합계"
    FROM      제품
    WHERE     제조업체 = '한빛제과';
```

결과 테이블

	재고량 합계
1	6500

[예제 7-29]에서는 한빛제과에서 제조한 제품 3개의 재고량 합계를 계산한 후 이 값에 '재고량 합계'라는 새 이름을 부여하여 출력하였다.

COUNT 함수는 다른 함수와 달리 테이블의 모든 속성에 적용하여 개수를 계산할 수 있다. 고객 테이블에 고객이 몇 명 등록되어 있는지를 검색하는 [예제 7-30]을 통해 COUNT 함수의 특징을 살펴보자.

예제 7-30

고객 테이블에 고객이 몇 명 등록되어 있는지 검색해보자.

▶▶ ❶ 고객아이디 속성을 이용해 계산하는 경우

```
SELECT    COUNT(고객아이디) AS 고객수
FROM      고객;
```

결과 테이블

	고객수
1	7

❷ 나이 속성을 이용해 계산하는 경우

```
SSELECT   COUNT(나이) AS 고객수
FROM      고객;
```

결과 테이블

	고객수
1	6

❸ *를 이용해 계산하는 경우

```
SELECT    COUNT(*) AS 고객수
FROM      고객;
```

결과 테이블

	고객수
1	7

[예제 7-30]에서 고객아이디 속성을 이용한 경우와 나이 속성을 이용한 경우의 결과가 다르다. 그 이유를 계산 과정을 통해 살펴보자.

[그림 7-8]은 고객아이디 속성과 나이 속성을 이용해 고객의 수를 계산하는 과정을 보여준다. 집계 함수는 널인 속성 값은 제외하기 때문에 널 값을 포함하고 있는 나이 속성에 COUNT 함수를 적용하면 고객아이디 속성과 달리 6명이 출력된다.

고객아이디	고객이름	나이	등급	직업	적립금
apple	정소화	20	gold	학생	1000
banana	김선우	25	vip	간호사	2500
carrot	고명석	28	gold	교사	4500
orange	김용욱	22	silver	학생	0
melon	성원용	35	gold	회사원	5000
pear	채광주	31	silver	회사원	500
peach	오형준	NULL	silver	의사	300

COUNT
(고객아이디)

COUNT
(나이)

7

6

그림 7-8 고객의 수를 계산하는 과정 : 고객 테이블

*는 모든 속성을 의미하는 기호이므로 [그림 7-9]와 같이 모든 속성 값으로 구성된 투플(행)을 대상으로 개수를 계산한다. [예제 7-30]에서 COUNT(*)의 결과는 고객 테이블에 있는 모든 투플의 개수이므로 7이다. 개수를 정확히 계산하려면 널 값이 없는 속성에 COUNT 함수를 적용하는 것이 좋기 때문에 보통 기본키 속성이나 *를 이용해 계산한다.

고객아이디	고객이름	나이	등급	직업	적립금
apple	정소화	20	gold	학생	1000
banana	김선우	25	vip	간호사	2500
carrot	고명석	28	gold	교사	4500
orange	김용욱	22	silver	학생	0
melon	성원용	35	gold	회사원	5000
pear	채광주	31	silver	회사원	500
peach	오형준	NULL	silver	의사	300

그림 7-9 COUNT(*)로 개수를 계산하는 과정 : 고객 테이블

DISTINCT 키워드를 사용해 특정 속성 값의 중복을 없애고 집계 함수를 적용할 수도 있다.

예제 7-31

제품 테이블에서 제조업체의 수를 검색해보자.

▶▶ SELECT   COUNT(DISTINCT 제조업체) AS "제조업체 수"
     FROM   제품;

결과 테이블

	제조업체 수
1	3

[예제 7-31]에서 DISTINCT 키워드를 사용해 중복을 없애고 서로 다른 제조업체 속성 값만 대상으로 하여 COUNT 함수를 적용한 결과는 3이다.

그룹별 검색

테이블에서 특정 속성의 값이 같은 투플을 모아 그룹을 만들고, 그룹별로 검색을 하기 위해 GROUP BY 키워드를 사용한다. 그룹에 대한 조건을 추가하려면 GROUP BY 키워드를 HAVING 키워드와 함께 사용하면 된다. GROUP BY 키워드가 없는 SELECT 문은 테이블 전체를 하나의 그룹으로 보고 검색하는 것이다. 그룹별로 검색하는 SELECT 문의 기본 형식은 다음과 같다.

```
SELECT    [ ALL ¦ DISTINCT ] 속성_리스트
FROM      테이블_리스트
[ WHERE   조건 ]
[ GROUP BY  속성_리스트 [ HAVING 조건 ] ]
[ ORDER BY  속성_리스트 [ ASC ¦ DESC ] ];
```

GROUP BY 키워드와 함께 그룹을 나누는 기준이 되는 속성을 지정한다. 그리고 그룹에 대한 조건은 HAVING 키워드와 함께 작성한다.

주문 테이블에서 주문제품별 수량의 합계를 검색해보자.

▶▶ SELECT   주문제품, SUM(수량) AS 총주문수량
   FROM   주문
   GROUP BY 주문제품;

결과 테이블

	주문제품	총주문수량
1	p03	52
2	p02	58
3	p06	81
4	p04	15
5	p01	24

[예제 7-32]에서는 주문제품별 수량의 합계를 구하기 위해 [그림 7-10]과 같이 동일 제품을 주문한 투플을 모아 그룹으로 만들고, 그룹별로 수량의 합계를 계산한다.

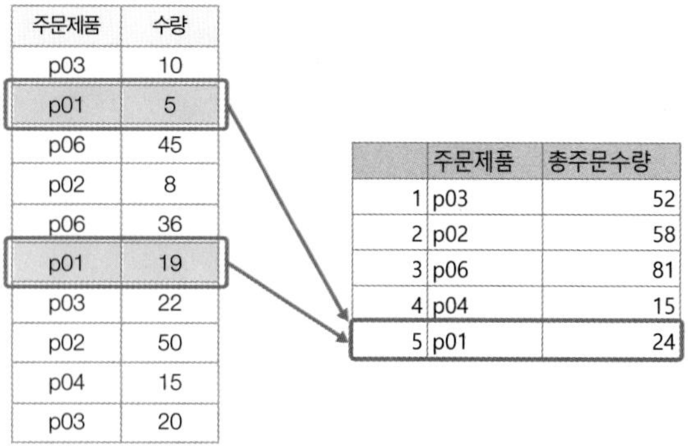

그림 7-10 주문제품별 수량의 합계를 계산하는 과정

그룹별로 검색할 때는 그룹을 나누는 기준이 되는 속성을 SELECT 절에도 작성하는 것이 좋다. SELECT 절에 그룹을 나누는 기준 속성을 작성하지 않아도 실행은 되지만 어떤 그룹에 대한 검색 결과인지를 결과 테이블에서 확인하기 어렵기 때문이다. 예를 들어 주문제품별 수량의 합계를 구하는 SELECT 문을 다음과 같이 작성하면 결과 테이블에는 총주문수량만 나타나기 때문에 어떤 제품에 해당하는 총주문수량인지 알 수 없다. 그러므로 [예제 7-32]와 같이 SELECT 절에 주문제품 속성을 함께 작성해주는 것이 좋다.

```
SELECT    SUM(수량) AS 총주문수량
FROM      주문
GROUP BY  주문제품;
```

결과 테이블

	총주문수량
1	52
2	58
3	81
4	15
5	24

예제 7-33

제품 테이블에서 제조업체별로 제조한 제품의 개수와 제품 중 가장 비싼 단가를 검색하되, 제품의 개수는 제품수라는 이름으로 출력하고 가장 비싼 단가는 최고가라는 이름으로 출력해보자.

```
▶▶ SELECT    제조업체, COUNT(*) AS 제품수, MAX(단가) AS 최고가
   FROM      제품
   GROUP BY  제조업체;
```

결과 테이블

	제조업체	제품수	최고가
1	대한식품	2	4500
2	민국푸드	2	5500
3	한빛제과	3	2600

일반적인 검색 조건은 WHERE 절에 작성하지만 그룹에 대한 조건은 HAVING 절에 작성한다. 앞서 설명한 집계 함수는 WHERE 절에는 사용할 수 없지만 HAVING 절에는 사용할 수 있다.

제품 테이블에서 제품을 3개 이상 제조한 제조업체별로 제품의 개수와, 제품 중 가장 비싼 단
가를 검색해보자.

```
▶▶ SELECT    제조업체, COUNT(*) AS 제품수, MAX(단가) AS 최고가
   FROM      제품
   GROUP BY  제조업체  HAVING COUNT(*)>=3;
```

결과 테이블

	제조업체	제품수	최고가
1	한빛제과	3	2600

[예제 7-34]에서는 제품을 3개 이상 제조한 제조업체만 그룹으로 구성해야 하므로 HAVING
절에 개수를 계산하는 COUNT 함수를 이용했다. [예제 7-33]에서는 그룹에 대한 조건이 없
어 모든 제조업체의 제품수와 최고가가 출력되었지만, 여기서는 제품수가 3개인 한빛제과만
출력되었다.

고객 테이블에서 적립금 평균이 1,000원 이상인 등급에 대해 등급별 고객수와 적립금 평균
을 검색해보자.

```
▶▶ SELECT    등급, COUNT(*) AS 고객수, AVG(적립금) AS 평균적립금
   FROM      고객
   GROUP BY  등급  HAVING AVG(적립금)>=1000;
```

결과 테이블

	등급	고객수	평균적립금
1	gold	3	3500
2	vip	1	2500

[예제 7-35]에서는 적립금 평균이 1,000원 이상인 gold와 vip 등급만 고객수와 평균적립금
이 출력되었다.

그룹별로 검색할 때는 집계 함수나 GROUP BY 절에 있는 속성 외의 속성은 SELECT 절
에 사용할 수 없다. 예를 들어 각 주문고객이 주문한 총주문수량을 주문제품별로 검색하기 위
해 SELECT 문을 다음과 같이 작성하면 오류가 발생한다. GROUP BY 절에 없는 주문고객

속성을 SELECT 절에서 사용했기 때문이다. [예제 7-36]과 같이 주문고객 속성을 GROUP
BY 절에 함께 사용해야 올바른 결과 테이블을 구할 수 있다.

```
SELECT     주문제품, 주문고객, SUM(수량) AS 총주문수량
FROM       주문
GROUP BY   주문제품;
```

예제 7-36

주문 테이블에서 각 주문고객이 주문한 제품의 총주문수량을 주문제품별로 검색해보자.

▶▶ SELECT   주문제품, 주문고객, SUM(수량) AS 총주문수량
   FROM   주문
   GROUP BY 주문제품, 주문고객;

결과 테이블

	주문제품	주문고객	총주문수량
1	p02	carrot	8
2	p01	banana	19
3	p06	melon	36
4	p03	apple	32
5	p01	melon	5
6	p02	pear	50
7	p03	carrot	20
8	p06	banana	45
9	p04	banana	15

← 하나의 그룹

[예제 7-36]에서 주문제품을 기준으로 하여 1차로 그룹을 나누고, 각 그룹에서 주문고객별로
더 작게 2차로 그룹 지어 수량의 합계를 계산한다. GROUP BY 절에는 그룹을 나누는 기준
이 되는 주문제품과 주문고객 속성을 순서대로 작성한다.

여러 테이블에 대한 조인 검색

여러 개의 테이블을 연결하여 데이터를 검색하는 것을 조인 검색이라 한다. 조인 검색을 하려
면 테이블을 연결해주는 속성이 필요하고 이 속성을 조인 속성이라 한다. 테이블을 연결하려
면, 조인 속성의 이름은 달라도 되지만 도메인은 반드시 같아야 한다. 일반적으로 테이블의
관계를 나타내는 외래키를 조인 속성으로 이용한다.

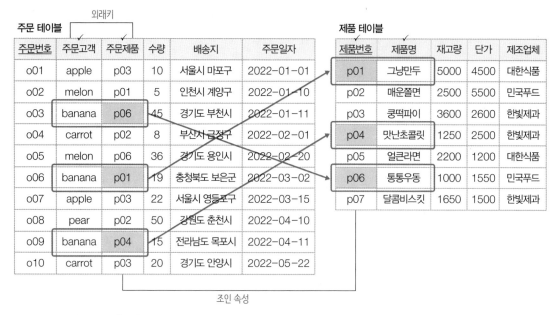

그림 7-11 2개의 테이블을 이용한 조인 검색 예 : 주문 테이블과 제품 테이블

예를 들어 banana 고객이 주문한 제품의 제품명을 검색하려면 [그림 7-11]과 같이 주문 테이블과 제품 테이블이 필요하다. 검색에 필요한 주문고객 속성은 주문 테이블에 있지만 제품명 속성은 제품 테이블에 있기 때문이다. 제품 테이블과 주문 테이블을 연결하려면 두 테이블이 공통으로 가지고 있는 조인 속성이 필요하다. 여기서는 제품 테이블의 제품번호 속성과 주문 테이블의 주문제품 속성이 조인 속성의 역할을 한다. 주문 테이블에서 banana 고객이 주문한 주문제품의 속성 값과 같은 제품번호의 속성 값을 제품 테이블에서 찾아야 원하는 제품의 제품명을 얻을 수 있다. 주문제품 속성은 제품 테이블의 제품번호 속성을 참조하는 외래키이므로 주문 테이블과 제품 테이블을 연결하는 조인 속성으로 사용하기에 적합하다.

조인 검색을 위한 SQL 문은 FROM 절에 검색에 필요한 모든 테이블을 나열하고, WHERE 절에는 조인 속성의 값이 같아야 함을 의미하는 조인 조건을 제시한다. 여러 테이블을 이용하는 조인 검색은 이름이 같은 속성이 서로 다른 테이블에 존재할 수도 있기 때문에 속성의 이름 앞에 해당 속성이 소속된 테이블의 이름을 표시해주는 것이 좋다. 테이블의 이름과 속성의 이름은 . 기호로 연결한다. 예를 들어 '주문.주문고객'은 주문 테이블에 있는 주문고객 속성을 의미한다. 만약 이름이 같은 속성이 다른 테이블에 존재하지 않는다면 소속 테이블의 이름은 생략해도 된다.

판매 데이터베이스에서 banana 고객이 주문한 제품의 이름을 검색해보자.

▶▶ SELECT   제품.제품명
       FROM   제품, 주문
       WHERE   주문.주문고객 = 'banana' AND 제품.제품번호 = 주문.주문제품;

결과 테이블

	제품명
1	그냥만두
2	맛난초콜릿
3	통통우동

[예제 7-37]에서는 FROM 절에서 검색에 필요한 제품 테이블과 주문 테이블을 모두 나열하였다. 그리고 WHERE 절에는 주문고객이 banana라는 조건과 함께, 조인 속성인 주문제품 속성의 값과 제품번호 속성의 값이 같아야 함을 의미하는 조인 조건을 제시하였다.

예제 7-38

판매 데이터베이스에서 나이가 30세 이상인 고객이 주문한 제품의 번호와 주문일자를 검색해보자.

▶▶ SELECT   주문.주문제품, 주문.주문일자
       FROM   고객, 주문
       WHERE   고객.나이 >= 30 AND 고객.고객아이디 = 주문.주문고객;

결과 테이블

	주문제품	주문일자
1	p01	22/01/10
2	p06	22/02/20
3	p02	22/04/10

테이블 이름이 길면 속성 이름 앞에 소속 테이블을 표기하는 일이 번거로울 수 있다. 이 경우 테이블의 이름을 대신하는 단순한 별명을 사용할 수 있다. FROM 절에 테이블의 이름과 별명을 함께 제시하면 된다. 예를 들어 [예제 7-38]에서 다음과 같이 고객 테이블에 c, 주문 테이블에 o라는 별명을 붙여 사용할 수 있다. 테이블에 별명을 부여하기 위해 사용한 AS 키워드는 생략할 수 있다.

```
SELECT    o.주문제품, o.주문일자
FROM      고객 c, 주문 o
WHERE     c.나이 >= 30 AND  c.고객아이디 = o.주문고객
```

판매 데이터베이스에서 고명석 고객이 주문한 제품의 제품명을 검색해보자.

```
▶▶ SELECT    제품.제품명
   FROM      고객, 제품, 주문
   WHERE     고객.고객이름 = '고명석'  AND  고객.고객아이디 = 주문.주문고객
             AND   제품.제품번호 = 주문.주문제품;
```

결과 테이블

	제품명
1	매운쫄면
2	쿵떡파이

WHERE 절에 조인 조건을 제시하여 조인 검색을 위한 SQL 문을 작성하는 것이 일반적이지
만 표준 SQL에서는 다음과 같이 INNER JOIN과 ON 키워드를 이용해 작성하는 방법도 제
공하고 있다.

```
SELECT  속성_리스트
FROM    테이블1  INNER JOIN  테이블2  ON  조인조건
[ WHERE 검색조건 ]
```

예를 들어, [예제 7-38]에서 나이가 30세 이상인 고객이 주문한 제품의 주문제품과 주문일자
를 검색하기 위해서 다음과 같이 SQL 문을 작성해도 된다.

```
SELECT    주문.주문제품, 주문.주문일자
FROM      고객  INNER JOIN  주문  ON  고객.고객아이디 = 주문.주문고객
WHERE     고객.나이 >= 30;
```

지금까지 설명한 조인 검색은 조인 속성의 값이 같은 투플에 대해서만 검색을 수행하므로 앞
서 6장에서 설명한 동등 조인에 해당한다. 만약 조인 조건을 만족하지 않는 투플에 대해서도
검색을 수행하려면 외부 조인을 요청하도록 다음과 같이 OUTER JOIN과 ON 키워드를 이
용해 SQL 문을 작성하면 된다.

```
SELECT   속성_리스트
FROM     테이블1  LEFT ¦ RIGHT ¦ FULL OUTER JOIN  테이블2  ON  조인조건
[ WHERE 검색조건 ]
```

조인 조건을 만족하지 않아도 모든 투플을 검색 대상으로 하는 테이블이 무엇이냐에 따라 왼쪽 외부 조인LEFT OUTER JOIN, 오른쪽 외부 조인RIGHT OUTER JOIN, 완전 외부 조인FULL OUTER JOIN 중에서 선택이 가능하다.

예를 들어, 주문하지 않은 고객도 포함해서 고객이름과 주문제품, 주문일자를 검색하기 위해서는 다음과 같이 SQL 문을 작성하면 된다.

```
SELECT   고객.고객이름, 주문.주문제품, 주문.주문일자
FROM     고객  LEFT OUTER JOIN  주문  ON  고객.고객아이디 = 주문.주문고객;
```

결과 테이블

	고객이름	주문제품	주문일자
1	정소화	p03	2022-01-01
2	정소화	p03	2022-03-15
3	김선우	p06	2022-01-11
4	김선우	p01	2022-03-02
5	김선우	p04	2022-04-11
6	고명석	p02	2022-02-01
7	고명석	p03	2022-05-22
8	김용욱	(null)	(null)
9	성원용	p01	2022-01-10
10	성원용	p06	2022-02-20
11	오형준	(null)	(null)
12	채광주	p02	2022-04-10

결과 테이블 내 투플의 순서는
실습 환경에 따라 변경될 수 있음

고객 테이블의 모든 투플을 검색 대상으로 하기 때문에 다음과 같이 양쪽 테이블의 위치를 교환하고 왼쪽 외부 조인을 오른쪽 외부 조인으로 바꾸어도 결과는 같다.

```
SELECT   고객.고객이름, 주문.주문제품, 주문.주문일자
FROM     주문  RIGHT OUTER JOIN  고객  ON  주문.주문고객 = 고객.고객아이디;
```

부속 질의문을 이용한 검색

SELECT 문 안에 또 다른 SELECT 문을 포함할 수도 있다. 다른 SELECT 문 안에 들어 있는nested SELECT 문을 부속 질의문 또는 서브 질의문sub query이라 한다. 그리고 다른 SELECT 문을 포함하는 SELECT 문을 상위 질의문 또는 주 질의문main query이라 한다. 부속 질의문은 괄호

로 묶어 작성하고 ORDER BY 절을 사용할 수 없으며, 상위 질의문보다 먼저 수행된다. 부속 질의문을 이용한 검색은 이어달리기처럼 부속 질의문을 먼저 수행하고, 그 결과를 이용해 상위 질의문을 수행하여 최종 결과 테이블을 반환한다.

부속 질의문은 하나의 행을 결과로 반환하는 단일 행 부속 질의문과 하나 이상의 행을 결과로 반환하는 다중 행 부속 질의문으로 분류한다. 부속 질의문과 상위 질의문을 연결하는 연산자가 필요한데 부속 질의문의 종류에 따라 사용할 수 있는 연산자가 다르므로 주의해야 한다. 단일 행 부속 질의문은 일반 비교 연산자를 사용할 수 있지만, 다중 행 부속 질의문은 일반 비교 연산자를 사용할 수 없다.

예제 7-40

판매 데이터베이스에서 달콤비스킷을 생산한 제조업체가 만든 제품들의 제품명과 단가를 검색해보자.

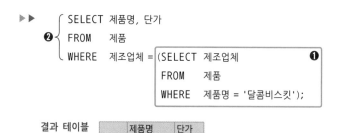

```
▶▶      ┌ SELECT  제품명, 단가
    ❷ ┤   FROM    제품
        └ WHERE   제조업체 = (SELECT  제조업체                    ❶
                            FROM    제품
                            WHERE   제품명 = '달콤비스킷');
```

결과 테이블

	제품명	단가
1	쿵떡파이	2600
2	맛난초콜릿	2500
3	달콤비스킷	1500

[예제 7-40]에서 달콤비스킷의 제조업체를 먼저 검색해야 그 제조업체에서 만든 제품의 제품명과 단가를 검색할 수 있다. 달콤비스킷의 제조업체를 검색하는 ❶번 SELECT 문이 부속 질의문이고, 그 결과를 이용해 같은 제조업체에서 제조한 제품의 제품명과 단가를 검색하는 ❷번 SELECT 문이 상위 질의문이다. 판매 데이터베이스의 제품 테이블에서 달콤비스킷의 제조업체가 한빛제과밖에 없기 때문에 ❶번 SELECT 문은 행 하나를 결과로 반환하는 단일 행 부속 질의문이다. 따라서 상위 질의문과 부속 질의문은 일반 비교 연산자인 =를 사용해 연결할 수 있다. 부속 질의문인 ❶번 SELECT 문이 먼저 수행되고, 그 결과를 이용해 다음과 같은 ❷번 SELECT 문이 수행되어 최종 결과 테이블을 반환한다.

```
SELECT    제품명, 단가
FROM      제품
WHERE     제조업체 = '한빛제과' ;
```

예제 7-41

판매 데이터베이스에서 적립금이 가장 많은 고객의 고객이름과 적립금을 검색해보자.

```
▶▶ SELECT    고객이름, 적립금
   FROM      고객
   WHERE     적립금 = (SELECT MAX(적립금) FROM 고객);
```

결과 테이블

	고객이름	적립금
1	성원용	5000

[예제 7-41]에서는 최대 적립금을 검색하는 부속 질의문이 먼저 수행되고 그 결과를 이용해 다음과 같은 SELECT 문이 수행된 결과가 반환된다.

```
SELECT    고객이름, 적립금
FROM      고객
WHERE     적립금 = 5000 ;
```

최대 적립금이 단일 값이므로 [예제 7-41]의 부속 질의문은 단일 행 부속 질의문이다. 그러므로 = 연산자를 사용할 수 있다. 단일 행 부속 질의문은 = 연산자 외에도 〈 〉, 〉, 〈, 〉=, 〈=와 같은 다른 비교 연산자도 사용할 수 있다. 반면, 다중 행 부속 질의문은 이러한 일반 비교 연산자를 사용할 수 없다.

예제 7-42

판매 데이터베이스에서 banana 고객이 주문한 제품의 제품명과 제조업체를 검색해보자.

```
▶▶ SELECT    제품명, 제조업체
   FROM      제품
   WHERE     제품번호 IN (SELECT 주문제품
                        FROM   주문
                        WHERE  주문고객 = 'banana');
```

결과 테이블

	제품명	제조업체
1	그냥만두	대한식품
2	맛난초콜릿	한빛제과
3	통통우동	민국푸드

[예제 7-42]에서는 주문 테이블에서 banana 고객이 주문한 제품의 번호를 부속 질의문으로 먼저 검색하고 그 결과를 이용해 제품 테이블에서 제품의 제품명과 제조업체를 상위 질의문으로 검색한다. 부속 질의문의 결과로 반환되는 banana 고객의 주문제품은 p01, p04, p06이다. 따라서 최종적으로 다음과 같은 SELECT 문을 수행한 결과가 반환된다.

```
SELECT   제품명, 제조업체
FROM     제품
WHERE    제품번호 IN ('p01', 'p04', 'p06')
```

[예제 7-42]의 부속 질의문은 결과 값을 여러 개 반환하는 다중 행 부속 질의문이다. 그러므로 = 연산자 대신 IN 연산자를 함께 사용해야 한다. IN 연산자는 부속 질의문의 결과 값들 중에서 하나라도 일치하는 것이 있으면 검색 조건이 참이 되게 하는 연산자다. 수학의 집합에 사용되는 ∈ 연산자와 같은 역할을 한다. 부속 질의문의 결과 값 중에서 일치하는 것이 없어야 조건이 참이 되는 NOT IN 연산자도 [예제 7-43]과 같이 다중 행 부속 질의문과 함께 사용할 수 있다.

예제 7-43

판매 데이터베이스에서 banana 고객이 주문하지 않은 제품의 제품명과 제조업체를 검색해보자.

```
▶▶ SELECT   제품명, 제조업체
   FROM     제품
   WHERE    제품번호 NOT IN (SELECT 주문제품
                            FROM   주문
                            WHERE  주문고객 = 'banana');
```

결과 테이블

	제품명	제조업체
1	쿵떡파이	한빛제과
2	매운쫄면	민국푸드
3	얼큰라면	대한식품
4	달콤비스킷	한빛제과

다중 행 부속 질의문과 함께 사용할 수 있는 연산자의 종류는 [표 7-7]과 같다.

표 7-7 다중 행 부속 질의문에 사용 가능한 연산자

연산자	설명
IN	부속 질의문의 결과 값 중 일치하는 것이 있으면 검색 조건이 참
NOT IN	부속 질의문의 결과 값 중 일치하는 것이 없으면 검색 조건이 참
EXISTS	부속 질의문의 결과 값이 하나라도 존재하면 검색 조건이 참
NOT EXISTS	부속 질의문의 결과 값이 하나도 존재하지 않으면 검색 조건이 참
ALL	부속 질의문의 결과 값 모두와 비교한 결과가 참이면 검색 조건을 만족(비교 연산자와 함께 사용)
ANY 또는 SOME	부속 질의문의 결과 값 중 하나라도 비교한 결과가 참이면 검색 조건을 만족(비교 연산자와 함께 사용)

예제 7-44

판매 데이터베이스에서 대한식품이 제조한 모든 제품의 단가보다 비싼 제품의 제품명, 단가, 제조업체를 검색해보자.

```
▶▶ SELECT    제품명, 단가, 제조업체
    FROM      제품
    WHERE     단가 > ALL ( SELECT  단가
                            FROM     제품
                            WHERE    제조업체 = '대한식품');
```

결과 테이블

	제품명	단가	제조업체
1	매운쫄면	5500	민국푸드

판매 데이터베이스의 제품 테이블에서 대한식품이 제조한 제품은 단가가 4,500원인 그냥만두와 1,200원인 얼큰라면이다. 그러므로 [예제 7-44]의 부속 질의문이 결과로 반환하는 단가는 4,500원과 1,200원이고, 두 단가보다 비싼 제품은 매운쫄면밖에 없기 때문에 이를 결과 테이블에 최종 결과로 출력한다.

예제 7-45

판매 데이터베이스에서 2022년 3월 15일에 제품을 주문한 고객의 고객이름을 검색해보자.

```
▶▶ SELECT      고객이름
   FROM        고객
   WHERE       EXISTS (SELECT  *
                       FROM    주문
                       WHERE   주문일자 = '2022-03-15'
                       AND     주문.주문고객 = 고객.고객아이디);
```

결과 테이블

	고객이름
1	정소화

[예제 7-45]에서 정소화 고객은 2022년 3월 15일에 주문한 내역이 있기 때문에 부속 질의문
의 수행 결과로 반환되는 행이 존재한다.

예제 7-46

판매 데이터베이스에서 2022년 3월 15일에 제품을 주문하지 않은 고객의 고객이름을 검색
해보자.

```
▶▶ SELECT      고객이름
   FROM        고객
   WHERE       NOT EXISTS (SELECT  *
                           FROM    주문
                           WHERE   주문일자 = '2022-03-15'
                           AND     주문.주문고객 = 고객.고객아이디);
```

결과 테이블

	고객이름
1	채광주
2	성원용
3	고명석
4	오형준
5	김선우
6	김용욱

[예제 7-46]은 2022년 3월 15일에 주문한 내역이 없기 때문에 부속 질의문의 수행 결과로
반환되는 행이 존재하지 않는 고객이 모두 6명임을 결과 테이블에서 확인할 수 있다.

질의 내용은 다양하게 표현할 수 있기 때문에 형식은 사용자가 자유롭게 선택하면 된다. 예를
들어 [예제 7-42]에서 IN 연산자를 이용해 표현한 SELECT 문은 다음과 같이 조인 질의나
EXISTS 연산자를 이용해 표현해도 결과는 같다.

❶ 조인 질의를 이용한 SELECT 문

```
SELECT   제품.제품명, 제품.제조업체
FROM     제품, 주문
WHERE    제품.제품번호 = 주문.주문제품  AND  주문.주문고객 = 'banana';
```

❷ EXISTS 연산자를 이용한 SELECT 문

```
SELECT  제품명, 제조업체
FROM    제품
WHERE   EXISTS (SELECT  *
               FROM    주문
               WHERE   제품.제품번호 = 주문.주문제품
               AND   주문.주문고객 = 'banana');
```

[예제 7-42]
```
SELECT  제품명, 제조업체
FROM    제품
WHERE   제품번호 IN (SELECT 주문제품
                   FROM   주문
                   WHERE  주문고객 = 'banana');
```

❸ 데이터의 삽입

테이블에 새로운 투플을 삽입하기 위해 필요한 SQL 문은 INSERT다. INSERT 문을 이용해 투플을 삽입하는 방법은 두 가지다. 첫째는 테이블에 투플을 직접 삽입하는 방법이고, 둘째는 부속 질의문을 이용해 투플을 삽입하는 방법이다.

데이터 직접 삽입

테이블에 투플을 직접 삽입하는 INSERT 문의 기본 형식은 다음과 같다.

```
INSERT
INTO    테이블_이름[(속성_리스트)]
VALUES (속성값_리스트);
```

INTO 키워드와 함께 투플을 삽입할 테이블의 이름을 제시한 후, 속성의 이름을 나열하는데 이 나열 순서대로 VALUES 키워드 다음의 속성 값들이 차례로 삽입된다. INTO 절의 속성 이름과 VALUES 절의 속성 값은 순서대로 일대일 대응되고 개수도 같아야 한다. INTO 절에서 속성 이름의 리스트는 생략할 수 있는데, 생략한 경우에는 테이블을 정의할 때 지정한 속성의 순서대로 VALUES 절의 속성 값이 삽입된다. VALUES 절에 나열되는 속성 값은 문자나 날짜 타입의 데이터인 경우에는 작은따옴표로 묶어야 한다.

판매 데이터베이스의 고객 테이블에 고객아이디가 strawberry, 고객이름이 최유경, 나이가
30세, 등급이 vip, 직업이 공무원, 적립금이 100원인 새로운 고객의 정보를 삽입해보자. 그
런 다음 고객 테이블에 있는 모든 내용을 검색하여 삽입된 새로운 투플을 확인해보자.

▶▶ INSERT
   INTO   고객(고객아이디, 고객이름, 나이, 등급, 직업, 적립금)
   VALUES ('strawberry', '최유경', 30, 'vip', '공무원', 100);

SELECT * FROM 고객;

결과 테이블

	고객아이디	고객이름	나이	등급	직업	적립금
1	apple	정소화	20	gold	학생	1000
2	banana	김선우	25	vip	간호사	2500
3	carrot	고명석	28	gold	교사	4500
4	orange	김용욱	22	silver	학생	0
5	melon	성원용	35	gold	회사원	5000
6	peach	오형준	(null)	silver	의사	300
7	pear	채광주	31	silver	회사원	500
8	strawberry	최유경	30	vip	공무원	100

[예제 7-47]의 INSERT 문에서 속성 이름과 속성 값의 일대일 대응 관계는 다음과 같다.

INSERT 문의 INTO 절에 나열된 속성의 순서가 고객 테이블의 속성 순서와 같으므로 INTO
절의 속성 이름을 다음과 같이 생략해도 된다.

INSERT
INTO   고객
VALUES ('strawberry', '최유경', 30, 'vip', '공무원', 100);

판매 데이터베이스의 고객 테이블에 고객아이디가 tomato, 고객이름이 정은심, 나이가 36
세, 등급이 gold, 적립금은 4,000원, 직업은 아직 모르는 새로운 고객의 정보를 삽입해보
자. 그런 다음 고객 테이블에 있는 모든 내용을 검색하여, 삽입된 정은심 고객의 직업 속성이
널 값인지 확인해보자.

```
▶▶ INSERT
   INTO     고객(고객아이디, 고객이름, 나이, 등급, 적립금)
   VALUES   ('tomato', '정은심', 36, 'gold', 4000);

   SELECT * FROM  고객;
```

결과 테이블

	고객아이디	고객이름	나이	등급	직업	적립금
1	apple	정소화	20	gold	학생	1000
2	banana	김선우	25	vip	간호사	2500
3	carrot	고명석	28	gold	교사	4500
4	orange	김용욱	22	silver	학생	0
5	melon	성원용	35	gold	회사원	5000
6	peach	오형준	(null)	silver	의사	300
7	pear	채광주	31	silver	회사원	500
8	strawberry	최유경	30	vip	공무원	100
9	tomato	정은심	36	gold	(null)	4000

[예제 7-48]에서는 고객의 직업을 몰라 INTO 절에서 직업 속성을 제외하였고 VALUES 절
에서도 대응되는 직업 속성의 값을 제시하지 않았다. 다음과 같이 VALUES 절에서 직업 속성
의 값으로 널 값을 직접 제시해도 결과는 같다.

```
INSERT
INTO    고객
VALUES  ('tomato', '정은심', 36, 'gold', NULL, 4000);
```

부속 질의문을 이용한 데이터 삽입

부속 질의문인 SELECT 문을 이용해 다른 테이블에서 검색한 데이터를 투플로 삽입하는
INSERT 문의 기본 형식은 다음과 같다.

```
INSERT
INTO   테이블_이름[(속성_리스트)]
SELECT 문;
```

판매 데이터베이스에서 제시한 3개의 테이블 외에 제품명·재고량·단가 속성으로 구성된 한빛제품 테이블이 존재한다고 가정하고, 부속 질의문을 이용한 INSERT 문의 예를 살펴보자.

⑩ INSERT
   INTO   한빛제품(제품명, 재고량, 단가)
   SELECT   제품명, 재고량, 단가   한빛제과에서 제조한 제품의 제품명, 재고량, 단가를
   FROM   제품   제품 테이블에서 검색하여 한빛제품 테이블에 삽입함
   WHERE   제조업체 = '한빛제과';

④ 데이터의 수정

테이블에 저장된 데이터를 수정하기 위해 필요한 SQL 명령어는 UPDATE다. UPDATE 문의 기본 형식은 다음과 같다.

```
UPDATE 테이블_이름
SET    속성_이름1 = 값1, 속성_이름2 = 값2, …
[WHERE 조건];
```

UPDATE 문은 테이블에 저장된 투플에서 특정 속성의 값을 수정한다. 값을 어떻게 수정할 것인지는 SET 키워드 다음에 지정한다. WHERE 절에 제시된 조건을 만족하는 투플만 속성 값을 수정하는데, WHERE 절을 생략하면 테이블에 존재하는 모든 투플을 대상으로 하여 SET 절에서 지정한 대로 속성 값을 수정한다.

예제 7-49

제품 테이블에서 제품번호가 p03인 제품의 제품명을 통큰파이로 수정해보자.

```
▶▶ UPDATE     제품
   SET        제품명 = '통큰파이'     결과 테이블
   WHERE      제품번호 = 'p03';

   SELECT  *  FROM  제품;
```

	제품번호	제품명	재고량	단가	제조업체
1	p01	그냥만두	5000	4500	대한식품
2	p02	매운쫄면	2500	5500	민국푸드
3	p03	통큰파이	3600	2600	한빛제과
4	p04	맛난초콜릿	1250	2500	한빛제과
5	p05	얼큰라면	2200	1200	대한식품
6	p06	통통우동	1000	1550	민국푸드
7	p07	달콤비스킷	1650	1500	한빛제과

[예제 7-49]의 UPDATE 문을 수행한 후 제품 테이블에 있는 모든 내용을 검색하면 p03 제품의 제품명 속성 값이 통큰파이로 수정된 것을 확인할 수 있다. SET 절에 수정할 속성 값을 직접 제시할 수도 있지만 [예제 7-50]과 같이 산술식을 사용해 수정할 속성 값을 제시할 수도 있다.

예제 7-50

제품 테이블에 있는 모든 제품의 단가를 10% 인상해보자. 그런 다음 제품 테이블의 모든 내용을 검색하여 인상 내용을 확인해보자.

```
▶▶ UPDATE     제품
   SET        단가 = 단가 * 1.1;     결과 테이블

   SELECT  *  FROM  제품;
```

	제품번호	제품명	재고량	단가	제조업체
1	p01	그냥만두	5000	4950	대한식품
2	p02	매운쫄면	2500	6050	민국푸드
3	p03	통큰파이	3600	2860	한빛제과
4	p04	맛난초콜릿	1250	2750	한빛제과
5	p05	얼큰라면	2200	1320	대한식품
6	p06	통통우동	1000	1705	민국푸드
7	p07	달콤비스킷	1650	1650	한빛제과

[예제 7-50]의 UPDATE 문에는 WHERE 절이 없기 때문에 제품 테이블에 존재하는 모든 투플의 단가 속성 값이 수정된다. UPDATE 문을 수행한 후 제품 테이블에 있는 모든 내용을 검색하면 모든 제품의 단가가 10% 인상된 것을 확인할 수 있다.

[예제 7-51]과 같이 UPDATE 문에 부속 질의문이 포함되는 경우도 있다.

예제 7-51

판매 데이터베이스에서 정소화 고객이 주문한 제품의 주문수량을 5개로 수정해보자. 그런 다음 주문 테이블의 모든 내용을 검색하여 수정 내용을 확인해보자.

```
▶▶ UPDATE      주문
   SET         수량 = 5
   WHERE       주문고객 IN ( SELECT   고객아이디
                            FROM     고객
                            WHERE    고객이름 = '정소화' );
```

```
SELECT * FROM 주문;
```

결과 테이블

주문번호	주문고객	주문제품	수량	배송지	주문일자
1 o01	apple	p03	5	서울시 마포구	22/01/01
2 o02	melon	p01	5	인천시 계양구	22/01/10
3 o03	banana	p06	45	경기도 부천시	22/01/11
4 o04	carrot	p02	8	부산시 금정구	22/02/01
5 o05	melon	p06	36	경기도 용인시	22/02/20
6 o06	banana	p01	19	충청북도 보은군	22/03/02
7 o07	apple	p03	5	서울시 영등포구	22/03/15
8 o08	pear	p02	50	강원도 춘천시	22/04/10
9 o09	banana	p04	15	전라남도 목포시	22/04/11
10 o10	carrot	p03	20	경기도 안양시	22/05/22

[예제 7-51]의 UPDATE 문을 실행한 후 주문 테이블에 있는 모든 내용을 검색하면 고객아이디
가 apple인 정소화 고객이 주문한 모든 제품의 주문수량이 5개로 수정된 것을 확인할 수 있다.

5 데이터의 삭제

테이블에 저장된 데이터를 삭제하기 위해 필요한 SQL 명령어는 DELETE다. DELETE 문의
기본 형식은 다음과 같다.

```
DELETE
FROM    테이블_이름
[WHERE  조건];
```

DELETE 문은 WHERE 절에 제시한 조건을 만족하는 투플만 삭제한다. WHERE 절을 생략
하면 테이블에 존재하는 모든 투플을 삭제하여 빈 테이블이 된다.

주문 테이블에서 주문일자가 2022년 5월 22일인 주문 내역을 삭제해보자. 그런 다음 주문 테이블의 모든 내용을 검색하여 삭제 여부를 확인해보자.

▶▶ DELETE
    FROM   주문
    WHERE   주문일자 = '2022-05-22';

    SELECT * FROM 주문;

결과 테이블

	주문번호	주문고객	주문제품	수량	배송지	주문일자
1	o01	apple	p03	5	서울시 마포구	22/01/01
2	o02	melon	p01	5	인천시 계양구	22/01/10
3	o03	banana	p06	45	경기도 부천시	22/01/11
4	o04	carrot	p02	8	부산시 금정구	22/02/01
5	o05	melon	p06	36	경기도 용인시	22/02/20
6	o06	banana	p01	19	충청북도 보은군	22/03/02
7	o07	apple	p03	5	서울시 영등포구	22/03/15
8	o08	pear	p02	50	강원도 춘천시	22/04/10
9	o09	banana	p04	15	전라남도 목포시	22/04/11

[예제 7-52]의 DELETE 문을 수행한 후 주문 테이블에 있는 모든 내용을 검색하면 주문일자 가 2022년 5월 22일인 투플이 삭제된 것을 확인할 수 있다.

[예제 7-53]과 같이 DELETE 문에 부속 질의문이 포함되는 경우도 있다.

판매 데이터베이스에서 정소화 고객이 주문한 내역을 주문 테이블에서 삭제해보자. 그런 다 음 주문 테이블의 모든 내용을 검색하여 삭제 여부를 확인해보자.

▶▶ DELETE
    FROM   주문
    WHERE   주문고객 IN (SELECT   고객아이디
                              FROM   고객
                              WHERE   고객이름 = '정소화');

    SELECT * FROM 주문;

결과 테이블

	주문번호	주문고객	주문제품	수량	배송지	주문일자
1	o02	melon	p01	5	인천시 계양구	22/01/10
2	o03	banana	p06	45	경기도 부천시	22/01/11
3	o04	carrot	p02	8	부산시 금정구	22/02/01
4	o05	melon	p06	36	경기도 용인시	22/02/20
5	o06	banana	p01	19	충청북도 보은군	22/03/02
6	o08	pear	p02	50	강원도 춘천시	22/04/10
7	o09	banana	p04	15	전라남도 목포시	22/04/11

[예제 7-53]의 DELETE 문을 수행한 후 주문 테이블에 있는 모든 내용을 검색하면 고객아이디가 apple인 정소화 고객과 관련된 튜플이 모두 삭제된 것을 확인할 수 있다.

예제 7-54

판매 데이터베이스의 주문 테이블에 존재하는 모든 튜플을 삭제해보자. 그런 다음 주문 테이블의 모든 내용을 검색하여 삭제 여부를 확인해보자.

▶▶ DELETE
   FROM   주문;

   SELECT * FROM 주문;

결과 테이블

주문번호	주문고객	주문제품	수량	배송지	주문일자

WHERE 절이 없는 [예제 7-54]의 DELETE 문을 수행하면 모든 튜플이 삭제되어 주문 테이블이 비게 되지만 테이블 자체는 남는다. DROP TABLE 문으로 테이블 자체를 제거하는 것과는 다르다.

04 | 뷰

1 뷰의 개념

뷰view는 다른 테이블을 기반으로 만들어진 가상 테이블virtual table이다. 뷰를 가상 테이블이라고 하는 이유는 일반 테이블과 달리 데이터를 실제로 저장하고 있지 않기 때문이다. 물리적으로 존재하면서 실제로 데이터를 저장하는 일반 테이블과 달리, 뷰는 논리적으로만 존재하면서도 일반 테이블과 동일한 방법으로 사용할 수 있어 사용자는 그 차이를 느끼기 어렵다.

뷰를 만드는 데 기반이 되는 물리적인 테이블을 기본 테이블base table이라고 하는데 CREATE TABLE 문으로 정의한 테이블이 기본 테이블로 사용된다. 일반적으로 뷰는 기본 테이블을 기반으로 만들어지지만 다른 뷰를 기반으로 새로운 뷰를 만들 수도 있다.

뷰는 기본 테이블을 들여다볼 수 있는 창 역할을 한다. 창을 통해 바깥 풍경을 볼 수 있듯이, 뷰를 통해 기본 테이블을 들여다볼 수 있다. 창의 크기나 위치 등에 따라 보이는 풍경이 달라지는 것처럼 동일한 기본 테이블도 어떤 뷰로 보느냐에 따라 보이는 부분이 달라진다. 그리고 창문을 통해 바깥 풍경을 들여다볼

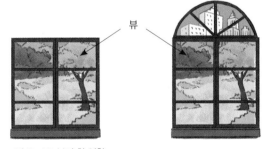

그림 7-12 뷰의 창 역할

수는 있지만 풍경을 만지거나 바꾸기 어려운 것처럼, 뷰를 통해 기본 테이블의 내용을 쉽게 검색할 수는 있지만 기본 테이블의 내용을 바꾸는 작업은 제한적으로 이루어진다.

뷰의 생성과 삭제도 SQL의 데이터 정의 기능에 해당한다. 뷰를 생성하고 삭제하는 SQL 문을 공부하면서 뷰의 특징과 장점을 좀 더 자세히 살펴보자. 여기에서도 앞서 사용한 판매 데이터베이스를 예로 사용한다. 앞 절에서 실습을 통해 테이블을 삭제하거나 변형한 경우에는 초기 상태로 설정한 다음 이후 실습을 진행하도록 한다.

고객 테이블

고객아이디	고객이름	나이	등급	직업	적립금
apple	정소화	20	gold	학생	1000
banana	김선우	25	vip	간호사	2500
carrot	고명석	28	gold	교사	4500
orange	김용욱	22	silver	학생	0
melon	성원용	35	gold	회사원	5000
peach	오형준	NULL	silver	의사	300
pear	채광주	31	silver	회사원	500

제품 테이블

제품번호	제품명	재고량	단가	제조업체
p01	그냥만두	5000	4500	대한식품
p02	매운쫄면	2500	5500	민국푸드
p03	쿵떡파이	3600	2600	한빛제과
p04	맛난초콜릿	1250	2500	한빛제과
p05	얼큰라면	2200	1200	대한식품
p06	통통우동	1000	1550	민국푸드
p07	달콤비스킷	1650	1500	한빛제과

주문 테이블

주문번호	주문고객	주문제품	수량	배송지	주문일자
o01	apple	p03	10	서울시 마포구	2022-01-01
o02	melon	p01	5	인천시 계양구	2022-01-10
o03	banana	p06	45	경기도 부천시	2022-01-11
o04	carrot	p02	8	부산시 금정구	2022-02-01
o05	melon	p06	36	경기도 용인시	2022-02-20
o06	banana	p01	19	충청북도 보은군	2022-03-02
o07	apple	p03	22	서울시 영등포구	2022-03-15
o08	pear	p02	50	강원도 춘천시	2022-04-10
o09	banana	p04	15	전라남도 목포시	2022-04-11
o10	carrot	p03	20	경기도 안양시	2022-05-22

그림 7-13 뷰 예제에서 사용하는 판매 데이터베이스 : 고객, 제품, 주문 테이블

② 뷰의 생성

뷰를 생성하기 위해 필요한 SQL 명령어는 CREATE VIEW다. CREATE VIEW 문의 기본형식은 다음과 같다.

```
CREATE VIEW  뷰_이름[(속성_리스트)]
AS  SELECT 문
[WITH CHECK OPTION];
```

CREATE VIEW 명령어와 함께 새로 생성할 뷰의 이름을 제시한 후, 뷰를 구성하는 속성의 이름을 괄호 안에 나열한다. 그리고 AS 키워드와 함께 기본 테이블에 대한 SELECT 문을 제시한다. SELECT 문은 생성하고자 하는 뷰의 정의를 담고 있는데, ORDER BY를 사용할 수 없다는 점만 제외하면 일반 SELECT 문과 동일하다. 뷰를 구성하는 속성의 이름 리스트는 생략할 수 있는데, 생략하면 SELECT 절에 나열된 속성의 이름을 뷰에서도 그대로 사용한다. WITH CHECK OPTION은 생성한 뷰에 삽입이나 수정 연산을 할 때 SELECT 문에서 WHERE 키워드와 함께 제시한 뷰의 정의 조건을 위반하면 수행되지 않도록 하는 제약조건을 의미한다.

> NOTE 오라클과 같은 일부 DBMS에서는 뷰를 생성하기 위한 SELECT 문에서 ORDER BY 사용을 허용하기도 한다.

예제 7-55

고객 테이블에서 등급이 vip인 고객의 고객아이디, 고객이름, 나이, 등급으로 구성된 뷰를 우수고객이라는 이름으로 생성해보자. 그런 다음 우수고객 뷰의 모든 내용을 검색해보자.

```
▶▶ CREATE VIEW   우수고객(고객아이디, 고객이름, 나이, 등급)
   AS SELECT    고객아이디, 고객이름, 나이, 등급
       FROM     고객
       WHERE    등급 = 'vip'
   WITH CHECK OPTION;

   SELECT * FROM  우수고객;
```

결과 테이블	고객아이디	고객이름	나이	등급
1	banana	김선우	25	vip

[예제 7-55]의 CREATE VIEW 문을 실행하면 고객아이디·고객이름·나이·등급 속성으로 구성된 우수고객 뷰가 생성된다. 우수고객 뷰를 구성하는 속성의 이름은 기본 테이블인 고객 테이블에서 검색한 속성의 이름과 같으므로 다음과 같이 속성의 이름 리스트를 생략해도 된다.

```
CREATE VIEW      우수고객
AS SELECT        고객아이디, 고객이름, 나이, 등급
    FROM         고객
    WHERE        등급 = 'vip'
WITH CHECK OPTION;
```

[예제 7-55]의 CREATE VIEW 문은 WITH CHECK OPTION을 포함하고 있다. 그러므로 뷰가 생성된 후에 우수고객 뷰에 vip 등급이 아닌 다른 등급의 고객 데이터를 삽입하거나 뷰의 정의 조건을 위반하는 수정 및 삭제 연산을 시도하면 실행하지 않고 거부한다.

예제 7-56

제품 테이블에서 제조업체별 제품수로 구성된 뷰를 업체별제품수라는 이름으로 생성해보자. 그런 다음 업체별제품수 뷰의 모든 내용을 검색해보자.

```
▶▶ CREATE VIEW      업체별제품수(제조업체, 제품수)
     AS SELECT        제조업체, COUNT(*)
         FROM         제품
         GROUP BY     제조업체
     WITH CHECK OPTION;
```

결과 테이블

	제조업체	제품수
1	대한식품	2
2	민국푸드	2
3	한빛제과	3

```
     SELECT * FROM  업체별제품수;
```

[예제 7-56]의 CREATE VIEW 문에서는 뷰를 구성하는 속성의 이름을 생략할 수 없다. 제품수 속성이 기본 테이블인 제품 테이블에 원래 있던 속성이 아니라 집계 함수를 통해 새로 계산된 것이기 때문이다. 이런 경우에는 뷰를 구성하는 속성의 이름을 명확히 제시해야 한다.

3 뷰의 활용

CREATE VIEW 문으로 생성된 뷰에서도 일반 테이블처럼 원하는 데이터를 검색할 수 있다.

예제 7-57

우수고객 뷰에서 나이가 20세 이상인 고객에 대한 모든 내용을 검색해보자.

▶▶ SELECT * FROM 우수고객 WHERE 나이 >= 20;

결과 테이블

	고객아이디	고객이름	나이	등급
1	banana	김선우	25	vip

뷰가 데이터를 실제로 저장하고 있지 않는 가상 테이블임에도 SELECT 문을 이용해 데이터를 검색할 수 있는 이유는 무엇일까? 뷰에 대한 SELECT 문이 내부적으로는 기본 테이블에 대한 SELECT 문으로 변환되어 수행되기 때문이다. 예를 들어 [예제 7-57]의 우수고객 뷰에 대한 SELECT 문은 우수고객 뷰의 기본 테이블인 고객 테이블에 대한 SELECT 문으로 변환되어 수행된 후, 그 결과 테이블을 반환하는 것이다.

INSERT 문, UPDATE 문, DELETE 문도 뷰를 대상으로 수행할 수 있다. 물론 뷰에 대한 삽입·수정·삭제 연산도 기본 테이블에 수행되기 때문에 결과적으로는 기본 테이블이 변한다. 그러나 삽입·수정·삭제 연산이 모든 뷰에 허용되는 것은 아니다. 뷰는 기본 테이블을 들여다보는 창의 역할을 하기 때문에 뷰를 통한 기본 테이블의 변화는 제한적이다.

두 가지 뷰를 이용한 데이터 삽입 예제를 통해 변경이 가능한 뷰와 변경이 불가능한 뷰를 알아보자. 제품 테이블에서 제품번호·재고량·제조업체 속성으로 구성된 제품1 뷰와, 제품명·재고량·제조업체 속성으로 구성된 제품2 뷰를 다음과 같이 생성하고 확인해보자.

```
CREATE VIEW    제품1
AS SELECT      제품번호, 재고량, 제조업체
   FROM        제품
WITH CHECK OPTION;


SELECT * FROM 제품1;
```

	제품번호	재고량	제조업체
1	p01	5000	대한식품
2	p02	2500	민국푸드
3	p03	3600	한빛제과
4	p04	1250	한빛제과
5	p05	2200	대한식품
6	p06	1000	민국푸드
7	p07	1650	한빛제과

```
CREATE VIEW    제품2
AS SELECT       제품명, 재고량, 제조업체
    FROM        제품
WITH CHECK OPTION;


SELECT * FROM  제품2;
```

	제품명	재고량	제조업체
1	그냥만두	5000	대한식품
2	매운쫄면	2500	민국푸드
3	쿵떡파이	3600	한빛제과
4	맛난초콜릿	1250	한빛제과
5	얼큰라면	2200	대한식품
6	통통우동	1000	민국푸드
7	달콤비스킷	1650	한빛제과

예제 7-58

제품번호가 p08, 재고량이 1,000, 제조업체가 신선식품인 새로운 제품의 정보를 제품1 뷰에 삽입해보자. 그런 다음 제품1 뷰에 있는 모든 내용을 검색해보자.

▶▶ INSERT INTO 제품1 VALUES ('p08', 1000, '신선식품');

SELECT * FROM 제품1;

결과 테이블

	제품번호	재고량	제조업체
1	p01	5000	대한식품
2	p02	2500	민국푸드
3	p03	3600	한빛제과
4	p04	1250	한빛제과
5	p05	2200	대한식품
6	p06	1000	민국푸드
7	p07	1650	한빛제과
8	p08	1000	신선식품

[예제 7-58]의 INSERT 문을 수행한 후 제품1 뷰에 있는 모든 내용을 검색하면 p08 제품에 대한 새로운 투플이 제품1 뷰에 삽입된 것을 확인할 수 있다.

제품1 뷰에 대한 삽입 연산은 기본 테이블인 제품 테이블의 내용을 변하게 한다. 제품 테이블의 모든 내용을 검색하는 다음과 같은 SELECT 문을 실행하면 p08 제품에 대한 새로운 투플이 제품 테이블에 삽입된 것을 확인할 수 있다. 물론 뷰를 통해 값을 제시하지 않은 제품명 속성과 단가 속성에는 널 값이 저장된다.

SELECT * FROM 제품;

	제품번호	제품명	재고량	단가	제조업체
1	p01	그냥만두	5000	4500	대한식품
2	p02	매운쫄면	2500	5500	민국푸드
3	p03	쿵떡파이	3600	2600	한빛제과
4	p04	맛난초콜릿	1250	2500	한빛제과
5	p05	얼큰라면	2200	1200	대한식품
6	p06	통통우동	1000	1550	민국푸드
7	p07	달콤비스킷	1650	1500	한빛제과
8	p08	(null)	1000	(null)	신선식품

INSERT 문을 제품1 뷰에 수행할 수 있고, 그 결과 제품 테이블에 새로운 투플이 삽입됨을 확인하였다. 하지만 다음과 같이 제품2 뷰에 제품명이 시원냉면, 재고량이 1,000, 제조업체가 신선식품인 새로운 제품의 정보를 삽입하기 위한 INSERT 문을 실행하면 오류가 발생한다.

```
INSERT INTO 제품2 VALUES ('시원냉면', 1000, '신선식품');
```

제품2 뷰에 대한 삽입 연산이 실패하는 이유는 무엇일까? 바로 제품번호 속성 때문이다. [예제 7-2]에서 CREATE TABLE 문으로 제품 테이블을 정의할 때 제품번호 속성을 기본키로 지정하였기 때문에 제품번호 속성은 널 값을 가질 수 없다. 즉, 제품 테이블에 새로운 제품의 투플을 삽입하려면 기존 제품번호와는 다른 유일한 속성 값이 주어져야 한다. 그런데 제품2 뷰에는 제품번호 속성이 없기 때문에 제품2 뷰를 통해 새로운 투플을 삽입하려고 하면 제품번호 속성이 널 값이 되어 삽입 연산에 실패하는 것이다.

UPDATE 문과 DELETE 문도 마찬가지다. 기본 테이블인 제품 테이블의 기본키 속성을 포함하고 있는 제품1 뷰는 수정과 삭제 연산이 모두 실행되지만, 제품2 뷰는 모두 실행되지 않는다. 기본키인 제품번호 속성이 없는 제품2 뷰에서는 어떤 투플에 대한 수정·삭제 연산인지 명확히 구분되지 않기 때문이다.

[예제 7-56]에서 정의한 업체별제품수 뷰도 삽입·수정·삭제 연산이 허용되지 않는다. 그 이유는 두 가지다. 우선 업체별제품수 뷰가 기본 테이블의 기본키인 제품번호 속성을 포함하고 있지 않기 때문이다. 또 다른 이유는 업체별제품수 뷰가 집계 함수에 의해 계산된 값을 포함하고 있기 때문이다. 집계 함수로 계산된 값은 기본 테이블이 원래 포함하고 있던 내용이 아니라 새로 계산된 값이다. 따라서 삽입·수정·삭제 연산을 할 때 어떤 투플을 어떻게 변화시켜야 하는지 명확하지 않기 때문에 이러한 연산이 허용되지 않는다.

뷰에 대한 삽입·수정·삭제 연산은 결과적으로 기본 테이블의 내용을 자동으로 바꾸기 때문에 주의해서 사용해야 한다. 그리고 검색 연산은 모든 뷰에 수행할 수 있지만 삽입·수정·삭제 연산은 허용되지 않는 뷰가 있다는 사실도 기억해야 한다. 삽입·수정·삭제 연산이 불가능한 뷰의 형태는 다양하지만 중요한 공통점이 하나 있다. 기본 테이블에서 어떤 투플을 어떻게 변경해야 할지 명확히 제시하지 못하는 뷰는 변경이 허용되지 않는다는 점이다.

변경이 불가능한 뷰의 중요한 특징 몇 가지를 살펴보면 다음과 같다.

- 기본 테이블의 기본키를 구성하는 속성이 포함되어 있지 않은 뷰는 변경할 수 없다. 기본 테이블에서 NOT NULL로 지정된 속성이 포함되어 있지 않은 뷰는 변경할 수 없는 경우가 있다.
- 기본 테이블에 있던 내용이 아니라 집계 함수로 새로 계산된 내용을 포함하고 있는 뷰는 변경할 수 없다.
- DISTINCT 키워드를 포함하여 정의한 뷰는 변경할 수 없다.
- GROUP BY 절을 포함하여 정의한 뷰는 변경할 수 없다.
- 여러 개의 테이블을 조인하여 정의한 뷰는 변경할 수 없는 경우가 많다.

그럼 뷰에 대한 검색·삽입·수정·삭제 연산이 결과적으로는 기본 테이블에 대한 연산으로 변환되어 수행되는데 왜 굳이 번거롭게 뷰를 정의하여 사용하는 것일까? 불편함을 감수하더라도 사용하게 만드는 장점이 있기 때문인데, 뷰의 대표적인 장점은 다음과 같다.

❶ 질의문을 좀 더 쉽게 작성할 수 있다.

특정 조건을 만족하는 투플들로 뷰를 미리 만들어놓으면, 사용자가 WHERE 절 없이 뷰를 검색해도 특정 조건을 만족하는 데이터를 검색할 수 있다. 또한 GROUP BY, 집계 함수, 조인 등을 이용해 미리 뷰를 만들어놓으면, 복잡한 SQL 문을 작성하지 않아도 SELECT 절과 FROM 절만으로 원하는 데이터를 검색할 수 있다.

❷ 데이터의 보안 유지에 도움이 된다.

여러 사용자의 요구에 맞는 다양한 뷰를 미리 정의해두고 사용자가 자신에게 제공된 뷰를 통해서만 데이터에 접근하도록 권한을 설정하면, 뷰에 포함되지 않은 데이터를 사용자로부터 보호할 수 있다.

❸ 데이터를 좀 더 편리하게 관리할 수 있다.

제공된 뷰에 포함되지 않은 기본 테이블의 다른 부분은 사용자가 신경 쓸 필요가 없다. 또한 제공된 뷰와 관련이 없는 다른 테이블의 변화에도 영향을 받지 않는다.

4 뷰의 삭제

뷰를 삭제하기 위해 필요한 SQL 명령어는 DROP VIEW다. DROP VIEW 문의 기본 형식은 다음과 같다.

```
DROP VIEW 뷰_이름;
```

> **NOTE** 오라클에서는 [CASCADE CONSTRAINTS] 옵션을 추가하여
> 삭제할 뷰와 관련된 모든 참조 무결성 제약조건을 함께 삭제할 수도 있다.

뷰를 삭제하더라도 기본 테이블은 영향을 받지 않는다. 만약 삭제할 뷰를 참조하는 제약조건이 존재한다면 삭제가 수행되지 않는다. 따라서 삭제하고자 하는 뷰를 참조하는 제약조건을 먼저 삭제해야 한다.

예제 7-59

우수고객 뷰를 삭제해보자.

▶▶ DROP VIEW 우수고객;

05 | 삽입 SQL

1 삽입 SQL의 개념과 특징

지금까지 살펴본 SQL 문은 DBMS에 대화식_{interactive}으로 직접 입력하여 수행 결과를 바로 확인할 수 있지만, 응용 프로그램 안에 삽입해 사용할 수도 있다. C, C++, JAVA 등과 같은 프로그래밍 언어로 작성된 응용 프로그램 안에 삽입하여 사용하는 SQL 문을 삽입 SQL_{ESQL:} _{Embedded SQL}이라 한다. SQL 문에 익숙하지 않은 초보 사용자도 삽입 SQL을 포함한 응용 프로그램을 통해 데이터베이스 기능을 쉽게 이용할 수 있다.

일반 SQL 문과 달리 응용 프로그램에 삽입 SQL 문을 사용할 때는 다음과 같은 특징을 염두에 두어야 한다.

- 삽입 SQL 문은 프로그램 안에서 일반 명령문이 위치할 수 있는 곳이면 어디든 삽입할 수 있다.
- 프로그램 안의 일반 명령문과 구별하기 위해 삽입 SQL 문 앞에 EXEC SQL을 붙인다.
- 프로그램에 선언된 일반 변수를 삽입 SQL 문에서 사용할 수 있다. 단, SQL 문에서 일반 변수를 사용할 때는 앞에 콜론(:)을 붙여 테이블 이름이나 속성의 이름과 구분한다.

수행 결과로 여러 개의 행을 반환하는 SELECT 문을 삽입 SQL 문으로 사용하는 경우에는 커서_{cursor}라는 도구가 필요하다. 커서는 수행 결과로 반환된 여러 행을 한 번에 하나씩 가리키는 포인터 역할을 한다. 프로그램에서는 SELECT 문의 수행 결과로 반환되는 여러 행을 한꺼번에 처리할 수 없으므로 커서를 이용해 한 번에 한 행씩 차례로 처리해야 한다.

커서가 필요 없는 사용 예와 커서가 필요한 예를 통해 삽입 SQL을 좀 더 자세히 살펴보자.

2 커서가 필요 없는 삽입 SQL

SQL 문을 실행했을 때 특별히 결과 테이블을 반환하지 않는 CREATE TABLE 문, INSERT 문, DELETE 문, UPDATE 문, 결과로 행 하나만 반환하는 SELECT 문은 커서가 필요 없다.

[그림 7-14]는 사용자가 제품번호를 입력하면 제품 테이블에서 사용자가 입력한 제품번호에 해당하는 제품명과 단가를 검색하여 화면에 출력해주는 C 언어로 작성한 프로그램의 예다.

```
int main() {

❶    EXEC  SQL BEGIN DECLARE  SECTION;
             char   p_no[4], p_name[21];
             int    price;
     EXEC  SQL END DECLARE  SECTION;


❷    printf("제품번호를 입력하세요 : ");
     scanf("%s", p_no);


❸    EXEC  SQL SELECT   제품명, 단가  INTO :p_name, :price
             FROM      제품
             WHERE     제품번호 = :p_no;


❹    printf("\n 제품명 = %s", p_name);
     printf("\n 단가 = %d", price);


     return 0;
}
```

그림 7-14 입력된 제품번호에 해당되는 제품명과 단가를 검색하는 프로그램

삽입 SQL 문에서 사용할 변수는 미리 선언해야 하는데, 이는 BEGIN DECLARE SECTION 문장과 END DECLARE SECTION 문장 사이에서 선언하면 된다. [그림 7-14]의 프로그램 에서는 사용자가 입력한 제품번호를 저장한 후 SELECT 문의 WHERE 절에서 조건으로 사 용하는 p_no 변수, SELECT 문의 실행을 통해 결과로 반환되는 제품명을 저장하는 p_name 변수, 단가를 저장하는 price 변수가 필요하기 때문에 변수를 실제로 사용하기 전에 ❶에 서 선언하였다. 이때 삽입 SQL 문에서 사용할 변수 선언의 시작과 끝을 알려주는 BEGIN DECLARE SECTION과 END DECLARE SECTION은 삽입 SQL의 특별한 명령어이므로 EXEC SQL을 붙여준다. 삽입 SQL에서 사용할 변수를 선언할 때는 데이터 타입에 주의해야 한다.

p_no 변수는 제품 테이블의 제품번호 속성 값과 비교해야 하기 때문에 제품번호 속성과 똑같이 문자열 변수로 선언한다. 여기서 한 가지 눈여겨볼 부분이 있다. [예제 7-2]에서 제품 테이블을 정의할 때 제품번호 속성의 길이를 최대 3자로 제한했는데, p_no 변수는 길이를 최대 4자로 제한하고 있다. 이것은 C 언어 프로그램에서 문자열 변수를 선언할 때 문자열의 끝을 표시하는 널 문자, 즉 '\0'을 마지막에 저장할 수 있도록 문자열의 길이를 지정해야 하기 때문이다. price는 검색된 단가를 저장하기 때문에 단가 속성과 같이 정수 타입의 변수로 선언하였다.

❷는 검색하고자 하는 제품의 제품번호를 사용자로부터 입력받는 부분이다.

❸은 제품 테이블에서 사용자가 입력한 제품번호에 해당하는 제품의 제품명과 단가를 검색하여 제품명은 p_name 변수에, 단가는 price 변수에 저장하는 삽입 SQL 문이다. 일반 SELECT 문과 기본 문법은 같지만 검색 결과를 저장할 변수를 INTO 키워드 다음에 차례로 나열하고, EXEC SQL을 붙인다는 차이가 있다. SELECT 절에 나열된 속성의 개수와 INTO 절에 나열된 변수의 개수는 같아야 한다. 제품 테이블에서 서로 다른 제품은 같은 제품번호를 가질 수 없으므로 이 SELECT 문은 하나의 행을 결과로 반환한다. 따라서 커서가 필요 없다. CREATE TABLE 문, INSERT 문, DELETE 문, UPDATE 문도 ❸의 SELECT 문과 같은 방법으로 EXEC SQL만 붙여주면 프로그램 안에서 사용할 수 있다.

❹는 검색된 제품명과 단가를 화면에 출력하는 부분이다.

❸ 커서가 필요한 삽입 SQL

SELECT 문의 실행 결과로 여러 행이 검색되는 경우에는 한 번에 한 행씩 차례로 접근할 수 있게 해주는 커서가 필요하다. 커서를 이용하기 위해 필요한 삽입 SQL 문들을 살펴보자.

커서를 사용하기 전에 먼저 커서의 이름과 커서가 필요한 SELECT 문을 선언해야 한다. DECLARE 명령어를 이용해 커서를 선언하는 삽입 SQL 문의 기본 형식은 다음과 같다.

```
EXEC SQL DECLARE 커서_이름 CURSOR FOR SELECT 문;
```

프로그램 안에서 커서를 여러 개 사용할 수 있으므로 커서는 다음 예처럼 이름으로 구분한다.

예 EXEC SQL DECLARE product_cursor CURSOR FOR
     SELECT 제품명, 단가 FROM 제품;

제품 테이블에서 제품명과 단가를 모두 검색하는 SELECT 문을 위한 커서를 product_cursor라는 이름으로 선언함 커서를 선언했다고 SELECT 문이 실행되는 것은 아니다. 커서를 선언한 후 SELECT 문을 실행하는 명령이 별도로 필요하다. 커서에 연결된 SELECT 문을 실행하는 삽입 SQL 문의 기본 형식과 예는 다음과 같다.

```
EXEC SQL OPEN 커서_이름;
```

🔰 EXEC SQL OPEN product_cursor;   product_cursor라는 이름의 커서에 연결된 SELECT 문을 실행함

OPEN 명령어를 이용해 SELECT 문이 실행되면 검색된 행들이 반환되고, 커서는 검색된 행들 중에서 첫 번째 행의 바로 앞에 위치한다. 검색된 행들을 차례로 처리하기 위해 커서를 이동시키는 명령어는 FETCH다. 커서를 이동하여 처리할 다음 행을 가리키도록 하고, 커서가 가리키는 행으로부터 속성 값들을 가져와 변수에 저장하는 FETCH 문의 기본 형식은 다음과 같다.

```
EXEC SQL FETCH 커서_이름 INTO 변수_리스트;
```

결과 테이블에는 여러 행이 존재하므로 FETCH 문을 반복해서 여러 번 수행해야 한다. 그래서 FETCH 문은 프로그램 안에서 일반적으로 반복문과 함께 사용한다. 예를 들어 product_cursor라는 커서를 이동해 결과 테이블의 다음 행에 접근하여 제품명 속성의 값을 p_name 변수에 저장하고, 단가 속성의 값을 price 변수에 저장하는 FETCH 문은 다음과 같이 작성한다. C 프로그램의 경우 FETCH 문을 for나 while 문 등과 같이 함께 사용한다.

🔰 EXEC SQL FETCH product_cursor INTO :p_name, :price;   product_cursor 커서를 이동해 결과 테이블의 다음 행에 접근하여 제품명 속성의 값을 p_name 변수에 저장하고 단가 속성의 값을 price 변수에 저장함

커서를 더 사용하지 않을 때는 CLOSE 명령어를 사용한다. CLOSE 문의 기본 형식과 예는 다음과 같다.

```
EXEC SQL CLOSE 커서_이름;
```

🔰 EXEC SQL CLOSE procuct_cursor;   product_cursor 커서를 더는 사용하지 않음

01 SQL

관계 데이터베이스를 위한 표준 질의어다. 기능에 따라 데이터 정의어, 데이터 조작어, 데이터 제어어로 나눈다.

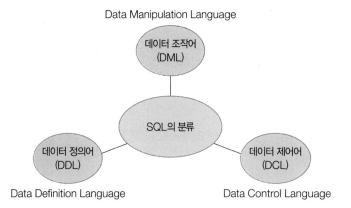

02 SQL의 데이터 정의 기능

- 테이블 생성 : CREATE TABLE
- 테이블 변경 : ALTER TABLE
- 테이블 삭제 : DROP TABLE

03 SQL의 데이터 조작 기능

	기본 검색	SELECT FROM
	조건 검색	SELECT FROM WHERE
	정렬 검색	SELECT FROM WHERE ORDER BY
검색	집계 함수를 이용한 검색	COUNT, SUM, AVG, MAX, MIN
	그룹 검색	SELECT FROM WHERE GROUP BY HAVING (ORDER BY)
	조인 검색	여러 테이블을 연결하여 검색
	부속 질의문 검색	SELECT 문 안에 또 다른 SELECT 문을 포함
데이터 삽입		INSERT
데이터 수정		UPDATE
데이터 삭제		DELETE

04 SQL의 데이터 제어 기능

보안을 위해 사용자별로 데이터에 대한 접근 및 사용 권한을 부여하거나 취소하는 기능으로, 데이터베이스 관리자가 주로 사용한다. 11장에서 실제 사용법을 다룬다.

05 뷰

다른 테이블을 기반으로 만든 가상 테이블이다. 뷰를 만드는 데 기반이 되는 물리적인 테이블을 기본 테이블이라 한다.

- 뷰 생성 : CREATE VIEW
- 뷰 삭제 : DROP VIEW

06 삽입 SQL

프로그래밍 언어로 작성한 응용 프로그램에 삽입하여 사용하는 SQL 문으로, 상황에 따라 커서라는 도구가 필요하다.

- 커서 : 수행 결과로 반환된 행들을 한 번에 하나씩 가리키는 포인터
- 커서가 필요 없는 삽입 SQL : CREATE TABLE / INSERT / DELETE / UPDATE / 행 하나를 결과로 반환하는 SELECT
- 커서가 필요한 삽입 SQL : 여러 행을 결과로 반환하는 SELECT

01 SQL은 데이터 정의어DDL, 데이터 조작어DML, 데이터 제어어DCL로 구분할 수 있다. 다음 중 성격이 다른 명령어는?

① ALTER   ② DROP

③ CREATE   ④ INSERT

02 고객 테이블을 생성한 후, 주소 속성이 누락되었다. 주소 속성을 추가하기에 적합한 SQL 명령어는?

① CREATE   ② ALTER

③ ADD   ④ MODIFY

03 오라클에서 학생 테이블을 참조하는 제약조건과 함께 학생 테이블을 제거하는 SQL 문을 작성하고자 한다. 빈칸에 필요한 것은?

```
DROP TABLE 학생 _____;
```

① ALL CONSTRAINTS   ② CASCADE CONSTRAINTS

③ RESTRICT CONSTRAINTS   ④ DELETE CONSTRAINTS

04 SQL 문을 이용해 테이블을 생성할 때 특정 속성에 대해 가능한 데이터 값의 범위를 지정하거나 제약조건을 지정하여 데이터 무결성을 유지하기 위해 사용되는 키워드는?

① PRIMARY KEY   ② DEFAULT

③ NOT NULL   ④ CHECK

05 SQL 문을 이용해 테이블을 생성할 때 외래키를 지정하기 위해 사용되는 키워드로 참조 무결성 제약조건과 관련이 있는 것은?

① PRIMARY KEY   ② DEFAULT

③ NOT NULL   ④ FOREIGN KEY

06 다음 집계함수 중 어떠한 데이터 타입에도 사용이 가능한 것은?

① AVG   ② COUNT

③ SUM   ④ STDDEV

07 다음 SQL 문을 실행하면 출력되는 결과로 옳은 것은?

```
SELECT  고객명
FROM    고객
WHERE   고객아이디 LIKE '_T%';
```

① 고객아이디가 T로 시작되는 고객들의 이름

② 고객아이디가 T로 끝나는 고객들의 이름

③ 위치와 상관없이 고객아이디에 T를 포함한 고객들의 이름

④ 고객아이디 두 번째 문자가 T인 고객들의 이름

08 SQL 문에서 HAVING 키워드를 사용할 수 있는 절은?

① LIKE 절   ② WHERE 절

③ GROUP BY 절   ④ ORDER BY 절

09 고객 테이블에서 주소가 널 값이 아닌 모든 고객의 이름을 검색하기 위한 다음 SQL 문의 빈 칸에 적합한 내용은?

```
SELECT  고객이름
FROM    고객
WHERE   _____;
```

① 주소 != NULL   ② 주소 〈〉 NULL

③ 주소 IS NOT NULL   ④ NOT(주소 = NULL)

10 SQL의 DELETE 명령문에 대한 설명으로 옳지 않은 것은?

① 테이블의 투플을 삭제할 때 사용한다.

② 특정 테이블에 대하여 WHERE 절이 없는 DELETE 명령문을 수행하면 DROP TABLE 명령문을 수행했을 때와 같은 효과를 얻을 수 있다.

③ SQL을 기능에 따라 분류할 경우 DML에 해당한다.

④ 기본 사용 형식은 "DELETE FROM 테이블 [WHERE 조건];"이다.

11 제품(제품코드, 제품명, 가격, 제조일자) 테이블에 "제품코드 100, 제품명 깨끗세제, 가격 5,000원"인 제품 투플을 삽입하는 SQL 문으로 옳은 것은?

① INSERT 제품 INTO VALUES (100, '깨끗세제', 5000);

② INSERT FROM 제품 VALUES (100, '깨끗세제', 5000);

③ INSERT INTO 제품(제품코드, 제품명, 가격) VALUES (100, '깨끗세제', 5000);

④ INSERT TO 제품(제품코드, 제품명, 가격) VALUES (100, '깨끗세제', 5000);

12 다음 SQL 문에서 Ⓐ와 Ⓑ에 적합한 키워드로 짝지어진 것은?

```
UPDATE   학생    Ⓐ 점수 = 점수 + 5    Ⓑ 성명 = '홍길동';
```

① Ⓐ : SET   Ⓑ : WHERE

② Ⓐ : FROM   Ⓑ : SET

③ Ⓐ : INTO   Ⓑ : WHERE

④ Ⓐ : WHERE   Ⓑ : INTO

13 다음 2개의 SQL 문은 같은 결과 테이블이 반환되는 동일한 의미의 SQL 문이다. Ⓐ와 Ⓑ에 적합한 키워드로 짝지어진 것은?

```
        SELECT   학생.이름,   학과.이름
(1)     FROM     학생, 학과
        WHERE    학생.중간성적 >= 50   AND 학생.소속학과 = 학과.학과번호;
```

```
        SELECT   학생.이름,   학과.이름
(2)     FROM     학생 Ⓐ 학과 Ⓑ 학생.소속학과 = 학과.학과번호
        WHERE    학생.중간성적 >= 50;
```

① Ⓐ : LEFT OUTER JOIN   Ⓑ : ON

② Ⓐ : LEFT OUTER JOIN   Ⓑ : IN

③ Ⓐ : INNER JOIN   Ⓑ : IN

④ Ⓐ : INNER JOIN   Ⓑ : ON

14 다음 SQL 문을 실행했을 때 결과 테이블의 모습은?

사원 테이블

사원번호	성명	소속부서
25	김미순	총무과
56	박이준	자재과
23	이형주	자재과
43	오형우	총무과

```
SELECT   성명
FROM     사원
WHERE    소속부서 = (SELECT  소속부서  FROM  사원  WHERE  성명 = '오형우');
```

① 성명 / 김미순 / 오형우
② 성명 / 김미순
③ 성명 / 오형우
④ 성명 / 박이준 / 이형주

15 다음과 같이 3개의 테이블 스키마가 정의되어 있다. 아래에 제시된 SQL 문의 실행 결과에 대한 설명으로 옳은 것은?

```
학생     (학번, 학생이름, 학년, 학과)
동아리   (동아리번호, 동아리이름, 동아리방, 지도교수이름)
가입     (학번, 동아리번호, 가입연도)
```

```
SELECT   학생이름
FROM     학생
WHERE    NOT EXISTS  (SELECT * FROM 가입 WHERE  학생.학번 = 가입.학번);
```

① 모든 동아리에 가입한 학생이름
② 어떤 동아리에도 가입하지 않은 학생이름
③ 존재하지 않는 동아리에 가입한 학생이름
④ 어떤 동아리든 가입한 학생이름

16 다음은 외래키를 정의하는 SQL 문의 형식 중 일부다. 옵션으로 선택할 수 없는 것은?

```
FOREIGN KEY (속성_리스트) REFERENCES 테이블_이름(속성_리스트)
[ON DELETE 옵션]  [ON UPDATE 옵션]
```

① NO ACTION   ② CHECK
③ CASCADE   ④ SET NULL

17 기본 테이블 R과 S를 조인해서 뷰 V1을 정의하고, 뷰 V1을 이용해 뷰 V2를 정의하였다. 이때

다음과 같은 SQL 문이 실행됐을 때 발생하는 결과를 올바르게 설명한 것은?

```
DROP VIEW V1;
```

① V1만 삭제된다.　　　　　　　② V2만 삭제된다.

③ V1과 V2가 모두 삭제된다.　　④ V1과 V2 모두 삭제되지 않는다.

18 뷰에 대한 설명으로 옳지 않은 것은?

① 뷰는 물리적으로 데이터를 저장하지 않는 가상의 테이블이다.

② 뷰에 대한 삽입·삭제·수정 연산이 항상 허용되는 것은 아니다.

③ 뷰는 기본 테이블로부터 유도되지만, 검색 연산은 기본 테이블과 약간의 차이가 있다.

④ 뷰에 대한 정의는 ALTER 문으로 변경할 수 없다.

19 뷰에 대한 설명으로 옳지 않은 것은?

① 데이터에 대한 보안을 제공한다.

② 뷰의 내용을 검색하고자 할 때는 SELECT 문을 이용한다.

③ WITH CHECK OPTION을 사용하여 뷰를 정의하면, 뷰를 통한 삽입 또는 수정 연산에 제한을 둘 수 있다.

④ 물리적 독립성을 제공한다.

20 다음 SQL 명령어를 보고 각 물음에 답하시오.

① CREATE	② SELECT	③ DROP	④ ALTER
⑤ DELETE	⑥ INSERT	⑦ UPDATE	

(1) DDL에 해당하는 SQL 명령어를 모두 고르시오.

(2) DML에 해당하는 SQL 명령어를 모두 고르시오.

21 뷰에 대한 설명으로 적합한 것을 모두 고르시오.

(A) 뷰는 물리적으로 저장 장치에 저장된다.

(B) 뷰에 대한 삽입 · 수정 · 삭제 연산이 항상 허용되는 것은 아니고 제약이 따른다.

(C) 뷰는 CREATE 문을 이용해 생성할 수 있다.

(D) 뷰는 ALTER 문을 이용해 변경할 수 있다.

(E) 뷰는 DROP 문을 이용해 삭제할 수 있다.

(F) 기본 테이블이 제거되더라도 뷰는 자동으로 삭제되지 않는다.

(G) 뷰를 기반으로 새로운 뷰를 만들 수 있다.

22 삽입 SQL에 대한 설명으로 옳지 않은 것은?

① 프로그래밍 언어로 작성된 프로그램 안에 삽입하여 사용하는 SQL 문이다.

② 프로그램 안에서 일반적인 명령문이 위치할 수 있는 곳이면 어디에나 삽입할 수 있다.

③ 프로그램 안에 선언된 일반 변수를 삽입 SQL 문에서 사용할 수 있지만 테이블의 속성과 구별하기 위해 이름이 달라야 한다.

④ 프로그램 안에 선언된 일반 변수의 데이터 타입은 이에 대응하는 테이블의 속성과 데이터 타입이 일치해야 한다.

23 뷰를 생성하기 위한 기본 형식 중 WITH CHECK OPTION의 의미를 설명하시오.

24 다음의 관계 대수를 SQL 문으로 작성하시오.

$$\pi_{\text{도서명, 가격}}(\sigma_{\text{출판사}='한빛' \wedge \text{재고량}>=50}(\text{도서}))$$

25 제품 테이블에 제조업체가 대한식품인 제품 50개, 민국푸드인 제품 30개, 한빛제과인 제품 50개에 대한 데이터가 저장되어 있을 때, 다음 SQL 문의 실행 결과 투플 수는 각각 얼마인가?

가. SELECT 제조업체 FROM 제품;

나. SELECT DISTINCT 제조업체 FROM 제품;

다. SELECT 제품명 FROM 제품 WHERE 제조업체='대한식품';

26 다음 SQL 문을 성공적으로 실행하여 부서 테이블과 사원 테이블이 생성되었다. 각 물음에 답하시오.

```
CREATE TABLE 부서 (
    부서코드 CHAR(3) NOT NULL,
    부서명 VARCHAR(10),
    PRIMARY KEY(부서코드)
);

CREATE TABLE 사원 (
    사원번호  INT  NOT NULL,
    소속부서  VARCHAR(10),
    PRIMARY KEY(사원번호),
    FOREIGN KEY(소속부서)  REFERENCES 부서(부서코드)  ON DELETE CASCADE
);
INSERT INTO 부서 VALUES ('P1', '개발부');
INSERT INTO 부서 VALUES ('P2', '홍보부');
INSERT INTO 사원 VALUES (100, 'P1');
INSERT INTO 사원 VALUES (200, 'P2');
INSERT INTO 사원 VALUES (300, 'P2');
```

(1) 부서 테이블과 사원 테이블의 카디널리티는 각각 얼마인가?

(2) 다음 SQL 문이 성공적으로 실행되었다면 부서 테이블과 사원 테이블의 카디널리티는 각각 얼마인가?

```
DELETE FROM 부서 WHERE 부서코드 = 'P2';
```

27 다음 학생 테이블을 보고 각 물음에 답하시오.

학번	이름	학점	학과
101	이진아	3.5	컴퓨터 공학과
102	양기섭	4.1	컴퓨터 공학과
103	박수정	3.7	호텔관광경영학과
104	홍민호	2.8	호텔관광경영학과
105	오연주	3.2	호텔관광경영학과
106	김우리	2.5	건축학과
107	조유근	4.3	건축학과

(1) 다음 SQL 문을 실행했을 때 반환되는 결과 테이블의 모습을 예상해서 작성하시오.

```
SELECT 학과, COUNT(*) AS 결과
FROM 학생
GROUP BY 학과 HAVING count(*) > 2;
```

(2) 학생 테이블에 최대 20글자 가변 길이 문자열 타입의 연락처 속성을 추가하는 SQL 문을 작성하시오.

(3) 다음 SQL 문을 실행했을 때 반환되는 결과 테이블에서 가장 먼저 출력되는 학생은 누구인가?

```
SELECT 이름 FROM 학생  ORDER BY 학과 DESC, 학점 ASC;
```

(4) 김우리 학생과 같은 학과에 속한 학생들의 평균 학점을 검색하는 SQL 문을 작성하시오. 단, 평균 학점이라는 이름으로 결과를 출력한다.

(5) 학번이 105인 학생의 학점을 4.5로, 학과를 전자과로 변경하는 SQL 문을 작성하시오.

28 다음 두 테이블을 보고 각 물음에 답하시오.

환자 테이블

환자번호	환자이름	나이	담당의사
P001	오우진	31	D002
P002	채광주	50	D001
P003	김용욱	43	D003

의사 테이블

의사번호	의사이름	소속	근무연수
D001	정지영	내과	5
D002	김선주	피부과	10
D003	정성호	정형외과	15

(1) 환자 테이블을 생성하는 SQL 문을 작성하시오. 단, 환자이름 속성은 널 값이 허용되지 않도록 지정하고, 담당의사 속성을 의사 테이블의 의사번호 속성을 참조하는 외래키로 지정하시오.

(2) 의사 테이블을 생성하는 SQL 문을 작성하시오. 단, 소속 속성의 값을 입력하지 않으면 자동으로 내과가 지정되도록 하고, 근무연수는 1년 이상 40년 이하 범위의 값을 가지도록 지정하시오.

(3) D003 의사가 담당하고 나이가 40세 이하인 환자의 환자번호와 환자이름을 검색하는 SQL 문을 작성하시오.

(4) 소속별로 의사의 수와 평균 근무연수를 검색하는 SQL 문을 작성하시오.

(5) 김용욱 환자를 담당하는 의사의 의사이름과 소속, 근무연수를 검색하는 SQL 문을 작성하시오.

29 다음 3개의 테이블 스키마를 보고 각 물음에 답하시오.

> 학생(<u>학번</u>, 이름, 학년)
>
> 과목(<u>과목번호</u>, 과목이름)
>
> 수강(<u>학번</u>, <u>과목번호</u>, 중간성적, 기말성적, 학점)

(1) 수강 테이블에서 과목번호가 A로 시작하는 과목의 기말성적이 80점 이상인 학생의 이름과 중간성적을 검색하는 SQL 문을 작성하시오. 단, 이름을 기준으로 오름차순 정렬하고, 만약 이름이 같으면 중간성적을 기준으로 내림차순 정렬하시오.

(2) 수강 테이블에서 3명 이상의 학생이 수강하는 과목에 대해 과목별 등록 학생의 수와 기말 성적의 평균을 검색하는 SQL 문을 작성하시오. 이때, 등록한 학생의 총 수는 '학생수'로, 기 말성적의 평균은 '성적평균'으로 속성 이름을 새로 부여하시오.

(3) 수강 테이블에서 개설된 과목의 수를 검색하는 SQL 문을 작성하시오.

(4) 과목번호가 A003인 과목을 수강하지 않는 학생의 이름과 학년을 검색하는 SQL 문을 작성 하시오. 단, IN 연산자를 이용해 작성하시오.

(5) 과목번호가 A003인 과목을 수강하지 않는 학생의 이름과 학년을 검색하는 SQL 문을 작성 하시오. 단, EXISTS 연산자를 이용해 작성하시오.

30 다음 4개의 테이블 스키마를 보고 각 물음에 답하시오.

> 고객(<u>고객번호</u>, 고객이름, 거주도시, 할인율)
> 판매자(<u>판매자번호</u>, 판매자이름, 수수료, 판매지역)
> 제품(<u>제품번호</u>, 제품명, 재고량, 가격)
> 주문(<u>주문번호</u>, 고객번호, 제품번호, 판매자번호, 주문수량)

(1) 고객 테이블에 고객번호가 C005, 이름이 채희성, 거주도시가 대구이고, 할인율은 아직 결 정되지 않은 고객의 데이터를 삽입하는 SQL 문을 작성하시오.

(2) 방지호 고객의 주문수량을 20% 증가시키는 SQL 문을 작성하시오.

(3) 재고량이 50개 미만인 제품을 모두 삭제하는 SQL 문을 작성하시오.

(4) 가격이 가장 최저가인 제품의 제품명을 중복 없이 검색하는 SQL 문을 작성하시오.

(5) 제품명에 '부'가 포함된 제품을 주문한 고객의 이름을 검색하는 SQL 문을 작성하시오.

(6) 주문수량의 합계가 300개 이상인 고객에 대해 고객별 주문 횟수와 주문수량의 합계를 검색 하는 SQL 문을 작성하시오.

(7) 판매지역이 서울인 모든 판매자의 수수료보다 비싼 수수료를 받는 판매자의 이름과 수수 료, 판매지역을 검색하기 위한 SQL 문을 작성하시오.

데이터베이스 설계

학습목표

• 데이터베이스 설계의 중요성과 목표를 이해한다.

• 데이터베이스 설계 5단계를 학습한다.

• 요구 사항 분석, 개념적 설계, 논리적 설계의 과정을 실제 예를 통해 연습해본다.

여러분은 요리를 해본 적이 있는가? 그럴 듯한 요리까지는 아니더라도 라면 정도는 끓여보았을 것이다. 그리고 라면을 조리하는 방법은 간단하지만 끓이는 사람에 따라 맛이 상당히 다르다는 경험도 해보았을 것이다. 재료만 모두 갖췄다고 해서 맛있는 라면이 되지는 않기 때문이다. 그렇다면 맛있는 라면을 끓이기 위해 최소한 무엇이 필요할까? 레시피다. 아무리 요리에 소질이 없는 사람도 라면을 끓일 때 레시피만 제대로 따르면 일반적인 맛 정도는 유지할 수 있다. 그리고 레시피대로 여러 번 끓이다 보면 자신만의 레시피도 만들 수 있다.

지금까지 데이터베이스를 설계하는 데 필요한 여러 재료와 도구를 공부해왔지만, 이것만으로는 부족하다. 이 재료와 도구를 언제 어떻게 사용해야 하는지 알아야 원하는 데이터베이스를 제대로 개발할 수 있다. 즉, 데이터베이스를 설계하기 위한 레시피를 정확히 파악하고 있어야 한다.

이 장에서는 데이터베이스 설계라는 요리의 레시피 중 하나인 E-R 모델과 릴레이션 변환 규칙을 이용해 데이터베이스를 설계하는 과정을 소개한다. 간단한 실제 예와 함께 알아볼 예정이므로 초보 설계자도 쉽게 따라 할 수 있을 것이다. 여기서 제시하는 데이터베이스 설계 과정을 꼼꼼히 살펴보고 연습하여, 다양한 주제의 데이터베이스를 직접 설계하고 개발하겠다는 목표를 세워보자. 그리고 자신만의 라면 레시피를 만들어가듯 자신만의 데이터베이스 설계 레시피를 완성해보자. 그런 다음에 9장에서 데이터베이스를 설계하는 또 다른 레시피를 살펴보고 익히도록 한다.

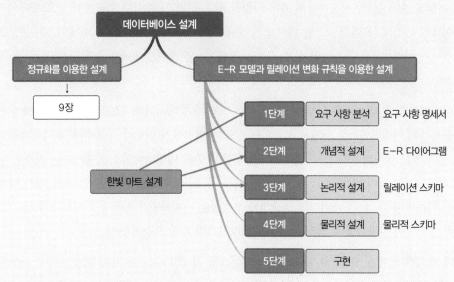

01 | 데이터베이스 설계 단계

조직 구성원들의 다양한 요구 사항을 모두 만족시키는 데이터베이스를 구축하는 일은 쉽지 않다. 특히, 정부 기관이나 기업과 같이 데이터베이스에 저장해야 하는 데이터의 양이 많고 사용자 수가 많은 조직일수록 조직의 요구에 딱 맞는 데이터베이스를 구축하는 작업은 무척 어렵고 복잡하다. 데이터베이스를 간신히 구축했더라도 안심할 수는 없다. 데이터베이스가 잘못 구축되면 데이터베이스가 운영되는 동안에도 계속 문제를 일으켜, 결과적으로 조직에 큰 손해를 끼치는 불상사가 발생할 수 있기 때문이다.

그렇다면 조직 구성원들의 다양한 요구 사항을 고려하여 제대로 된 데이터베이스를 구축하려면 어떻게 해야 할까? 사용자들의 요구 사항을 잘 분석하고, 분석한 결과를 바탕으로 데이터베이스의 논리적, 물리적 구조를 제대로 설계해야 한다. 이미 구축된 데이터베이스는 구조를 변경하기 어려우므로 체계적인 설계 과정을 통해 데이터베이스가 올바르게 구축되어야 조직 구성원들이 빠르고 정확하게 업무를 수행할 수 있다.

데이터베이스 설계는 사용자들의 요구 사항을 고려하여 데이터베이스를 생성하는 과정이다. 사용자가 데이터베이스를 실제로 사용하면 구조를 변경하기 어렵기 때문에 설계 과정에서부터 품질 좋은 데이터베이스를 생성해야 한다. 품질 좋은 데이터베이스를 평가하는 기준은 여러 가지이지만 데이터베이스를 실제로 사용하는 구성원들의 요구 사항을 만족하는지가 대표적인 기준이 된다. 물론 데이터의 일관성과 무결성을 유지하면서 사용자가 이해하기 쉽고 접근하기 편해야 한다는 점도 품질 좋은 데이터베이스의 기본 요건에 든다.

관계 데이터 모델을 기반으로 두고 데이터베이스를 설계할 때는 두 가지 방법을 주로 사용한다. 첫째는 이 장에서 알아볼 E-R 모델과 릴레이션 변환 규칙을 이용한 데이터베이스 설계이고, 둘째는 9장에서 알아볼 정규화를 이용한 데이터베이스 설계다. 두 방법의 설계 결과물은 유사하기 때문에 상황에 따라 선택하면 된다.

먼저 E-R 모델과 릴레이션 변환 규칙을 이용한 데이터베이스 설계는 [그림 8-1]과 같이 5단계로 진행된다. 하지만 그림처럼 한 방향으로만 순서대로 진행되지는 않는다. 설계 과정 중에 오류를 발견하여 변경이 필요하면 이전 단계로 되돌아가 설계 내용을 변경할 수도 있다.

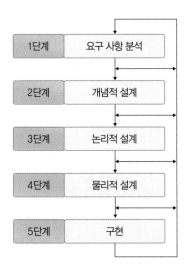

그림 8-1 데이터베이스 설계의 과정

여기서는 데이터베이스 설계 과정의 각 단계에서 수행하는 주요 작업을 간단히 알아보고, 구체적인 설계 방법은 각 절에서 실제 예와 함께 살펴보자.

■ 1단계 : 요구 사항 분석

데이터베이스 설계는 요구 사항 분석 단계부터 시작된다. 요구 사항 분석 단계에서는 조직의 구성원들이 데이터베이스를 사용하는 용도를 파악한다. 즉 데이터베이스를 사용해 실제 업무를 처리하는 사용자에게서 필요한 데이터의 종류와 처리 방법 같은 다양한 요구 사항을 수집한다. 수집한 요구 사항을 분석하여 그 결과를 요구 사항 명세서로 작성하는 것이 요구 사항 분석 단계에서 수행하는 주요 작업이다.

요구 사항 분석 단계에서 파악한 사용자의 요구 사항은 이후의 설계 단계에서 중요하게 사용되고, 구축된 데이터베이스의 품질을 결정짓는 중요한 기준이 된다.

■ 2단계 : 개념적 설계

개념적 설계 단계는 요구 사항 분석 단계의 결과물인 명세서를 바탕으로 시작된다. 개념적 설계 단계에서는 요구 사항 분석 단계에서 파악한 사용자의 요구 사항을 개념적 데이터 모델을 이용해 표현한다. 개념적 데이터 모델은 개발에 사용할 DBMS의 종류에 독립적이면서, 중요한 데이터 요소와 데이터 요소 간의 관계를 표현할 때 사용한다. 일반적으로 개념적 데이터 모델은 E-R 모델을 많이 사용하는데, E-R 모델은 중요한 데이터 요소와 데이터 요소 간의 관계를 E-R 다이어그램으로 표현한다. 그러므로 E-R 모델을 데이터 모델로 사용한다면 사용자의 요구 사항을 분석한 결과를 E-R 다이어그램으로 표현하는 것이 개념적 설계 단계에서 수행하는 주요 작업이다.

개념적 설계 단계에서 요구 사항 분석 단계의 결과물인 요구 사항 명세서를 개념적 데이터 모델로 변환하는 일을 개념적 모델링이라 한다. 그리고 E-R 다이어그램과 같이 개념적 데이터 모델로 표현한 결과물을 개념적 구조 또는 개념적 스키마라고 한다.

■ 3단계 : 논리적 설계

논리적 설계 단계에서는 개발에 사용할 DBMS에 적합한 논리적 데이터 모델을 이용해 개념적 설계 단계에서 생성한 개념적 구조를 기반으로 논리적 구조를 설계한다. DBMS의 종류에 따라 네트워크 데이터 모델, 계층 데이터 모델, 관계 데이터 모델, 객체지향 데이터 모델 등을 논리적 데이터 모델로 사용할 수 있는데, 일반적으로 관계 데이터 모델을 많이 사용한다. 그러므로 관계 데이터 모델을 사용한다면 개념적 설계 단계에서 생성한 E-R 다이어그램을 릴레이션(테이블) 스키마로 변환하여 DBMS가 처리할 수 있도록 하는 것이 논리적 설계 단계에서 수행하는 주요 작업이다.

논리적 설계 단계에서 E-R 다이어그램을 릴레이션 스키마로 변환하는 작업을 논리적 모델링 또는 단순히 데이터 모델링이라 한다. 그리고 릴레이션 스키마와 같이 논리적 데이터 모델로 표현된 결과물을 논리적 구조 또는 논리적 스키마라고 한다.

■ 4단계 : 물리적 설계

물리적 설계 단계에서는 논리적 설계 단계에서 생성된 논리적 구조를 기반으로 물리적 구조를 설계한다. 데이터베이스의 물리적 구조는 데이터베이스를 저장 장치에 실제로 저장하기 위한 내부 저장 구조와 접근 경로 등을 의미한다. 그러므로 물리적 설계 단계에서는 저장 장치에 적합한 저장 레코드와 인덱스의 구조 등을 설계하고, 저장된 데이터와 인덱스에 빠르게 접근하게 할 수 있는 탐색 기법 등을 정의한다.

데이터베이스를 실제로 구축할 컴퓨터 시스템의 저장 장치와 운영체제의 특성을 고려하여, 효율적인 성능을 지원하면서도 사용할 DBMS로 구현이 가능한 물리적인 구조를 설계하는 것이 물리적 설계 단계에서 수행하는 주요 작업이다.

물리적 설계 단계에서는 응답 시간을 최소화하고 저장 공간을 효율적으로 활용하면서 데이터베이스 시스템의 처리 능력을 향상시킬 수 있도록 물리적 구조를 설계해야 한다. 물리적 설계의 결과물인 물리적 구조를 내부 스키마 또는 물리적 스키마라고 한다.

■ **5단계 : 구현**

데이터베이스 구현 단계에서는 이전 설계 단계의 결과물을 기반으로 DBMS에서 SQL로
작성한 명령문을 실행하여 데이터베이스를 실제로 생성한다. 이때 사용되는 SQL 문은 테
이블이나 인덱스 등을 생성할 때 사용되는 데이터 정의어DDL이다.

데이터베이스 설계 과정의 각 단계에서 수행하는 작업 내용과 결과물을 요약하면 [그림 8-2]
와 같다.

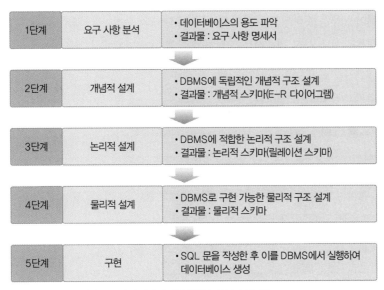

1단계	요구 사항 분석	• 데이터베이스의 용도 파악 • 결과물 : 요구 사항 명세서
2단계	개념적 설계	• DBMS에 독립적인 개념적 구조 설계 • 결과물 : 개념적 스키마(E-R 다이어그램)
3단계	논리적 설계	• DBMS에 적합한 논리적 구조 설계 • 결과물 : 논리적 스키마(릴레이션 스키마)
4단계	물리적 설계	• DBMS로 구현 가능한 물리적 구조 설계 • 결과물 : 물리적 스키마
5단계	구현	• SQL 문을 작성한 후 이를 DBMS에서 실행하여 데이터베이스 생성

그림 8-2 데이터베이스 설계 과정의 각 단계별 주요 작업과 결과물

데이터베이스 설계의 모든 과정이 중요하지만, 특히 전체적인 데이터베이스의 개념적 구조와
논리적 구조를 설계하는 요구 사항 분석, 개념적 설계, 논리적 설계 단계가 핵심 단계다. 데이
터베이스의 기초를 공부하고 있는 여러분은 이 세 단계의 설계 결과물만으로도 단순한 데이
터베이스는 어렵지 않게 구현할 수 있을 것이다.

다음 절부터는 데이터베이스를 처음 공부하는 학생들의 눈높이에 맞춰 요구 사항 분석, 개념
적 설계, 논리적 설계 단계의 주요 작업 내용을 좀 더 자세히 살펴보고, 실제 예를 통해 데이
터베이스 설계 과정을 설명한다. 그리고 설계 과정을 완성하기 위한 물리적 설계와 구현을 간
단한 예를 들어 살펴본다.

데이터베이스 설계의 시작인 요구 사항 분석 단계에서는 사용자들이 데이터베이스에 원하는 것이 무엇인지를 분석한다. 즉, 데이터베이스에 대한 사용자들의 요구 사항을 수집하고 분석하여, 개발할 데이터베이스의 용도를 명확히 파악하는 게 이 단계의 목적이다. 그리고 분석한 사용자 요구 사항의 내용을 요구 사항 명세서로 작성하여 이후 설계 단계에서 기초 자료로 활용한다.

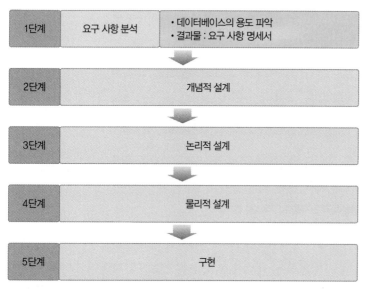

그림 8-3 데이터베이스 설계 : 요구 사항 분석 단계

요구 사항 분석 단계에서는 먼저 데이터베이스를 사용할 주요 사용자의 범위부터 결정해야 한다. 사용자마다 요구 사항이 매우 다양하므로 개발할 데이터베이스를 실제로 사용할 주요 사용자의 범위를 정해 불필요한 요구 사항을 수집하지 않도록 한다. 이 작업이 요구 사항을 분석하기 전에 먼저 이루어져야 한다.

사용자의 범위가 결정되면 해당 사용자가 조직에서 수행하는 업무를 분석해야 한다. 사용자의 업무와 관련해 필요한 데이터가 무엇이고, 그 데이터에 어떤 처리가 필요한지 등에 초점을 맞춰 요구 사항들을 수집하고 분석해야 한다. 요구 사항을 수집하기 위해 사용자들과의 면담, 설문지 배포, 업무 관련 문서의 분석 등과 같은 방법이 주로 사용된다. 수집된 요구 사항을 다각도로 분석한 뒤 분석 결과를 요구 사항 명세서로 문서화하는데, 요구 사항 명세서의 양식은 조직마다 다르므로 이를 먼저 확인한 후 작성해야 한다.

요구 사항 분석 단계는 사용자가 요구하는 데이터베이스의 용도가 결정되는 단계이기 때문에 품질 좋은 데이터베이스를 개발하기 위해 중요하다. 요구 사항 분석이 잘못되면 사용자가 원치 않는 쓸모없는 데이터베이스가 개발되어, 고치거나 다시 개발하는 수고가 뒤따를 수 있다. 그러므로 어떤 단계보다도 신중하고 꼼꼼하게 작업을 수행해야 한다.

여기서는 데이터베이스 설계를 처음 접하는 여러분의 이해를 돕기 위해 수집된 요구 사항들을 최대한 단순화하여 명료하게 정리한 후, 이를 통해 이후 설계 단계를 설명하고자 한다. 우선 인터넷으로 회원들에게 상품을 판매하는 한빛 마트를 위한 데이터베이스를 개발한다고 가정한다. 그리고 면담이나 설문 조사, 업무 관련 문서 등을 통해서 사용자들의 요구 사항을 수집한 후 이를 분석하여 작성한 요구 사항 명세서가 [그림 8-4]라고 가정한다.

❶ 한빛 마트에 회원으로 가입하려면 회원아이디, 비밀번호, 이름, 나이, 직업을 입력해야 한다.
❷ 가입한 회원에게는 등급과 적립금이 부여된다.
❸ 회원은 회원아이디로 식별한다.
❹ 상품에 대한 상품번호, 상품명, 재고량, 단가 정보를 유지해야 한다.
❺ 상품은 상품번호로 식별한다.
❻ 회원은 여러 상품을 주문할 수 있고, 하나의 상품을 여러 회원이 주문할 수 있다.
❼ 회원이 상품을 주문하면 주문에 대한 주문번호, 주문수량, 배송지, 주문일자 정보를 유지해야 한다.
❽ 각 상품은 한 제조업체가 공급하고, 제조업체 하나는 여러 상품을 공급할 수 있다.
❾ 제조업체가 상품을 공급하면 공급일자와 공급량 정보를 유지해야 한다.
❿ 제조업체에 대한 제조업체명, 전화번호, 위치, 담당자 정보를 유지해야 한다.
⓫ 제조업체는 제조업체명으로 식별한다.
⓬ 회원은 게시글을 여러 개 작성할 수 있고, 게시글 하나는 한 명의 회원만 작성할 수 있다.
⓭ 게시글에 대한 글번호, 글제목, 글내용, 작성일자 정보를 유지해야 한다.
⓮ 게시글은 글번호로 식별한다.

그림 8-4 한빛 마트의 데이터베이스를 위한 요구 사항 명세서

03 | 개념적 설계

데이터베이스 설계의 두 번째 단계인 개념적 설계에서는 요구 사항 분석 단계의 결과물을 개념적 데이터 모델을 이용하여 표현한다. 개념적 데이터 모델은 사용자 요구 사항에 대해 분석한 결과를 바탕으로 데이터베이스에 저장해둘 필요가 있다고 판단되는 데이터 요소를 추출하고 데이터 요소 간의 관계를 파악하여 이를 표현한 것이다. 따라서 개발에 사용할 DBMS의 종류는 중요하지 않다. 일반적으로 개념적 데이터 모델은 E-R 모델을 많이 이용한다. 그러므로 개념적 설계 단계의 주요 작업은 요구 사항 분석 결과를 기반으로 현실 세계에서 중요한 데이터 요소인 개체를 추출한 후 개체 간의 관계를 결정하여 이를 E-R 다이어그램으로 표현하는 것이다.

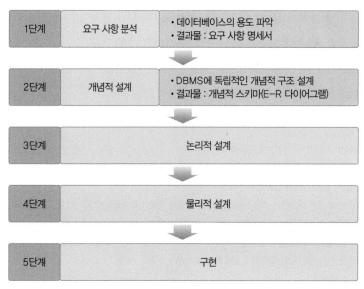

그림 8-5 데이터베이스 설계 : 개념적 설계 단계

개념적 설계 단계에서 사용자의 요구 사항을 개념적 데이터 모델로 변환하는 작업을 개념적 모델링이라고 한다. 그리고 E-R 다이어그램과 같이 개념적 데이터 모델로 표현된 개념적 설계의 결과물을 개념적 구조 또는 개념적 스키마라고 한다.

요구 사항의 분석 결과를 E-R 모델을 이용해 개념적 모델링을 하려면 먼저 E-R 모델의 핵심 요소인 개체를 추출해야 한다. 그다음 각 개체의 주요 속성과 키 속성을 선별하고, 개체 간의 관계를 결정해야 한다. 개체, 속성, 관계를 선별하는 작업이 모두 완료되면 그 결과를 E-R 다이어그램으로 표현한다.

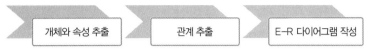

그림 8-6 개념적 모델링 과정

우리는 앞서 한빛 마트를 위한 데이터베이스를 개발한다는 가정 아래 [그림 8-4]와 같은 사용자들의 요구 사항 명세서를 만들었다. 이를 기반으로 개념적 모델링을 수행하는 과정을 단계별로 자세히 살펴보자.

1 개체와 속성 추출

개념적 설계 단계에서 가장 먼저 수행해야 하는 기본 작업은 요구 사항 분석 단계의 결과물에서 개체를 추출하는 일이다. 개체부터 결정해야 속성과 관계도 결정할 수 있다. 개체는 현실 세계에서 어떤 조직을 운영하는 데 꼭 필요한 사람, 사물과 같이 구별되는 모든 것을 의미한다. 즉, 개체는 저장할 만한 가치가 있는 중요 데이터를 지닌 사람이나 사물 등이며, 개념적 모델링을 하는 데 가장 중요한 요소다.

그럼, 개체를 어떤 방법으로 추출할 수 있을까? 예를 들어 병원 운영을 위한 데이터베이스를 개발한다고 가정해보자. 병원을 운영하는 데 중요한 사람은 누구일까? 환자, 의사, 간호사 등이 생각날 것이다. 그러므로 이들이 개체가 된다. 또 병원을 운영하는 데 중요한 사물은 무엇일까? 병실, 수술실, 의료 장비 등이 떠오를 것이다. 이것들도 개체가 된다. 이와 같이 개체를 직관적으로 추출할 수도 있겠지만, 데이터베이스 개발 경험이 적은 초보자들에게는 막연하고 쉽지 않은 방법이다.

특히, 요구 사항 명세서에서 개체를 추출하는 방법으로 표준화된 것이 없어서 초보자는 개체 추출 작업을 더 어렵게 생각하고 자신이 추출한 개체의 정확성을 확신하지 못한다. 이럴 때는 제시된 요구 사항의 문장들에서 명사부터 찾아야 한다. 일반적으로 개체는 이 문장에서 명사로 표현된다. 단, 조직의 업무 처리와 관련이 적은 일반적이고 광범위한 의미의 명사는 제외한다. 그리고 의미가 같은 명사가 여러 개면 대표 명사 하나만 선택한다. 이러한 정제 과정을 통해 결과적으로 업무 처리와 관련이 깊은 의미 있는 명사만 찾을 수 있을 것이다. 하지만 찾아낸 명사를 모두 개체로 단정하면 안 된다. 명사 중에는 개체가 아닌 속성으로 분류되는 단어도 존재하기 때문이다. 따라서 찾아낸 명사를 개체와 속성으로 정확히 분류하는 작업이 필요하다.

한빛 마트를 위한 데이터베이스를 개발하기 위해 작성한 [그림 8-4]의 요구 사항 명세서에서 개체를 추출하는 과정을 살펴보자.

[그림 8-4]의 ❶, ❷, ❸번 문장에서 명사를 모두 찾아 밑줄을 그어 표시한 결과는 [그림 8-7]과 같다. 의미가 같은 명사는 한 번만 표시한다.

> ❶ 한빛 마트에 회원으로 가입하려면 회원아이디, 비밀번호, 이름, 나이, 직업을 입력해야 한다.
> ❷ 가입한 회원에게는 등급과 적립금이 부여된다.
> ❸ 회원은 회원아이디로 식별한다.

그림 8-7 요구 사항 문장에서 명사를 선별한 예 (A)

❶번 문장에서 한빛 마트는 데이터베이스 개발을 요청한 조직 자체를 표현하는 일반적이고 광범위한 의미의 명사이므로 제외한다. 회원아이디·비밀번호·이름·나이·직업은 중요한 데이터를 가지고 있는 독립적인 대상이 아니라 회원이 가지고 있는 중요한 데이터 자체로 볼 수 있다. 그러므로 회원만 개체로 분류하고 회원아이디·비밀번호·이름·나이·직업은 회원 개체가 가지고 있는 속성으로 분류한다. 같은 이유로 ❷번 문장의 등급과 적립금도 회원 개체가 가지고 있는 속성으로 분류한다. ❸번 문장에서 회원아이디는 회원을 식별하는 역할을 한다고 했다. 따라서 회원아이디를 키 속성으로 지정한다. ❶, ❷, ❸번 문장에서 추출한 개체에 박스를 치고, 속성에는 밑줄을 그어 표시한 결과는 [그림 8-8]과 같다.

> ❶ 한빛 마트에 [회원]으로 가입하려면 회원아이디, 비밀번호, 이름, 나이, 직업을 입력해야 한다.
> ❷ 가입한 회원에게는 등급과 적립금이 부여된다.
> ❸ 회원은 회원아이디로 식별한다.

그림 8-8 요구 사항 문장에서 개체와 속성을 추출한 예 (A)

속성 중에는 개체의 속성이 아닌 것도 있다. [그림 8-4]의 ❼번 문장에서 의미 있는 명사를 모두 찾아 밑줄을 그어 표시한 결과는 [그림 8-9]와 같다.

> **❼** 회원이 상품을 주문하면 주문에 대한 주문번호, 주문수량, 배송지, 주문일자 정보를 유지해야 한다.

그림 8-9 요구 사항 문장에서 명사를 선별한 예 (B)

❼번 문장에서 추출된 명사 중 회원과 상품은 개체로 분류한다. 주문번호·주문수량·배송지·주문일자는 회원이 상품을 주문하면 생기는 중요한 정보이기 때문에 속성으로 분류한다. 하지만 주문을 해야 생기는 정보이므로 회원이나 상품 개체에 항상 속해 있는 속성으로 보기는 어렵다. 이런 속성들은 이후에 추출할 특정 관계의 속성으로 판단할 가능성이 높으므로 특정 개체에 속하지 않는 속성으로 분류한다. ❼번 문장에서 추출한 개체에 박스를 치고, 속성에는 밑줄을 그어 표시한 결과는 [그림 8-10]과 같다.

> **❼** [회원]이 [상품]을 주문하면 주문에 대한 주문번호, 주문수량, 배송지, 주문일자 정보를 유지해야 한다.

그림 8-10 요구 사항 문장에서 개체와 속성을 추출한 예 (B)

[그림 8-4]의 요구 사항 명세서에서 조직의 업무 처리와 관련이 깊은 의미 있는 명사들만 선별하여 밑줄을 그어 표시한 결과는 [그림 8-11]과 같다. 동일한 명사는 한 번만 표시한다. 그리고 이 결과를 요약해서 정리하면 [그림 8-12]와 같다. 단, 속성 중에서 개체의 속성이 아니라고 분류한 것들은 제외하였다.

> **❶** 한빛 마트에 회원으로 가입하려면 회원아이디, 비밀번호, 이름, 나이, 직업을 입력해야 한다.
> **❷** 가입한 회원에게는 등급과 적립금이 부여된다.
> **❸** 회원은 회원아이디로 식별한다.
> **❹** 상품에 대한 상품번호, 상품명, 재고량, 단가 정보를 유지해야 한다.
> **❺** 상품은 상품번호로 식별한다.
> **❻** 회원은 여러 상품을 주문할 수 있고, 하나의 상품을 여러 회원이 주문할 수 있다.
> **❼** 회원이 상품을 주문하면 주문에 대한 주문번호, 주문수량, 배송지, 주문일자 정보를 유지해야 한다.
> **❽** 각 상품은 한 제조업체가 공급하고, 제조업체 하나는 여러 상품을 공급할 수 있다.
> **❾** 제조업체가 상품을 공급하면 공급일자와 공급량 정보를 유지해야 한다.
> **❿** 제조업체에 대한 제조업체명, 전화번호, 위치, 담당자 정보를 유지해야 한다.
> **⓫** 제조업체는 제조업체명으로 식별한다.
> **⓬** 회원은 게시글을 여러 개 작성할 수 있고, 게시글 하나는 한 명의 회원만 작성할 수 있다.
> **⓭** 게시글에 대한 글번호, 글제목, 글내용, 작성일자 정보를 유지해야 한다.
> **⓮** 게시글은 글번호로 식별한다.

그림 8-11 한빛 마트 요구 사항 명세서에서 명사를 선별한 결과

개체	속성
회원	회원아이디, 비밀번호, 이름, 나이, 직업, 등급, 적립금
상품	상품번호, 상품명, 재고량, 단가
제조업체	제조업체명, 전화번호, 위치, 담당자
게시글	글번호, 글제목, 글내용, 작성일자

그림 8-12 한빛 마트 요구 사항 명세서에서 개체와 개체의 속성을 추출한 최종 결과

사용자가 만족하는 데이터베이스를 개발하려면 요구 사항 명세서의 요구 사항 문장에 있는 개체와 속성을 빠짐없이 추출해야 한다. 물론 요구 사항 명세서의 요구 사항 문장에 없는 개체나 속성을 추가할 수도 있다. 하지만 조직의 업무 처리와 관련이 깊은 개체와 속성부터 반드시 추출해야 함을 잊지 말아야 한다.

개념적 설계의 최종 결과물은 E-R 다이어그램으로 작성해야 한다. 따라서 요구 사항 명세서에서 추출한 개체와 속성을 E-R 다이어그램으로 표현해두는 것이 좋다. E-R 다이어그램에서 개체는 사각형으로, 속성은 타원형으로 표현한다. 그리고 키 속성은 이름에 밑줄을 그어 표시한다.

한빛 마트의 데이터베이스에 대한 요구 사항 명세서에서 추출한 회원 개체를 E-R 다이어그램으로 표현하면 [그림 8-13]과 같다. 회원 개체는 회원아이디·비밀번호·이름·나이·직업·등급·적립금 속성을 가지고 있으며, 이 중 회원아이디가 키 속성이다.

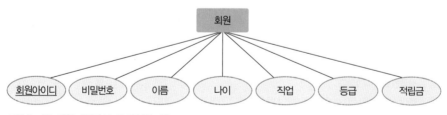

그림 8-13 회원 개체의 E-R 다이어그램

한빛 마트의 데이터베이스에 대한 요구 사항 명세서에서 추출한 상품 개체를 E-R 다이어그램으로 표현한 결과는 [그림 8-14]와 같다. 상품 개체는 상품번호·상품명·재고량·단가 속성을 가지고 있으며, 이 중 상품번호가 키 속성이다.

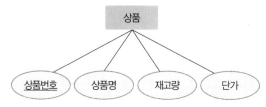

그림 8-14 상품 개체의 E-R 다이어그램

한빛 마트의 데이터베이스에 대한 요구 사항 명세서에서 추출한 제조업체 개체를 E-R 다이어그램으로 표현한 결과는 [그림 8-15]와 같다. 제조업체 개체는 제조업체명·전화번호·위치·담당자 속성을 가지고 있으며, 이 중 제조업체명이 키 속성이다.

그림 8-15 제조업체 개체의 E-R 다이어그램

한빛 마트의 데이터베이스에 대한 요구 사항 명세서에서 추출한 게시글 개체를 E-R 다이어그램으로 표현한 결과는 [그림 8-16]과 같다. 게시글 개체는 글번호·글제목·글내용·작성일자 속성을 가지고 있으며, 이 중 글번호가 키 속성이다.

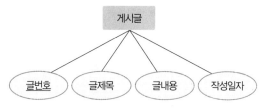

그림 8-16 게시글 개체의 E-R 다이어그램

2 관계 추출

개체와 속성을 추출하고 나면 개체 간의 관계를 결정할 수 있다. 관계는 개체 간의 의미 있는 연관성이다. 일반적으로 관계는 요구 사항을 표현한 문장에서 동사로 표현된다. 그러므로 개체 간의 관계를 결정할 때는 요구 사항 문장에서 동사부터 찾아야 한다. 단, 조직의 업무 처리와 관련하여 개체 간의 연관성을 의미 있게 표현한 동사만 선택하고, 의미가 같은 동사가 여러 개이면 대표 동사 하나만 선택한다.

관계를 추출한 후에는 추출한 관계에 대한 매핑 카디널리티와 참여 특성을 결정한다. 매핑 카디널리티는 관계를 맺고 있는 두 개체에서, 각 개체 인스턴스가 관계를 맺고 있는 상대 개체의 개체 인스턴스 개수를 의미한다. 먼저 매핑 카디널리티를 기준으로 추출한 관계를 일대일$1{:}1$, 일대다$1{:}n$, 다대다$n{:}m$ 중 하나로 분류한다. 그리고 개체가 관계에 필수적으로 참여하고 있는지 선택적으로 참여하고 있는지를 의미하는 참여 특성을 결정한다. 관계에 대한 매핑 카디널리티와 참여 특성은 이후 논리적 설계 단계에서 중요하게 활용되는 정보이므로 정확히 판단해야 한다.

한빛 마트를 위한 데이터베이스를 개발하기 위해 작성한 요구 사항 명세서에서 관계를 추출하는 과정을 살펴보자.

[그림 8-4]의 ❶, ❷, ❸번 문장에서 의미 있는 동사를 모두 찾아 밑줄을 그어 표시한 결과는 [그림 8-17]과 같다.

---

❶ 한빛 마트에 회원으로 가입하려면 회원아이디, 비밀번호, 이름, 나이, 직업을 <u>입력해야 한다</u>.

❷ 가입한 회원에게는 등급과 적립금이 <u>부여된다</u>.

❸ 회원은 회원아이디로 <u>식별한다</u>.

그림 8-17 요구 사항 문장에서 동사를 선별한 예 (A)

❶번 문장에서 '입력해야 한다'는 회원 개체의 속성인 회원아이디·비밀번호·이름·나이·직업에 대해 설명하는 것이다. 따라서 개체와 개체의 관계를 표현하는 동사로 볼 수 없으므로 제외한다. ❷번 문장의 '부여된다'도 회원 개체의 속성인 등급·적립금에 대해 설명하는 것이므로 같은 이유로 제외한다. ❸번 문장의 '식별한다'도 회원 개체를 설명하는 것이므로 제외한다. 결과적으로 ❶,❷,❸번 문장에서는 관계를 추출할 수 없다.

[그림 8-4]의 ❻, ❼번 문장에서 동사를 모두 찾아 밑줄을 그어 표시한 결과는 [그림 8-18]과 같다. 의미가 같은 동사는 한 번만 표시한다.

---

❻ 회원은 여러 상품을 주문할 수 있고, 하나의 상품을 여러 회원이 <u>주문할 수 있다</u>.

❼ 회원이 상품을 주문하면 주문에 대한 주문번호, 주문수량, 배송지, 주문일자 정보를 <u>유지해야 한다</u>.

그림 8-18 요구 사항 문장에서 동사를 선별한 예 (B)

❻번 문장에서 '주문할 수 있다'는 회원 개체와 상품 개체가 맺는 관계를 설명하므로 이를 통해 회원 개체와 상품 개체가 맺고 있는 주문 관계를 추출할 수 있다. 회원 한 명이 여러 상품을 주문할 수 있고, 하나의 상품을 여러 회원이 주문할 수 있다고 했으므로 회원 개체와 상품 개체가 맺는 주문 관계는 다대다n:m 관계가 된다. 회원이 상품을 반드시 주문해야 하는 것은 아니므로 회원 개체는 주문 관계에 선택적으로 참여한다고 볼 수 있다. 그리고 회원이 주문하지 않은 상품이 존재할 수 있으므로 상품 개체도 주문 관계에 선택적으로 참여한다고 볼 수 있다.

❼번 문장에서 '유지해야 한다'는 회원 개체와 상품 개체가 주문 관계를 맺으면 생기는 주문번호·주문수량·배송지·주문일자 속성을 설명하므로 관계를 표현하는 동사로 볼 수 없다. 한편 주문번호·주문수량·배송지·주문일자는 주문 관계를 설명하는 속성이므로 이를 주문 관계의 속성으로 분류한다.

[그림 8-4]의 ❽, ❾번 문장에서 동사를 모두 찾아 밑줄을 그어 표시한 결과는 [그림 8-19]와 같다. 의미가 같은 동사는 한 번만 표시한다.

❽ 각 상품은 한 제조업체가 공급하고, 제조업체 하나는 여러 상품을 <u>공급할 수 있다</u>.
❾ 제조업체가 상품을 공급하면 공급일자와 공급량 정보를 <u>유지해야 한다</u>.

그림 8-19 요구 사항 문장에서 동사를 선별한 예 (C)

❽번 문장에서 '공급할 수 있다'는 상품 개체와 제조업체 개체가 맺는 관계를 설명하므로 이를 통해 상품 개체와 제조업체 개체가 맺고 있는 공급 관계를 추출할 수 있다. 하나의 상품은 제조업체 하나가 공급하고, 제조업체 하나는 여러 상품을 공급할 수 있다고 했으므로 제조업체 개체와 상품 개체가 맺는 공급 관계는 일대다1:n가 된다. 상품은 제조업체가 반드시 공급해야 하므로 상품 개체는 공급 관계에 필수적으로 참여한다고 볼 수 있다. 그리고 상품을 공급하지 않는 제조업체도 존재할 수 있으므로 제조업체 개체는 공급 관계에 선택적으로 참여한다고 볼 수 있다. ❾번 문장에서 '유지해야 한다'는 상품 개체와 제조업체 개체가 공급 관계를 맺으면 생기는 공급일자·공급량 속성을 설명하므로 관계를 표현하는 동사로 볼 수 없다. 한편 공급일자·공급량은 공급 관계를 설명하는 속성이므로 이를 공급 관계의 속성으로 분류한다.

[그림 8-4]의 ⑫번 문장에서 동사를 모두 찾아 밑줄을 그어 표시한 결과는 [그림 8-20]과 같다. 의미가 같은 동사는 한 번만 표시한다.

⑫ 회원은 게시글을 여러 개 작성할 수 있고, 게시글 하나는 한 명의 회원만 <u>작성할 수 있다</u>.

그림 8-20 요구 사항 문장에서 동사를 선별한 예 (D)

⑫번 문장에서 '작성할 수 있다'는 회원 개체와 게시글 개체가 맺는 관계를 설명하므로 이를 통해 회원 개체와 게시글 개체가 맺고 있는 작성 관계를 추출할 수 있다. 회원 한 명이 게시글을 여러 개 작성할 수 있고, 게시글 하나는 한 명의 회원만 작성할 수 있다고 했으므로 회원 개체와 게시글 개체가 맺는 작성 관계는 일대다1:n가 된다. 회원이 게시글을 반드시 작성해야 하는 것이 아니므로 회원 개체는 작성 관계에 선택적으로 참여한다고 볼 수 있다. 게시글은 반드시 회원이 작성해야 하므로 게시글 개체는 작성 관계에 필수적으로 참여한다고 볼 수 있다.

[그림 8-4]의 요구 사항 명세서에서 조직의 업무 처리와 관련이 많고 개체와 개체 간의 의미 있는 연관성을 표현하는 동사만 선별하여 밑줄을 그어 표시한 결과는 [그림 8-21]과 같다. 의미가 같은 동사는 한 번만 표시한다. 그리고 선별한 동사에서 관계를 추출한 최종 결과는 [그림 8-22]와 같다.

❶ 한빛 마트에 회원으로 가입하려면 회원아이디, 비밀번호, 이름, 나이, 직업을 입력해야 한다.
❷ 가입한 회원에게는 등급과 적립금이 부여된다.
❸ 회원은 회원아이디로 식별한다.
❹ 상품에 대한 상품번호, 상품명, 재고량, 단가 정보를 유지해야 한다.
❺ 상품은 상품번호로 식별한다.
❻ 회원은 여러 상품을 주문할 수 있고, 하나의 상품을 여러 회원이 <u>주문할 수 있다</u>.
❼ 회원이 상품을 주문하면 주문에 대한 주문번호, 주문수량, 배송지, 주문일자 정보를 유지해야 한다.
❽ 각 상품은 한 제조업체가 공급하고, 제조업체 하나는 여러 상품을 <u>공급할 수 있다</u>.
❾ 제조업체가 상품을 공급하면 공급일자와 공급량 정보를 유지해야 한다.
❿ 제조업체에 대한 제조업체명, 전화번호, 위치, 담당자 정보를 유지해야 한다.
⑪ 제조업체는 제조업체명으로 식별한다.
⑫ 회원은 게시글을 여러 개 작성할 수 있고, 게시글 하나는 한 명의 회원만 <u>작성할 수 있다</u>.
⑬ 게시글에 대한 글번호, 글제목, 글내용, 작성일자 정보를 유지해야 한다.
⑭ 게시글은 글번호로 식별한다.

그림 8-21 한빛 마트 요구 사항 명세서에서 동사를 선별한 결과

관계	관계에 참여하는 개체	관계 유형	속성
주문	회원(선택) 상품(선택)	다대다	주문번호, 주문수량, 배송지, 주문일자
공급	상품(필수) 제조업체(선택)	일대다	공급일자, 공급량
작성	회원(선택) 게시글(필수)	일대다	

그림 8-22 한빛 마트 요구 사항 명세서에서 관계와 관계의 속성을 추출한 최종 결과

사용자가 만족하는 데이터베이스를 개발하려면 조직에서 업무를 처리하는 흐름을 정확히 파악하여 개체 간의 관계를 제대로 추출하고, 매핑 카디널리티와 참여 특성도 올바르게 결정해야 한다.

E-R 다이어그램에서 관계는 마름모로 표현하고, 사각형으로 표현된 개체와 선으로 연결한다. 그리고 일대일$_{1:1}$, 일대다$_{1:n}$, 다대다$_{n:m}$ 관계는 선 위에 레이블로 표시한다. 필수적으로 참여하는 개체는 개체와 관계를 이중선으로 연결한다.

한빛 마트의 데이터베이스에 대한 요구 사항 명세서에서 추출한 주문 관계를 E-R 다이어그램으로 표현한 결과는 [그림 8-23]과 같다. 주문 관계는 회원 개체와 상품 개체의 연관성을 표현하고, 주문번호·주문수량·배송지·주문일자를 속성으로 가진다. 주문 관계는 다대다$_{n:m}$ 관계로 분류되고, 회원 개체와 상품 개체는 모두 주문 관계에 선택적으로 참여한다.

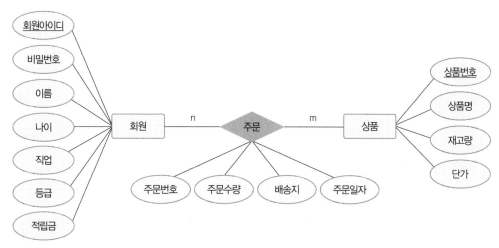

그림 8-23 주문 관계의 E-R 다이어그램

한빛 마트의 데이터베이스에 대한 요구 사항 명세서에서 추출한 공급 관계를 E-R 다이어그램으로 표현한 결과는 [그림 8-24]와 같다. 공급 관계는 상품 개체와 제조업체 개체의 연관성을 표현하고, 공급일자·공급량을 속성으로 가진다. 공급 관계는 일대다1:n 관계로 분류되고, 상품 개체는 주문 관계에 필수적으로 참여하며 제조업체 개체는 주문 관계에 선택적으로 참여한다.

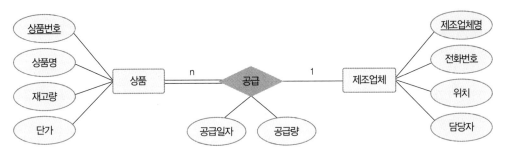

그림 8-24 공급 관계의 E-R 다이어그램

한빛 마트의 데이터베이스에 대한 요구 사항 명세서에서 추출한 작성 관계를 E-R 다이어그램으로 표현한 결과는 [그림 8-25]와 같다. 작성 관계는 회원 개체와 게시글 개체의 연관성을 표현한다. 작성 관계는 일대다1:n 관계로 분류되고, 회원 개체는 작성 관계에 선택적으로 참여하며 게시글 개체는 작성 관계에 필수적으로 참여한다.

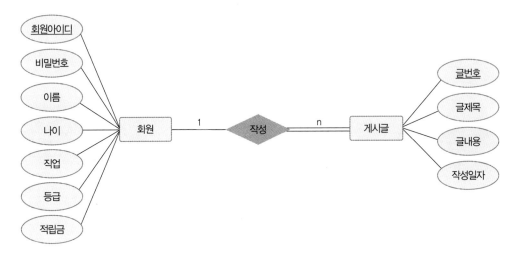

그림 8-25 작성 관계의 E-R 다이어그램

③ E-R 다이어그램 작성

한빛 마트의 데이터베이스에 대한 요구 사항 명세서에서 추출한 개체, 속성, 관계를 하나의
E-R 다이어그램으로 표현한 결과는 [그림 8-26]과 같다. 이 E-R 다이어그램이 한빛 마트의
데이터베이스에 대한 요구 사항 명세서를 개념적으로 모델링하여 표현한 것이다. 즉 개념적
설계 단계의 결과물인 개념적 스키마다.

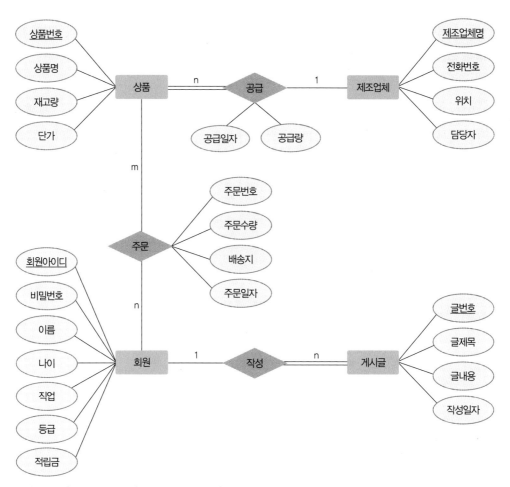

그림 8-26 한빛 마트 요구 사항 명세서의 E-R 다이어그램

04 | 논리적 설계

논리적 설계 단계에서는 DBMS에 적합한 논리적 데이터 모델을 이용해서, 개념적 설계 단계에서 생성한 개념적 스키마를 기반으로 논리적 스키마를 설계한다. 즉, DBMS에 독립적인 개념적 스키마를 기반으로 하여 개발에 사용할 DBMS가 처리할 수 있는 데이터베이스의 논리적 구조를 설계하는 것이 논리적 설계 단계의 목표다.

DBMS의 종류에 따라 네트워크 데이터 모델, 계층 데이터 모델, 관계 데이터 모델, 객체지향데이터 모델 등 다양한 논리적 데이터 모델을 사용할 수 있지만 일반적으로 관계 데이터 모델을 많이 사용한다. 논리적 설계 단계에서는 관계 데이터 모델을 이용하여 개념적 설계 단계의결과물인 E-R 다이어그램을 관계 데이터 모델의 릴레이션 스키마, 즉 테이블 스키마로 변환하는 작업을 한다.

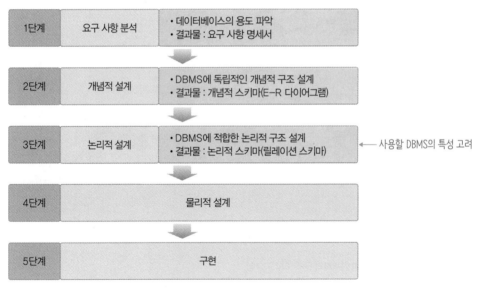

그림 8-27 데이터베이스 설계 : 논리적 설계 단계

논리적 설계 단계에서 E-R 다이어그램을 논리적 데이터 모델로 변환하는 작업을 논리적 모델링 또는 단순히 데이터 모델링이라 한다. 그리고 릴레이션 스키마와 같이 논리적 데이터 모델로 표현된 논리적 설계의 결과물을 논리적 구조 또는 논리적 스키마라고 한다.

E-R 다이어그램을 릴레이션 스키마로 변환하는 일은 쉽지 않다. E-R 모델과 관계 데이터 모델은 표현이 많이 다르기 때문이다. E-R 모델에서는 개체와 관계를 구분하지만, 관계 데이터 모델에서는 개체와 관계를 구분하지 않고 모두 릴레이션으로 표현한다. 그리고 E-R 모델에서는 다중 값 속성이나 복합 속성의 표현을 허용하지만, 관계 데이터 모델에서는 다중 값 속성과 복합 속성의 표현을 허용하지 않는다. 이러한 차이 때문에 E-R 다이어그램을 관계 데이터 모델의 릴레이션 스키마로 변환할 때는 세심하게 고려할 사항이 많다.

E-R 다이어그램에 표현된 개체와 관계는 릴레이션으로 표현하는 방법이 다르다. 관계 안에서도 일대일인지 일대다인지 또는 다대다인지에 따라 릴레이션으로 표현하는 방법이 다르므로 릴레이션 스키마로 변환하는 방법을 규칙화할 필요가 있다. 여기서는 E-R 다이어그램을 릴레이션 스키마로 변환할 때 적용할 수 있는 다섯 가지 규칙을 소개한다. 다섯 가지 규칙을 순서대로 적용하면 E-R 다이어그램을 릴레이션 스키마로 쉽게 변환할 수 있다. 물론 다섯 가지 규칙을 적용하여 생성된 릴레이션 스키마는 완벽하지 않을 수 있고, 이상 현상이 발생할 수도 있다. 더 정확히 변환하려면 다섯 가지 규칙을 적용해 릴레이션 스키마를 설계한 후에 9장에서 배울 정규화 과정을 통해 이상 현상이 발생하지 않도록 검증하는 작업을 수행하는 것이 좋다.

1 릴레이션 스키마 변환 규칙

E-R 다이어그램을 관계 데이터 모델의 릴레이션 스키마로 변환하는 규칙 다섯 가지를 간단한 예와 함께 살펴보자. 앞으로 릴레이션 스키마 대신 간단히 릴레이션이라는 용어를 주로 사용하겠다.

규칙 1 : 모든 개체는 릴레이션으로 변환한다

E-R 다이어그램의 각 개체를 하나의 릴레이션으로 변환한다. 개체의 이름을 릴레이션의 이름으로 하고, 개체가 가진 속성도 릴레이션의 속성으로 그대로 변환한다. 단, 개체가 가지고 있는 속성이 복합 속성인 경우에는 복합 속성을 구성하고 있는 단순 속성만 릴레이션의 속성으로 변환한다. 개체가 가지고 있는 키 속성은 릴레이션의 기본키로 변환한다.

[그림 8-28]은 E-R 다이어그램의 상품 개체를 릴레이션 스키마로 변환하는 예다.

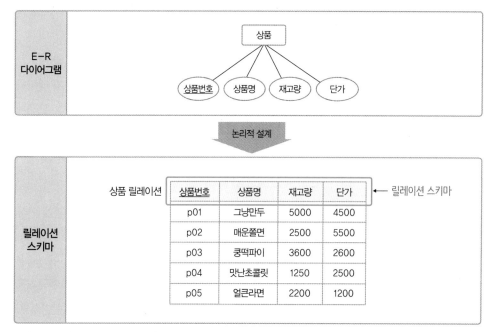

그림 8-28 개체를 릴레이션으로 변환하는 규칙을 적용한 예

[그림 8-28]의 E-R 다이어그램에 사각형으로 표현된 상품 개체를 하나의 릴레이션으로 변환한다. 개체의 이름을 그대로 릴레이션의 이름으로 사용하므로 상품 릴레이션이 되고, 상품 개체가 가지고 있던 상품번호·상품명·재고량·단가 속성도 그대로 상품 릴레이션의 속성으로 변환한다. 그리고 상품 개체의 키 속성인 상품번호를 상품 릴레이션의 기본키로 지정한다.

[그림 8-28]에서는 이해를 돕기 위해 상품 개체를 변환한 상품 릴레이션에 데이터가 실제로 저장된 모습을 제시하였다. 하지만 실제 데이터는 DBMS가 릴레이션을 구현한 후에야 삽입되므로 논리적 설계 단계에서는 릴레이션의 스키마만 설계하면 된다. 비유하자면, 집 구조를 설계하고 완전히 다 지어진 후에야 그 안에 사람들이 살 수 있는 것과 같다. 앞으로는 예를 들 때 릴레이션 스키마로 변환한 결과만 제시할 것이다. 릴레이션 스키마는 위와 같이 그림으로 표현해도 되고 릴레이션의 이름과 속성의 이름을 나열하여 다음과 같이 표현해도 된다.

상품(상품번호, 상품명, 재고량, 단가)

[그림 8-29]는 복합 속성을 가지고 있는 E-R 다이어그램의 고객 개체를 릴레이션 스키마로 변환하는 예다.

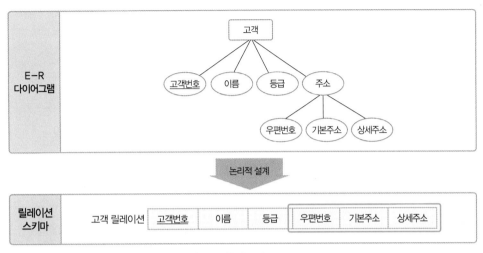

그림 8-29 복합 속성을 가지는 개체를 릴레이션으로 변환하는 예

[그림 8-29]의 E-R 다이어그램에 있는 고객 개체를 고객 릴레이션으로 변환한다. 고객 개체의 단순 속성인 고객번호·이름·등급은 그대로 고객 릴레이션의 속성으로 변환한다. 그리고 고객 개체의 키 속성인 고객번호를 고객 릴레이션의 기본키로 지정한다. 고객 개체가 복합 속성인 주소 속성을 가지고 있는 경우에는 복합 속성을 구성하고 있는 단순 속성들만 릴레이션의 속성으로 변환해야 하므로 복합 속성인 주소 속성을 제외한 우편번호·기본주소·상세주소 속성만 고객 릴레이션에 포함된다.

규칙 2 : 다대다n:m 관계는 릴레이션으로 변환한다

E-R 다이어그램에 있는 다대다n:m 관계를 하나의 릴레이션으로 변환한다. 관계의 이름을 릴레이션의 이름으로 하고, 관계의 속성도 릴레이션의 속성으로 그대로 변환한다. 단, 관계를 맺고 있는 개체가 무엇인지 중요하므로, 관계를 맺고 있는 개체들을 규칙 1에 따라 변환한 후 이 릴레이션들의 기본키를 관계 릴레이션에 포함시키고 외래키로 지정한다. 그리고 이 외래키들을 조합하여 관계 릴레이션의 기본키로 지정한다. 개체를 변환한 릴레이션의 기본키를 외래키로 지정할 때는 가져온 기본키들의 이름이 같을 경우 하나는 이름을 변경해야 한다. 한 릴레이션에 있는 속성은 이름이 모두 달라야 하기 때문이다. 하지만 속성의 이름만 달라질 뿐 속성의 도메인은 변하지 않으므로 외래키로 사용하는 데 문제가 되지 않는다.

[그림 8-30]은 E-R 다이어그램의 다대다n:m 관계를 릴레이션 스키마로 변환하는 예다.

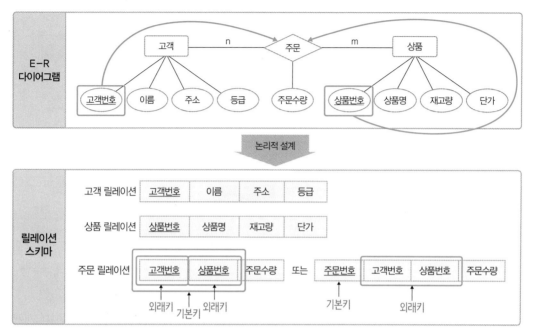

그림 8-30 다대다 관계를 릴레이션으로 변환하는 규칙을 적용한 예

[그림 8-30]의 E-R 다이어그램에 있는 고객 개체와 상품 개체를 규칙 1에 따라 먼저 고객 릴레이션과 상품 릴레이션으로 변환한다. E-R 다이어그램에서 고객 개체와 상품 개체가 맺고 있는 주문 관계는 다대다n:m 관계이므로 규칙 2에 따라 릴레이션으로 변환한다. 관계의 이름을 릴레이션의 이름으로 그대로 사용하여 주문 릴레이션이 되고, 주문 관계의 주문수량 속성도 주문 릴레이션의 속성으로 그대로 변환한다. 그리고 변환한 개체 릴레이션에서 기본키들을 가져와 외래키로 지정한다. 즉, 고객 릴레이션의 기본키인 고객번호 속성과 상품 릴레이션의 기본키인 상품번호 속성을 가져와 주문 릴레이션에 포함시키고 외래키로 지정한다. 그런다음 두 외래키를 조합하여 주문 릴레이션의 기본키로 지정한다. 필요하다면 주문번호 속성과 같은 별도의 기본키를 지정할 수도 있다.

규칙 3 : 일대다1:n 관계는 외래키로 표현한다

E-R 다이어그램에 있는 일대다1:n 관계는 릴레이션으로 변환하지 않고 외래키로만 표현한다. 단, 약한 개체가 참여하는 일대다1:n 관계는 일반 개체가 참여하는 경우와 다르게 처리해야 하므로 규칙 3을 다음과 같이 2개의 세부 규칙으로 나누어 적용한다.

규칙 3-1 : 일반적인 일대다 관계는 외래키로 표현한다

일반 개체들이 참여하는 일대다$1:n$ 관계는 릴레이션으로 변환하지 않고 외래키로만 표현한다. 관계를 맺고 있는 개체들을 규칙 1에 따라 변환한 릴레이션 중에서, 일대다$1:n$ 관계의 1측 개체 릴레이션의 기본키를 가져와 n측 개체 릴레이션에 포함시키고 외래키로 지정한다. 관계의 속성들도 n측 개체 릴레이션에 포함시킨다. 단, 외래키나 관계의 속성을 포함시킬 때 해당 릴레이션의 원래 속성과 이름이 같으면 이름을 변경해야 한다.

만약 n측 개체 릴레이션의 기본키를 가져와 1측 개체 릴레이션에 외래키로 포함시키면 해당 외래키가 다중 값을 가져 릴레이션의 특성을 위반하게 된다. 그러므로 반드시 1측 개체 릴레이션의 기본키를 n측 개체 릴레이션의 외래키로 지정해야 한다.

[그림 8-31]은 E-R 다이어그램에서 일반 개체가 참여하는 일대다$1:n$ 관계를 외래키로 표현하는 예다.

[그림 8-31]의 E-R 다이어그램에 있는 제조업체 개체와 상품 개체를 먼저 규칙 1에 따라 제조업체 릴레이션과 상품 릴레이션으로 변환한다. E-R 다이어그램에서 제조업체 개체와 상품 개체가 맺고 있던 공급 관계는 일대다$1:n$ 관계이므로 규칙 3-1에 따라 외래키로만 표현한다. 즉, 공급 관계의 1측 개체에 해당하는 제조업체 릴레이션의 기본키인 제조업체명 속성을 n측 개체에 해당하는 상품 릴레이션에 포함시키고 외래키로 지정한다. 공급 관계의 공급수량 속성도 상품 릴레이션에 포함시킨다. 그런데 공급수량 속성은 기본키 속성이 아니므로 상품 릴레이션에서 외래키가 될 수 없다는 사실을 기억하자.

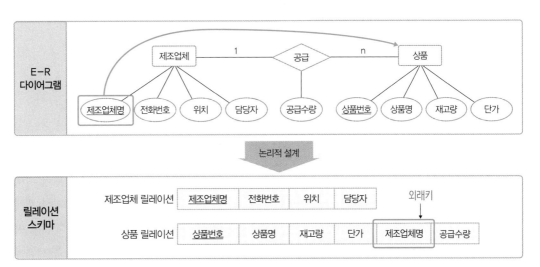

그림 8-31 일반적인 개체가 참여하는 일대다 관계를 외래키로 표현하는 규칙을 적용한 예

규칙 3-2 : 약한 개체가 참여하는 일대다 관계는 외래키를 포함해서 기본키로 지정한다

약한 개체가 참여하는 일대다$_{1:n}$ 관계도 릴레이션으로 변환하지 않고 외래키로만 표현한다. 일반 개체들이 참여하는 일대다$_{1:n}$ 관계처럼 관계를 맺고 있는 개체들을 규칙 1에 따라 릴레이션으로 변환한다. 이때 일대다$_{1:n}$ 관계의 1측 개체 릴레이션의 기본키를 가져와 n측 개체 릴레이션에 포함시키고 외래키로 지정한다. 관계의 속성들도 n측 개체 릴레이션에 포함시킨다.

일반 개체들이 참여하는 일대다$_{1:n}$ 관계와 다른 점은, 외래키가 포함된 릴레이션에서 이 외래키를 포함하여 기본키를 지정해야 한다는 점이다. 즉, n측 개체 릴레이션이 가지고 있던 키 속성과 외래키 속성을 조합하여 기본키로 지정한다. 약한 개체는 강한 개체에 따라 존재 여부가 결정되는 만큼 강한 개체의 기본키를 이용해 식별하는 것이다. 그러므로 강한 개체인 1측 개체 릴레이션의 기본키를 포함해서 약한 개체의 기본키를 지정한다.

[그림 8-32]는 E-R 다이어그램에서 약한 개체가 참여하는 일대다$_{1:n}$ 관계를 외래키로 표현하는 예다.

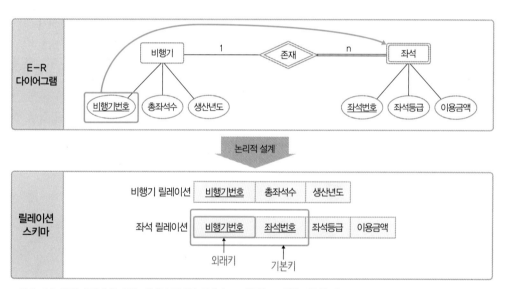

그림 8-32 약한 개체가 참여하는 일대다 관계를 외래키로 표현하는 규칙을 적용한 예

[그림 8-32]의 E-R 다이어그램에 있는 비행기 개체와 좌석 개체를 먼저 규칙 1에 따라 비행기 릴레이션과 좌석 릴레이션으로 변환한다. E-R 다이어그램에서 비행기 개체와 좌석 개체가 맺고 있던 존재 관계는 일대다$_{1:n}$ 관계다. 그리고 좌석 개체는 비행기 개체에 의해 존재 여부가 결정되는 약한 개체이고 비행기 개체는 강한 개체다. 그러므로 존재 관계의 1측 개체에

해당하는 비행기 릴레이션의 기본키인 비행기번호 속성을 n측 개체에 해당하는 좌석 릴레이션에 포함시키고 외래키로 지정한다. 그런 다음 좌석 개체 릴레이션의 키 속성인 좌석번호와 외래키인 비행기번호를 조합하여 좌석 릴레이션의 기본키로 지정한다. 승객이 좌석을 찾는다고 생각해보자. 좌석번호만으로는 자신이 예약한 좌석을 제대로 찾을 수 없다. 해당 좌석이 존재하는 비행기까지 알아야 한다. 그러므로 강한 개체에 해당하는 비행기 릴레이션의 기본키를 포함해서 약한 개체에 해당하는 좌석 릴레이션의 기본키를 지정하는 것이 타당하다.

규칙 4 : 일대일1:1 관계를 외래키로 표현한다

E-R 다이어그램에 있는 일대일1:1 관계도 일대다1:n 관계처럼 릴레이션으로 변환하지 않고 외래키로만 표현한다. 이때, 데이터의 중복을 피하려면 개체가 관계에 참여하는 특성에 따라 약간 다르게 처리해야 하므로 규칙 4를 다음과 같이 3개의 세부 규칙으로 나누어 적용한다.

규칙 4-1 : 일반적인 일대일 관계는 외래키를 서로 주고 받는다

일반적인 일대일1:1 관계는 릴레이션으로 변환하지 않고 외래키로만 표현한다. 관계를 맺는 개체들을 규칙 1에 따라 변환한 릴레이션들이 서로의 기본키를 주고받아 이를 외래키로 지정한다. 이때, 관계가 가지는 속성들은 관계에 참여하는 개체를 변환한 릴레이션에 모두 포함시킨다.

[그림 8-33]은 E-R 다이어그램에 있는 일반적인 일대일1:1 관계를 외래키로 표현하는 예다.

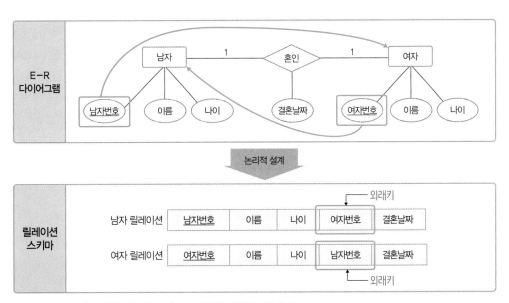

그림 8-33 일반적인 일대일 관계를 외래키로 표현하는 규칙을 적용한 예

[그림 8-33]의 E-R 다이어그램에 있는 남자 개체와 여자 개체를 먼저 규칙 1에 따라 남자 릴레이션과 여자 릴레이션으로 변환한다. E-R 다이어그램에서 남자 개체와 여자 개체가 맺고 있던 혼인 관계는 일대일1:1 관계이므로 규칙 4-1에 따라 외래키로만 표현한다. 즉, 남자 릴레이션의 기본키인 남자번호 속성을 여자 릴레이션의 외래키로 지정하고, 여자 릴레이션의 기본키인 여자번호 속성을 남자 릴레이션의 외래키로 지정한다. 혼인 관계가 가지고 있던 결혼날짜 속성은 남자 릴레이션과 여자 릴레이션에 모두 포함시킨다.

규칙 4-1에 따라 일대일1:1 관계에 참여하고 있는 개체에 해당하는 릴레이션들이 서로의 기본키를 주고받아 이를 외래키로 지정하면 불필요한 데이터 중복이 발생하게 된다. [그림 8-33]의 예를 다시 보자. 남자 릴레이션과 여자 릴레이션이 서로의 기본키를 주고받아 이를 외래키로 지정하는 이유는, 혼인 관계를 맺고 있는 남자와 여자가 누구인지를 표현하기 위해서다. 그런데 혼인 관계를 표현하기 위해 남자 릴레이션과 여자 릴레이션이 외래키를 모두 가질 필요는 없다. 일대다1:n 관계의 표현처럼 한쪽 릴레이션만 외래키를 가져도 관계를 표현하는 데 충분하다. 외래키뿐 아니라 관계가 가지는 속성도 마찬가지다. 혼인 관계가 가지는 결혼날짜 속성도 남자 릴레이션과 여자 릴레이션에 모두 포함시킬 필요 없이 한쪽 릴레이션에만 포함시켜도 충분하다.

그렇다면 두 릴레이션 중 어떤 릴레이션에 외래키와 관계의 속성을 포함시키는 것이 좋을까? 어떤 릴레이션을 선택하든 관계를 표현하는 데 문제가 없으므로 상관없다. 데이터베이스가 사용되는 조직의 환경적인 요소를 고려해서 선택하면 된다. 다만, 관계에 참여하는 특성을 고려하면 외래키와 관계의 속성을 포함시킬 릴레이션을 좀 더 쉽게 선택할 수도 있다. 관계에 참여하는 특성을 고려하여 일대일1:1 관계를 변환하는 방법을 규칙 4-2와 규칙 4-3을 통해 알아보자.

규칙 4-2 : 일대일 관계에 필수적으로 참여하는 개체의 릴레이션만 외래키를 받는다

일대일1:1 관계를 맺고 있는 두 개체 중 관계에 필수적으로 참여하는 개체에 대응하는 릴레이션에만 외래키를 포함시킨다. 즉, 관계에 필수적으로 참여하는 개체에 해당하는 릴레이션이 선택적으로 참여하는 개체에 해당하는 릴레이션의 기본키를 받아 외래키로 지정한다. 이때, 관계가 가지고 있는 속성들도 관계에 필수적으로 참여하는 개체에 해당하는 릴레이션에 함께 포함시킨다.

관계에 선택적으로 참여하는 개체에 해당하는 릴레이션이 외래키를 가지면 어떻게 될까? 물론 관계를 표현하는 데 문제는 없다. 다만, 관계에 선택적으로 참여하기 때문에 릴레이션이 실제로 구축되고 난 후에 외래키로 지정된 속성에는 널 값이 저장되는 경우가 많을 것이다. 그러므로 관계에 반드시 참여하는 개체에 대응하는 릴레이션이 외래키를 가지도록 하는 것이 좋다.

[그림 8-34]는 E-R 다이어그램에서 일대일1:1 관계에 필수적으로 참여하는 개체에 해당하는 릴레이션에 외래키를 포함하는 예다.

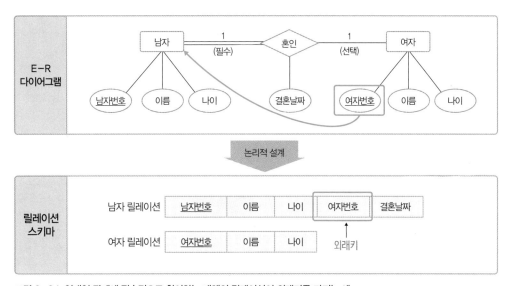

그림 8-34 일대일 관계에 필수적으로 참여하는 개체의 릴레이션이 외래키를 가지는 예

[그림 8-34]의 E-R 다이어그램에서 남자 개체는 혼인 관계에 필수적으로 참여하지만, 여자 개체는 선택적으로 참여하고 있다. 남자는 꼭 결혼해야 하고 여자는 결혼하지 않아도 되는 법이 있는 나라에서 작성될 수 있는 E-R 다이어그램이다. 이런 경우에는 남자 릴레이션이 여자 릴레이션의 기본키인 여자번호를 외래키로 받는다. 그리고 혼인 관계가 가지고 있는 결혼날짜 속성을 남자 릴레이션에 포함시킨다.

일대일1:1 관계를 맺는 두 개체가 모두 선택적으로 참여하는 경우에는 외래키를 포함시킬 릴레이션을 자유롭게 선택하면 된다. 그리고 필수적으로 참여하는 개체가 있다면 그 개체에 해당하는 릴레이션에 외래키를 포함시키면 된다. 이렇게 하면 관계의 표현이 불필요하게 중복되지 않는다. 그렇다면 두 개체가 모두 필수적으로 참여하는 경우에는 어떻게 처리하는 것이 좋을까? 이 경우에는 규칙 4-3을 적용하면 된다.

규칙 4-3 : 모든 개체가 일대일 관계에 필수적으로 참여하면 릴레이션 하나로 합친다

일대일1:1 관계를 맺고 있는 두 개체가 모두 관계에 필수적으로 참여한다면 그만큼 관련성이 있는 개체라는 의미다. 그러므로 두 개체에 해당하는 두 릴레이션을 하나로 합쳐 표현한다. 관계의 이름을 릴레이션의 이름으로 사용하고, 관계에 참여하는 두 개체의 속성들도 관계 릴레이션에 모두 포함시킨다. 그리고 두 개체 릴레이션의 키 속성을 조합하여 관계 릴레이션의 기본키로 지정한다.

[그림 8-35]는 E-R 다이어그램에 있는 두 개체가 일대일1:1 관계에 모두 필수적으로 참여하여 이를 하나의 릴레이션으로 합쳐서 표현하는 예다.

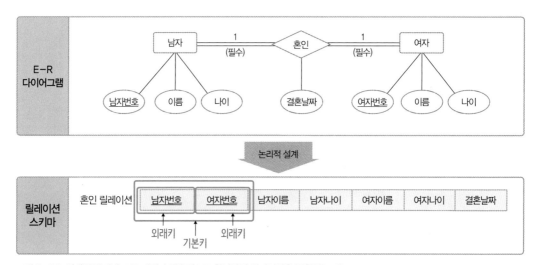

그림 8-35 일대일 관계에 모든 개체가 필수적으로 참여하면 릴레이션을 통합하는 예

[그림 8-35]의 E-R 다이어그램에 있는 남자 개체와 여자 개체는 모두 혼인 관계에 필수적으로 참여한다. 남자와 여자 모두 꼭 결혼해야 한다는 법이 있는 나라에서 작성될 수 있는 E-R 다이어그램이다. 이 경우 남자 개체와 여자 개체를 먼저 규칙 1에 따라 남자 릴레이션과 여자 릴레이션으로 변환한다. 그리고 남자 개체와 여자 개체가 일대일1:1인 혼인 관계에 모두 필수적으로 참여하므로 규칙 4-3에 따라 남자 릴레이션과 여자 릴레이션을 하나의 릴레이션으로 합친다. 혼인 관계를 표현하는 릴레이션이므로 합친 릴레이션은 이름을 혼인 릴레이션으로

한다. 그리고 남자 릴레이션의 남자번호·이름·나이 속성과 여자 릴레이션의 여자번호·이름·나이 속성, 혼인 관계의 결혼날짜 속성을 혼인 릴레이션에 모두 포함시킨다. 단, 남자 릴레이션의 이름·나이 속성이 여자 릴레이션의 속성과 이름이 같으므로 혼인 릴레이션에서 속성의 이름을 변경한다. 마지막으로, 남자 릴레이션의 기본키인 남자번호와 여자 릴레이션의 기본키인 여자번호를 조합하여 혼인 릴레이션의 기본키로 지정한다.

규칙 5 : 다중 값 속성은 릴레이션으로 변환한다

관계 데이터 모델의 릴레이션에서는 다중 값을 가지는 속성을 허용하지 않는다. 그러므로 E-R 다이어그램에 있는 다중 값 속성은 그 속성을 가지고 있는 개체에 해당하는 릴레이션이 아닌 별도의 릴레이션을 만들어 포함시킨다. 새로 만들어진 릴레이션에는 E-R 다이어그램에서 다중 값 속성으로 표현된 속성뿐 아니라 그 속성을 가지고 있는 개체에 해당하는 릴레이션의 기본키를 가져와 포함시키고 이를 외래키로 지정한다. 새로 만들어진 릴레이션의 이름은 자유롭게 정하고, 기본키는 다중 값 속성과 외래키를 조합하여 지정한다.

[그림 8-36]은 E-R 다이어그램에 있는 다중 값 속성을 릴레이션으로 변환하는 예다.

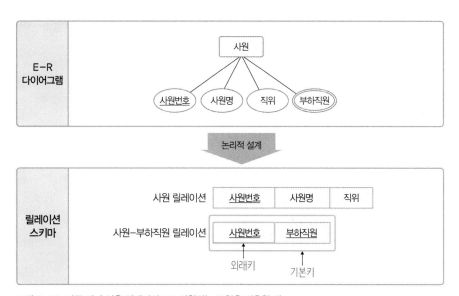

그림 8-36 다중 값 속성을 릴레이션으로 변환하는 규칙을 적용한 예

[그림 8-36]의 E-R 다이어그램에 있는 사원 개체를 먼저 규칙 1에 따라 사원 릴레이션으로 변환한다. 그런데 사원 개체가 가지고 있는 부하직원 속성은 다중 값을 가지는 속성이므로 사원 릴레이션에 포함시킬 수 없어 별도의 릴레이션을 만든다. 새로 만든 릴레이션의 이름은 사원-부하직원 릴레이션으로 지정한다. 사원-부하직원 릴레이션에 다중 값 속성으로 분류한 부하직원 속성과 사원 릴레이션의 기본키인 사원번호를 가져와 포함시키고 이를 외래키로 지정한다. 그리고 다중 값 속성으로 분류한 부하직원 속성과 외래키인 사원번호를 조합하여 사원-부하직원 릴레이션의 기본키로 지정한다.

관계 데이터 모델의 릴레이션은 다중 값 속성을 허용하지 않는다고 했다. 그런데 [그림 8-36]에서 변환된 사원-부하직원 릴레이션만 보면 다중 값 속성인 부하직원 속성을 릴레이션에서 어떻게 처리하는 것인지 이해하기 어려울 수 있다. 이 릴레이션이 구축된 후 실제 데이터가 저장된 모습을 통해 규칙 5를 이해해보자.

다중 값 속성인 부하직원 속성이 사원 릴레이션에 그대로 포함된다면 릴레이션을 구현한 뒤 실제로 투플이 저장된 모습은 [그림 8-37]과 같이 예상할 수 있다. 하지만 앞서 설명한 것처럼 릴레이션은 속성에 다중 값을 저장할 수 없으므로 엄밀히 말하면 이 사원 릴레이션은 릴레이션의 특성을 위반한다. 사원 릴레이션을 릴레이션의 특성에 맞게 구성하려면 [그림 8-38]과 같이 부하직원 속성에 단 하나의 값만 저장되도록 해야 한다.

사원번호	사원명	직위	부하직원
e001	홍정화	부장	{김정수, 이수연}
e002	김수창	과장	{박영길}
e003	최종민	차장	{이수영, 배길수}

← 다중 값을 가지는 속성

그림 8-37 다중 값 속성인 부하직원 속성을 그대로 포함하는 사원 릴레이션

사원번호	사원명	직위	부하직원
e001	홍정화	부장	김정수
e001	홍정화	부장	이수연
e002	김수창	과장	박영길
e003	최종민	차장	이수영
e003	최종민	차장	배길수

그림 8-38 릴레이션 특성에 맞게 부하직원 속성을 포함하는 사원 릴레이션

[그림 8-38]의 사원 릴레이션은 사원번호가 e001인 홍정화 사원의 부하직원이 김정수와 이수연이라는 것을 2개의 투플로 나누어 저장해서 보여준다. 이는 모든 속성이 단 하나의 값만 저장해야 한다는 릴레이션 특성에 부합한다. 사원번호가 e003인 최종민 사원도 마찬가지다. 하지만 사원 릴레이션을 이렇게 구성하면 사원번호·사원명·직위 속성의 값이 불필요하게 중복 저장되는 문제가 발생한다. 그러므로 다중 값 속성을 릴레이션에 포함시키려면 규칙 5를 적용해서 릴레이션을 분해할 필요가 있다.

규칙 5를 적용하여 다중 값 속성을 별도의 릴레이션에 포함시키면 [그림 8-39]와 같이 불필요한 중복을 제거하면서도 다중 값을 가지는 속성을 릴레이션에 포함시킬 수 있다. 그러므로 E-R 다이어그램에 있는 다중 값 속성은 규칙 5에 따라 릴레이션으로 변환하는 것이 좋다.

사원-부하직원 릴레이션

사원번호	부하직원
e001	김정수
e001	이수연
e002	박영길
e003	이수영
e003	배길수

사원 릴레이션

사원번호	사원명	직위
e001	홍정화	부장
e002	김수창	과장
e003	최종민	차장

그림 8-39 규칙 5를 적용한 후 사원 릴레이션과 사원-부하직원 릴레이션

이상으로 E-R 다이어그램을 관계 데이터 모델의 릴레이션 스키마로 변환하기 위한 다섯 가지 기본 규칙을 모두 살펴보았다. 이번에는 기본 규칙은 아니지만 E-R 다이어그램을 릴레이션 스키마로 변환할 때 추가로 고려할 수 있는 몇 가지 사항을 더 알아보자.

기타 고려 사항

기본 변환 규칙에서는 다대다n:m 관계만 릴레이션으로 변환하였지만 일대일1:1, 일대다1:n 관계도 릴레이션으로 변환할 수 있다. 특히, 속성이 많은 관계는 관계 유형에 상관없이 릴레이션으로 변환하는 것을 고려할 수 있다.

[그림 8-40]은 일대일1:1 관계를 외래키로 표현하지 않고 릴레이션으로 변환하는 예다.

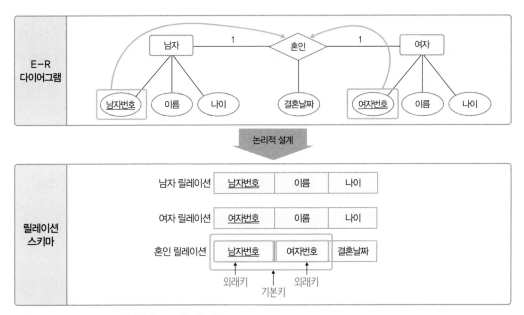

그림 8-40 일대일 관계를 릴레이션으로 변환하는 예

[그림 8-40]의 E-R 다이어그램에 있는 남자 개체와 여자 개체를 규칙 1에 따라 먼저 남자 릴레이션과 여자 릴레이션으로 변환한다. E-R 다이어그램에서 남자 개체와 여자 개체가 맺고 있는 관계는 일대일1:1 관계이지만, 다대다n:m 관계처럼 릴레이션으로 변환한다. 관계의 이름을 릴레이션의 이름으로 그대로 사용하고, 혼인 관계의 결혼날짜 속성을 혼인 릴레이션의 속성으로 변환한다. 그리고 혼인 관계를 맺고 있는 두 개체에 해당하는 릴레이션들의 기본키를 가져와 포함시키고 이를 외래키로 지정한다. 즉, 남자 릴레이션의 기본키인 남자번호 속성과 여자 릴레이션의 기본키인 여자번호 속성을 가져와 혼인 릴레이션에 포함시키고 이를 외래키로 지정한다. 그리고 두 외래키를 조합하여 기본키로 지정한다.

이처럼 다대다n:m 외의 관계를 릴레이션으로 변환해도 된다. 하지만 그럴 경우 생성되는 릴레이션의 개수가 많아져 릴레이션을 관리해야 하는 DBMS의 부담이 커지게 된다. 그러므로 릴레이션의 개수가 불필요하게 늘어나지 않도록, 외래키만으로도 표현이 가능한 일대일1:1이나 일대다1:n 관계는 릴레이션으로 변환하지 않는 것이 좋다.

개체가 자기 자신과 관계를 맺는 순환 관계도 기본 규칙을 그대로 적용하면 된다. 즉, 순환 관계가 다대다n:m 관계일 경우에는 릴레이션으로 변환하고, 일대일1:1이나 일대다1:n 관계일 경우에는 외래키로만 표현한다.

[그림 8-41]은 개체 하나만 관계에 참여하는 순환 관계에 기본 규칙을 적용한 예다.

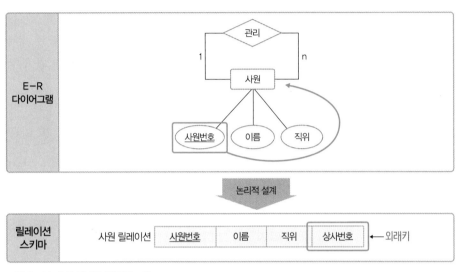

그림 8-41 순환 관계를 변환하는 예

[그림 8-41]의 E-R 다이어그램에서 사원 개체가 자기 자신과 관리 관계를 맺고 있다. 사원 개체는 상사와 부하직원이라는 서로 다른 역할로 관계를 맺고 있지만 관리 관계에 참여하는 실제 개체는 사원 개체 하나뿐이다. 하나의 개체만 관계에 참여하는 특수한 형태이지만 순환 관계도 기본 규칙을 그대로 적용한다. 먼저 사원 개체를 규칙 1에 따라 사원 릴레이션으로 변환한다. E-R 다이어그램에서 관리 관계는 일대다1:n이므로 릴레이션을 생성하지 않고 외래키로만 표현한다. 따라서 사원 릴레이션의 기본키인 사원번호를 사원 릴레이션의 외래키로 지정해야 하는데 사원 릴레이션의 기본키 속성 이름과 외래키 속성 이름이 같으면 안 되므로 관리 관계를 표현하기 위해 상사번호라는 이름으로 변경한다. 관리 관계에서 1측에 해당하는 상사 역할의 사원 개체 릴레이션의 기본키를 n측에 해당하는 부하직원 역할의 사원 개체 릴레이션의 외래키로 지정한다는 의미이므로 외래키 속성의 이름을 상사번호로 변경한 것이다.

2 릴레이션 스키마 변환 규칙을 이용한 논리적 설계

논리적 설계를 위해 E-R 다이어그램을 릴레이션 스키마로 변환할 때는 변환 규칙을 순서대로 적용하면 된다. 해당되지 않는 규칙은 제외하고 다음으로 넘어간다. 한빛 마트를 위한 데이터베이스를 개발하기 위해 개념적 설계 단계에서 작성한 [그림 8-26]의 한빛 마트 E-R 다이어그램에 논리적 모델링을 수행하는 과정을 단계별로 좀 더 자세히 살펴보자.

앞서 작성한 한빛 마트 E-R 다이어그램에 변환 규칙 1부터 적용해보자. 규칙 1은 모든 개체를 릴레이션으로 변환하는 것이다. 한빛 마트 E-R 다이어그램에는 [그림 8-42]와 같이 상품, 제조업체, 회원, 게시글 개체가 존재한다.

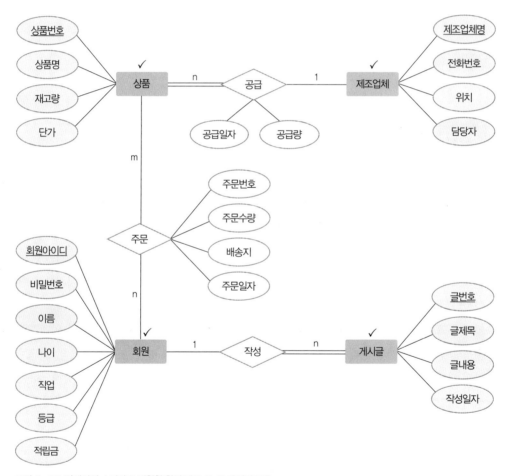

그림 8-42 릴레이션 스키마로 변환할 한빛 마트 E-R 다이어그램

먼저 규칙 1에 따라 4개의 개체를 개별 릴레이션으로 변환한다. 회원 개체에 해당하는 회원 릴레이션은 회원아이디·비밀번호·이름·나이·직업·등급·적립금 속성을 포함하고, 회원아이디 속성이 기본키가 된다. 상품 개체에 해당하는 상품 릴레이션은 상품번호·상품명·재고량·단가 속성을 포함하고, 상품번호 속성이 기본키가 된다. 제조업체 개체에 해당하는 제조업체 릴레이션은 제조업체명·전화번호·위치·담당자 속성을 포함하고, 제조업체명 속성이 기본키가 된다. 게시글 개체에 대응하는 게시글 릴레이션은 글번호·글제목·글내용·작성일자 속성을 포함하고, 글번호 속성이 기본키가 된다. 규칙 1을 적용하여 E-R 다이어그램에 있는 4개의 개체를 릴레이션으로 변환한 결과는 [그림 8-43]과 같다.

| 회원 릴레이션 | 회원아이디 | 비밀번호 | 이름 | 나이 | 직업 | 등급 | 적립금 |

| 상품 릴레이션 | 상품번호 | 상품명 | 재고량 | 단가 |

| 제조업체 릴레이션 | 제조업체명 | 전화번호 | 위치 | 담당자 |

| 게시글 릴레이션 | 글번호 | 글제목 | 글내용 | 작성일자 |

그림 8-43 규칙 1을 적용한 결과

다음으로 규칙 1을 적용한 결과에 계속해서 규칙 2를 적용해보자. 규칙 2는 다대다$_{n:m}$ 관계를 릴레이션으로 변환하는 것이다. [그림 8-44]에 표시한 것처럼 한빛 마트의 E-R 다이어그램에는 다대다$_{n:m}$ 관계인 주문 관계가 존재한다.

규칙 2에 따라 회원 개체와 상품 개체가 참여하는 주문 관계를 릴레이션으로 변환해야 한다. 주문 관계를 변환한 주문 릴레이션은 주문 관계의 주문번호·주문수량·배송지·주문일자 속성을 그대로 포함한다. 그리고 회원 개체에 해당하는 회원 릴레이션의 기본키인 회원아이디 속성과 상품 개체에 해당하는 상품 릴레이션의 기본키인 상품번호 속성을 주문 릴레이션에 포함시키고 이를 외래키로 지정한다. 주문 릴레이션의 기본키는 두 외래키를 조합하여 지정한다. 규칙 2를 적용하여 다대다$_{n:m}$ 관계를 릴레이션으로 변환한 결과는 [그림 8-45]와 같다. 규칙 1을 적용한 [그림 8-43]의 결과와 비교해보면 주문 릴레이션이 새로 추가된 것을 확인할 수 있다.

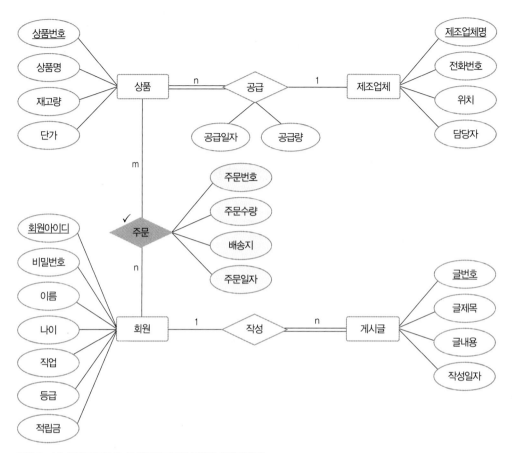

그림 8-44 한빛 마트의 E-R 다이어그램에 표현된 다대다 관계

그림 8-45 규칙 2를 적용한 결과

이제 규칙 2를 적용한 결과에 계속해서 규칙 3을 적용해보자. 규칙 3은 일대다1:n 관계를 외래키로 표현하는 것이다. [그림 8-46]에 표시한 것처럼 한빛 마트의 E-R 다이어그램에는 일대다1:n 관계인 공급 관계와 작성 관계가 존재한다.

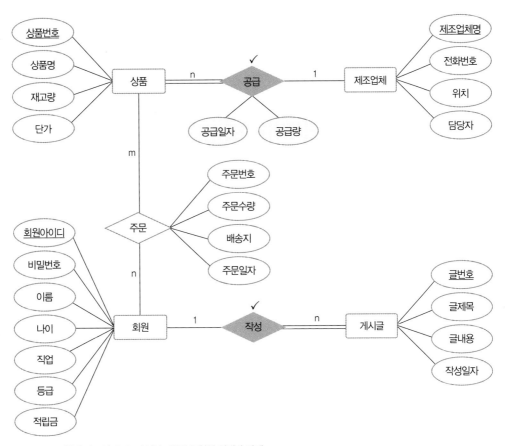

그림 8-46 한빛 마트의 E-R 다이어그램에 표현된 일대다 관계

규칙 3에 따르면 공급 관계와 작성 관계는 외래키로만 표현해야 한다. 공급 관계에서 1측 개체에 해당하는 제조업체 릴레이션의 기본키인 제조업체명 속성을 n측 개체에 해당하는 상품 릴레이션의 외래키로 지정한다. 공급 관계의 공급일자와 공급량 속성도 n측 개체에 해당하는 상품 릴레이션에 포함시킨다. 같은 방법으로 작성 관계에서 1측 개체에 해당하는 회원 릴레이션의 기본키인 회원아이디 속성을 n측 개체에 해당하는 게시글 릴레이션의 외래키로 지정한다. 작성 관계에는 별도의 속성이 없다.

규칙 3을 적용하여 일대다1:n 관계를 릴레이션으로 변환한 결과는 [그림 8-47]과 같다. 규칙 2까지 적용한 [그림 8-45]의 결과와 비교해보면 상품 릴레이션과 게시글 릴레이션에 외래키와 새로운 속성이 추가된 것을 확인할 수 있다.

그림 8-47 규칙 3을 적용한 결과

이제 규칙 3까지 적용한 결과에 규칙 4와 규칙 5를 적용할 차례다. 그런데 한빛 마트의 E-R 다이어그램에는 일대일1:1 관계가 없으므로 규칙 4를 적용할 필요가 없다. 그리고 다중 값 속성도 없으므로 규칙 5도 적용할 필요가 없다.

그러므로 [그림 8-26]의 한빛 마트 E-R 다이어그램에 다섯 가지 기본 변환 규칙을 모두 적용한 최종 변환 결과는 [그림 8-47]과 같다. 한빛 마트 E-R 다이어그램은 논리적 모델링 과정을 통해 5개의 릴레이션 스키마로 변환된다.

다섯 가지의 변환 규칙을 순서대로 적용하여 최종적으로 변환된 릴레이션 스키마에 대해 속성의 데이터 타입과 길이·널 값 허용 여부·기본값·제약조건 등을 결정하는 것도 논리적 설계 단계에서 수행하는 작업이다. 릴레이션 스키마에 대한 세부 사항들이 결정되면 릴레이션별로 결정된 내용을 문서화해두는 것이 좋다. 예를 들어 릴레이션 스키마에 대한 모든 정보를 표 형태로 작성해둔다. 이처럼 릴레이션 스키마에 대한 설계 정보를 기술한 문서를 테이블 명세서라고 한다.

[그림 8-48]은 [그림 8-47]의 릴레이션 스키마 중 회원 릴레이션 스키마에 대해 결정된 설계 정보를 기술한 테이블 명세서의 예다. 이 예는 MS SQL 서버를 DBMS로 사용한다고 가정하고 작성한 것이다.

테이블 이름			회원			
속성 이름	데이터 타입	널 허용 여부	기본값	기본키	외래키	제약조건
회원아이디	VARCHAR(20)	N		PK		
비밀번호	VARCHAR(20)	N				
이름	VARCHAR(10)	N				
나이	INT	Y				0 이상
직업	VARCHAR(20)	Y				
등급	VARCHAR(10)	N	silver			silver, gold, vip만 허용
적립금	INT	N	0			

그림 8-48 회원 릴레이션 스키마의 테이블 명세서

물리적 설계와 구현

논리적 설계 단계에서 릴레이션 스키마의 설계를 완료하면, 물리적 설계 단계에서는 하드웨어나 운영체제의 특성을 고려하여 필요한 인덱스의 구조나 내부 저장 구조, 접근 경로 등에 대한 물리적인 구조를 설계한다. 그리고 마지막으로 DBMS를 이용해 SQL 문을 작성하고 이를 실행시켜서 데이터베이스를 실제로 생성하면 데이터베이스 개발이 완료된다.

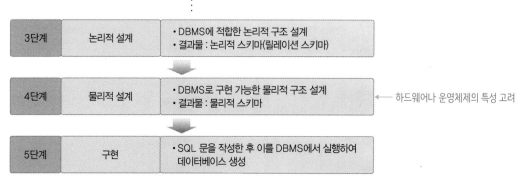

3단계	논리적 설계	• DBMS에 적합한 논리적 구조 설계 • 결과물 : 논리적 스키마(릴레이션 스키마)	
4단계	물리적 설계	• DBMS로 구현 가능한 물리적 구조 설계 • 결과물 : 물리적 스키마	← 하드웨어나 운영체제의 특성 고려
5단계	구현	• SQL 문을 작성한 후 이를 DBMS에서 실행하여 데이터베이스 생성	

그림 8-49 데이터베이스 설계 : 물리적 설계와 구현

[그림 8-50]은 [그림 8-48]에서 제시한 내용에 따라 회원 릴레이션을 실제로 생성하는 SQL 문의 작성 예다.

```
CREATE TABLE 회원 (
    회원아이디      VARCHAR(20)      NOT NULL,
    비밀번호        VARCHAR(20)      NOT NULL,
    이름           VARCHAR(10)      NOT NULL,
    나이           INT,
    직업           VARCHAR(20),
    등급           VARCHAR(10)      NOT NULL  DEFAULT 'silver',
    적립금         INT              NOT NULL  DEFAULT 0,
    PRIMARY KEY(회원아이디),
    CHECK (나이 >= 0),
    CHECK (등급 in ('silver', 'gold', 'vip'))
);
```

그림 8-50 회원 릴레이션을 구현하기 위한 SQL 문의 예

01 데이터베이스 설계의 과정

사용자의 다양한 요구 사항을 고려하여 데이터베이스를 생성하는 과정이다. E-R 모델과 변환 규칙을 이용한 설계와 정규화를 이용한 설계가 있다.

• **E-R 모델과 릴레이션 변환 규칙을 이용한 설계** : 다음 5단계로 진행된다.

1단계	요구 사항 분석	• 데이터베이스의 용도 파악 • 결과물 : 요구 사항 명세서
2단계	개념적 설계	• DBMS에 독립적인 개념적 구조 설계 • 결과물 : 개념적 스키마(E-R 다이어그램)
3단계	논리적 설계	• DBMS에 적합한 논리적 구조 설계 • 결과물 : 논리적 스키마(릴레이션 스키마)
4단계	물리적 설계	• DBMS로 구현 가능한 물리적 구조 설계 • 결과물 : 물리적 스키마
5단계	구현	• SQL 문을 작성한 후 이를 DBMS에서 실행하여 데이터베이스 생성

• **정규화를 이용한 설계** : 이상 현상을 제거하면서 올바르게 설계해나가는 방법으로, 9장에서 자세히 다룬다.

02 요구 사항 분석

데이터베이스에 대한 사용자의 다양한 요구 사항을 수집하고 분석하여, 개발할 데이터베이스의 용도를 파악해 요구 사항 명세서를 작성한다.

03 개념적 설계

요구 사항 명세서를 개념적 데이터 모델(개념적 스키마)로 표현한다.

개체와 속성 추출   관계 추출   E-R 다이어그램 작성

요구 사항 명세서에 있는 명사에 주목   요구 사항 명세서에 있는 동사에 주목

04 논리적 설계와 릴레이션 스키마 변환 규칙

다음 다섯 가지 릴레이션 변환 규칙에 따라 개념적 설계를 릴레이션 스키마(논리적 스키마)로 변환한다.

- 규칙 1 : 모든 개체는 릴레이션으로 변환한다.
- 규칙 2 : 다대다$_{n:m}$ 관계는 릴레이션으로 변환한다.
- 규칙 3 : 일대다$_{1:n}$ 관계는 외래키로 표현한다.
- 규칙 4 : 일대일$_{1:1}$ 관계는 외래키로 표현한다.
- 규칙 5 : 다중 값 속성은 독립 릴레이션으로 변환한다.

05 물리적 설계와 구현

- 물리적 설계 : 필요한 인덱스 구조나 내부 저장 구조 등 물리적 구조를 설계한다.
- 구현 : SQL로 작성한 명령문을 DBMS에서 실행하여 데이터베이스를 생성한다.

01 다음은 데이터베이스를 설계하기 위한 5단계다. 순서대로 나열하시오.

> (A) 구현   (B) 논리적 설계
>
> (C) 개념적 설계   (D) 요구 사항 분석   (E) 물리적 설계

02 데이터베이스를 설계할 때 고려할 사항으로 적합하지 않은 것은?

① 데이터 무결성을 유지할 수 있도록 데이터베이스를 설계한다.

② 데이터 일관성을 유지할 수 있도록 데이터베이스를 설계한다.

③ 데이터 보안성을 유지할 수 있도록 데이터베이스를 설계한다.

④ 데이터 종속성을 유지할 수 있도록 데이터베이스를 설계한다.

03 데이터베이스 설계 과정 중 다음 설명과 관련 있는 것은?

> 데이터베이스를 저장 장치에 실제로 저장하기 위한 저장 레코드나 인덱스 구조 등을 설계하고 저장 레코드 집중의 분석 및 설계, 접근 경로 설계 등을 담당한다.

① 논리적 설계   ② 요구 사항 분석

③ 물리적 설계   ④ 개념적 설계

04 데이터베이스 설계 단계와 그 단계에서 수행되는 결과를 잘못 연결한 것은?

① 개념적 설계 단계–목표 DBMS에 독립적인 개념적 스키마 설계

② 논리적 설계 단계–목표 DBMS에 독립적인 논리적 스키마 설계

③ 물리적 설계 단계–목표 DBMS에 적합한 물리적 스키마 설계

④ 구현 단계–목표 DBMS에서 SQL 문을 실행하여 데이터베이스 생성

05 데이터베이스 설계에 대한 설명으로 옳지 않은 것은?

① 요구 사항 분석 단계에서는 사용자의 요구 사항을 수집하고 분석하여 사용자가 의도하는 데이터베이스의 용도를 파악해야 한다.

② 개념적 설계 단계에서는 요구 사항 분석 단계에서 파악한 사용자의 요구 사항을 DBMS에 적합한 개념적 구조로 표현한다.

③ 논리적 설계 단계에서는 개념적 설계 단계에서 만들어진 개념적 구조로부터 특정 목표 DBMS가 처리할 수 있는 스키마를 생성한다.

④ 물리적 설계 단계에서는 인덱스 구조나 내부 저장 구조, 접근 경로 등을 결정한다.

06 데이터베이스에서 개념적 설계 단계에 대한 설명으로 틀린 것은?

① 결과물로 E-R 다이어그램이 만들어진다.

② DBMS에 독립적인 개념적 스키마를 설계한다.

③ 하드웨어나 운영체제의 특성을 고려하여 필요한 인덱스 구조, 내부 저장 구조도 미리 설계한다.

④ 논리적 설계 단계의 앞 단계에서 수행된다.

07 다음 E-R 다이어그램을 관계 데이터 모델로 변환하려 한다. 다음 중 독립적인 릴레이션으로 표현해야만 하는 것끼리 모아놓은 것은?

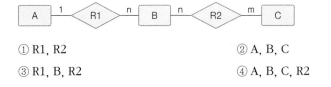

① R1, R2

② A, B, C

③ R1, B, R2

④ A, B, C, R2

08 다음 E-R 다이어그램을 릴레이션 스키마로 바르게 변환한 것은? 단, PK는 기본키, FK는 외래 키를 의미한다.

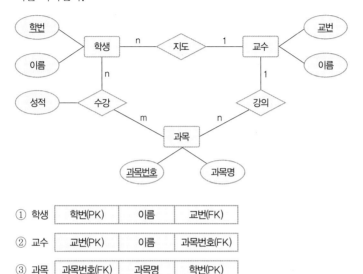

① 학생

학번(PK)	이름	교번(FK)

② 교수

교번(PK)	이름	과목번호(FK)

③ 과목

과목번호(FK)	과목명	학번(PK)

④ 수강

학번(PK, FK)	과목번호(PK, FK)

09 다음 요구 사항을 릴레이션 스키마로 설계했을 때, 가장 적절한 것은?

> - 대학에서 1, 2학년 학생은 교수로부터 진로 지도를 받는다(교수 : 학생 = 1 : N 관계).
> - 학생들 사이에도 멘토링을 실시하며, 멘티mentee인 1학년 학생이 멘토mentor인 2학년 학생으로부터 조언을 받는다(멘토 : 멘티 = 1 : N 관계).

① 학생(<u>학번</u>, 이름, 멘토, 멘토링내용)

　　교수(<u>교수ID</u>, 이름, 지도학생학번, 지도내용)

② 학생(<u>학번</u>, 이름, 멘티, 멘토링내용)

　　교수(<u>교수ID</u>, 이름, 지도학생학번, 지도내용)

③ 학생(<u>학번</u>, 이름, 지도교수ID, 지도내용, 멘토, 멘토링내용)

　　교수(<u>교수ID</u>, 이름)

④ 학생(<u>학번</u>, 이름, 지도교수ID, 지도내용, 멘티, 멘토링내용)

　　교수(<u>교수ID</u>, 이름)

10 '부서' 개체와 '직원' 개체가 '관리' 관계를 맺고 있음을 나타낸 E-R 다이어그램을 릴레이션 스키마로 표현하고 다음과 같이 데이터가 주어졌을 때, '관리' 관계에 대한 설명으로 옳지 않은 것은? 단, 〈직원 릴레이션〉의 부서번호는 〈부서 릴레이션〉의 번호를 참조하는 외래키다.

직원 릴레이션

사번	이름	부서번호
111	박영수	2
222	김창식	1
333	이민수	2
444	최종호	2
555	민지혜	3

부서 릴레이션

번호	부서명
1	총무부
2	개발실
3	영업부

① '관리' 관계는 직원에서 부서 쪽으로 1:N 관계다.

② '관리' 관계는 N:M 관계다.

③ '관리' 관계는 부서에서 직원 쪽으로 1:N 관계다.

④ '관리' 관계는 1:1 관계다.

11 데이터베이스 설계 시 요구 사항 분석 단계에서 나온 결과(요구 사항 명세서)를 E-R 다이어그램과 같은 DBMS에 독립적이고 고차원적인 표현 기법으로 나타내는 단계는 무엇인가?

12 데이터베이스 설계 단계 중 DDL로 스키마를 작성하고 목표 DBMS에서 실행하여 데이터베이스를 생성하는 단계는 무엇인가?

13 다음은 데이터베이스 구축까지의 과정을 나열한 것이다. Ⓐ, Ⓑ, Ⓒ에 들어갈 알맞은 단계를 각각 작성하시오.

요구 사항 분석 → Ⓐ → Ⓑ → Ⓒ → 구현

14 다음 E–R 다이어그램을 릴레이션 스키마로 변환하시오.

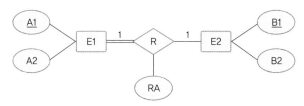

15 다음 E–R 다이어그램을 릴레이션 스키마로 변환하시오.

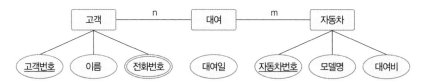

16 다음 E–R 다이어그램을 릴레이션 스키마로 변환하시오.

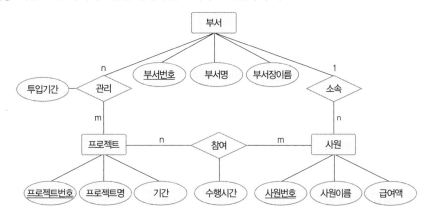

17 다음 E-R 다이어그램을 릴레이션 스키마로 변환하시오.

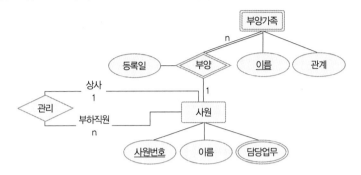

18 한빛 은행에서 고객 관리, 계좌 관리를 위한 데이터베이스를 구축하고자 한다. 각 물음에 답하시오.

> • 고객을 관리하기 위해 고객번호, 고객이름, 주소, 직업, 나이를 저장한다.
> • 계좌를 관리하기 위해 계좌번호, 유형, 잔액을 저장한다.
> • 고객 한 명이 여러 계좌를 소유할 수 있다.
> • 계좌 하나는 한 명의 고객만 소유할 수 있다.

(1) 위의 요구 사항을 분석한 결과를 토대로 E-R 다이어그램을 작성하시오.

(2) (1)에서 작성한 E-R 다이어그램을 릴레이션 스키마로 변환하시오.

19 한빛 항공사에서 회원 관리, 비행기 관리, 좌석 예약 관리를 위한 데이터베이스를 구축하고자
한다. 각 물음에 답하시오.

> • 한빛 항공사에 회원으로 가입하려면 회원아이디, 비밀번호, 성명, 신용카드 정보를 입력해야 한다.
> • 회원의 신용카드 정보는 여러 개를 저장할 수 있는데, 세부적으로는 신용카드번호, 유효기간을 저장할 수
>   있다.
> • 한빛 항공사에서는 보유한 비행기에 대해 비행기번호, 출발날짜, 출발시간 정보를 저장하고 있다.
> • 한빛 항공사에서는 좌석에 대해 좌석번호, 등급 정보를 저장하고 있다.
> • 회원은 좌석을 예약하는데, 회원 한 명은 좌석을 하나만 예약할 수 있고, 한 좌석은 회원 한 명만 예약할
>   수 있다.
> • 비행기에는 좌석이 존재하는데, 비행기 하나에는 좌석이 여러 개 존재할 수 있고 한 좌석은 반드시 하나의
>   비행기에만 존재해야 한다. 그리고 좌석은 비행기가 없으면 의미가 없다.

(1) 위의 요구 사항을 분석한 결과를 토대로 E-R 다이어그램을 작성하시오.
(2) (1)에서 작성한 E-R 다이어그램을 릴레이션 스키마로 변환하시오.

정규화

학습목표

- 정규화의 필요성과 이상 현상의 의미를 이해한다.
- 정규화를 수행하기 위해 함수 종속성의 개념을 이해한다.
- 정규형의 유형과 관계를 이해하고, 실제 예를 통해 정규화 과정을 연습해본다.

PREVIEW

여러분은 관계가 서먹하거나 싫어하는 사람이 있는가? 혹은 싫어하는 동물이 있는가? 싫어하는 사람이나 동물과 같이 살아야 된다면 어떨까? 당연히 유쾌하지 않을 것이다. 같이 살면서 친해질 수도 있겠지만 절대 친해질 수 없는 이유까지 있다면 문제가 계속 발생할 것이다.

릴레이션에도 이런 특성이 있다. 관련이 없는 속성을 하나의 릴레이션에 모아두면 문제가 발생할 수 있다. 데이터베이스가 싫어하는 데이터 중복이 많이 나타나고, 예기치 못한 이상한 일들이 발생할 수 있는 것이다. 그렇다면 어떻게 해야 문제가 없는 릴레이션을 설계할 수 있을까? 그리고 이미 설계한 릴레이션에 이상한 문제가 발생하지 않게 하려면 어떻게 해야 할까?

해결책은 간단하다. 싫어하는 동물과 같이 안 살면 되는 것처럼, 하나의 릴레이션에 관련 없는 속성이 들어가지 않게 하고, 친한 속성끼리 릴레이션을 구성해주면 된다. 그러려면 속성들의 친밀도를 판단하는 방법이 필요하다.

이 장에서는 속성들의 친밀도를 정확히 판단하고, 이 기준에 따라 릴레이션을 구성하는 방법인 정규화를 소개하고자 한다. 정규화를 수행하기 위해 필요한 함수 종속성의 개념을 이해하고 실제 예를 통해 정규화 과정을 연습해볼 수 있다. 여기서 학습한 정규화를 이용해 이상한 문제가 발생하지 않는 바람직한 릴레이션을 설계하고, 설계한 릴레이션이 올바른지 검증할 수 있는 데이터베이스 설계 전문가가 되길 바란다.

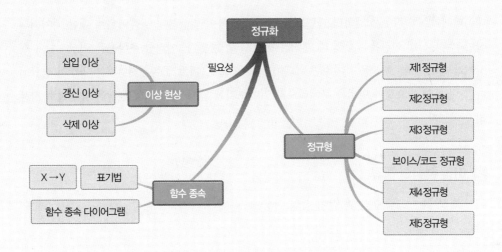

01 정규화의 개념과 이상 현상

1 정규화의 개념

8장에서는 관계 데이터 모델에 기반을 두고 데이터베이스를 설계하는 방법 중 E-R 모델과 릴레이션 변환 규칙을 이용하는 방법을 살펴보았다. 이 장에서는 정규화normalization를 이용해 데이터베이스를 설계하는 방법에 대해 소개한다. 정규화는 데이터베이스를 설계한 후 설계 결과물을 검증하기 위해 사용하기도 한다. 앞에서도 언급했듯이, 두 설계 방법은 데이터베이스 설계 결과물이 비슷한 수준을 유지하므로 상황에 따라 적절한 방법을 선택하면 된다.

데이터베이스를 잘못 설계하면 불필요한 데이터 중복이 발생하여 릴레이션에 대한 데이터의 삽입·수정·삭제 연산을 수행할 때 부작용이 발생할 수 있다. 이러한 부작용을 이상anomaly 현상이라 한다. 이상 현상을 제거하면서 데이터베이스를 올바르게 설계해나가는 과정이 정규화다. 정규화의 필요성과 방법을 구체적으로 알아보기에 앞서 먼저 이상 현상을 종류별로 자세히 알아보자.

2 이상 현상의 종류

이상 현상에는 [그림 9-1]과 같이 삽입 이상insertion anomaly, 갱신 이상update anomaly, 삭제 이상deletion anomaly이 있다.

삽입 이상	새 데이터를 삽입하기 위해 불필요한 데이터도 함께 삽입해야 하는 문제
갱신 이상	중복 투플 중 일부만 변경하여 데이터가 불일치하게 되는 모순의 문제
삭제 이상	투플을 삭제하면 꼭 필요한 데이터까지 함께 삭제되는 데이터 손실의 문제

그림 9-1 이상 현상의 종류

> NOTE 갱신 이상은 수정 연산과 관련된 것이므로 통일성을 위해서는 수정 이상이라고 해야 하지만 갱신 이상이라는 용어를 더 일반적으로 사용하므로 이 책에서는 갱신 이상이라는 용어를 사용한다.

[그림 9-2]의 이벤트참여 릴레이션을 이용해 잘못 설계된 릴레이션에서 발생할 수 있는 이상 현상을 살펴보고, 이를 통해 이상 현상의 개념을 이해해보자.

고객아이디	이벤트번호	당첨여부	고객이름	등급
apple	E001	Y	정소화	gold
apple	E005	N	정소화	gold
apple	E010	Y	정소화	gold
banana	E002	N	김선우	vip
banana	E005	Y	김선우	vip
carrot	E003	Y	고명석	gold
carrot	E007	Y	고명석	gold
orange	E004	N	김용욱	silver

그림 9-2 이상 현상을 설명하기 위한 릴레이션의 예 : 이벤트참여 릴레이션

[그림 9-2]의 이벤트참여 릴레이션은 고객들이 이벤트에 참여한 결과를 저장하고 있는 릴레이션이다. 고객에 대한 정보인 고객아이디·고객이름·등급과 고객이 참여한 이벤트에 대한 정보인 이벤트번호·당첨여부를 포함하고 있다. 한 고객이 여러 이벤트에 참여할 수 있으므로 고객아이디만으로는 투플을 유일하게 식별할 수 없다. 그러므로 고객아이디와 이벤트번호 속성을 함께 사용하여 이벤트참여 릴레이션의 기본키를 구성한다.

고객 한 명이 여러 이벤트에 참여할 수 있으므로 이벤트참여 릴레이션에는 동일한 고객의 이름과 등급이 여러 번 나타날 수 있다. 예를 들어 아이디가 apple인 고객은 3개의 이벤트에 참여하므로 고객의 이름과 등급이 이벤트참여 릴레이션에 세 번 저장된다. 이렇게 동일한 데이터가 여러 번 중복되어 저장되면 저장 공간을 낭비할 뿐 아니라 릴레이션에 데이터를 삽입·수정·삭제할 때 삽입·갱신·삭제 이상 현상이 발생할 수 있다.

삽입 이상

릴레이션에 새 데이터를 삽입하기 위해 원치 않는 불필요한 데이터도 함께 삽입해야 하는 문제를 삽입 이상insertion anomaly이라 한다. 예를 들어 아이디가 melon이고 ,이름이 성원용, 등급이 gold인 신규 고객이 회원으로 가입하여, [그림 9-2]의 이벤트참여 릴레이션에 이 고객에 대한 데이터를 삽입해야 한다고 해보자. 이 고객이 참여한 이벤트가 아직 없다면 이벤트참여 릴레이션에 이 고객에 대한 데이터를 삽입할 수 없다. 이벤트참여 릴레이션의 기본키가 고

객아이디와 이벤트번호 속성이고, 기본키를 구성하는 속성은 널 값을 가질 수 없다는 제약이 존재하기 때문이다. 즉, 고객아이디와 참여한 이벤트번호가 모두 존재해야 이벤트참여 릴레이션에 새 고객의 데이터를 삽입할 수 있다. 따라서 성원용 고객에 대한 데이터를 이벤트참여 릴레이션에 삽입하려면 실제로 참여하지 않은 임시 이벤트번호를 삽입해야 하므로 이벤트참여 릴레이션에는 삽입 이상이 발생하게 된다.

고객아이디	이벤트번호	당첨여부	고객이름	등급
apple	E001	Y	정소화	gold
apple	E005	N	정소화	gold
apple	E010	Y	정소화	gold
banana	E002	N	김선우	vip
banana	E005	Y	김선우	vip
carrot	E003	Y	고명석	gold
carrot	E007	Y	고명석	gold
orange	E004	N	김용욱	silver
melon	NULL	NULL	성원용	gold	← 삽입 불가!

그림 9-3 이벤트참여 릴레이션의 삽입 이상

갱신 이상

릴레이션의 중복된 투플들 중 일부만 수정하여 데이터가 불일치하게 되는 모순이 발생하는 것을 갱신 이상update anomaly이라 한다. [그림 9-2]의 이벤트참여 릴레이션에는 아이디가 apple인 고객에 대한 투플이 3개 존재하여, 고객아이디·고객이름·등급 속성의 값이 중복되어 있다. 아이디가 apple인 고객의 등급이 gold에서 vip로 변경된다면, 이벤트참여 릴레이션에서 apple 고객에 대한 투플 3개의 등급 속성 값이 모두 수정되어야 한다. 그렇지 않고 [그림 9-4]와 같이 2개의 투플만 등급이 수정되면 apple 고객이 서로 다른 등급을 가지는 모순이 생겨 갱신 이상이 발생하게 된다.

고객아이디	이벤트번호	당첨여부	고객이름	등급
apple	E001	Y	정소화	vip
apple	E005	N	정소화	vip
apple	E010	Y	정소화	gold
banana	E002	N	김선우	vip
banana	E005	Y	김선우	vip
carrot	E003	Y	고명석	gold
carrot	E007	Y	고명석	gold
orange	E004	N	김용욱	silver

← 데이터 불일치 발생!

그림 9-4 이벤트참여 릴레이션의 갱신 이상

삭제 이상

릴레이션에서 투플을 삭제하면 꼭 필요한 데이터까지 함께 삭제하여 데이터가 손실되는 연쇄 삭제 현상을 삭제 이상deletion anomaly이라 한다. 아이디가 orange인 고객이 이벤트 참여를 취소하여 [그림 9-2]의 이벤트참여 릴레이션에서 관련된 투플을 삭제해야 한다면, [그림 9-5]와 같이 하나의 투플만 삭제하면 된다. 그런데 이 투플은 아이디가 orange인 고객이 참여하고 있는 이벤트에 대한 정보만 가지고 있는 것이 아니라, 해당 고객에 대한 정보인 고객아이디·고객이름·등급에 대한 정보도 유일하게 가지고 있다. 따라서 이 투플이 삭제되면 이벤트참여와 관련이 없음에도 불구하고 해당 고객에 대한 고객아이디·고객이름·등급 데이터까지 원치 않게 손실되는 삭제 이상이 발생하게 된다.

고객아이디	이벤트번호	당첨여부	고객이름	등급
apple	E001	Y	정소화	gold
apple	E005	N	정소화	gold
apple	E010	Y	정소화	gold
banana	E002	N	김선우	vip
banana	E005	Y	김선우	vip
carrot	E003	Y	고명석	gold
carrot	E007	Y	고명석	gold
orange	E004	N	김용욱	silver

← 데이터 손실 발생!

그림 9-5 이벤트참여 릴레이션의 삭제 이상

3 정규화의 필요성

[그림 9-2]의 이벤트참여 릴레이션에 여러 이상 현상이 발생하는 이유는 무엇일까? 관련이 없는 데이터, 즉 관련 없는 속성들을 하나의 릴레이션에 모아두고 있기 때문이다. 이상 현상이 발생하지 않도록 하려면, 관련 있는 속성들로만 릴레이션을 구성해야 하는데 이를 위해 필요한 것이 정규화다. 정규화는 이상 현상이 발생하지 않도록, 릴레이션을 관련이 있는 속성들로만 구성하기 위해 릴레이션을 분해decomposition하는 과정이다. 정규화를 통해 릴레이션 설계를 올바르게 완성할 수 있다.

정규화를 수행하려면 먼저 릴레이션을 구성하는 속성들 간의 관련성을 판단할 수 있어야 한다. 정규화 과정에서 고려해야 하는 속성들 간의 관련성을 함수적 종속성FD: Functional Dependency이라고 한다. 일반적으로 릴레이션에 함수적 종속성이 하나 존재하도록 정규화를 통해 릴레이션을 분해한다. 그러므로 정규화를 본격적으로 살펴보기에 앞서 다음 절에서 함수적 종속성의 의미와 함수적 종속성을 판단하는 방법부터 알아보자.

> **NOTE** 원래는 함수적 종속성이 정확한 번역이지만, 이와 관련해 추가로 등장하는 용어를 부르기 편하도록 이후
> 부터는 함수적 종속성 대신 함수 종속성이라는 용어를 사용하기로 한다.

02

함수 종속

하나의 릴레이션을 구성하는 속성들의 부분 집합을 X와 Y라 할 때, 어느 시점에서든 릴레이션 내의 모든 투플에서 X 값에 대한 Y 값이 항상 하나면 "X가 Y를 함수적으로 결정한다" 또는 "Y가 X에 함수적으로 종속되어 있다"라고 한다. 함수 종속 관계는 X → Y로 표현하고 X를 결정자, Y를 종속자라고 한다.

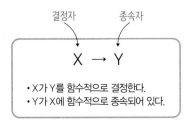

그림 9-6 함수 종속의 표현

[그림 9-7]의 고객 릴레이션을 대상으로 속성 간의 함수 종속 관계를 판단해보자.

고객아이디	고객이름	등급
apple	정소화	gold
banana	김선우	vip
carrot	고명석	gold
orange	김용욱	silver

그림 9-7 함수 종속 관계 설명을 위한 릴레이션의 예 : 고객 릴레이션

[그림 9-7]의 고객 릴레이션에서 각 고객아이디 속성 값에 대응되는 고객이름 속성과 등급 속성의 값이 단 하나이므로, 고객아이디가 고객이름과 등급을 결정한다고 볼 수 있다. 예를 들어 고객아이디가 apple인 고객은 이름이 정소화, 등급이 gold인 한 사람밖에 없다. 그러므로 고객 릴레이션에서 고객이름과 등급 속성은 고객아이디 속성에 함수적으로 종속되어 있어, 고객아이디는 결정자가 되고 고객이름과 등급은 종속자가 된다.

고객 릴레이션에 존재하는 함수 종속 관계는 다음과 같이 기호로 표현할 수 있다.

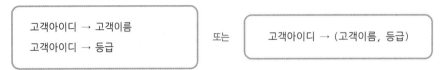

그림 9-8 고객 릴레이션에 존재하는 함수 종속 관계

하나의 릴레이션을 구성하는 속성들 간의 함수 종속 관계를 도식화하여 표현할 수 있다. 이를 함수 종속 다이어그램이라고 하는데, 함수 종속 다이어그램은 복잡한 함수 종속 관계를 더 직관적으로 이해하는 데 도움이 된다. 예로 제시한 고객 릴레이션의 함수 종속 다이어그램은 [그림 9-9]와 같다.

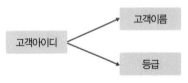

그림 9-9 고객 릴레이션의 함수 종속 다이어그램

함수 종속 관계를 판단할 때 유의할 점은, 현재 시점에 릴레이션에 포함된 속성 값만으로 판단하면 안 된다는 것이다. 릴레이션에서 속성 값은 계속 변할 수 있기 때문에 속성 자체가 가지고 있는 특성과 의미를 기반으로 판단해야 한다. [그림 9-7]의 고객 릴레이션에서 함수 종속 관계를 판단할 때도 마찬가지다. 고객 릴레이션에 현재 저장되어 있는 속성 값이 아닌 속성 자체의 특성을 고려하여 함수 종속 관계를 판단해야 한다. 고객 릴레이션에서 고객아이디는 고객을 구별해주는 기본키 속성이기 때문에 아이디가 같은 서로 다른 고객이 존재할 수 없다. 그러므로 고객아이디가 정해지면 오직 하나의 고객이름과 등급이 결정된다.

일반적으로 투플을 유일하게 구별하는 기본키와 후보키는 그 특성 때문에 릴레이션을 구성하는 다른 모든 속성들을 함수적으로 결정한다. 하지만 이러한 특성으로 인해 함수 종속 관계 X → Y에서 기본키나 후보키만 결정자인 X가 될 수 있는 것은 아니다. 기본키나 후보키가 아니더라도 속성 Y 값을 유일하게 결정하는 속성 X는 함수 종속 관계에서 모두 결정자가 될 수 있다. 물론 릴레이션 내의 여러 투플에서 속성 X 값이 같으면 이 값과 연관된 속성 Y 값도 모두 같아야 결정자로 인정받을 수 있다.

[그림 9-10]의 이벤트참여 릴레이션을 대상으로 좀 더 복잡한 속성들 간의 함수 종속 관계를 판단해보자.

고객아이디	이벤트번호	당첨여부	고객이름
apple	E001	Y	정소화
apple	E005	N	정소화
apple	E010	Y	정소화
banana	E002	N	김선우
banana	E005	Y	김선우
carrot	E003	Y	고명석
carrot	E007	Y	고명석
orange	E004	N	김용욱

그림 9-10 함수 종속 관계를 설명하기 위한 릴레이션의 예 : 이벤트참여 릴레이션

[그림 9-10]의 이벤트참여 릴레이션에서는 고객아이디가 고객이름을 유일하게 결정한다. 고객아이디가 같으면 모든 투플에서 고객이름이 반드시 같은 값을 가지기 때문이다. 그러므로 고객이름은 고객아이디에 종속되어 있어, 고객아이디가 결정자가 되고 고객이름이 종속자가 된다. 그리고 기본키인 {고객아이디, 이벤트번호} 속성 집합은 당첨여부 속성을 유일하게 결정한다. 아이디가 apple인 고객이 참여한 E001 이벤트의 당첨여부는 Y만 존재하기 때문이다. 그러므로 당첨여부는 {고객아이디, 이벤트번호}에 종속되어 있어, {고객아이디, 이벤트번호}가 결정자가 되고 당첨여부가 종속자가 된다. 물론 당첨여부뿐 아니라 고객이름도 기본키인 {고객아이디, 이벤트번호}에 종속되어 있다.

이벤트참여 릴레이션에 존재하는 함수 종속 관계를 기호로 표현하면 다음과 같다.

> 고객아이디 → 고객이름
> {고객아이디, 이벤트번호} → 당첨여부
> {고객아이디, 이벤트번호} → 고객이름

그림 9-11 이벤트참여 릴레이션에 존재하는 함수 종속 관계

이벤트참여 릴레이션에 존재하는 함수 종속 관계에서 {고객아이디, 이벤트번호}에 종속되어 있는 고객이름은 {고객아이디, 이벤트번호}의 일부분인 고객아이디에도 종속되어 있다. 이런 경우, 고객이름 속성이 {고객아이디, 이벤트번호} 속성 집합에 부분 함수 종속되었다고 한다.

반면, 당첨여부 속성은 {고객아이디, 이벤트번호}의 일부분이 아닌 속성 집합 전체에 종속되어 있다. 이런 경우에는 당첨여부 속성이 {고객아이디, 이벤트번호} 속성 집합에 완전 함수 종속되었다고 한다.

완전 함수 종속FFD; Full Functional Dependency은 릴레이션에서 속성 집합 Y가 속성 집합 X에 함수적으로 종속되어 있지만, 속성 집합 X 전체에 종속된 것이지 일부분에 종속된 것이 아님을 의미한다. 이와 반대로 부분 함수 종속PFD; Partial Functional Dependency은 속성 집합 Y가 속성 집합 X의 전체가 아닌 일부분에도 함수적으로 종속됨을 의미하므로, 부분 함수 종속 관계가 성립하려면 결정자가 여러 개의 속성들로 구성되어 있어야 한다. 일반적으로 함수 종속이라고 하면 완전 함수 종속을 의미한다. 그러나 정규화를 수행하는 과정에서 릴레이션이 부분 함수 종속 관계를 포함하고 있는지를 확인하는 경우가 있으므로 부분 함수 종속도 의미를 정확히 이해해둘 필요가 있다.

[그림 9-10]의 이벤트참여 릴레이션에서 고객이름은 고객아이디에 완전 함수 종속되어 있지만 {고객아이디, 이벤트번호}에는 부분 함수 종속되어 있다. 그리고 당첨여부는 {고객아이디, 이벤트번호}에 완전 함수 종속되어 있다.

완전 함수 종속과 부분 함수 종속을 모두 포함하는 이벤트참여 릴레이션에 대한 함수 종속 다이어그램은 [그림 9-12]와 같다.

그림 9-12 이벤트참여 릴레이션의 함수 종속 다이어그램

릴레이션에 존재하는 함수 종속 관계에서는 결정자와 종속자가 같거나, 결정자가 종속자를 포함하는 것처럼 당연한 함수 종속 관계는 고려하지 않는다. 예를 들어 이벤트참여 릴레이션에 존재하는 다음과 같은 함수 종속 관계는 당연하게 판단되는 함수 종속 관계이므로 제외한다.

고객아이디 → 고객아이디
{고객아이디, 이벤트번호} → 이벤트번호

그림 9-13 고려할 필요가 없는 함수 종속 관계의 예

03

기본 정규형과 정규화 과정

1 정규화의 개념과 정규형의 종류

함수 종속성을 이용하여 릴레이션을 연관성이 있는 속성들로만 구성되도록 분해해서, 이상 현상이 발생하지 않는 올바른 릴레이션으로 만들어나가는 과정을 정규화normalization라고 한다. 정규화의 기본 목표는 관련이 없는 함수 종속성을 별개의 릴레이션으로 표현하는 것이다.

릴레이션이 정규화된 정도는 정규형NF; Normal Form으로 표현한다. 정규형은 크게 기본 정규형과 고급 정규형으로 나뉜다. 기본 정규형에는 제1정규형, 제2정규형, 제3정규형, 보이스/코드 정규형이 있고, 고급 정규형에는 제4정규형, 제5정규형이 있다.

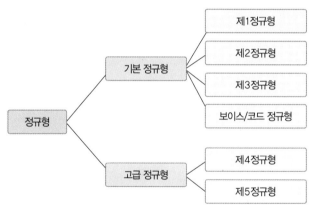

그림 9-14 정규형의 종류

각 정규형마다 만족시켜야 하는 제약조건이 존재한다. 릴레이션이 특정 정규형의 제약조건을 만족하면 릴레이션이 해당 정규형에 속한다고 표현한다. 정규형의 차수가 높아질수록 요구되는 제약조건이 많아지고 엄격해진다. 일반적으로 차수가 높은 정규형에 속하는 릴레이션일수록 데이터 중복이 줄어 데이터 중복에 의한 이상 현상이 발생하지 않는 바람직한 릴레이션일수 있다. 하지만 모든 릴레이션이 제5정규형에 속해야 되는 것은 아니므로 릴레이션의 특성을 고려해서 적합한 정규형을 선택해야 한다.

일반적으로 기본 정규형에 속하도록 릴레이션을 정규화하는 경우가 대부분이다. 따라서 기본 정규형의 제약조건은 정확히 파악해둘 필요가 있으므로 여기서는 기본 정규형을 중심으로 정규화 과정을 알아본다.

정규형들 간의 관계를 그림으로 표현하면 다음과 같다. 정규형 중 가장 바깥쪽에 위치하는 제1정규형부터 살펴보자.

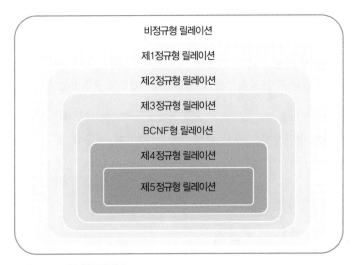

그림 9-15 정규형들의 관계

2 제1정규형 1NF; First Normal Form

제1정규형(1NF)

릴레이션에 속한 모든 속성의 도메인이 원자 값 atomic value 으로만 구성되어 있으면 제 1 정규형에 속한다.

릴레이션이 제1정규형에 속하려면 릴레이션에 속한 모든 속성이 더는 분해되지 않는 원자 값만 가져야 한다. [그림 9-16]의 이벤트참여 릴레이션에서 이벤트번호 속성과 당첨여부 속성은 하나의 고객아이디에 해당하는 값이 여러 개다. 한 명의 고객이 여러 이벤트에 참여할 수 있어 이벤트번호와 당첨여부가 다중 값 속성으로 표현된 것이다. 다중 값을 가지는 속성을 포함한 이벤트참여 릴레이션은 제1정규형의 제약조건을 만족하지 못하므로 제1정규형에 속하지 않는다.

고객아이디	이벤트번호	당첨여부	등급	할인율
apple	E001, E005, E010	Y, N, Y	gold	10%
banana	E002, E005	N, Y	vip	20%
carrot	E003, E007	Y, Y	gold	10%
orange	E004	N	silver	5%

그림 9-16 다중 값 속성을 포함하는 이벤트참여 릴레이션

[그림 9-16]의 이벤트참여 릴레이션이 제1정규형에 속하게 하려면 투플마다 이벤트 번호와 당첨 여부 속성 값을 하나씩만 포함하도록 분해하여, 모든 속성이 원자 값을 가지도록 해야 한다. 이벤트참여 릴레이션이 제1정규형을 만족하도록 정규화를 수행한 결과는 [그림 9-17] 과 같다.

관계 데이터베이스의 릴레이션은 모든 속성이 원자 값을 가지는 특성이 있다고 설명했다. 그 러므로 최소한 제1정규형을 만족해야 관계 데이터베이스의 릴레이션이 될 자격이 있다고 말 할 수 있다.

고객아이디	이벤트번호	당첨여부	등급	할인율
apple	E001	Y	gold	10%
apple	E005	N	gold	10%
apple	E010	Y	gold	10%
banana	E002	N	vip	20%
banana	E005	Y	vip	20%
carrot	E003	Y	gold	10%
carrot	E007	Y	gold	10%
orange	E004	N	silver	5%

그림 9-17 제1정규형에 속하는 이벤트참여 릴레이션

제1정규형에는 속하지만, 불필요한 데이터 중복으로 인해 이상 현상이 발생하는 릴레이션이 있을 수 있다. [그림 9-17]의 이벤트참여 릴레이션도 제1정규형을 만족하지만 이상 현상이 발생할 수 있기 때문에 바람직한 릴레이션이라고 할 수 없다. 이벤트참여 릴레이션에 발생하 는 이상 현상을 살펴보고, 이런 이상 현상이 발생하는 이유를 생각해보자.

[그림 9-17]의 이벤트참여 릴레이션이 지닌 특성을 파악하기 위해 함수 종속 관계를 판단해 보자. 이벤트참여 릴레이션은 5개의 속성으로 구성되어 있고, {고객아이디, 이벤트번호} 속성 집합이 기본키 역할을 담당한다. 고객 한 명이 하나의 등급과 할인율을 가질 수 있으므로 고객아이디가 등급과 할인율을 유일하게 결정한다. 그리고 등급에 따라 할인율이 결정되며, {고객아이디, 이벤트번호} 속성 집합이 당첨여부 속성을 유일하게 결정한다. 이러한 분석에 따라 이벤트참여 릴레이션에 포함된 함수 종속 관계를 다음과 같이 판단하여 표현할 수 있다.

> 고객아이디 → 등급
>
> 고객아이디 → 할인율
>
> 등급 → 할인율
>
> {고객아이디, 이벤트번호} → 당첨여부

그림 9-18 이벤트참여 릴레이션에 존재하는 함수 종속 관계

[그림 9-17]의 이벤트참여 릴레이션에 대한 함수 종속 다이어그램은 [그림 9-19]와 같다.

그림 9-19 이벤트참여 릴레이션의 함수 종속 다이어그램

[그림 9-17]의 이벤트참여 릴레이션에는 등급과 할인율 속성의 값이 중복되어 나타나는 경우가 많다. 이처럼 불필요한 데이터가 중복되면 다음과 같은 삽입·갱신·삭제 이상 현상이 발생할 수 있다. 이상 현상이 발생하는 이유와 함께 하나씩 살펴보자.

■ 삽입 이상

이벤트참여 릴레이션의 기본키는 {고객아이디, 이벤트번호}이므로 새 고객에 대한 데이터를 삽입하려면 그 고객이 이벤트에 무조건 참여해야 한다. 고객아이디가 grape인 새 고객의 등급이 silver이고, 할인율이 5%라는 데이터만 삽입할 수는 없다. 이벤트에 참여하지 않으면 기본키를 구성하는 이벤트번호 속성이 널 값이 되므로 개체 무결성 제약조건을 위반하기 때문이다.

고객아이디	이벤트번호	당첨여부	등급	할인율
apple	E001	Y	gold	10%
apple	E005	N	gold	10%
apple	E010	Y	gold	10%
banana	E002	N	vip	20%
banana	E005	Y	vip	20%
carrot	E003	Y	gold	10%
carrot	E007	Y	gold	10%
orange	E004	N	silver	5%
grape	NULL	NULL	silver	5%	◀── 삽입 불가!

그림 9-20 이벤트참여 릴레이션의 삽입 이상

■ 갱신 이상

이벤트참여 릴레이션에는 고객아이디가 apple인 고객의 투플이 3개이므로 이 고객의 등급과 할인율 속성 값이 중복되어 있다. 만약 이 고객의 등급이 gold에서 vip로 변경되면 세 투플의 등급 속성의 값을 vip로 변경해야 한다. 만약 일부 투플만 등급 속성의 값을 변경하면 동일한 고객이 2개의 등급 값을 가져 데이터 일관성을 유지할 수 없게 된다.

고객아이디	이벤트번호	당첨여부	등급	할인율
apple	E001	Y	vip	10%
apple	E005	N	vip	10%	◀── 데이터 불일치 발생!
apple	E010	Y	gold	10%
banana	E002	N	vip	20%
banana	E005	Y	vip	20%
carrot	E003	Y	gold	10%
carrot	E007	Y	gold	10%
orange	E004	N	silver	5%

그림 9-21 이벤트참여 릴레이션의 갱신 이상

■ **삭제 이상**

이벤트참여 릴레이션에서 고객아이디가 orange인 고객에 관련된 투플은 단 하나다. 그러
므로 이 고객이 E004 이벤트에 참여한 기록을 삭제해달라고 요구하면 이 투플을 삭제해야
한다. 그런데 이 투플을 삭제하면 이벤트와 관련이 없는 데이터, 즉 orange 고객의 등급과
할인율 같은 고객 정보도 함께 삭제되므로 이 고객과 관련해 꼭 필요한 데이터도 유지할 수
없게 된다.

고객아이디	이벤트번호	당첨여부	등급	할인율
apple	E001	Y	gold	10%
apple	E005	N	gold	10%
apple	E010	Y	gold	10%
banana	E002	N	vip	20%
banana	E005	Y	vip	20%
carrot	E003	Y	gold	10%
carrot	E007	Y	gold	10%
orange	E004	N	silver	5%	◀── 데이터 손실 발생!

그림 9-22 이벤트참여 릴레이션의 삭제 이상

[그림 9-17]의 이벤트참여 릴레이션에 [그림 9-23]과 같이 다양한 이상 현상이 발생하는 이
유는, 이 릴레이션이 부분 함수 종속을 포함하고 있기 때문이다. 즉, 기본키인 {고객아이디,
이벤트번호}에 완전 함수 종속되지 못하고 일부분인 고객아이디에 종속되는 등급과 할인율
속성 때문이다. 기본키에 완전 함수 종속되지 못한 등급과 할인율 속성의 값이 릴레이션에서
여러 번 중복되어 나타나는 것은 물론, 관련이 없는 이벤트번호·당첨여부 속성이 하나의 릴
레이션에 존재하기 때문에 여러 이상 현상이 발생하고 있다. 이러한 문제를 해결하기 위해서
는 부분 함수 종속이 제거되도록 이벤트참여 릴레이션을 분해해야 한다. 릴레이션을 분해하
여 부분 함수 종속을 제거하면, 분해된 릴레이션들은 제2정규형에 속하게 되고 앞서 제시한
이상 현상이 더는 발생하지 않는다.

고객아이디	이벤트번호	당첨여부	등급	할인율	
apple	E001	Y	vip	10%	
apple	E005	N	vip	10%	← 데이터 불일치로 인한 갱신 이상
apple	E010	Y	gold	10%	
banana	E002	N	vip	20%	
banana	E005	Y	vip	20%	
carrot	E003	Y	gold	10%	
carrot	E007	Y	gold	10%	
~~orange~~	~~E004~~	~~N~~	~~silver~~	~~5%~~	← 데이터 손실로 인한 삭제 이상
grape	NULL	NULL	silver	5%	← 삽입 불가로 인한 삽입 이상

그림 9-23 이벤트참여 릴레이션의 삽입 · 갱신 · 삭제 이상

3 제2정규형2NF; Second Normal Form

제2정규형(2NF)

릴레이션이 제1정규형에 속하고, 기본키가 아닌 모든 속성이 기본키에 완전 함수 종속되면 제2정규형에 속한다.

제1정규형에 속하는 릴레이션이 제2정규형을 만족하게 하려면, 부분 함수 종속을 제거하고 모든 속성이 기본키에 완전 함수 종속되도록 릴레이션을 분해하는 정규화 과정을 거쳐야 한다.

[그림 9-17]의 이벤트참여 릴레이션은 제1정규형에 속하지만 기본키인 {고객아이디, 이벤트번호}에 완전 함수 종속되지 않는 등급·할인율 속성이 존재하므로 제2정규형에 속하지 않는다. 등급·할인율 속성이 관련 없는 이벤트번호·당첨여부 속성과 같은 릴레이션에 존재하지 않도록 [그림 9-24]와 같이 2개의 릴레이션으로 분해하면, 분해된 고객 릴레이션과 이벤트참여 릴레이션은 모두 제2정규형에 속하게 된다. 릴레이션이 둘로 분해되면서 등급과 할인율 속성에 대한 데이터 중복이 줄어듦을 확인할 수 있다.

[그림 9-25]의 함수 종속 다이어그램에서 확인할 수 있듯이, 릴레이션 분해 과정을 통해 고객 릴레이션에는 기본키인 고객아이디와 기본키에 완전 함수 종속된 등급·할인율 속성만 존재한다. 그러므로 고객 릴레이션은 제2정규형에 속한다. 이벤트참여 릴레이션에도 기본키인 {고객아이디, 이벤트번호}와 기본키에 완전 함수 종속된 당첨여부 속성만 존재한다. 그러므로 이벤트참여 릴레이션도 제2정규형에 속한다.

분해 전의 이벤트참여 릴레이션

고객아이디	이벤트번호	당첨여부	등급	할인율
apple	E001	Y	gold	10%
apple	E005	N	gold	10%
apple	E010	Y	gold	10%
banana	E002	N	vip	20%
banana	E005	Y	vip	20%
carrot	E003	Y	gold	10%
carrot	E007	Y	gold	10%
orange	E004	N	silver	5%

부분 함수 종속을 제거하려고 분해

고객 릴레이션

고객아이디	등급	할인율
apple	gold	10%
banana	vip	20%
carrot	gold	10%
orange	silver	5%

이벤트참여 릴레이션

고객아이디	이벤트번호	당첨여부
apple	E001	Y
apple	E005	N
apple	E010	Y
banana	E002	N
banana	E005	Y
carrot	E003	Y
carrot	E007	Y
orange	E004	N

그림 9-24 제2정규형을 만족하도록 분해된 2개의 릴레이션

정규화 과정에서 릴레이션을 분해할 때 주의할 점은, 분해된 릴레이션들을 자연 조인하여 분해 전의 릴레이션으로 다시 복원할 수 있어야 한다는 것이다. 즉, 릴레이션이 의미상 동등한 릴레이션들로 분해되어야 하고, 릴레이션을 분해했을 때 정보 손실이 발생하지 않아야 한다. [그림 9-17]의 이벤트참여 릴레이션은 [그림 9-26]과 같이 2개의 릴레이션으로 분해되었지만, 자연 조인을 통해 E001 이벤트에 참여한 고객의 등급과 할인율을 검색할 수 있다. 이렇게 자연 조인을 하면 원래의 릴레이션으로 다시 복원할 수 있도록, 정보의 손실 없이 릴레이션을 분해하는 것을 무손실 분해nonloss decomposition라고 한다. 정규화 과정에서 수행되는 릴레이션의 분해는 무손실 분해여야 함을 기억하자.

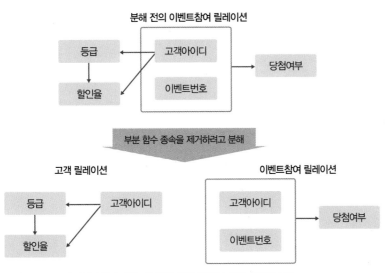

분해 전의 이벤트참여 릴레이션

등급 ← 고객아이디
할인율
고객아이디
이벤트번호 → 당첨여부

부분 함수 종속을 제거하려고 분해

고객 릴레이션

등급 ← 고객아이디
할인율

이벤트참여 릴레이션

고객아이디
이벤트번호 → 당첨여부

그림 9-25 고객 릴레이션과 이벤트참여 릴레이션의 함수 종속 다이어그램

제2정규형에 속하더라도 릴레이션에 이상 현상이 발생할 수 있다. [그림 9-26]의 이벤트참여 릴레이션은 함수 종속성을 단 하나만 포함하므로 이상 현상이 더는 발생하지 않는다. 하지만 고객 릴레이션은 부분 함수 종속은 없지만 함수 종속성을 아직도 여러 개 포함하고 있어 이상 현상이 발생할 수 있다.

분해 전의 이벤트참여 릴레이션

부분 함수 종속을 제거하려고 분해

고객 릴레이션

고객아이디	등급	할인율
apple	gold	10%
banana	vip	20%
carrot	gold	10%
orange	silver	5%

함수 종속성을 여러 개 포함하여
이상 현상이 발생할 수 있음

이벤트참여 릴레이션

고객아이디	이벤트번호	당첨여부
apple	E001	Y
apple	E005	N
apple	E010	Y
banana	E002	N
banana	E005	Y
carrot	E003	Y
carrot	E007	Y
orange	E004	N

함수 종속성을 하나만 포함하여 이상 현상 발생하지 않음

부분 함수 종속 해소

그림 9-26 이벤트참여 릴레이션의 분해 결과

[그림 9-26]의 분해된 고객 릴레이션에 발생할 수 있는 이상 현상을 살펴보고 이러한 이상 현상이 발생하는 이유를 생각해보자.

■ 삽입 이상

새로운 등급과 할인율에 대한 정보는 해당 등급에 속하는 고객이 있어야 고객 릴레이션에 삽입할 수 있다. 할인율이 1%인 bronze라는 등급이 생겼지만 아직 해당 등급에 속하는 고객이 없으면 고객 릴레이션에 삽입할 수 없다. 고객 릴레이션의 기본키가 고객아이디이기 때

고객아이디	등급	할인율
apple	gold	10%
banana	vip	20%
carrot	gold	10%
orange	silver	5%
NULL	bronze	1%	← 삽입 불가!

그림 9-27 고객 릴레이션의 삽입 이상

문에 bronze 등급에 속하는 고객이 없으면 기본키가 널 값이 되므로 개체 무결성 제약조건을 위반하기 때문이다.

■ 갱신 이상

등급에 대한 할인율이 변경되면 해당 등급에 관련된 모든 투플에서 할인율 속성 값을 똑같이 변경해야 한다. 그렇지 않으면 같은 등급에 대해 할인율이 여러 개 존재하는 모순이 발생하게 된다. 고객 릴레이션에서 gold 등급의 할인율이

고객아이디	등급	할인율
apple	gold	15%
banana	vip	20%
carrot	gold	10%
orange	silver	5%

데이터 불일치 발생!

그림 9-28 고객 릴레이션의 갱신 이상

15%로 변경되면 gold 등급을 포함하는 2개의 투플을 모두 변경해야 한다. 한 투플만 할인율을 변경하면 데이터 불일치의 문제가 발생한다.

■ 삭제 이상

고객 탈퇴로 인해 고객 릴레이션에서 투플이 삭제되면 등급과 할인율에 대한 정보까지 삭제된다. 고객아이디가 banana인 고객이 탈

고객아이디	등급	할인율
apple	gold	10%
banana	vip	20%	← 데이터 손실 발생!
carrot	gold	10%
orange	silver	5%

그림 9-29 고객 릴레이션의 삭제 이상

퇴를 요구하여, 고객 릴레이션에서 이 고객에 대한 투플을 삭제하면 vip 등급의 할인율이 20%라는 정보도 함께 삭제되기 때문에 vip 등급에 관련된 데이터가 사라지게 된다.

[그림 9-26]의 분해된 고객 릴레이션에 [그림 9-30]과 같은 여러 이상 현상이 발생하는 이유는, 함수 종속 관계를 여러 개 포함하고 있어 결과적으로 이행적 함수 종속이 생기기 때문이다. 릴레이션을 분해하여 이행적 함수 종속을 제거하면, 분해된 릴레이션들은 제3정규형에 속하게 되고 앞서 제시한 이상 현상들이 더는 발생하지 않는다.

고객아이디	등급	할인율	
apple	gold	15%	← 데이터 불일치로 인한 갱신 이상
banana	vip	20%	← 데이터 손실로 인한 삭제 이상
carrot	gold	10%	
orange	silver	5%	
NULL	bronze	1%	← 삽입 불가로 인한 삽입 이상

그림 9-30 고객 릴레이션의 삽입 · 갱신 · 삭제 이상

4 제3정규형3NF; Third Normal Form

> **제3정규형(3NF)**
>
> 릴레이션이 제2정규형에 속하고, 기본키가 아닌 모든 속성이 기본키에 이행적 함수 종속이 되지 않으면 제3정규형에 속한다.

제3정규형을 살펴보기에 앞서 이를 이해하기 위해 필요한 이행적 함수 종속transitive FD을 잠깐 살펴보자.

릴레이션을 구성하는 3개의 속성 집합 X, Y, Z에 대해 함수 종속 관계 X → Y와 Y → Z가 존재하면 논리적으로 X → Z가 성립한다. 이때 속성 집합 Z가 속성 집합 X에 이행적으로 함수 종속되었다고 한다. [그림 9-31]은 이행적 함수 종속성을 함수 종속 다이어그램으로 표현한 것이다.

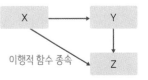

그림 9-31 이행적 함수 종속

제2정규형을 만족하더라도 하나의 릴레이션에 함수 종속 관계가 여러 개 존재하고, 논리적으로 이행적 함수 종속 관계가 유도되면 이상 현상이 발생할 수 있다. 릴레이션에서 이행적 함수 종속을 제거해서, 모든 속성이 기본키에 이행적 함수 종속이 되지 않도록 릴레이션을 분해하는 정규화 과정을 거쳐야 제3정규형을 만족할 수 있다.

[그림 9-26]의 분해된 고객 릴레이션은 고객아이디가 기본키이므로 등급과 할인율 속성이 고객아이디에 함수적으로 종속된다. 그런데 고객아이디가 등급을 결정하고 등급이 할인율을 결정하는 함수 종속 관계로 인해, 고객아이디가 등급을 통해 할인율을 결정하는 이행적 함수 종속 관계도 존재한다. 즉, 할인율이 기본키인 고객아이디에 함수적으로 종속됨과 동시에 등급을 통해서 고객아이디에 이행적으로 종속된다. 이러한 이행적 함수 종속이 나타나는 이유는 함수 종속 관계가 하나의 릴레이션에 여러 개 존재하기 때문이다. 사실 등급에 따라 할인율이 달라지지, 고객아이디에 따라 할인율이 달라지는 것은 아니다. 그런데 고객아이디·등급·할인율 속성을 모두 하나의 릴레이션에 모아놓다 보니, 고객아이디가 할인율을 결정하게 되고 이로 인해 이상 현상이 발생하게 된 것이다. 고객 릴레이션에 이상 현상이 발생하지 않도록 하려면 이행적 함수 종속이 나타나지 않게 2개의 릴레이션으로 분해해야 된다.

일반적으로 3개의 X, Y, Z 속성 집합으로 구성된 릴레이션에 X → Y와 Y → Z라는 함수 종속 관계와 이로 인한 X → Z라는 이행적 함수 종속 관계가 존재한다면, 이 같은 함수 종속 관계의 의미가 유지되도록 분해해야 한다. 즉, X와 Y 속성 집합의 릴레이션과 Y와 Z 속성 집합의 릴레이션으로 분해한다.

[그림 9-26]의 분해된 고객 릴레이션은 고객아이디 → 등급, 등급 → 할인율의 함수 종속 관계를 유지할 수 있도록 [그림 9-32]와 같이 2개의 릴레이션으로 분해하면 된다. 새로 분해된 고객 릴레이션과 고객등급 릴레이션은 모두 제3정규형에 속하게 된다.

[그림 9-33]의 함수 종속 다이어그램에서 확인할 수 있듯이, 릴레이션을 분해하면 하나의 릴레이션에 하나의 관계만 존재하게 되어 이행적 함수 종속으로 인한 이상 현상이 발생하지 않게 된다. 고객 릴레이션은 기본키인 고객아이디가 등급을 직접 결정하므로 제3정규형에 속한다. 마찬가지로 고객등급 릴레이션도 기본키인 등급이 할인율을 직접 결정하므로 제3정규형에 속한다.

분해 전의 고객 릴레이션

고객아이디	등급	할인율
apple	gold	10%
banana	vip	20%
carrot	gold	10%
orange	silver	5%

이행적 함수 종속을 제거하려고 분해

고객 릴레이션

고객아이디	등급
apple	gold
banana	vip
carrot	gold
orange	silver

고객등급 릴레이션

등급	할인율
gold	10%
vip	20%
silver	5%

그림 9-32 제3정규형을 만족하도록 분해된 2개의 릴레이션

고객 릴레이션

이행적 함수 종속을 제거하려고 분해

그림 9-33 고객 릴레이션과 고객등급 릴레이션의 함수 종속 다이어그램

5 보이스/코드 정규형BCNF; Boyce/Codd Normal Form

보이스/코드 정규형(BCNF)

릴레이션의 함수 종속 관계에서 모든 결정자가 후보키이면 보이스/코드 정규형에 속한다.

지금까지 살펴본 릴레이션들은 모두 기본키와 후보키를 하나씩 가지고 있었다. 즉, 후보키 속성이 하나밖에 없어 이를 기본키로 선정한 경우다. 하지만 실제로는 하나의 릴레이션에 여러 개의 후보키가 존재할 수도 있는데, 이 경우에는 제3정규형까지 모두 만족하더라도 이상 현상이 발생할 수 있다. 후보키를 여러 개 가지고 있는 릴레이션에 발생할 수 있는 이상 현상을 해결하기 위해 제3정규형보다 좀 더 엄격한 제약조건을 제시한 것이 보이스/코드 정규형이다.

보이스/코드 정규형을 강한 제3정규형strong 3NF이라고도 한다. 그 이유는 보이스/코드 정규형에 속하는 모든 릴레이션은 제3정규형에 속하지만, 제3정규형에 속하는 릴레이션이라고 해서다 보이스/코드 정규형에 속하는 것은 아니기 때문이다. 그래서 보이스/코드 정규형이 제3정규형보다 더 강력한 제약조건을 가지고 있다고 볼 수 있다.

앞서 다룬 제3정규형을 만족하는 릴레이션들이 보이스/코드 정규형에도 속하는지 살펴보자. [그림 9-26]에서 {고객아이디, 이벤트번호} → 당첨여부의 함수 종속 관계를 포함하고 있는 분해된 이벤트참여 릴레이션은 {고객아이디, 이벤트번호}가 유일한 후보키이자 기본키이면서 함수 종속 관계에서도 유일한 결정자다. 그러므로 제3정규형에 속하는 이벤트참여 릴레이션은 보이스/코드 정규형에도 속한다. [그림 9-32]에서 고객아이디 → 등급의 함수 종속 관계를 포함하고 있는 분해된 고객 릴레이션도 제3정규형에 속하면서 기본키인 고객아이디가 함수 종속 관계에서 유일한 결정자이므로 보이스/코드 정규형에 속한다. 마찬가지로 등급 → 할인율의 함수 종속 관계를 포함하고 있는 고객등급 릴레이션도 제3정규형에 속하면서 기본키인 등급이 함수 종속 관계에서 유일한 결정자므로 보이스/코드 정규형에 속한다.

이제 제3정규형에는 속하지만 보이스/코드 정규형에는 속하지 않는 릴레이션의 예를 통해, 후보키가 여러 개인 릴레이션에서 어떠한 이상 현상이 발생할 수 있는지를 알아보자. [그림 9-34]의 강좌신청 릴레이션은 고객이 인터넷강좌를 신청하면 해당 강좌의 담당강사에 대한 데이터를 저장한다. 강좌신청 릴레이션에서는 한 고객이 인터넷강좌를 여러 개 신청할 수 있지만 동일한 인터넷강좌를 여러 번 신청할 수는 없다. 그리고 강사 한 명이 인터넷강좌를 하나만 담당할 수 있고, 하나의 인터넷강좌는 여러 강사가 담당할 수 있다. 그러므로 투플을 구별할 수 있는 후보키로는 {고객아이디, 인터넷강좌}와 {고객아이디, 담당강사번호}가 있고, 이 중에서 {고객아이디, 인터넷강좌}를 기본키로 선정하였다.

고객아이디	인터넷강좌	담당강사번호
apple	영어회화	P001
banana	기초토익	P002
carrot	영어회화	P001
carrot	기초토익	P004
orange	영어회화	P003
orange	기초토익	P004

그림 9-34 보이스/코드 정규형을 설명하기 위한 릴레이션의 예 : 강좌신청 릴레이션

[그림 9-34]의 강좌신청 릴레이션에서 기본키인 {고객아이디, 인터넷강좌}가 담당강사번호 속성을 함수적으로 결정하는 것은 당연하다. 그리고 강사 한 명이 인터넷강좌를 하나만 담당하므로 담당강사번호가 인터넷강좌를 함수적으로 결정한다고 볼 수 있다. 강좌신청 릴레이션의 함수 종속 다이어그램은 [그림 9-35]와 같다.

그림 9-35 강좌신청 릴레이션의 함수 종속 다이어그램

[그림 9-34]의 강좌신청 릴레이션은 모든 속성이 원자 값으로만 구성되어 있으므로 제1정규형에 속한다. 그리고 기본키가 아닌 속성인 담당강사번호가 기본키에 완전 함수 종속되는 것은 물론, 이행적 함수 종속을 포함하고 있지 않으므로 제2정규형과 제3정규형에도 속한다. 하지만 담당강사번호 속성이 후보키가 아님에도 인터넷강좌 속성을 결정하므로 강좌신청 릴레이션은 보이스/코드 정규형에는 속하지 않는다.

보이스/코드 정규형에 속하지 않는 강좌신청 릴레이션은 다음과 같은 삽입·갱신·삭제 이상 현상이 발생할 수 있다. 이상 현상이 발생하는 이유와 함께 하나씩 살펴보자.

■ 삽입 이상

P005 강사가 중급토익 강좌를 담당하게 되었지만 이 강좌를 신청한 고객이 없다면, 이 내용을 강좌신청 릴레이션에 삽입할 수 없다. 강좌신청 릴레이션의 기본키가 {고객아이디, 인터넷강좌}이므로 고객아이디 속성이 널 값을 가질 수 없기 때문이다.

고객아이디	인터넷강좌	담당강사번호
apple	영어회화	P001
banana	기초토익	P002
carrot	영어회화	P001
carrot	기초토익	P004
orange	영어회화	P003
orange	기초토익	P004
NULL	중급토익	P005	←── 삽입 불가!

그림 9-36 강좌신청 릴레이션의 삽입 이상

■ 갱신 이상

P004 강사가 담당하는 인터넷강좌가 중급토익으로 변경되면 P004 강사와 관련된 2개의 투플에서 인터넷강좌 속성의 값을 모두 중급토익으로 동일하게 변경해야 한다. 만약 1개만 변경하면 P004 강사가 인터넷강좌를 여러 개 담당하게 되어 강사 한 명이 인터넷 강좌를 하나만 담당해야 한다는 전제 조건에 모순되는 문제가 발생한다.

고객아이디	인터넷강좌	담당강사번호
apple	영어회화	P001
banana	기초토익	P002
carrot	영어회화	P001
carrot	중급토익	P004
orange	영어회화	P003
orange	기초토익	P004

데이터 불일치 발생!

그림 9-37 강좌신청 릴레이션의 갱신 이상

■ 삭제 이상

고객아이디가 banana인 고객이 인터넷강좌 신청을 취소해서 해당 고객에 대한 투플을 삭제하면, P002 강사가 기초토익 강좌를 담당하고 있다는 정보도 함께 삭제된다. 그런데 이 투플은 P002 강사에 대한 정보를 담고 있는 유일한 투플이므로 삭제하면 강좌신청 릴레이션에 P002 강사에 대한 데이터를 더는 유지할 수 없게 된다.

고객아이디	인터넷강좌	담당강사번호	
apple	영어회화	P001	
banana	기초토익	P002	── 데이터 손실 발생!
carrot	영어회화	P001	
carrot	기초토익	P004	
orange	영어회화	P003	
orange	기초토익	P004	

그림 9-38 강좌신청 릴레이션의 삭제 이상

[그림 9-34]의 강좌신청 릴레이션에 [그림 9-39]와 같이 여러 이상 현상이 발생하는 이유는, 후보키가 아니면서 함수 종속 관계에서 다른 속성을 결정하는 담당강사번호 속성이 존재하기 때문이다. 그러므로 이상 현상이 발생하지 않도록 하려면 모든 결정자가 후보키가 될 수 있도록 강좌신청 릴레이션을 [그림 9-40]과 같이 2개의 릴레이션으로 분해해야 된다.

고객아이디	인터넷강좌	담당강사번호	
apple	영어회화	P001	
banana	기초토익	P002	◄── 데이터 손실로 인한 삭제 이상
carrot	영어회화	P001	
carrot	중급토익	P004	◄
orange	영어회화	P003	데이터 불일치로 인한 갱신 이상
orange	기초토익	P004	◄
NULL	중급토익	P005	── 삽입 불가로 인한 삽입 이상

그림 9-39 강좌신청 릴레이션의 삽입·갱신·삭제 이상

[그림 9-40]에서 고객담당강사 릴레이션은 함수 종속 관계가 성립하지 않는 동등한 고객아이디·담당강사번호 속성으로 구성하고, {고객아이디, 담당강사번호}가 기본키의 역할을 담당한다. 그러므로 후보키가 아닌 결정자가 존재하지 않아 보이스/코드 정규형에 속한다. 강좌담당 릴레이션은 담당강사번호 → 인터넷강좌의 함수 종속 관계를 포함하고 있고 담당강사번호가 유일한 후보키이자 기본키다. 그러므로 후보키가 아닌 결정자가 존재하지 않아 보이스/코드 정규형에 속한다.

강좌신청 릴레이션

고객아이디	인터넷강좌	담당강사번호
apple	영어회화	P001
banana	기초토익	P002
carrot	영어회화	P001
carrot	기초토익	P004
orange	영어회화	P003
orange	기초토익	P004

후보키가 아닌 결정자를
제거하려고 분해

고객담당강사 릴레이션

고객아이디	담당강사번호
apple	P001
banana	P002
carrot	P001
carrot	P004
orange	P003
orange	P004

강좌담당 릴레이션

담당강사번호	인터넷강좌
P001	영어회화
P002	기초토익
P003	영어회화
P004	기초토익

그림 9-40 BCNF를 만족하도록 분해된 2개의 릴레이션

[그림 9-41]은 강좌신청 릴레이션을 분해한 후의 고객담당강사 릴레이션과 강좌담당 릴레이션의 함수 종속 다이어그램이다.

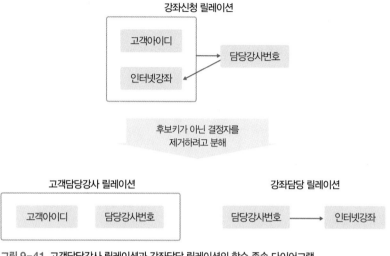

그림 9-41 고객담당강사 릴레이션과 강좌담당 릴레이션의 함수 종속 다이어그램

6 제4정규형과 제5정규형

고급 정규형으로 분류되는 제4정규형은 릴레이션이 보이스/코드 정규형를 만족하면서, 함수 종속이 아닌 다치 종속MVD; Multi Valued Dependency을 제거해야 만족할 수 있다. 그리고 제5정규형은 릴레이션이 제4정규형을 만족하면서 후보키를 통하지 않는 조인 종속JD; Join Dependency을 제거해야 만족할 수 있다.

실제로 데이터베이스를 설계할 때 모든 릴레이션이 무조건 제5정규형에 속하도록 분해해야 하는 것은 아니다. 오히려 제5정규형을 만족할 때까지 분해하면 비효율적이고 바람직하지 않은 경우가 많다. 일반적으로는 제3정규형이나 보이스/코드 정규형에 속하도록 릴레이션을 분해하여 데이터 중복을 줄이고 이상 현상이 발생하는 문제를 해결하기 때문에 제4정규형과 제5정규형에 대한 자세한 설명은 생략한다. 그러므로 기본 정규형을 중심으로 충분히 연습해보고 제4정규형과 제5정규형은 필요 시 관련 자료를 직접 찾아보기 바란다.

7 정규화 과정 정리

[그림 9-42]는 릴레이션이 최종적으로 보이스/코드 정규형을 만족하도록 정규화를 수행하는 각 단계를 간단히 요약한 것이다. 릴레이션을 분해하여 모든 속성의 도메인이 원자 값으로만 구성되도록 하면 제1정규형이 된다. 제1정규형에 속하는 릴레이션에서 부분 함수 종속을 제거하여 기본키가 아닌 모든 속성이 기본키에 완전 함수 종속되면 제2정규형이 된다. 제2정규형 릴레이션에서 이행적 함수 종속을 제거하면 제3정규형이 된다. 제3정규형 릴레이션에서 후보키가 아닌 결정자를 제거하면 보이스/코드 정규형이 된다.

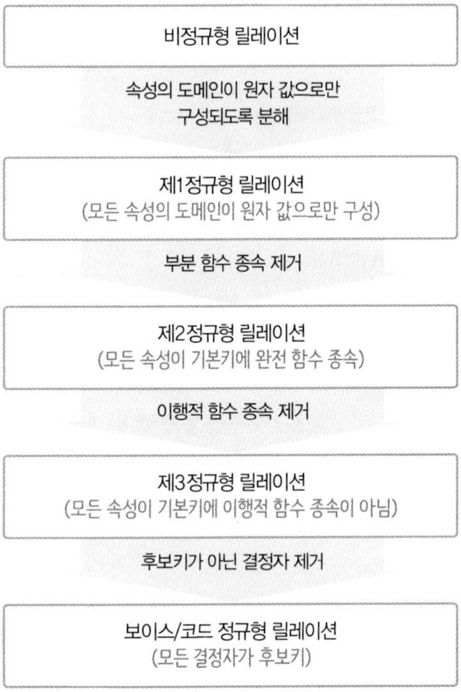

비정규형 릴레이션

속성의 도메인이 원자 값으로만
구성되도록 분해

제1정규형 릴레이션 (모든 속성의 도메인이 원자 값으로만 구성)

부분 함수 종속 제거

제2정규형 릴레이션 (모든 속성이 기본키에 완전 함수 종속)

이행적 함수 종속 제거

제3정규형 릴레이션 (모든 속성이 기본키에 이행적 함수 종속이 아님)

후보키가 아닌 결정자 제거

보이스/코드 정규형 릴레이션 (모든 결정자가 후보키)

그림 9-42 정규화 과정

01 이상 현상의 개념

- 불필요한 데이터 중복으로 인해 발생하는 부작용들이다.
- 함수 종속 관계 여러 개를 하나의 릴레이션에 표현하는 경우에 주로 발생한다.

02 이상 현상의 종류

- 삽입 이상 : 새 데이터를 삽입하기 위해 불필요한 데이터도 함께 삽입해야 하는 문제다.
- 갱신 이상 : 중복된 튜플 중 일부 튜플만 변경하여 데이터가 불일치하게 되는 모순의 문제다.
- 삭제 이상 : 튜플 삭제 시 꼭 필요한 데이터까지 함께 삭제되는 데이터 손실의 문제다.

03 함수 종속

- 어느 시점에서든 릴레이션 내의 모든 튜플에서 속성 집합 X 값에 대한 속성 집합 Y 값이 항상 하나면 "Y가 X에 함수적으로 종속되어 있다"라고 한다.
- X → Y로 표현(X는 결정자, Y는 종속자)

04 함수 종속 다이어그램

릴레이션 하나를 구성하는 속성들 간의 함수 종속 관계를 도식화하여 표현한 것이다.

05 정규화

함수 종속성을 이용하여, 릴레이션을 연관성이 있는 속성들로만 구성되도록 분해해 이상 현상이 발생하지 않는 바람직한 릴레이션으로 만들어나가는 과정이다.

06 정규형

릴레이션이 정규화된 정도를 나타내는 기준이다. 다음과 같은 네 가지 기본 정규형을 주로 사용한다.

- 제1정규형 : 릴레이션에 속한 모든 속성의 도메인이 원자 값으로만 구성되어 있다.
- 제2정규형 : 릴레이션이 제1정규형에 속하고, 기본키가 아닌 모든 속성이 기본키에 완전 함수 종속되어 있다.
- 제3정규형 : 릴레이션이 제2정규형에 속하고, 기본키가 아닌 모든 속성이 기본키에 이행적으로 함수 종속되지 않았다.
- 보이스/코드 정규형 : 릴레이션의 함수 종속 관계에서 모든 결정자가 후보키다.

01 정규화에 대한 설명으로 옳지 않은 것은?

① 논리적 데이터베이스 설계 방법 중 하나다.

② 좋은 데이터베이스 스키마를 생성하고 불필요한 데이터의 중복을 방지하는 데 목적이 있다.

③ 정규형에는 제1정규형, 제2정규형, 제3정규형, 보이스/코드 정규형, 제4정규형, 제5정규형 등이 있다.

④ 속성들 간의 종속 관계를 분석하여 잘못 설계된 릴레이션들을 결합하면서 문제를 해결한다.

02 정규화의 필요성으로 거리가 먼 것은?

① 수정, 삭제 시 이상 현상을 최소화한다.

② 데이터 중복을 활성화해서 효과적인 검색을 지원한다.

③ 릴레이션을 분해하여 관련 있는 속성들로만 릴레이션을 구성한다.

④ 릴레이션 구조의 안정성을 최대화한다.

03 정규화를 하지 않으면 릴레이션을 조작할 때 데이터의 중복 때문에 곤란한 현상이 발생할 수 있다. 이러한 이상anomaly 현상에 해당하지 않는 것은?

① 삭제 이상   ② 삽입 이상   ③ 검색 이상   ④ 갱신 이상

04 다음 중 릴레이션을 조작할 때 발생할 수 있는 이상 현상에 관한 설명으로 옳지 않은 것은?

① 이상은 속성들 간에 존재하는 여러 종류의 종속 관계를 하나의 릴레이션에 표현할 때 발생한다.

② 데이터를 삽입할 때 불필요한 데이터가 함께 삽입되는 현상을 삽입 이상이라 한다.

③ 릴레이션의 한 투플을 삭제할 때 연쇄 삭제로 인해 꼭 필요한 데이터가 함께 삭제되는 현상을 삭제 이상이라 한다.

④ 속성들 간의 종속 관계를 분석하여 여러 개의 릴레이션을 하나로 결합하면서 이상 현상을 해결한다.

05 어떤 릴레이션 R에서 X와 Y를 각각 R의 속성 집합의 부분 집합이라고 할 경우 속성 X의 값 각각에 대해 시간에 관계없이 항상 속성 Y의 값이 오직 하나만 연관되어 있을 때 Y가 X에 함수적으로 종속되어 있다고 한다. 이를 기호로 옳게 표기한 것은?

① X ≫ Y   ② Y ≫ X   ③ Y → X   ④ X → Y

06 어떤 릴레이션에 속한 모든 속성이 원자 값만 가지며, 기본키가 아닌 속성 모두가 기본키에 완전 함수 종속이지만 이행적 함수 종속이 나타나면 어떤 정규형에 해당하는가?

① 제1정규형   ② 제2정규형
③ 제3정규형   ④ 보이스/코드 정규형

07 이행적 함수 종속 관계를 의미하는 것은?

① A → B이고 B → C일 때, A → C를 만족하는 관계
② A → B이고 B → C일 때, C → A를 만족하는 관계
③ A → B이고 B → C일 때, B → A를 만족하는 관계
④ A → B이고 B → C일 때, C → B를 만족하는 관계

08 정규화 과정 중 제1정규형에서 제2정규형이 되기 위한 조건은?

① 제1정규형을 만족하고 모든 속성의 도메인이 원자 값이어야 한다.
② 제1정규형을 만족하고 기본키가 아닌 모든 속성들이 기본키에 이행적으로 함수 종속되지 않아야 한다.
③ 제1정규형을 만족하고 다치 종속이 제거되어야 한다.
④ 제1정규형을 만족하고 기본키가 아닌 모든 속성이 기본키에 완전 함수 종속되어야 한다.

09 제2정규형에서 제3정규형이 되기 위한 조건은?

① 이행적 함수 종속 제거
② 부분적 함수 종속 제거
③ 다치 종속 제거
④ 결정자이면서 후보키가 아닌 것 제거

10 정규화에 관한 설명으로 옳지 않은 것은?

① 모든 속성의 도메인이 원자 값만 가지면 릴레이션은 제1정규형에 해당한다.

② 정규화는 제1정규형에서 제5정규형으로 갈수록 만족시켜야 할 제약조건이 많아진다.

③ 릴레이션이 제1정규형을 만족하면서, 기본키가 아닌 모든 속성이 기본키에 완전 함수 종속 이면 제2정규형에 해당한다.

④ 릴레이션이 제2정규형을 만족하고, 결정자이면서 후보키가 아닌 것을 제거하면 제3정규형에 해당한다.

11 다음과 같이 왼쪽 릴레이션을 오른쪽 릴레이션으로 정규화하였다. 오른쪽 릴레이션은 어떤 정규형에 속하는가?

사원명	취미
김나리	등산, 독서
박지훈	영화감상
우예진	여행, 악기연주

사원명	취미
김나리	등산
김나리	독서
박지훈	영화감상
우예진	여행
우예진	악기연주

① 제1정규형　　② 제2정규형　　③ 제3정규형　　④ 제4정규형

12 수강 릴레이션이 다음과 같을 때, 수강 릴레이션에 대한 설명으로 옳지 않은 것은?

학번	과목번호	학점	과목이름
100	A01	A	JAVA
101	B01	D	C#
101	B03	A	데이터베이스
100	B01	B	C#
200	A02	C	파이썬

① 제2정규형을 만족한다.

② 아직 수강 학생이 없는 새로운 과목을 삽입할 때, 삽입 이상이 발생한다.

③ 학번이 101인 학생이 수강을 취소하면 삭제 이상이 발생한다.

④ 과목이름을 수정하려 할 때 갱신 이상이 발생할 수 있다.

13 A, B, C, D 속성으로 구성된 릴레이션 R은 {A, B}가 기본키다. 함수 종속이 다음과 같은 경우, 이 릴레이션은 어떤 정규형에 속하는가?

{A, B} → C   {A, B} → D   B → C   C → D

① 제1정규형   ② 제2정규형   ③ 제3정규형   ④ 보이스/코드 정규형

14 지도 릴레이션이 다음과 같은 함수 종속성을 가지고 있을 때 지도 릴레이션에서 발생할 수 있는 이상 현상이 아닌 것은?

학번	지도교수	학과
101	박경일	IT융합비즈니스과
102	박경일	IT융합비즈니스과
103	오지연	컴퓨터공학과
104	오지연	컴퓨터공학과
105	김이나	항공서비스과

학번 → 지도교수, 학번 → 학과, 지도교수 → 학과

① 박경일 교수의 소속이 경영정보과로 변경되면 학번이 101, 102인 학생의 투플을 전부 변경해야 한다.
② 지도학생이 아직 배정되지 않은 김정우 교수가 컴퓨터공학과에 속한다는 데이터를 삽입할 수 없다.
③ 학번이 105인 학생의 투플을 삭제하면 김이나 교수가 항공서비스과에 속한다는 데이터도 함께 삭제된다.
④ 김이나 교수의 소속이 항공서비스과라는 데이터를 삭제하면 학번이 105인 학생의 데이터도 함께 삭제된다.

15 다음 설명을 읽고 각 물음에 답하시오.

> X → Y가 성립하고 Y → Z도 성립하면 X → Z가 성립한다.

(1) 어떤 함수 종속 관계와 관련된 설명인가?

(2) 정규화 과정에서 이러한 함수 종속 관계를 제거하는 단계는?
  ① 1NF → 2NF   ② 2NF → 3NF
  ③ 3NF → BCNF   ④ BCNF → 4NF

16 잘못 설계된 릴레이션을 조작할 때 발생하는 이상 현상 중 다음이 설명하는 것은?

> 중복된 투플 중에서 일부 투플의 속성 값만을 변경함으로써 정보의 모순성이 생기는 현상

17 다음 릴레이션에 존재하는 함수 종속성을 모두 찾으시오.

A	B	C
2	3	8
5	9	6
7	9	6
5	9	1

  ① A → B   ② B → C
  ③ {A, B} → C   ④ {B, C} → A

18 제3정규형에서 보이스/코드 정규형으로 정규화하기 위해서는 어떤 작업이 필요한가?

19 정규화에 대한 설명으로 옳은 것을 모두 고르시오.

> (A) 정규화는 릴레이션을 결합하여 종속성을 증가시키는 것이다.
> (B) 제2정규형은 반드시 제1정규형을 만족해야 한다.
> (C) 제1정규형은 모든 속성의 도메인이 원자 값만으로 되어 있는 릴레이션이다.
> (D) 보이스/코드 정규형은 강한 제3정규형이라고도 한다.

20 데이터베이스 이상 현상의 종류 세 가지를 간단히 설명하시오.

21 다음과 같은 함수 종속성을 가지는 릴레이션은 어떤 정규형에 속하는가? 단, A가 기본키다.

> A → (B, C, D)   B → C

22 다음과 같은 함수 종속성을 가지는 릴레이션은 어떤 정규형에 속하는가? 단, {A, B}가 기본키다.

> {A, B} → C   {A, B} → D   B → C

23 다음과 같은 함수 종속성을 가지는 릴레이션은 어떤 정규형에 속하는가? 단, {A, B}가 기본키다.

> {A, B} → C   C → B

24 보이스/코드 정규형에 대한 설명으로 옳은 것을 모두 고르시오.

> (A) 보이스/코드 정규형에 속하는 릴레이션은 반드시 제3정규형에 속한다.
> (B) 제3정규형에 속하지만 보이스/코드 정규형에 속하지 않는 릴레이션도 있다.
> (C) 모든 결정자가 후보키인 릴레이션이 보이스/코드 정규형에 속한다.
> (D) 이행적 함수 종속을 제거한 릴레이션은 보이스/코드 정규형에 속한다.

25 다음 릴레이션 T에 존재하는 함수 종속성을 모두 구하시오.

T

A	B	C	D
a1	b1	c1	d1
a1	b1	c2	d2
a1	b2	c3	d1
a1	b2	c4	d4

26 다음과 같이 수강 릴레이션을 학생담당강사 릴레이션과 과목담당 릴레이션으로 정규화하였다. 학생담당강사와 과목담당 릴레이션은 어떤 정규형에 해당하는가?

학생담당강사

학번	강사번호
101	T01
102	T02
103	T04
104	T01
105	T03

수강

학번	과목명	강사번호
101	영어	T01
102	중국어	T02
103	일본어	T04
104	영어	T01
105	중국어	T03

과목담당

강사번호	과목명
T01	영어
T02	중국어
T03	중국어
T04	일본어

27 다음 릴레이션의 함수 종속성을 보고 물음에 답하시오.

학번	이름	지도교수	학과이름	학과전화번호	과목번호	성적	시간	회장이름	동아리이름	방번호

〈함수 종속〉
(a) 학번 → (이름, 지도교수, 학과이름, 회장이름, 동아리이름, 방번호)
(b) 학과이름 → 학과전화번호
(c) 과목번호 → 시간
(d) {학번, 과목번호} → 성적
(e) {회장이름, 동아리이름} → 방번호

(1) 위의 릴레이션에서 발생 가능한 삽입·갱신·삭제 이상 문제를 예를 들어 설명하시오.

(2) 모든 릴레이션이 제2정규형을 만족하도록 분해하고, 각 릴레이션의 기본키도 표시하시오.

(3) (2)의 모든 릴레이션이 제3정규형을 만족하도록 분해하고, 각 릴레이션의 기본키도 표시하시오.

(4) (3)의 모든 릴레이션이 보이스/코드 정규형을 만족하도록 분해하고, 각 릴레이션의 기본키도 표시하시오.

Chapter

10

회복과 병행 제어

학습목표

• 병행 제어와 회복 작업의 기본 단위인 트랜잭션의 개념을 이해한다.

• 데이터베이스를 장애로부터 복구하는 다양한 회복 기법을 익힌다.

• 여러 사용자가 동시에 접근할 수 있도록 트랜잭션 수행을 통제하는 병행 제어 기법을 익힌다.

PREVIEW

컴퓨터로 작업을 하다가 예상치 못한 문제로 자료를 날린 적이 있는가? 컴퓨터에 문제가 생겨 밤새워 작성한 과제가 모두 사라진다면 어떨까? 아마 생각조차 하고 싶지 않을 것이다. 하지만 이런 사고는 여러분의 실수가 아니더라도 컴퓨터의 문제, 응용 프로그램의 문제 등 다양한 이유로 언제든 발생할 수 있다.

데이터베이스에 문제가 생겨 데이터가 손실되면 조직에는 더 심각한 영향을 준다. 그래서 데이터베이스 관리 시스템은 중요한 데이터가 손실되지 않도록 문제가 발생했을 때 원래의 정상 상태로 복구하는 여러 기능을 제공한다.

여러 사람이 음식을 나누어 먹는 상황을 가정해보자. 서로 양보하는 분위기라면 상관없겠지만 자기가 먼저 많이 먹겠다고 욕심을 부린다면 아무도 음식을 먹지 못하게 될 수 있다. 수많은 사용자들이 동시에 공유하는 데이터베이스도 같은 데이터를 여러 사용자가 서로 사용하겠다고 욕심을 부리면 문제가 발생할 수 있다. 그러므로 규칙을 만든 후 이를 사용자가 지키도록 하여 데이터베이스를 일관된 상태로 유지하기 위한 방법이 필요하다.

이 장에서는 데이터베이스를 정확하고 일관되게 유지하는 방법에 대해 살펴본다. 데이터베이스에 문제가 발생했을 때 이를 원래 상태로 복구하고 사용자들이 데이터베이스를 동시에 사용하더라도 다툼 없이 사이좋게 사용할 수 있도록 데이터베이스 관리 시스템이 제공하는 회복과 병행 제어 기능을 알아보자.

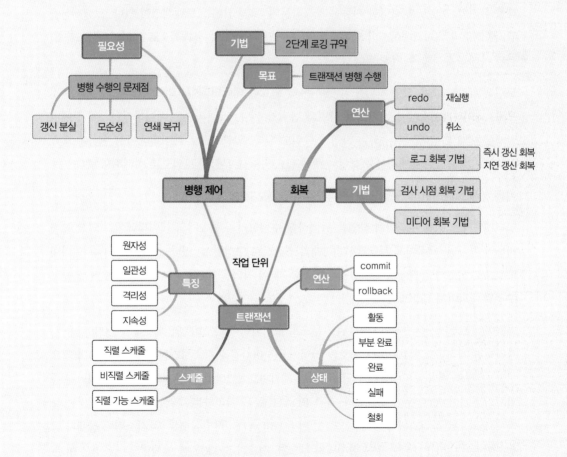

01 | 트랜잭션

1 트랜잭션의 개념

데이터베이스는 다수의 사용자가 동시에 사용하더라도 항상 모순이 없는 정확한 데이터를 유지해야 한다. 그리고 데이터베이스에 장애가 발생하더라도 빠른 시간 내에 원래의 상태로 복구할 수 있어야 한다. 데이터베이스 관리 시스템은 데이터베이스가 항상 정확하고 일관된 상태를 유지할 수 있도록 다양한 기능을 제공하는데, 그 중심에는 트랜잭션이 있다. 트랜잭션을 관리함으로써 데이터베이스의 회복과 병행 제어가 가능해져, 결과적으로 데이터베이스가 일관된 상태를 유지할 수 있게 된다.

트랜잭션transaction은 작업 하나를 수행하는 데 필요한 데이터베이스의 연산들을 모아놓은 것으로, 데이터베이스에서 논리적인 작업의 단위가 된다. 트랜잭션은 데이터베이스에 장애가 발생했을 때 데이터를 복구하는 작업의 단위도 된다. 일반적으로 데이터베이스 연산은 SQL 문으로 표현되므로 트랜잭션을 작업 수행에 필요한 SQL 문들의 모임으로 이해해도 좋다.

예를 통해 트랜잭션의 개념을 좀 더 명확히 이해해보자.

인터넷뱅킹을 통해 계좌이체 작업을 완벽하게 수행하기 위해 2개의 데이터베이스 연산을 처리해야 한다면, 계좌이체 트랜잭션은 2개의 연산으로 구성할 수 있다. [그림 10-1]은 인터넷뱅킹으로 성호가 은경에게 5,000원을 이체할 때 이 작업을 수행하는 데 필요한 SQL 문들로 구성된 계좌이체 트랜잭션의 예다.

계좌이체 트랜잭션은 2개의 UPDATE 문으로 구성되어 있다. 성호의 계좌에서 5,000원을 인출하려면 계좌번호가 100번인 성호의 잔액에서 5,000원을 감소시키는 UPDATE 문이 필요하고, 은경의 계좌로 5,000원을 입금하려면 계좌번호가 200번인 은경의 잔액을 5,000원 증가시키는 UPDATE 문이 필요하다. 두 UPDATE 문을 처리하는 순서는 중요하지 않지만 둘 다 정상적으로 실행되어야 한다. 만약 첫 번째 UPDATE 문이 실행된 후 시스템에 장애가 발생하여 두 번째 UPDATE 문이 실행되지 않으면, 성호가 5,000원을 이체했으나 은경은 이 돈을 받지 못해 5,000원이 사라지는 모순된 상황이 발생한다.

이러한 모순된 상황이 발생하지 않도록 하려면 어떻게 해야 할까? 시스템이 정상적으로 작동하게 되었을 때 두 번째 UPDATE 문을 실행하여 트랜잭션의 모든 UPDATE 문이 정상적으로 실행되도록 하거나, 첫 번째 UPDATE 문의 실행을 취소하여 데이터베이스를 트랜잭션 작업 전 상태로 되돌아가게 해야 한다.

그림 10-1 트랜잭션의 예 1 : 계좌이체 트랜잭션

[그림 10-2]는 인터넷 쇼핑몰에서 apple이라는 아이디의 고객이 p01 제품을 10개 주문할 때 이 작업을 처리하는 데 필요한 SQL 문들로 구성된 상품주문 트랜잭션의 예다.

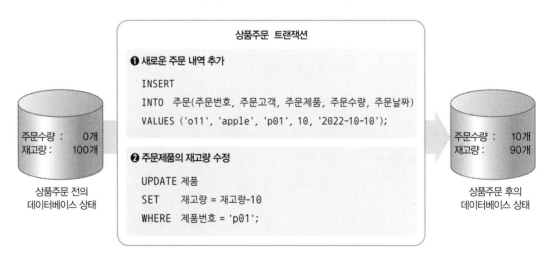

그림 10-2 트랜잭션의 예 2 : 상품주문 트랜잭션

상품주문 트랜잭션은 INSERT 문과 UPDATE 문으로 구성되어 있다. 새로운 주문 내역을 주문 테이블에 삽입하는 INSERT 문과 제품의 재고량을 주문한 수량만큼 감소시키는 UPDATE 문이 필요하다. INSERT 문과 UPDATE 문이 모두 완전하게 처리되어야 상품주문 트랜잭션이 성공적으로 수행된다. 만약 둘 중 하나라도 처리 과정에서 오류가 발생하면 모든 명령문의 실행을 취소하고 트랜잭션 작업 전의 데이터베이스 상태로 되돌아가게 해야 한다.

트랜잭션의 모든 명령문이 완벽하게 처리되거나 하나도 처리되지 않아야 데이터베이스가 모순이 없는 일관된 상태를 유지할 수 있다. 트랜잭션은 데이터베이스에 장애가 발생했을 때 복구 작업을 수행하거나, 다수의 사용자가 동시에 사용할 수 있도록 제어 작업을 하는 데 중요한 단위로 사용된다. 그러므로 데이터베이스의 무결성과 일관성을 보장하려면 작업을 수행하는 데 필요한 연산들을 하나의 트랜잭션으로 제대로 정의하고 관리해야 한다. 일반적으로 데이터베이스를 변경하는 INSERT 문, DELETE 문, UPDATE 문의 실행을 트랜잭션으로 관리한다.

이제 트랜잭션의 네 가지 중요 특성을 통해 트랜잭션을 좀 더 자세히 알아보자.

2 트랜잭션의 특성

트랜잭션이 성공적으로 처리되어 데이터베이스의 무결성과 일관성이 보장되려면 [그림 10-3]의 네 가지 특성을 꼭 만족해야 한다. 트랜잭션의 네 가지 특성을 각 특성에 해당하는 영어 단어의 첫 자를 따서 ACID 특성이라고 한다.

그림 10-3 트랜잭션의 특성

원자성

트랜잭션의 원자성atomicity은 트랜잭션을 구성하는 연산들이 모두 정상적으로 실행되거나 하나도 실행되지 않아야 한다는 all-or-nothing 방식을 의미한다. 만약 트랜잭션을 수행하다가 장애가 발생하여 작업을 완료하지 못했다면, 지금까지 실행한 연산 처리를 모두 취소하고 데이터베이스를 트랜잭션 작업 전의 상태로 되돌려 트랜잭션의 원자성을 보장해야 한다. 트랜잭션의 원자성을 보장하면 트랜잭션을 구성하는 연산 중 일부만 처리한 결과를 데이터베이스에 반영하는 일이 없게 된다.

[그림 10-4]는 계좌이체 트랜잭션을 구성하는 두 UPDATE 문이 모두 정상적으로 실행되어 트랜잭션을 수행한 결과가 데이터베이스에 최종적으로 반영된 모습이다.

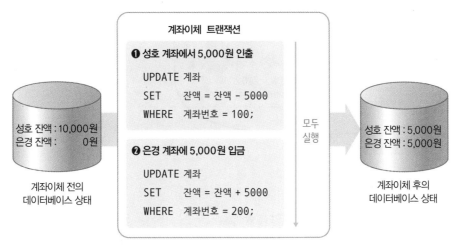

그림 10-4 트랜잭션의 수행 성공 예

[그림 10-5]는 계좌이체 트랜잭션이 수행되는 도중에 시스템에 장애가 발생하여 트랜잭션을 성공적으로 완료하지 못했을 때, 현재까지 처리한 연산의 결과를 취소하여 데이터베이스를 트랜잭션 수행 전의 상태로 되돌리는 모습이다. 트랜잭션의 원자성을 보장하려면 이처럼 장애가 발생했을 때 데이터베이스의 원래 상태로 복구하는 회복 기능이 필요하다.

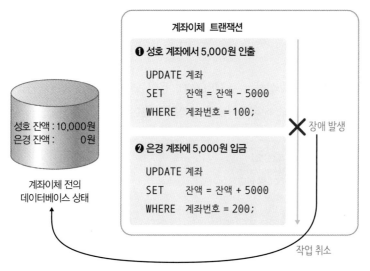

그림 10-5 트랜잭션의 수행 실패 예

일관성

트랜잭션의 일관성consistency은 트랜잭션이 성공적으로 수행된 후에도 데이터베이스가 일관된 상태를 유지해야 함을 의미한다. 즉, 트랜잭션이 수행되기 전에 데이터베이스가 일관된 상태였다면 트랜잭션의 수행이 완료된 후 결과를 반영한 데이터베이스도 또 다른 일관된 상태가 되어야 한다는 의미다. 트랜잭션이 수행되는 과정에서는 데이터베이스가 일시적으로 일관된 상태가 아닐 수 있지만 트랜잭션의 수행이 성공적으로 완료된 후에는 데이터베이스가 일관된 상태를 유지해야 한다.

[그림 10-6]과 같은 계좌이체의 예를 통해 트랜잭션의 일관성을 살펴보자. 계좌이체 트랜잭션을 수행하기 전에 성호의 계좌 잔액은 10,000원이고 은경의 계좌 잔액은 0원으로, 두 사람의 계좌 잔액 합계는 10,000원이다. 트랜잭션이 수행된 후에 성호와 은경의 계좌 잔액은 모두 5,000원으로 트랜잭션이 수행되기 전과 달라졌지만 계좌 잔액의 합계는 여전히 10,000원이다. 이로써 데이터베이스가 모순되지 않고 일관성 있는 상태를 유지하고 있음을 알 수 있다.

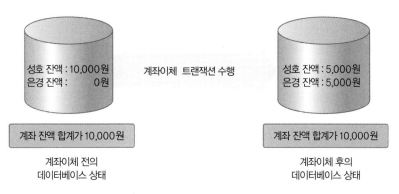

계좌이체 전의
데이터베이스 상태

계좌이체 후의
데이터베이스 상태

그림 10-6 트랜잭션의 일관성을 만족하는 예

이번에는 [그림 10-7]과 같이 계좌이체 트랜잭션이 수행된 후에, 성호의 계좌 잔액은 5,000원으로 감소했지만 은경의 계좌 잔액이 0원으로 잔액의 합계가 5,000원이 되었다고 해보자. 이 경우 데이터베이스는 5,000원이 사라진 모순된 상태가 되어 일관성을 만족하지 않으므로 트랜잭션의 수행이 성공적으로 완료됐다고 볼 수 없다.

계좌이체 전의
데이터베이스 상태

계좌이체 후의
데이터베이스 상태

그림 10-7 트랜잭션의 일관성을 만족하지 않는 예

격리성

트랜잭션의 격리성isolation은 고립성이라고도 하는데, 현재 수행 중인 트랜잭션이 완료될 때까지 트랜잭션이 생성한 중간 연산 결과에 다른 트랜잭션들이 접근할 수 없음을 의미한다. 일반적으로 데이터베이스 시스템에서는 여러 트랜잭션이 동시에 수행되지만 각 트랜잭션이 독립적으로 수행될 수 있도록 다른 트랜잭션의 중간 연산 결과에 서로 접근하지 못하게 한다.

[그림 10-8]은 성호의 계좌에서 은경의 계좌로 5,000원을 이체하는 계좌이체 트랜잭션과 은경의 계좌에 1,000원을 입금하는 계좌입금 트랜잭션이 동시에 수행되는 상황을 나타낸다. 트랜잭션이 수행되기 전 성호와 은경의 계좌 잔액은 각각 10,000원과 0원이라고 가정한다. 성호의 계좌에서 5,000원을 감소시키는 첫 번째 연산이 실행된 후 은경의 계좌 잔액을 증가시키는 두 번째 연산이 실행되기 전에 데이터베이스는 일시적으로 일관되지 못한 상태가 된다. 이때 계좌입금 트랜잭션이 은경의 계좌에 1,000원을 입금하고, 은경의 계좌 잔액을 여전히 0원으로 알고 있는 계좌이체 트랜잭션이 두 번째 연산을 실행하면 은경의 계좌 잔액이 각각 1,000원과 5,000원이 된다. 이와 같이 계좌이체 트랜잭션이 완료되기 전에 계좌입금 트랜잭션이 은경의 계좌 잔액에 접근하여 변경을 시도하면 모순된 데이터를 변경해 잔액을 정확히 예측하기 어려워 데이터베이스의 일관성을 보장할 수 없게 된다.

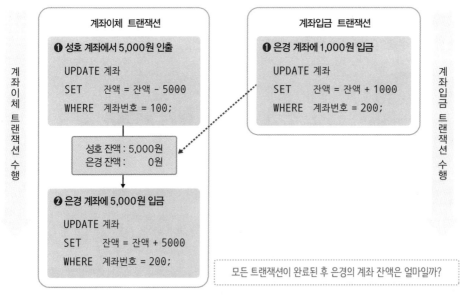

그림 10-8 트랜잭션의 격리성이 만족되지 않는 예

[그림 10-8]과 같은 문제가 발생하지 않도록 하려면, 트랜잭션의 수행 과정에서 생성되는 중간 연산의 결과에 다른 트랜잭션이 접근할 수 없도록 하여 트랜잭션의 격리성을 보장해야 한다. 즉, [그림 10-9]와 같이 순서대로 하나씩 수행되는 것과 같은 결과를 얻을 수 있도록 제어하는 기능이 필요하다. 이를 통해 사용자들은 트랜잭션들이 동시에 수행되는 것처럼 느끼면서도 순서대로 하나씩 수행되는 것처럼 정확하고 일관된 결과를 얻을 수 있다.

성호 잔액 : 10,000원
은경 잔액 :　　 0원

계좌이체 전의 데이터베이스 상태

계좌이체 트랜잭션

❶ 성호 계좌에서 5,000원 인출

UPDATE 계좌
SET 　　잔액 = 잔액 - 5000
WHERE 　계좌번호 = 100;

❷ 은경 계좌에 5,000원 입금

UPDATE 계좌
SET 　　잔액 = 잔액 + 5000
WHERE 　계좌번호 = 200;

성호 잔액 : 5,000원
은경 잔액 : 5,000원

계좌이체 후의 데이터베이스 상태

계좌입금 트랜잭션

❶ 은경 계좌에 1,000원 입금

UPDATE 계좌
SET 　　잔액 = 잔액 + 1000
WHERE 　계좌번호 = 200;

성호 잔액 : 5,000원
은경 잔액 : 6,000원

계좌입금 후의 데이터베이스 상태

그림 10-9 트랜잭션의 격리성이 만족되는 예

지속성

트랜잭션의 지속성durability은 영속성이라고도 하는데 트랜잭션이 성공적으로 완료된 후 데이터베이스에 반영한 수행 결과는 어떠한 경우에도 손실되지 않고 영구적이어야 함을 의미한다. 즉, 시스템에 장애가 발생하더라도 트랜잭션 작업 결과는 없어지지 않고 데이터베이스에 그대로 남아 있어야 한다는 의미다. 트랜잭션의 지속성을 보장하려면 시스템에 장애가 발생했을 때 데이터베이스를 원래 상태로 복구하는 회복 기능이 필요하다.

트랜잭션의 특성을 지원하는 DBMS의 기능

데이터베이스 관리 시스템은 트랜잭션의 네 가지 특성을 보장하기 위한 지원 기능을 제공한다. [그림 10-10]은 트랜잭션의 네 가지 특성과 데이터베이스 관리 시스템 기능 간의 지원 관계를 보여준다. 각 기능이 어떻게 지원되는지는 다음 절에서 구체적인 예를 통해 살펴보자.

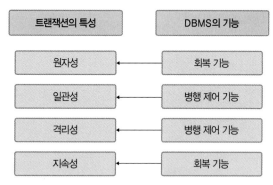

그림 10-10 트랜잭션의 특성과 DBMS의 기능

③ 트랜잭션의 연산

트랜잭션의 수행과 관련하여 주로 사용되는 연산에는 작업 완료를 의미하는 commit 연산과 작업 취소를 의미하는 rollback 연산이 있다.

그림 10-11 트랜잭션의 연산

commit은 트랜잭션의 수행이 성공적으로 완료되었음을 선언하는 연산이다. commit 연산이 실행된 후에야 트랜잭션의 수행 결과가 데이터베이스에 반영되어 데이터베이스가 일관된 상태를 지속적으로 유지하게 된다. [그림 10-12]와 같이 트랜잭션을 구성하는 모든 연산이 정상적으로 처리되면 commit 연산의 실행을 통해 트랜잭션의 수행이 성공적으로 완료되었음을 선언하고 트랜잭션이 수행한 최종 결과를 데이터베이스에 반영한다.

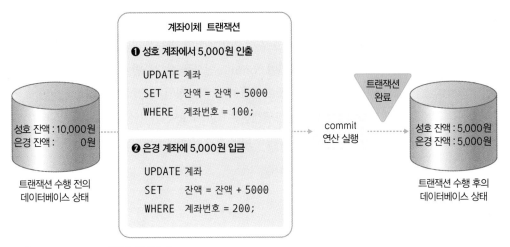

그림 10-12 commit 연산을 실행한 예

rollback은 트랜잭션의 수행이 실패했음을 선언하는 연산이다. rollback 연산이 실행되면 트랜잭션이 지금까지 실행한 연산의 결과가 취소되고 트랜잭션이 수행되기 전의 상태로 돌아간다.

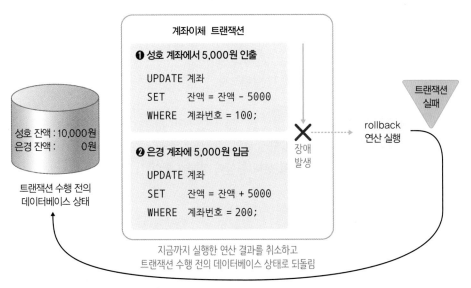

그림 10-13 rollback 연산을 실행한 예

[그림 10-13]과 같이 트랜잭션이 수행되는 도중에 장애가 발생하여 일부 연산이 처리되지 못한 상황에서는 rollback 연산을 실행하여 트랜잭션의 수행이 실패했음을 선언한다. 그리고 데이터베이스를 트랜잭션 수행 전의 일관된 상태로 되돌려 모순이 발생하지 않게 한다.

4 트랜잭션의 상태

트랜잭션은 [그림 10-14]의 다섯 가지 상태 중 하나에 속하게 된다. 트랜잭션이 수행되기 시작하면 활동 상태가 되고, 활동 상태의 트랜잭션이 마지막 연산을 처리하고 나면 부분 완료 상태가 되며, 부분 완료 상태의 트랜잭션이 commit 연산을 실행하면 완료 상태가 된다. 활동 상태나 부분 완료 상태에서 여러 원인으로 인해 더는 정상적인 수행이 불가능하게 되면 트랜잭션은 실패 상태가 된다. 실패 상태의 트랜잭션은 rollback 연산의 실행으로 철회 상태가 된다. 트랜잭션이 완료 상태이거나 철회 상태가 되면 트랜잭션이 종료된 것으로 판단한다.

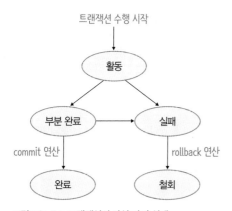

그림 10-14 트랜잭션의 다섯 가지 상태

트랜잭션의 다섯 가지 상태를 하나씩 좀 더 살펴보자.

■ **활동 상태**

트랜잭션이 수행되기 시작하여 현재 수행 중인 상태를 활동active 상태라고 한다. 활동 상태인 트랜잭션은 상황에 따라 부분 완료 상태나 실패 상태가 된다.

■ 부분 완료 상태

트랜잭션의 마지막 연산이 실행된 직후의 상태를 부분 완료partially committed 상태라 하는데, 이는 트랜잭션의 모든 연산을 처리한 상태다. 부분 완료 상태인 트랜잭션은 모든 연산의 처리가 끝났지만 트랜잭션이 수행된 최종 결과를 데이터베이스에 아직 반영하지 않은 상태다. 따라서 아직은 트랜잭션의 수행이 성공적으로 완료됐다고 볼 수 없다. 부분 완료 상태의 트랜잭션은 상황에 따라 완료 상태나 실패 상태가 될 수 있다.

■ 완료 상태

트랜잭션이 성공적으로 완료되어 commit 연산을 실행한 상태를 완료committed 상태라고 한다. 트랜잭션이 완료 상태가 되면 트랜잭션이 수행한 최종 결과를 데이터베이스에 반영하고, 데이터베이스가 새로운 일관된 상태가 되면서 트랜잭션이 종료된다.

■ 실패 상태

하드웨어나 소프트웨어의 문제, 트랜잭션 내부의 오류 등 여러 이유로 인해 장애가 발생하여 트랜잭션의 수행이 중단된 상태를 실패failed 상태라고 한다. 트랜잭션을 더는 정상적으로 수행할 수 없을 때 실패 상태가 된다.

■ 철회 상태

트랜잭션을 수행하는 데 실패하여 rollback 연산을 실행한 상태를 철회aborted 상태라고 한다. 트랜잭션이 철회 상태가 되면 지금까지 실행한 트랜잭션의 연산을 모두 취소하고 트랜잭션이 수행되기 전의 데이터베이스 상태로 되돌리면서 트랜잭션이 종료된다. 철회 상태로 종료된 트랜잭션은 상황에 따라 다시 수행되거나 폐기된다. 트랜잭션의 내부 문제가 아닌, 하드웨어의 이상이나 소프트웨어의 오류로 트랜잭션의 수행이 중단되고 철회 상태가 된 경우에는 철회된 트랜잭션을 다시 시작한다. 하지만 트랜잭션이 처리하려는 데이터가 데이터베이스에 존재하지 않거나 트랜잭션의 논리적인 오류가 원인인 경우에는 철회된 트랜잭션을 폐기한다.

02 | 장애와 회복

트랜잭션의 특성을 보장하고, 데이터베이스를 모순이 없는 일관된 상태로 유지하기 위해 데이터베이스 관리 시스템은 회복 기능을 제공한다. 데이터베이스가 조직의 중요한 데이터를 저장하고 있는 만큼 데이터베이스 관리 시스템의 회복 기능은 매우 중요하다.

회복recovery은 장애가 발생했을 때 데이터베이스를 장애가 발생하기 전의 일관된 상태로 복구시키는 것이다. 먼저 어떤 경우에 회복 기능이 필요한지, 데이터베이스가 저장 장치에 어떤 연산을 통해 저장되는지 이해하기 위해 데이터베이스 시스템에서 발생할 수 있는 장애의 유형과 데이터베이스의 저장 연산을 살펴보자.

1 장애의 유형

시스템이 제대로 동작하지 않는 상태를 장애failure라고 한다. 장애가 발생하는 원인은 사용자의 실수, 정전 등으로 인한 하드웨어 고장, 소프트웨어의 논리적인 오류 등 매우 다양하다. 데이터베이스 시스템에서 발생할 수 있는 장애는 [표 10-1]과 같이 세 가지 유형으로 분류할 수 있다.

표 10-1 장애의 유형

유형		설명
트랜잭션 장애	의미	트랜잭션 수행 중 오류가 발생하여 정상적으로 수행을 계속할 수 없는 상태
	원인	트랜잭션의 논리적 오류, 잘못된 데이터 입력, 시스템 자원의 과다 사용 요구, 처리 대상 데이터의 부재 등
시스템 장애	의미	하드웨어의 결함으로 정상적으로 수행을 계속할 수 없는 상태
	원인	하드웨어 이상으로 메인 메모리에 저장된 정보가 손실되거나 교착 상태가 발생한 경우 등
미디어 장애	의미	디스크 장치의 결함으로 디스크에 저장된 데이터베이스의 일부 혹은 전체가 손상된 상태
	원인	디스크 헤드의 손상이나 고장 등

2 데이터베이스의 저장 연산

데이터베이스는 기본적으로 저장 장치에 저장된다. 그리고 저장 장치는 장애가 발생했을 때 대응하는 방법에 따라 [표 10-2]와 같이 세 종류로 분류할 수 있다.

표 10-2 저장 장치의 종류

저장 장치		설명
휘발성volatile 저장 장치 (소멸성)	의미	장애가 발생하면 저장된 데이터가 손실됨
	예	메인 메모리 등
비휘발성nonvolatile 저장 장치 (비소멸성)	의미	장애가 발생해도 저장된 데이터가 손실되지 않음. 단, 디스크 헤더 손상 같은 저장 장치 자체에 이상이 발생하면 데이터가 손실될 수 있음
	예	디스크, 자기 테이프, CD/DVD 등
안정stable 저장 장치	의미	비휘발성 저장 장치를 이용해 데이터 복사본 여러 개를 만드는 방법으로, 어떤 장애가 발생해도 데이터가 손실되지 않고 데이터를 영구적으로 저장할 수 있음

일반적으로 데이터베이스는 비휘발성 저장 장치인 디스크에 상주한다. 하지만 트랜잭션이 데이터베이스의 데이터를 처리하려면, [그림 10-15]와 같이 데이터를 디스크에서 메인 메모리로 가져와 이를 처리한 후 그 결과를 다시 디스크로 보내는 작업이 필요하다.

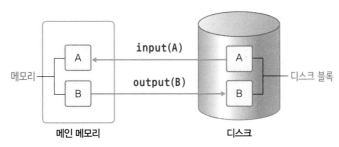

그림 10-15 디스크와 메인 메모리 간의 데이터 이동

디스크와 메인 메모리 간의 데이터 이동은 대개 블록block 단위로 수행된다. 디스크에 있는 블록을 디스크 블록이라 하고 메인 메모리에 있는 블록은 버퍼 블록이라 한다. 디스크와 메인 메모리 간의 데이터 이동은 다음 두 연산으로 수행된다.

input(X)	디스크 블록에 저장되어 있는 데이터 X를 메인 메모리 버퍼 블록으로 이동시키는 연산
output(X)	메인 메모리 버퍼 블록에 있는 데이터 X를 디스크 블록으로 이동시키는 연산

그림 10-16 디스크와 메인 메모리 간의 데이터 이동 연산

사용자의 요구에 따라 응용 프로그램에서 트랜잭션의 수행을 지시하면 메인 메모리 버퍼 블록에 있는 데이터를 프로그램의 변수로 가져오고, 데이터 처리 결과를 저장한 변수 값을 메인 메모리 버퍼 블록으로 옮기는 작업이 추가로 필요하다. 메인 메모리의 버퍼 블록과 프로그램 변수 간의 데이터 이동은 다음 두 연산으로 수행된다.

read(X)	메인 메모리 버퍼 블록에 저장되어 있는 데이터 X를 프로그램의 변수로 읽어오는 연산
write(X)	프로그램의 변수 값을 메인 메모리 버퍼 블록에 있는 데이터 X에 기록하는 연산

그림 10-17 메인 메모리의 버퍼 블록과 프로그램 변수 간의 데이터 이동 연산

응용 프로그램에 의해 수행된 트랜잭션이 데이터베이스에 접근하여 처리할 데이터를 가져올 때 read(X) 연산이 실행된다. 그런데 read(X) 연산이 정상적으로 실행되려면 먼저 데이터베이스가 상주하고 있는 디스크에서 메인 메모리 버퍼 블록으로 데이터를 가져와야 한다. 그래서 내부적으로 input(X) 연산의 실행이 요구된다. read(X) 연산이 실행되어 디스크에 존재하는 데이터베이스의 데이터가 프로그램 변수에 저장되면 해당 데이터에 대한 모든 연산은 프로그램 변수를 대상으로 처리된다. 트랜잭션이 성공적으로 완료되려면 트랜잭션의 모든 연산을 처리한 후 결과 값을 디스크의 데이터베이스에 반영해야 하는데, 이를 위해 write(X) 연산이 실행된 후 output(X) 연산이 실행된다.

응용 프로그램이 실행한 트랜잭션을 수행하는 데 필요한 데이터 이동 연산들의 관계는 [그림 10-18]과 같다.

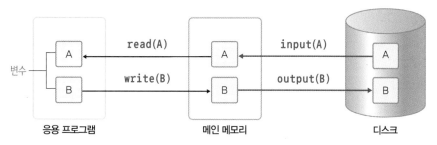

그림 10-18 응용 프로그램이 실행한 트랜잭션의 수행을 위해 필요한 데이터 이동 연산

트랜잭션을 데이터 이동 연산을 포함한 프로그램으로 표현할 수도 있다. [그림 10-19]는 성호가 은경에게 5,000원을 계좌 이체하는 트랜잭션을 데이터 이동 연산과 함께 프로그램으로 표현한 예다. 성호 계좌의 잔액을 X로, 은경 계좌의 잔액을 Y로 지정하였다.

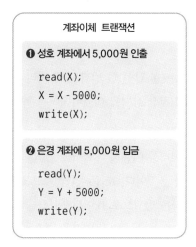

그림 10-19 데이터 이동 연산을 포함한 계좌이체 트랜잭션 표현의 예

지금까지 데이터베이스에 발생할 수 있는 장애의 유형을 분류하고 데이터베이스가 저장되는 저장 장치와 관련된 연산을 살펴보았다. 이에 대한 이해를 바탕으로, 장애가 발생했을 때 데이터베이스 관리 시스템이 데이터베이스를 회복시키는 주요 기법을 알아보자.

3 회복 기법

회복은 데이터베이스에 장애가 발생했을 때 장애가 발생하기 전의 모순이 없고 일관된 상태로 복구시키는 것으로, 데이터베이스 관리 시스템에 있는 회복 관리자recovery manager가 담당한다. 회복 관리자는 장애 발생을 탐지하고, 장애가 탐지되면 데이터베이스 복구 기능을 제공한다. 대개 장애가 일어난 데이터베이스를 복구하는 동안에는 데이터베이스에 접근하여 업무를 처리할 수 없으므로, 데이터베이스를 회복시키는 작업은 빠른 시간 내에 이루어져야 한다.

회복을 위한 연산

데이터베이스 회복의 핵심 원리는 데이터 중복이다. 데이터를 별도의 장소에 미리 복사해두고, 장애로 문제가 발생했을 때 복사본을 이용해 원래의 상태로 복원하는 것이다. 덤프 또는 로그 방법을 사용해 데이터를 복사해두었다가 회복시킬 때 복사본을 사용한다.

덤프 (dump)	데이터베이스 전체를 다른 저장 장치에 주기적으로 복사하는 방법
로그 (log)	데이터베이스에서 변경 연산이 실행될 때마다 데이터를 변경하기 이전 값과 변경한 이후의 값을 별도의 파일에 기록하는 방법

그림 10-20 데이터베이스 회복을 위해 복사본을 만드는 방법

데이터베이스 전체를 복사하는 덤프 방법은 하루에 한 번 또는 한 달에 한 번과 같이 미리 정해진 주기에 따라 수행한다. 그리고 디스크와 같은 비휘발성 저장 장치에 데이터베이스 복사본을 저장한다.

장애가 발생했을 때, 덤프나 로그 방법으로 중복 저장한 데이터를 이용해 데이터베이스를 복구하는 가장 기본적인 방법은 redo나 undo 연산을 실행하는 것이다. redo 연산은 로그에 기록된 변경 연산 후의 값을 이용하여 변경 연산을 재실행하는 방법으로 데이터베이스를 복구한다. undo 연산은 로그에 기록된 변경 연산 이전의 값을 이용하여 변경 연산을 취소하는 방법으로 데이터베이스를 복구한다.

redo (재실행)	가장 최근에 저장한 데이터베이스 복사본을 가져온 후 로그를 이용해 복사본이 만들어진 이후에 실행된 모든 변경 연산을 재실행하여 장애가 발생하기 직전의 데이터베이스 상태로 복구 (전반적으로 손상된 경우에 주로 사용)
undo (취소)	로그를 이용해 지금까지 실행된 모든 변경 연산을 취소하여 데이터베이스를 원래의 상태로 복구 (변경 중이었거나 이미 변경된 내용만 신뢰성을 잃은 경우에 주로 사용)

그림 10-21 회복 연산

redo 연산과 undo 연산을 실행하는 데는 로그가 중요하게 사용된다. 데이터베이스 관리 시스템이 로그를 기록하는 방법을 좀 더 자세히 살펴보자.

로그는 데이터베이스에 대한 변경 연산과 관련하여, 데이터를 변경하기 이전의 값과 변경한 이후의 값을 기록한 것이다. 로그를 저장한 파일을 로그 파일이라고 하는데, 로그 파일은 레코드 단위로 기록된다. 일반적으로 로그 파일을 구성하는 레코드는 [표 10-3]과 같이 네 종류로 분류한다. 데이터베이스에 대한 변경 연산은 트랜잭션 단위로 실행되므로 로그 레코드도 트랜잭션의 수행과 함께 기록된다. 로그는 데이터베이스 회복 작업을 수행하기 위해 필요한 중요한 정보를 가지고 있으므로 데이터 손실이 발생하지 않는 저장 장치에 저장해둔다.

표 10-3 로그 레코드의 종류

로그 레코드	설명	
$\langle T_i, start\rangle$	의미	트랜잭션 T_i가 수행을 시작했음을 기록
	예	$\langle T_1, start\rangle$
$\langle T_i, X, old\_value,$ $new\_value\rangle$	의미	트랜잭션 T_i가 데이터 X를 이전 값$_{old\_value}$에서 새로운 값$_{new\_value}$으로 변경하는 연산을 실행했음을 기록
	예	$\langle T_1, X, 10000, 5000\rangle$
$\langle T_i, commit\rangle$	의미	트랜잭션 T_i가 성공적으로 완료되었음을 기록
	예	$\langle T_1, commit\rangle$
$\langle T_i, abort\rangle$	의미	트랜잭션 T_i가 철회되었음을 기록
	예	$\langle T_1, abort\rangle$

[그림 10-22]는 계좌 잔액이 10,000원인 성호가 계좌 잔액이 0원인 은경에게 5,000원을 이체할 때, 계좌이체 트랜잭션의 수행 시작부터 완료까지를 기록한 로그의 예다.

계좌이체 트랜잭션 : T_1

```
read(X);
X = X - 5000;
write(X);
read(Y);
Y = Y + 5000;
write(Y);
```

로그 파일에 기록된 로그 레코드

```
1: ⟨T₁, start⟩
2: ⟨T₁, X, 10000, 5000⟩
3: ⟨T₁, Y, 0, 5000⟩
4: ⟨T₁, commit⟩
```

그림 10-22 계좌이체 트랜잭션이 수행되면서 기록된 로그의 예

장애가 발생하는 시점과 유형이 다양하고, 데이터베이스를 빠른 시간 내에 복구해야 하므로 실제로 데이터베이스 관리 시스템은 좀 더 복잡하고 효율적인 회복 기법들을 사용한다. 데이터베이스 회복의 기본 연산으로 소개한 redo와 undo는 데이터베이스 관리 시스템이 실제로 적용하는 [그림 10-23]과 같은 회복 기법에서 주요 연산으로 사용된다.

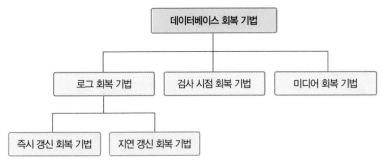

그림 10-23 데이터베이스 회복 기법의 분류

[그림 10-23]의 데이터베이스 회복 기법 중 일반적으로 많이 사용되는 로그 회복 기법을 먼저 알아보자.

로그 회복 기법

로그를 이용한 회복 기법은 데이터를 변경한 연산 결과를 데이터베이스에 반영하는 시점에 따라 즉시 갱신 회복 기법과 지연 갱신 회복 기법으로 나뉜다.

즉시 갱신 회복 기법

즉시 갱신immediate update 회복 기법은 트랜잭션 수행 중에 데이터를 변경한 연산의 결과를 데이터베이스에 즉시 반영한다. 그리고 장애 발생에 대비하기 위해 데이터 변경에 대한 내용을 로그 파일에도 기록한다. 데이터베이스 회복 시 로그를 정상적으로 사용하려면, 트랜잭션에서 데이터 변경 연산이 실행되었을 때 로그 파일에 로그 레코드를 먼저 기록한 후 데이터베이스에 변경 연산을 반영해야 한다.

[그림 10-24]는 계좌 잔액이 10,000원인 성호가 계좌 잔액이 0원인 은경에게 5,000원을 이체하는 계좌이체 트랜잭션이 순차적으로 수행되는 과정을 나타낸다. 즉, 트랜잭션이 수행되면서 로그 파일에 기록되는 로그 레코드와 데이터베이스에 트랜잭션의 수행 결과를 반영한 모습을 순서대로 보여준다.

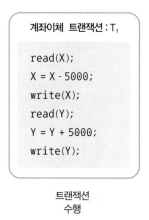

계좌이체 트랜잭션 : T_1

```
read(X);
X = X - 5000;
write(X);
read(Y);
Y = Y + 5000;
write(Y);
```

트랜잭션
수행

로그 파일에 기록된 로그 레코드

```
1: ⟨T₁, start⟩
2: ⟨T₁, X, 10000, 5000⟩
3: ⟨T₁, Y, 0, 5000⟩
4: ⟨T₁, commit⟩
```

데이터베이스

X = 10000, Y = 0 ◀── 트랜잭션이 수행되기 전 원래의 계좌 잔액

X = 5000 ◀── 첫 번째 변경 연산을 실행한 후의 X계좌 잔액

Y = 5000 ◀── 두 번째 변경 연산을 실행한 후의 Y계좌 잔액

그림 10-24 계좌이체 트랜잭션 수행 중 로그 작성 및 데이터베이스 반영 순서

즉시 갱신 회복 기법은 장애가 발생하면 로그 파일에 기록된 내용을 참조하여, 장애 발생 시점에 따라 redo나 undo 연산을 실행하여 데이터베이스를 복구한다. 트랜잭션에 redo 연산을 실행할 것인지 undo 연산을 실행할 것인지는 [그림 10-25]의 기준에 따라 결정한다. 이 기준에 따라 장애가 발생했을 때 즉시 갱신 회복 기법을 적용하는 방법을 예를 통해 살펴보자.

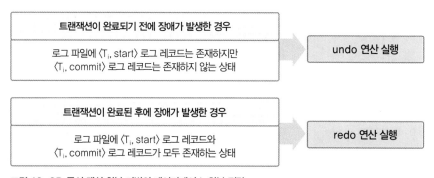

트랜잭션이 완료되기 전에 장애가 발생한 경우	
로그 파일에 ⟨T$_i$, start⟩ 로그 레코드는 존재하지만 ⟨T$_i$, commit⟩ 로그 레코드는 존재하지 않는 상태	undo 연산 실행

트랜잭션이 완료된 후에 장애가 발생한 경우	
로그 파일에 ⟨T$_i$, start⟩ 로그 레코드와 ⟨T$_i$, commit⟩ 로그 레코드가 모두 존재하는 상태	redo 연산 실행

그림 10-25 즉시 갱신 회복 기법의 데이터베이스 회복 전략

A계좌에서 B계좌로 1,000원을 이체하는 계좌이체 트랜잭션 T_1과, C계좌에서 D계좌로 2,000원을 이체하는 계좌이체 트랜잭션 T_2가 순차적으로 수행된다고 가정하자. 두 트랜잭션이 실행하는 연산의 내용과 트랜잭션 수행 순서는 [그림 10-26]과 같다.

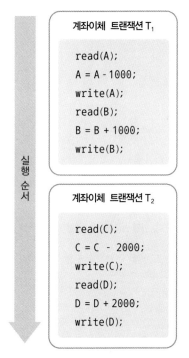

계좌이체 트랜잭션 T_1

```
read(A);
A = A - 1000;
write(A);
read(B);
B = B + 1000;
write(B);
```

계좌이체 트랜잭션 T_2

```
read(C);
C = C - 2000;
write(C);
read(D);
D = D + 2000;
write(D);
```

실행 순서

그림 10-26 순차적으로 수행되는 두 트랜잭션의 예

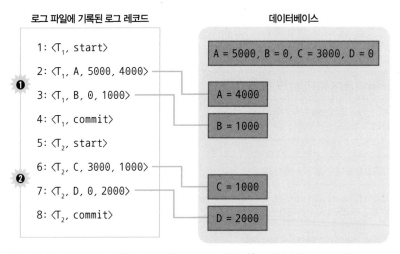

로그 파일에 기록된 로그 레코드

데이터베이스

```
1: ⟨T₁, start⟩
2: ⟨T₁, A, 5000, 4000⟩
3: ⟨T₁, B, 0, 1000⟩
4: ⟨T₁, commit⟩
5: ⟨T₂, start⟩
6: ⟨T₂, C, 3000, 1000⟩
7: ⟨T₂, D, 0, 2000⟩
8: ⟨T₂, commit⟩
```

A = 5000, B = 0, C = 3000, D = 0

A = 4000

B = 1000

C = 1000

D = 2000

그림 10-27 순차적으로 수행되는 두 트랜잭션의 로그 파일 내용과 데이터베이스 반영 결과

[그림 10-27]은 2개의 트랜잭션이 순차적으로 수행되면서 로그 파일에 기록된 내용과 데이터베이스에 데이터 변경 연산의 결과가 반영된 모습이다. 이 두 계좌이체 트랜잭션에 장애가 발생했을 때 즉시 갱신 회복 기법을 적용하는 방법을 생각해보자.

[그림 10-27]에서 T_1 트랜잭션이 수행되고 있는 ❶ 시점에 장애가 발생했을 때 즉시 갱신 회복 기법을 적용하면 데이터베이스가 어떻게 복구될까?

❶ 시점에서는 T_1 트랜잭션의 수행이 아직 완료되기 전이므로 로그 파일에 〈T_1, start〉 로그 레코드만 존재하고 〈T_1, commit〉 로그 레코드는 존재하지 않는다. 그러므로 T_1 트랜잭션에 undo(T_1) 연산을 실행해야 한다. 즉, 로그 내용을 이용하여 지금까지 변경한 데이터의 값을 변경 연산 이전의 값으로 되돌려야 한다. T_1 트랜잭션에 undo 연산을 실행하면 데이터베이스에서 A계좌의 잔액이 변경 연산 이전의 값인 5,000원으로 되돌아간다. 이전 값으로 되돌려야 하는 데이터가 여러 개인 경우에는 로그에 기록된 순서의 반대로 undo 연산을 실행한다.

[그림 10-27]에서 T_2 트랜잭션이 수행되고 있는 ❷ 시점에 장애가 발생했을 때 즉시 갱신 회복 기법을 적용하면 데이터베이스가 어떻게 복구될까?

❷ 시점에서는 T_1 트랜잭션의 수행이 이미 완료되었으므로 로그 파일에 〈T_1, start〉 로그 레코드와 〈T_1, commit〉 로그 레코드가 모두 존재한다. T_2 트랜잭션은 아직 완료되기 전이므로 〈T_2, start〉 로그 레코드만 존재하고 〈T_2, commit〉 로그 레코드는 존재하지 않는다. 그러므로 T_1 트랜잭션에 redo(T_1) 연산을, T_2 트랜잭션에 undo(T_2) 연산을 실행해야 한다. 이렇게 회복을 위해 redo와 undo 연산이 모두 필요할 때는 undo 연산을 먼저 실행한 후 redo 연산을 실행한다. T_2 트랜잭션에 undo 연산을 실행하면 데이터베이스에서 C계좌의 잔액이 변경 연산 이전의 값인 3,000원으로 되돌아간다. 그런 다음 T_1 트랜잭션에 redo 연산을 실행하면 데이터베이스에서 A계좌의 잔액이 변경 연산 이후의 값인 4,000원, B계좌의 잔액이 변경 연산 이후의 값인 1,000원이 된다. redo 연산이 필요한 데이터가 여러 개인 경우에는 로그에 기록된 순서대로 redo 연산을 실행한다. 즉, A계좌의 잔액을 4,000원으로 지정한 후 B계좌의 잔액을 1,000원으로 지정한다.

지연 갱신 회복 기법

지연 갱신deferred update 회복 기법은 트랜잭션이 수행되는 동안에는 데이터 변경 연산의 결과를 데이터베이스에 즉시 반영하지 않고 로그 파일에만 기록해두었다가, 트랜잭션이 부분 완료된 후에 로그에 기록된 내용을 이용해 데이터베이스에 한 번에 반영한다. 트랜잭션이 수행되는 동안 장애가 발생할 경우 로그에 기록된 내용을 버리기만 하면 데이터베이스가 원래 상태를 그대로 유지하게 된다. 지연 갱신 회복 기법에서는 undo 연산은 필요 없고 redo 연산만 필요하므로 로그 레코드에 변경 이전 값을 기록할 필요가 없다. 그러므로 변경 연산 실행에 대한 로그 레코드는 $\langle T_i, X, new\_value \rangle$ 형식으로 기록된다.

장애가 발생했을 때 지연 갱신 회복 기법이 취하는 조치는 [그림 10-28]의 기준에 따라 결정한다. 이 기준에 따라 장애가 발생했을 때 지연 갱신 회복 기법을 적용하는 방법을 [그림 10-29]의 예를 통해 살펴보자.

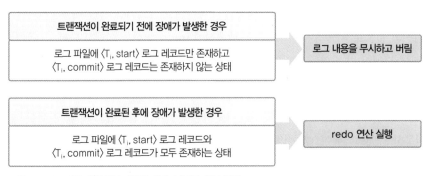

그림 10-28 지연 갱신 회복 기법의 데이터베이스 회복 전략

[그림 10-29]는 2개의 계좌이체 트랜잭션이 순차적으로 수행되면서 로그 파일에 기록된 내용과 데이터베이스에 데이터 변경 연산의 결과가 반영된 모습이다. 두 계좌이체 트랜잭션에 장애가 발생했을 때 지연 갱신 회복 기법을 적용하는 방법을 생각해보자.

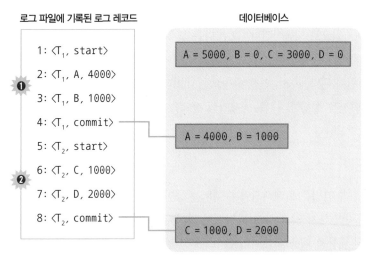

그림 10-29 순차적으로 수행되는 두 트랜잭션의 로그 파일 내용과 데이터베이스 반영 결과

[그림 10-29]에서 T_1 트랜잭션이 수행되고 있는 ❶ 시점에 장애가 발생했을 때 지연 갱신 회복 기법을 적용하면 데이터베이스가 어떻게 복구될까?

❶ 시점에서는 T_1 트랜잭션의 수행이 아직 완료되기 전이므로 로그 파일에 〈T_1, start〉 로그 레코드만 존재하고 〈T_1, commit〉 로그 레코드는 존재하지 않는다. 트랜잭션이 실행한 데이터 변경 연산의 결과를 아직 데이터베이스에 반영하기 전이므로 로그에 기록된 내용만 버리면 다른 회복 조치를 하지 않아도 된다. 트랜잭션의 수행을 다시 시작하기만 하면 된다.

[그림 10-29]에서 T_2 트랜잭션이 수행되고 있는 ❷ 시점에 장애가 발생했을 때 지연 갱신 회복 기법을 적용하면 데이터베이스가 어떻게 복구될까?

❷ 시점에서는 T_1 트랜잭션의 수행이 이미 완료되었으므로 로그 파일에 〈T_1, start〉 로그 레코드와 〈T_1, commit〉 로그 레코드가 모두 존재한다. 하지만 T_2 트랜잭션은 아직 완료되기 전이므로 〈T_2, start〉 로그 레코드만 존재하고 〈T_2, commit〉 로그 레코드는 존재하지 않는다. 그러므로 아직 완료되지 않은 T_2 트랜잭션에 대한 로그 레코드를 무시하고 T_2 트랜잭션에는 별다른 회복 조치를 하지 않아도 된다. 하지만 수행이 완료된 T_1 트랜잭션에는 redo(T_1) 연산을 실행하여, 데이터베이스에서 A계좌의 잔액이 변경 연산 이후의 값인 4,000원, B계좌의 잔액이 변경 연산 이후의 값인 1,000원이 되도록 한다.

검사 시점 회복 기법

로그를 이용한 회복 기법은 로그 전체를 분석하여 로그에 기록된 모든 트랜잭션을 대상으로 redo나 undo 중에서 적용할 회복 연산을 결정해야 된다. 그런데 로그 전체를 대상으로 회복 기법을 적용하면 데이터베이스 회복에 너무 많은 시간이 걸리고 redo 연산을 수행할 필요가 없는 트랜잭션에도 redo 연산을 실행하는 일이 발생하기도 한다. 이러한 비효율성을 해결하기 위해 제안된 방법이 검사 시점 회복 기법이다.

검사 시점 회복 기법은 로그 회복 기법과 같은 방법으로 로그 기록을 이용하되, 일정 시간 간격으로 검사 시점checkpoint을 만들어둔다. 그리고 장애가 발생하면 가장 최근 검사 시점 이전의 트랜잭션에는 회복 작업을 수행하지 않고, 이후의 트랜잭션에만 회복 작업을 수행한다. 검사 시점 회복 기법을 이용하면 회복 작업의 범위가 검사 시점으로 정해지므로 불필요한 회복 작업을 수행하지 않아 데이터베이스 회복 시간이 단축된다는 장점이 있다.

일정 시간 간격으로 검사 시점이 되면 메인 메모리에 있는 모든 로그 레코드를 안정 저장 장치에 있는 로그 파일에 기록하고, 트랜잭션의 데이터 변경 내용을 데이터베이스에 반영한다. 그다음, 검사 시점을 표시하는 〈checkpoint L〉 형식의 로그 레코드를 로그 파일에 기록한다. 〈checkpoint L〉 형식에서 L은 현재 실행되고 있는 트랜잭션의 리스트를 의미한다.

장애가 발생하면 로그 파일에서 가장 최근의 〈checkpoint L〉 로그 레코드를 찾아 그 이후의 로그 기록에만 회복 작업을 수행한다. 〈checkpoint L〉 로그 레코드를 이용해 회복 작업의 범위를 정하는 것이다. 회복 작업의 범위가 정해지면 즉시 갱신 회복 기법이나 지연 갱신 회복 기법을 이용해 회복 작업을 수행한다.

미디어 회복 기법

데이터베이스는 비휘발성 저장 장치인 디스크에 저장된다. 디스크는 휘발성 저장 장치인 메인 메모리보다 장애가 드물게 발생하지만 디스크 헤더의 고장 등으로 장애가 발생할 수 있다. 디스크에 발생할 수 있는 장애에 대비한 회복 기법은 미디어 회복 기법이다.

미디어 회복 기법은 전체 데이터베이스의 내용을 일정 주기마다 다른 안전한 저장 장치에 복사해두는 덤프를 이용한다. 디스크 장애가 발생하면 가장 최근에 복사해둔 덤프를 이용해 장애 발생 이전의 일관된 데이터베이스 상태로 복구한다. 그런 다음 필요에 따라 로그의 내용을 토대로 redo 연산을 실행한다.

전체 데이터베이스를 다른 저장 장치에 복사하는 것은 비용이 많이 들고 복사하는 동안에 트랜잭션 수행을 중단해야 하므로 미디어 회복 기법은 CPU가 낭비된다는 단점이 있다.

03 병행 제어

1 병행 수행과 병행 제어

데이터베이스 관리 시스템은 여러 사용자가 데이터베이스를 동시에 공유할 수 있도록 여러 개의 트랜잭션이 동시에 수행되는 병행 수행concurrency을 지원한다. 병행 수행은 실제로 여러 트랜잭션이 차례로 번갈아 수행되는 인터리빙interleaving 방식으로 진행된다. 그런데 병행 수행되는 트랜잭션들이 서로 다른 데이터를 사용하여 연산을 실행하는 경우에는 괜찮지만 동시에 같은 데이터에 접근하여 변경 연산을 실행하려고 하면 예상치 못한 결과가 나타날 수도 있다. 그러므로 병행 수행을 하더라도 각 트랜잭션이 다른 트랜잭션의 방해를 받지 않고 정확한 수행 결과를 얻을 수 있도록 제어해야 한다.

여러 개의 트랜잭션이 병행 수행되면서 같은 데이터에 접근하여 연산을 실행하더라도, 문제가 발생하지 않고 정확한 수행 결과를 얻을 수 있도록 트랜잭션의 수행을 제어하는 것을 병행 제어concurrency control 또는 동시성 제어라고 한다.

병행 제어를 위해 여러 기법이 사용된다. 우선 그 등장 배경을 이해할 수 있도록 제어 없이 병행 수행을 할 때 발생할 수 있는 문제점부터 살펴보자.

2 병행 수행의 문제

병행 수행을 특별한 제어 없이 진행하면 여러 문제가 발생할 수 있다. 대표적인 문제로 갱신 분실, 모순성, 연쇄 복귀가 있다.

갱신 분실

갱신 분실lost update은 하나의 트랜잭션이 수행한 데이터 변경 연산의 결과를 다른 트랜잭션이 덮어써 변경 연산이 무효화되는 것이다.

갱신 분실이 발생하는 병행 수행 예를 통해 좀 더 구체적으로 살펴보자.

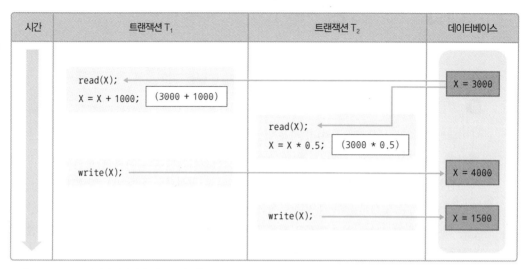

그림 10-30 두 트랜잭션의 병행 수행으로 발생한 갱신 분실의 예

[그림 10-30]은 데이터 X에 1000을 더하는 트랜잭션 T_1과 데이터 X를 50% 감소시키는 트랜잭션 T_2가 병행 수행되면서 갱신 분실의 문제가 발생한 예다. 트랜잭션이 수행되기 전 데이터 X의 원래 값은 3000으로 가정한다.

그림에서 트랜잭션 T_1이 데이터 X의 원래 값인 3000을 읽어와 1000을 더하는 연산을 실행한 후에, 트랜잭션 T_2가 X의 원래 값인 3000을 읽어와 50% 감소시키는 연산을 실행한다. 그런 다음 트랜잭션 T_1이 자신이 실행한 변경 연산의 결과를 데이터베이스에 반영하려고 write(X) 연산을 실행하면 데이터베이스에 있는 X 값은 4000으로 변경된다. 그런데 바로 이어서 트랜잭션 T_2가 자신이 실행한 변경 연산의 결과를 데이터베이스에 반영하려고 write(X) 연산을 실행하면서 데이터베이스에 있는 X 값이 4000이 아닌 1500이 된다. 결과적으로 트랜잭션 T_1의 변경 연산이 데이터베이스에 실제로 반영되지 않고 무효화되어 트랜잭션 T_1이 수행되지 않은 것처럼 된다. 트랜잭션 T_1에 대해 갱신 분실이 발생한 것이다.

[그림 10-30]의 두 트랜잭션이 동시에 수행되지 않고 순차적으로 수행된다면 결과가 어떻게 달라질까?

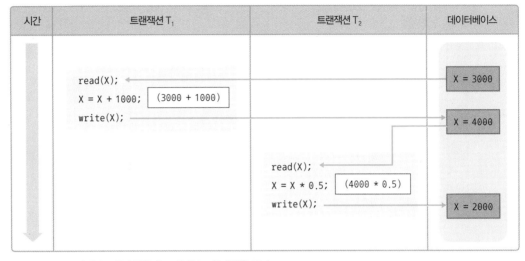

그림 10-31 트랜잭션 T₁을 수행한 후 트랜잭션 T₂를 수행한 결과

트랜잭션 T₁의 수행이 먼저 완료된 후에 트랜잭션 T₂를 수행하면 [그림 10-31]과 같이 데이터베이스에 있는 데이터 X 값은 2000이 된다. 이것은 트랜잭션을 수행한 결과를 모두 반영하고 있으므로 이 결과가 바로 두 트랜잭션을 모두 수행함으로써 얻고자 했던 값이다. 이처럼 두 트랜잭션을 동시에 수행하더라도 갱신 분실 문제가 발생하지 않고 순차적으로 수행한 것과 같은 결과 값을 얻을 수 있어야 정확한 병행 수행이라 할 수 있다.

모순성

모순성inconsistency은 하나의 트랜잭션이 여러 개의 데이터 변경 연산을 실행할 때 일관성 없는 상태의 데이터베이스에서 데이터를 가져와 연산을 실행함으로써 모순된 결과가 발생하는 것이다. 예를 들어 어떤 연산은 현재의 트랜잭션이 실행되기 전 상태의 데이터베이스에서 데이터를 가져와 실행하고, 또 다른 연산은 다른 트랜잭션이 변경한 데이터베이스에서 데이터를 가져와 실행하면 모순성의 문제가 발생할 수 있다.

모순성이 발생하는 병행 수행 예를 통해 좀 더 구체적으로 살펴보자.

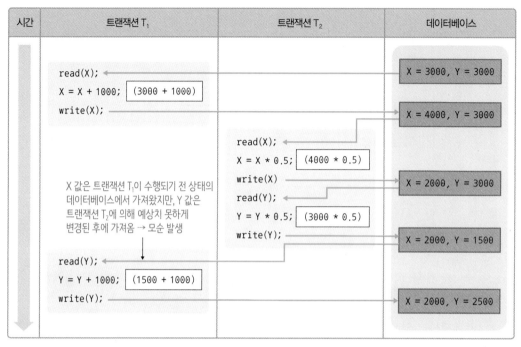

그림 10-32 두 트랜잭션의 병행 수행으로 발생한 모순성의 예

[그림 10-32]는 데이터 X와 Y 값에 각각 1000을 더하는 트랜잭션 T_1과, 데이터 X와 Y 값을 각각 50%씩 감소시키는 트랜잭션 T_2가 병행 수행되면서 모순성의 문제가 발생한 예다. 모든 트랜잭션이 수행되기 전의 데이터 X와 Y의 원래 값은 3000으로 가정한다.

그림을 보면, 트랜잭션 T_1이 트랜잭션 수행 전 상태의 데이터베이스에서 데이터 X를 가져와 변경 연산을 실행한다. 이를 데이터베이스에 반영한 후에 데이터 Y에 대한 변경 연산이 아직 남아 있는 상태에서 트랜잭션 T_2가 데이터 Y에 대한 변경 연산을 비롯해 자신의 모든 연산들을 실행하고 완료된다. 그래서 트랜잭션 T_1은 자신이 수행을 시작하기 전 상태의 데이터 Y 값 3000이 아닌 트랜잭션 T_2가 변경한 데이터 Y 값인 1500을 가지고 연산을 수행하는 모순이 발생한다. 트랜잭션 T_1이 트랜잭션 T_2로 인해 데이터 X와 데이터 Y를 서로 다른 상태의 데이터베이스에서 가져와 연산을 실행하기 때문에 결과를 신뢰할 수 없다. 두 트랜잭션을 이와 같이 아무런 제어 없이 동시에 수행하면, 정확한 트랜잭션 수행 결과를 얻을 수 없어 데이터베이스는 모순된 상태가 되는 것이다.

[그림 10-32]의 두 트랜잭션이 동시에 수행되지 않고 순차적으로 수행된다면 결과가 어떻게 달라질까?

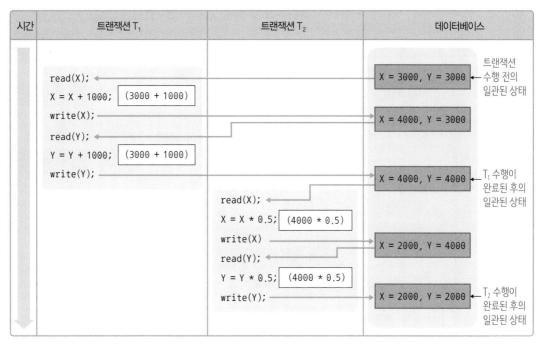

그림 10-33 트랜잭션 T_1을 수행한 후 트랜잭션 T_2를 수행한 결과

트랜잭션 T_1의 수행이 완료된 다음에 트랜잭션 T_2를 수행하면 [그림 10-33]과 같이 데이터베이스에 있는 데이터 X와 Y 값이 모두 2000이 된다. 이는 두 트랜잭션이 문제없이 모두 정상적으로 수행되었을 때 얻을 수 있는 정확한 결과이므로 트랜잭션이 완료된 후 데이터베이스는 모순이 없는 일관된 상태가 된다. 이처럼 두 트랜잭션을 동시에 수행하더라도 모순성의 문제가 발생하지 않고 순차적으로 수행한 것과 같은 결과 값을 얻을 수 있어야 정확한 병행 수행이라 할 수 있다.

연쇄 복귀

연쇄 복귀cascading rollback는 트랜잭션이 완료되기 전에 장애가 발생하여 rollback 연산을 수행하면, 이 트랜잭션이 장애 발생 전에 변경한 데이터를 가져가 변경 연산을 실행한 또 다른 트랜잭션에도 rollback 연산을 연쇄적으로 실행해야 한다는 것이다. 그런데 장애가 발생한 트랜잭션이 rollback 연산을 실행하기 전에, 변경한 데이터를 가져가 사용하는 다른 트랜잭션이 수행을 완료해버리면 rollback 연산을 실행할 수 없어 큰 문제가 발생하게 된다.

연쇄 복귀가 발생하는 병행 수행 예를 통해 좀 더 구체적으로 살펴보자.

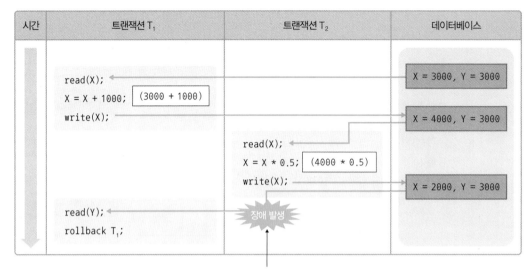

트랜잭션 T_1이 rollback되면 트랜잭션 T_2도 rollback되어야 하는데
T_2가 이미 완료된 트랜잭션이라 rollback을 할 수 없음

그림 10-34 두 트랜잭션의 병행 수행으로 발생한 연쇄 복귀

[그림 10-34]는 데이터 X와 Y 값에 각각 1000을 더하는 트랜잭션 T_1과, 데이터 X의 값을 50% 감소시키는 트랜잭션 T_2가 병행 수행되면서 연쇄 복귀의 문제가 발생한 예다. 모든 트랜잭션이 수행되기 전의 데이터 X와 Y의 원래 값은 3000으로 가정한다.

그림에서 트랜잭션 T_1이 데이터 X에 변경 연산을 실행하고 이를 데이터베이스에 반영한 후 아직 다른 연산들의 실행이 남아 있는 상태에서, 트랜잭션 T_2가 T_1이 변경한 데이터 X 값을 가지고 자신의 모든 연산을 실행한 후 완료되었다. 그런데 그다음 트랜잭션 T_1이 데이터 Y를 읽어오는 연산을 실행하는 중에 장애가 발생하여 rollback 연산으로 원래의 데이터베이스 상태로 복구되어야 한다면, 잘못된 데이터 X로 연산을 실행한 트랜잭션 T_2에도 rollback 연산이 연쇄적으로 실행되어야 한다. 하지만 트랜잭션 T_2가 이미 모든 연산을 실행하고 완료된 상태라 rollback 연산을 실행할 수 없으므로 문제가 발생하게 된다.

[그림 10-34]의 두 트랜잭션이 동시에 수행되지 않고 순차적으로 수행된다면 결과가 어떻게 달라질까?

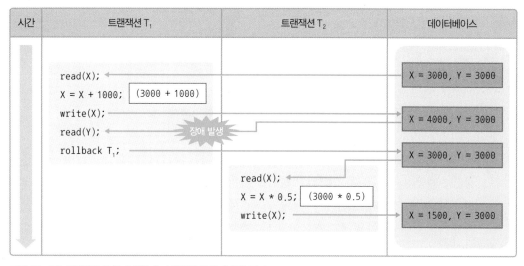

그림 10-35 트랜잭션 T₁을 수행한 후 트랜잭션 T₂를 수행한 결과

트랜잭션 T_1을 먼저 수행하는 도중에 장애가 발생하면 트랜잭션 T_1에만 rollback 연산을 수행하면 된다. rollback 연산을 실행한 다음에 트랜잭션 T_2를 수행하면 [그림 10-35]와 같이 데이터베이스에 있는 데이터 X 값이 1500으로 변경되고 데이터 Y는 원래 값인 3000을 그대로 유지한다. 이처럼 두 트랜잭션을 동시에 수행하더라도 연쇄 복귀의 문제가 발생하지 않고 순차적으로 수행한 것과 같은 결과 값을 얻을 수 있어야 정확한 병행 수행이라 할 수 있다.

3 트랜잭션 스케줄

병행 수행에서는 트랜잭션들이 차례로 번갈아 가면서 수행되는 인터리빙 방식으로 진행된다고 했다. 트랜잭션에 있는 연산을 실행하는 순서에 따라 트랜잭션들의 수행 결과가 달라지기도 하고, 병행 수행에 따른 문제가 발생하기도 한다. 그러므로 여러 트랜잭션을 병행 수행할 때는 트랜잭션들의 연산을 실행하는 순서가 중요하다.

트랜잭션 스케줄은 트랜잭션에 포함되어 있는 연산들을 수행하는 순서다. 일반적으로 하나의 트랜잭션에는 많은 연산들이 포함되어 있어 여러 트랜잭션을 병행 수행하는 경우 트랜잭션들의 각 연산을 실행시키는 순서인 트랜잭션 스케줄도 여러 가지가 있을 수 있다. 트랜잭션 스케줄은 [표 10-4]와 같이 세 가지 유형으로 구분할 수 있다.

표 10-4 트랜잭션 스케줄의 유형

트랜잭션 스케줄	의미
직렬 스케줄	인터리빙 방식을 이용하지 않고 트랜잭션별로 연산들을 순차적으로 실행시키는 것
비직렬 스케줄	인터리빙 방식을 이용하여 트랜잭션들을 병행해서 수행시키는 것
직렬 가능 스케줄	직렬 스케줄과 같이 정확한 결과를 생성하는 비직렬 스케줄

예를 통해 트랜잭션 스케줄의 유형별 특징을 하나씩 살펴보자.

직렬 스케줄

직렬 스케줄serial schedule은 인터리빙 방식을 이용하지 않고 트랜잭션별로 연산들을 순차적으로 실행시키는 것이다. 트랜잭션이 직렬 스케줄에 따라 수행되면, 모든 트랜잭션이 완료될 때까지 다른 트랜잭션의 방해를 받지 않고 독립적으로 수행된다. 그래서 직렬 스케줄에 따라 트랜잭션이 수행되고 나면 항상 모순이 없는 정확한 결과를 얻는다.

같은 트랜잭션들을 대상으로 하더라도 트랜잭션의 수행 순서에 따라 다양한 직렬 스케줄이 만들어질 수 있고, 직렬 스케줄마다 데이터베이스에 반영되는 최종 결과가 달라질 수 있다. 하지만 직렬 스케줄의 결과는 모두 정확하기 때문에 어떤 직렬 스케줄을 사용하는가는 중요하지 않다.

두 트랜잭션을 대상으로 하는 직렬 스케줄의 예를 통해 좀 더 구체적으로 살펴보자.

데이터 X와 Y 값에 각각 1000을 더하는 트랜잭션 T_1과, 데이터 X와 Y 값을 각각 50%씩 감소시키는 트랜잭션 T_2에 대한 직렬 스케줄은 두 가지다. 첫 번째 직렬 스케줄은 [그림 10-36]과 같이 T_1을 먼저 수행한 후에 T_2를 수행하는 것이고, 두 번째 직렬 스케줄은 [그림 10-37]과 같이 T_2를 먼저 수행한 후에 T_1을 수행하는 것이다.

[그림 10-36]과 같이 T_1을 먼저 수행한 후에 T_2를 수행하는 직렬 스케줄에 따라 두 트랜잭션을 수행하면 데이터 X와 Y의 최종 값은 모두 2000이 된다.

[그림 10-37]과 같이 T_2를 먼저 수행한 후에 T_1을 수행하는 직렬 스케줄에 따라 두 트랜잭션을 수행하면 데이터 X와 Y의 최종 값은 모두 2500이 된다.

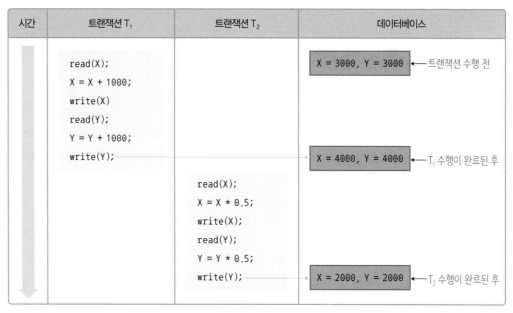

시간	트랜잭션 T₁	트랜잭션 T₂	데이터베이스

	read(X);
	X = X + 1000;
	write(X)
	read(Y);
	Y = Y + 1000;
	write(Y);
			X = 3000, Y = 3000 ← 트랜잭션 수행 전
			
			X = 4000, Y = 4000 ← T₁ 수행이 완료된 후

		read(X);
		X = X * 0.5;
		write(X);
		read(Y);
		Y = Y * 0.5;
		write(Y);
			X = 2000, Y = 2000 ← T₂ 수행이 완료된 후

그림 10-36 트랜잭션 T₁을 수행한 후에 트랜잭션 T₂를 수행하는 직렬 스케줄의 예 : T₁ 수행 → T₂ 수행

시간	트랜잭션 T₁	트랜잭션 T₂	데이터베이스

		read(X);
		X = X * 0.5;
		write(X);
		read(Y);
		Y = Y * 0.5;
		write(Y);
			X = 3000, Y = 3000 ← 트랜잭션 수행 전
			
			X = 1500, Y = 1500 ← T₂ 수행이 완료된 후

	read(X);
	X = X + 1000;
	write(X);
	read(Y);
	Y = Y + 1000;
	write(Y);
			X = 2500, Y = 2500 ← T₁ 수행이 완료된 후

그림 10-37 트랜잭션 T₂를 수행한 후에 트랜잭션 T₁을 수행하는 직렬 스케줄의 예 : T₂ 수행 → T₁ 수행

직렬 스케줄에 따라 여러 트랜잭션을 수행하면 정확한 결과를 얻을 수 있지만, 인터리빙 방식을 사용하지 않고 각 트랜잭션을 독립적으로 수행하기 때문에 트랜잭션들이 동시에 수행되는 병행 수행이라고 할 수 없다. 그래서 직렬 스케줄은 일반적으로 잘 사용하지 않는다.

비직렬 스케줄

비직렬 스케줄nonserial schedule은 인터리빙 방식을 이용하여 트랜잭션을 병행해서 수행시키는 것이다. 비직렬 스케줄은 트랜잭션이 돌아가면서 연산들을 실행하기 때문에 하나의 트랜잭션이 완료되기 전에 다른 트랜잭션의 연산이 실행될 수 있다. 비직렬 스케줄에 따라 여러 트랜잭션을 병행 수행하면 갱신 분실, 모순성, 연쇄 복귀 등의 문제가 발생할 수 있어 최종 수행 결과의 정확성을 보장할 수 없다.

트랜잭션들의 연산들을 실행하는 순서에 따라 다양한 비직렬 스케줄이 만들어질 수 있다. 이 중에는 모순이 없는 정확한 결과를 생성하는 비직렬 스케줄도 있지만, 잘못된 결과를 생성하는 비직렬 스케줄도 있다. 그러므로 어떤 비직렬 스케줄을 선택하여 트랜잭션들을 수행하느냐가 중요하다. 앞서 갱신 분실, 모순성, 연쇄 복귀의 문제를 일으켰던 [그림 10-30], [그림 10-32], [그림 10-34]가 비직렬 스케줄의 예다.

두 트랜잭션을 대상으로 하는 비직렬 스케줄의 예를 통해 좀 더 구체적으로 살펴보자.

데이터 X와 Y 값에 각각 1000을 더하는 트랜잭션 T_1과, 데이터 X와 Y 값을 각각 50%씩 감소시키는 트랜잭션 T_2에 대한 비직렬 스케줄은 다양하다. [그림 10-38]과 [그림 10-39]도 T_1과 T_2에 대한 비직렬 스케줄의 예 중 하나다.

트랜잭션 T_1과 T_2를 [그림 10-38]과 같은 비직렬 스케줄로 수행하면 최종적으로 데이터 X 값 2000, 데이터 Y 값 2000이 데이터베이스에 반영된다. 이는 트랜잭션 T_1과 T_2를 직렬 스케줄로 수행한 [그림 10-36]과 결과가 같으므로 모순이 없는 정확한 값이다. 그러므로 두 트랜잭션을 병행 수행할 때 문제가 발생하지 않고 정확한 결과를 얻을 수 있는 비직렬 스케줄이다.

트랜잭션 T_1과 T_2를 [그림 10-39]와 같은 비직렬 스케줄로 수행하면 최종적으로 데이터 X 값 4000, 데이터 Y 값 1500이 데이터베이스에 반영된다. 이는 트랜잭션 T_1과 T_2를 직렬 스케줄로 수행한 [그림 10-36], [그림 10-37] 모두와 결과가 다르므로 정확하지 않은 값이다. 그러므로 두 트랜잭션을 병행 수행할 때 정확한 결과를 보장할 수 없는 비직렬 스케줄이다.

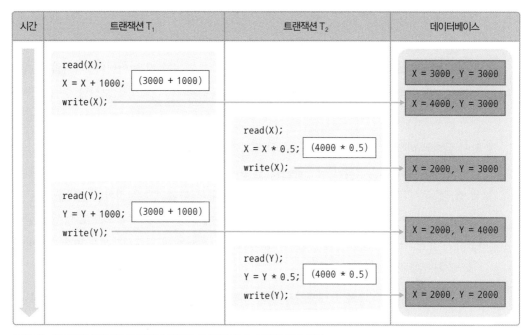

그림 10-38 트랜잭션 T_1과 T_2에 대한 비직렬 스케줄의 예 1 : 정확한 결과 생성

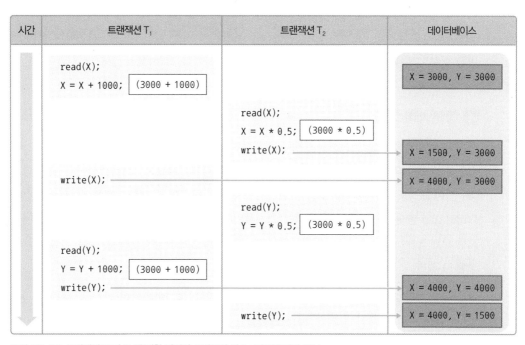

그림 10-39 트랜잭션 T_1과 T_2에 대한 비직렬 스케줄의 예 2 : 잘못된 결과 생성

직렬 가능 스케줄

직렬 가능 스케줄serializable schedule은 직렬 스케줄에 따라 수행한 것과 같이 정확한 결과를 생성하는 비직렬 스케줄이다. 모든 비직렬 스케줄이 직렬 가능한 것은 아니다. 비직렬 스케줄 중에서 수행 결과가 동일한 직렬 스케줄이 없는 것들은 결과의 정확성을 보장할 수 없으므로 직렬 가능 스케줄이 아니다.

앞서 살펴본 비직렬 스케줄 중에서, 정확한 결과가 생성되는 [그림 10-38]은 직렬 가능 스케줄이고, 정확하지 않은 결과가 생성되는 [그림 10-39]는 직렬 가능 스케줄이 아니다. 직렬 가능 스케줄은 직렬 스케줄과는 다르다는 점을 기억하자. 직렬 스케줄은 정확한 결과를 얻을 수 있지만, 인터리빙 방식을 이용하지 않고 트랜잭션들이 독립적으로 수행되므로 병행 수행이 아니다. 반면, 직렬 가능 스케줄은 인터리빙 방식을 이용하여 여러 트랜잭션을 병행 수행하면서도 정확한 결과를 얻을 수 있다.

직렬 가능 스케줄을 이용해 트랜잭션을 병행 수행해야 하지만 직렬 가능 스케줄인지 여부를 판단하는 일은 쉽지 않다. 다수의 트랜잭션을 대상으로 비직렬 스케줄을 찾아내는 것이 어려울 뿐만 아니라, 하나씩 수행해보면서 직렬 스케줄과 같은 결과가 나오는지 비교하는 것도 간단한 작업이 아니기 때문이다. 그래서 대부분의 데이터베이스 관리 시스템에서는 직렬 가능 스케줄인지를 검사하기보다는 직렬 가능성을 보장하는 병행 제어 기법을 사용한다. 이어서 병행 제어 기법을 살펴보자.

4 병행 제어 기법

병행 제어 기법은 여러 트랜잭션을 병행 수행하면서도 정확한 결과를 얻을 수 있는 직렬 가능성을 보장받기 위해 사용한다. 병행 제어 기법의 기본 원리는 모든 트랜잭션이 따르면 직렬 가능성이 보장되는 나름의 규약을 정의하고, 트랜잭션들이 이 규약을 따르도록 하는 것이다. 그러므로 트랜잭션 스케줄이 직렬 가능 스케줄인지를 미리 검사할 필요가 없다. 스케줄 내의 모든 트랜잭션이 병행 제어 기법에서 정의한 규약을 따르면 해당 스케줄은 직렬 가능성을 보장할 수 있다.

가장 많이 사용되는 병행 제어 기법인 로킹 기법을 중심으로 병행 제어 기법을 좀 더 자세히 알아보자.

로킹 기법의 개념

로킹locking 기법은 병행 수행되는 트랜잭션들이 동일한 데이터에 동시에 접근하지 못하도록 lock과 unlock이라는 2개의 연산을 이용해 제어한다. 로킹 기법의 기본 원리는 한 트랜잭션이 먼저 접근한 데이터에 대한 연산을 모두 마칠 때까지, 해당 데이터에 다른 트랜잭션이 접근하지 못하도록 상호 배제mutual exclusion하여 직렬 가능성을 보장하는 것이다.

로킹 기법에서 lock 연산은 트랜잭션이 사용할 데이터에 대한 독점권을 가지기 위해 사용한다. 반대로 unlock 연산은 트랜잭션이 데이터에 대한 독점권을 반납하기 위해 사용한다. 이두 연산을 이용하여 다른 트랜잭션의 방해를 받지 않고 데이터에 독점적으로 접근할 수 있게되는 것이다.

로킹 기법에서 모든 트랜잭션이 지켜야 하는 기본 로킹 규약을 알아보자. 로킹 기법을 사용해 트랜잭션이 데이터베이스에 있는 데이터에 접근하는 연산을 실행하려면 먼저 해당 데이터에 lock 연산을 실행하여 독점권을 획득해야 한다. 일반적으로 데이터베이스에 있는 데이터에 접근이 필요한 연산은 데이터를 읽어오는 read와 데이터를 기록하는 write다. 그러므로 트랜잭션이 데이터에 read 또는 write 연산을 실행하기 전에 반드시 lock 연산을 실행해야 한다. 하지만 다른 트랜잭션이 이미 lock 연산을 실행한 데이터에는 다시 lock 연산이 실행될 수 없다. 트랜잭션이 lock 연산을 통해 독점권을 획득한 데이터에 대한 모든 연산을 수행하고 나면 unlock 연산을 실행해서 독점권을 반납해야 한다. 그래야 다른 트랜잭션이 해당 데이터에 접근할 수 있다. 그리고 데이터에 lock 연산을 실행한 트랜잭션만 해당 데이터에 unlock 연산을 실행할 수 있다. 즉, 데이터에 대한 독점권을 부여받은 트랜잭션만 해당 데이터에 독점권을 반납할 수 있으므로 다른 트랜잭션에 독점권을 뺏기지 않는다.

이번에는 lock 연산을 실행하는 대상 데이터의 크기인 로킹 단위를 생각해보자. lock 연산은 크게는 전체 데이터베이스부터 작게는 데이터베이스를 구성하는 속성에 이르기까지 다양한 크기의 데이터를 대상으로 실행할 수 있다. 릴레이션이나 투플도 lock 연산의 대상이 될 수 있다. 만약 전체 데이터베이스에 lock 연산을 실행하면 제어가 간단하다는 장점이 있지만 데이터베이스에 하나의 트랜잭션만 수행되므로 병행 수행이라 할 수 없다. 반면, 가장 작은 단위인 속성에 lock 연산을 하면 독점하는 범위가 좁아 많은 수의 트랜잭션을 병행 수행할 수 있다는 장점이 있지만, 제어가 복잡하다는 단점이 있다. 즉, 로킹 단위가 커질수록 병행성은 낮아지지만 제어가 쉽고, 로킹 단위가 작아질수록 제어가 어렵지만 병행성은 높아진다. 그러므로 시스템에 따라 적절한 로킹 단위를 선택하는 것이 중요하다.

기본 로킹 기법을 사용하면 병행 수행을 제어하는 목표는 이룰 수 있지만 너무 엄격한 제약으로 인해 어떤 순간이든 데이터에 대한 독점권을 하나의 트랜잭션만 가지게 된다. 물론 트랜잭션이 데이터를 변경시키는 write 연산을 실행할 때는 다른 트랜잭션이 방해하지 못하도록 독점권을 가져야 한다. 하지만 데이터를 단순히 읽어오기만 하는 read 연산의 경우, 다른 트랜잭션이 같은 데이터에 동시에 read 연산을 실행해도 문제가 생기지는 않는다. 그러므로 트랜잭션들이 하나의 데이터에 read 연산을 동시에 실행할 수 있도록 해서 처리 효율성을 높일 필요가 있다. 같은 데이터에 트랜잭션들이 read 연산을 동시에 실행하는 것을 허용하도록 lock 연산을 [표10-5]와 같이 두 종류로 구분할 수도 있다.

표 10-5 lock 연산

연산	설명
공용shared lock	트랜잭션이 데이터에 대해 공용 lock 연산을 실행하면, 해당 데이터에 read 연산을 실행할 수 있지만 write 연산은 실행할 수 없다. 그리고 해당 데이터에 다른 트랜잭션도 공용 lock 연산을 동시에 실행할 수 있다. (데이터에 대한 사용권을 여러 트랜잭션이 함께 가질 수 있음)
전용exclusive lock	트랜잭션이 데이터에 전용 lock 연산을 실행하면 해당 데이터에 read 연산과 write 연산을 모두 실행할 수 있다. 그러나 해당 데이터에 다른 트랜잭션은 공용이든 전용이든 어떤 lock 연산도 실행할 수 없다. (전용 lock 연산을 실행한 트랜잭션만 해당 데이터에 대한 독점권을 가질 수 있음)

서로 다른 트랜잭션이 동일한 데이터에 [표 10-5]에서 제시한 두 가지 lock 연산을 동시에 실행할 수 있는지를 결정하는 양립성에 대해 알아보자.

공용 lock과 전용 lock 연산 사이의 양립성은 [표 10-6]과 같다. 공용 lock이 양립 가능하다는 것은 서로 다른 트랜잭션이 같은 데이터에 공용 lock 연산을 동시에 실행할 수 있다는 뜻이다. 하지만 다른 트랜잭션이 전용 lock 연산을 실행한 데이터에서는 공용 lock과 전용 lock을 모두 실행할 수 없고, 해당 데이터에 unlock 연산이 실행될 때까지 기다려야 한다.

표 10-6 lock 연산의 양립성

	공용 lock	전용 lock
공용 lock	가능	불가능
전용 lock	불가능	불가능

기본 로킹 규약만으로는 트랜잭션 스케줄의 직렬 가능성을 완벽하게 보장할 수 없다. 즉, 모든 트랜잭션이 기본 로킹 규약을 지키더라도 잘못된 결과를 얻을 수도 있다.

[그림 10-40]은 데이터 X와 Y 값에 각각 1000을 더하는 트랜잭션 T_1과, 데이터 X와 Y 값을 각각 50%씩 감소시키는 트랜잭션 T_2에 기본 로킹 규약을 적용했지만 모순된 결과를 생성하는 트랜잭션 스케줄의 예다. 모든 트랜잭션이 수행되기 전의 데이터 X와 Y의 값은 둘 다 3000으로 가정한다.

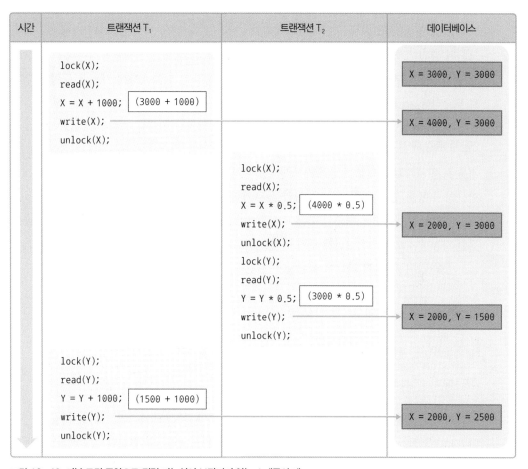

그림 10-40 기본 로킹 규약으로 직렬 가능성이 보장되지 않는 스케줄의 예

그림을 보면, 모든 트랜잭션이 기본 로킹 규약에 따라 데이터에 read와 write 연산을 수행하기 전에 lock 연산으로 데이터에 대한 독점권을 획득하고, 연산 실행이 끝나면 unlock 연산으로 독점권을 반납하였다. [그림 10-36]에서 트랜잭션 T_1을 먼저 수행한 후에 트랜잭션 T_2

를 수행하는 직렬 스케줄의 결과 값은 데이터 X와 Y가 모두 2000이었고, [그림 10-37]에서 트랜잭션 T_2를 먼저 수행한 후에 트랜잭션 T_1을 수행하는 직렬 스케줄의 결과 값은 데이터 X와 Y가 모두 2500이었다. 하지만 [그림 10-40]의 스케줄대로 트랜잭션을 수행하면 데이터 X는 2000, 데이터 Y는 2500이 된다. 그러므로 수행 결과가 같은 직렬 스케줄이 없어 이 스케줄은 직렬 가능성이 없다.

이러한 문제가 발생한 이유는 트랜잭션 T_1이 데이터 X에 너무 빨리 unlock 연산을 실행하여 트랜잭션 T_2가 일관성 없는 데이터에 접근했기 때문이다. 즉, 트랜잭션 T_2가 데이터 X에는 트랜잭션 T_1이 변경한 다음에 접근하고, 데이터 Y에는 트랜잭션 T_1이 변경하기 전에 접근하여 모순된 결과가 생성된 것이다. 따라서 트랜잭션 스케줄의 직렬 가능성을 보장하려면 기본 로킹 규약으로는 부족하고, lock과 unlock 연산을 실행하는 시점에 대한 새로운 규약이 추가로 필요하다. 이것이 바로 이어서 살펴볼 2단계 로킹 규약이다.

2단계 로킹 규약

기본 로킹 규약의 문제를 해결하고 트랜잭션의 직렬 가능성을 보장하기 위해 lock과 unlock 연산의 수행 시점에 대한 새로운 규약을 추가한 것이 2단계 로킹 규약2PLP; 2 Phase Locking Protocol이다. 트랜잭션 스케줄의 모든 트랜잭션이 2단계 로킹 규약을 준수하면 해당 스케줄은 직렬 가능성이 보장된다. 2단계 로킹 규약을 따르려면 모든 트랜잭션이 lock과 unlock 연산을 다음과 같이 2단계로 나누어 실행해야 한다.

확장 단계	트랜잭션이 lock 연산만 실행할 수 있고, unlock 연산은 실행할 수 없는 단계
축소 단계	트랜잭션이 unlock 연산만 실행할 수 있고, lock 연산은 실행할 수 없는 단계

그림 10-41 2단계 로킹 규약의 전략

트랜잭션이 처음에 수행되면 확장 단계로 들어가 lock 연산만 실행할 수 있다. 그러다가 unlock 연산을 실행하면 축소 단계로 들어가 그때부터는 unlock 연산만 실행할 수 있다. 2단계 로킹 규약을 준수하는 트랜잭션은 첫 번째 unlock 연산을 실행하기 전에 필요한 모든 lock 연산을 실행해야 한다.

[그림 10-40]은 트랜잭션 T_1과 T_2 모두 첫 번째 unlock 연산을 실행하기 전에 모든 lock 연산을 실행하지 않아 2단계 로킹 규약을 따르지 않았다. 하지만 [그림 10-42]는 트랜잭션 T_1과 T_2가 모두 2단계 로킹 규약을 준수하므로 직렬 가능성을 보장할 수 있다. 이 스케줄의 수행 결과는 트랜잭션 T_1을 먼저 수행한 후에 트랜잭션 T_2를 수행한 직렬 스케줄의 결과와 같다.

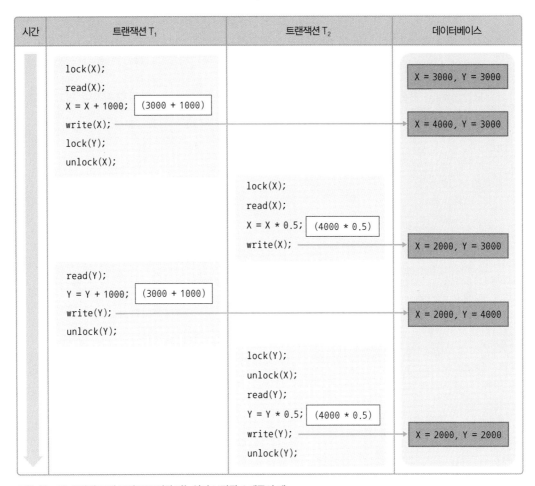

그림 10-42 2단계 로킹 규약으로 직렬 가능성이 보장된 스케줄의 예

2단계 로킹 규약을 적용하면 트랜잭션 스케줄의 직렬 가능성을 보장할 수 있다. 하지만 교착 상태deadlock가 발생할 수 있어 이에 대한 해결책이 필요하다.

교착 상태는 트랜잭션들이 상대가 독점하고 있는 데이터에 unlock 연산이 실행되기를 서로 기다리면서 수행을 중단하고 있는 상태다. 교착 상태에 빠지면 트랜잭션들은 더 이상 수행하지 못하고 상대 트랜잭션이 먼저 unlock 연산을 실행해주기를 한없이 기다리게 된다.

예를 들어 트랜잭션 T_1과 T_2가 모두 데이터 X와 데이터 Y에 접근하는 상황을 생각해보자. 트랜잭션 T_1이 T_2가 lock한 데이터 X에 접근하기 위해 T_2가 unlock 연산을 실행해주기를 기다리고 있고, T_2는 T_1이 lock한 데이터 Y에 접근하기 위해 T_1이 unlock 연산을 실행해주기를 기다리고 있다면 교착 상태가 된다.

교착 상태는 처음부터 발생하지 않도록 예방하거나, 발생했을 때 빨리 탐지하여 필요한 조치를 취하는 방법으로 해결한다.

01 트랜잭션의 개념

하나의 작업을 수행하기 위해 필요한 데이터베이스 연산들을 모아놓은 것으로, 논리적인 작업의 단위다.

02 트랜잭션의 특징

- 원자성 : 트랜잭션의 연산이 모두 정상적으로 수행되거나 하나도 수행되지 않아야 한다.
- 일관성 : 트랜잭션이 수행된 후에도 데이터베이스가 일관성 있는 상태여야 한다.
- 격리성 : 수행 중인 트랜잭션이 완료될 때까지 다른 트랜잭션들이 중간 연산 결과에 접근할 수 없다.
- 지속성 : 트랜잭션의 수행이 완료된 후에 데이터베이스에 반영한 결과는 영구적이어야 한다.

03 트랜잭션의 연산

- commit 연산 : 작업 완료
- rollback 연산 : 작업 취소

04 트랜잭션의 상태

- 활동 상태 : 트랜잭션이 수행을 시작하여 현재 수행 중인 상태다.
- 부분 완료 상태 : 트랜잭션의 마지막 연산이 실행을 끝낸 직후의 상태다.
- 완료 상태 : 트랜잭션이 성공적으로 완료되어 commit 연산을 실행한 상태다.
- 실패 상태 : 장애가 발생하여 트랜잭션의 수행이 중단된 상태다.
- 철회 상태 : 트랜잭션의 수행 실패로 rollback 연산을 실행한 상태다.

05 장애의 정의와 유형

시스템이 제대로 동작하지 않는 상태다. 트랜잭션 장애, 시스템 장애, 미디어 장애가 있다.

06 회복의 정의와 연산

장애가 발생했을 때 데이터베이스를 장애가 발생하기 전의 일관된 상태로 복구시키는 것이다. redo(재실행), undo(취소) 연산이 있다.

07 회복 기법의 유형

- **로그 회복 기법** : 로그를 이용한 회복이다.

- **검사 시점 회복 기법** : 검사 시점을 이용한 회복이다.

- **미디어 회복 기법** : 데이터베이스 덤프(복사본)를 이용한 회복이다.

08 로그 회복 기법

로그를 이용한 회복 기법으로, 즉시 갱신 회복과 지연 갱신 회복이 있다.

- **즉시 갱신 회복** : 트랜잭션을 수행하는 도중에 데이터 변경 연산의 결과를 데이터베이스에 즉시 반영한다.

- **지연 갱신 회복** : 트랜잭션이 부분 완료되면 데이터 변경 연산의 결과를 데이터베이스에 한 번에 반영한다.

09 병행 수행과 병행 제어

- **병행 수행** : 여러 개의 트랜잭션을 동시에 수행하는 것으로, 갱신 분실, 모순성, 연쇄 복귀의 문제가 있다.

- **병행 제어** : 병행 수행 시 문제가 발생하지 않고 정확한 결과를 얻을 수 있도록 트랜잭션의 수행을 제어하는 것이다.

10 트랜잭션 스케줄

트랜잭션에 포함된 연산들을 실행하는 순서를 의미한다. 직렬 스케줄, 비직렬 스케줄, 직렬 가능 스케줄이 있다.

- **직렬 스케줄** : 인터리빙 방식을 이용하지 않고 트랜잭션별로 연산들을 순차적으로 실행시키는 것

- **비직렬 스케줄** : 인터리빙 방식을 이용하여 트랜잭션들을 병행해서 수행시키는 것

- **직렬 가능 스케줄** : 직렬 스케줄과 동일한 정확한 결과를 생성하는 비직렬 스케줄

11 병행 제어 기법

병행 수행하면서도 정확한 결과를 얻을 수 있는 직렬 가능성을 보장하는 것이다. 모든 트랜잭션들이 준수하면 직렬 가능성이 보장되는 규약을 정의하고 트랜잭션들이 이 규약을 따르도록 한다.

12 로킹 기법

트랜잭션들이 동일한 데이터에 동시에 접근하지 못하도록 lock과 unlock 연산으로 제어한다. 로킹 단위가 커질수록 병행성이 낮아지지만 제어가 쉽고, 로킹 단위가 작아질수록 제어가 어렵지만 병행성이 높아진다.

- lock 연산 : 트랜잭션이 데이터에 대한 독점권을 요청하는 연산
- unlock 연산 : 트랜잭션이 데이터에 대한 독점권을 반환하는 연산

13 2단계 로킹 규약

트랜잭션이 lock과 unlock 연산을 확장 단계와 축소 단계로 나누어 수행해야 한다. 모든 트랜잭션이 2단계 로킹 규약을 준수하면 해당 스케줄은 직렬 가능성을 보장받는다.

- **확장 단계** : 트랜잭션이 lock 연산만 실행할 수 있고, unlock 연산은 실행할 수 없는 단계
- **축소 단계** : 트랜잭션이 unlock 연산만 실행할 수 있고, lock 연산은 실행할 수 없는 단계

01 데이터베이스에서 논리적인 작업의 단위로, 하나의 기능을 수행하기 위해 필요한 일련의 연산들을 의미하는 것은?

① 뷰   ② 트랜잭션   ③ 투플   ④ 로킹

02 트랜잭션에 대한 설명으로 옳지 않은 것은?

① 트랜잭션의 연산은 모두 정상적으로 수행되거나 하나도 수행되지 않아야 한다.

② 트랜잭션이 성공적으로 수행된 후에도 데이터베이스가 일관성 있는 상태를 유지해야 한다.

③ 트랜잭션 수행 중 생성된 중간 연산 결과를 다른 트랜잭션의 연산이 접근할 수 있다.

④ 트랜잭션이 성공적으로 수행이 완료된 후 데이터베이스에 반영된 수행 결과는 영구적으로 유지되어야 한다.

03 트랜잭션에 대한 설명으로 옳은 것은?

① 트랜잭션의 일부 연산만 데이터베이스에 반영할 수 있다.

② 트랜잭션은 병행 제어와 회복 작업의 단위다.

③ 트랜잭션은 하나의 기능을 수행하기 위한 물리적 작업 단위다.

④ 트랜잭션의 수행과 관련하여 작업 완료를 의미하는 rollback 연산과 작업 취소를 의미하는 commit 연산이 있다.

04 다음 설명이 의미하는 트랜잭션의 특성은?

> 여러 개의 트랜잭션이 동시에 수행되더라도 각 트랜잭션이 독립적으로 수행될 수 있도록 현재 수행 중인 트랜잭션이 완료될 때까지 다른 트랜잭션의 연산은 끼어들 수 없다. 즉, 트랜잭션 T_1과 T_2가 있다면, T_1이 시작되기 전에 T_2가 끝나든지 T_1이 끝난 후 T_2가 시작되든지 해야 한다.

① 원자성atomicity   ② 일관성consistency   ③ 격리성isolation   ④ 지속성durability

05 데이터 무결성을 보장하기 위한 트랜잭션의 특성으로 올바르지 않은 것은?

① 자율성autonomy   ② 일관성consistency   ③ 격리성isolation   ④ 지속성durability

06 다음 설명이 의미하는 트랜잭션의 특성은?

> 트랜잭션의 연산이 데이터베이스에 모두 반영되거나, 모두 반영되지 않아야 하는 all-or-nothing 방식이어야 한다.

① 원자성atomicity   ② 일관성consistency   ③ 격리성isolation   ④ 지속성durability

07 트랜잭션 상태에 대한 다음 설명 중 옳은 것은?

① 트랜잭션이 성공적으로 수행이 완료되어 commit 연산을 실행한 상태를 활동 상태라고 한다.
② 트랜잭션의 모든 연산이 처리된 상태를 부분 완료 상태라고 한다.
③ 장애가 발생하여 트랜잭션의 수행이 중단된 상태를 철회 상태라고 한다.
④ 트랜잭션의 수행이 실패하여 rollback 연산을 실행한 상태를 실패 상태라고 한다.

08 트랜잭션을 수행하는 도중에 여러 가지 원인으로 장애가 발생했을 때 데이터베이스를 장애가 발생하기 전의 일관된 상태로 복구시키는 것은?

① 재시작restart   ② 철회abort   ③ 회복recovery   ④ 정지stop

09 트랜잭션 장애가 발생하는 원인으로 거리가 먼 것은?

① 처리 대상 데이터의 부재   ② 디스크 헤드의 고장
③ 잘못된 데이터의 입력   ④ 논리적 연산 오류

10 데이터베이스 시스템에 발생하는 장애의 유형으로 거리가 먼 것은?

① 트랜잭션 장애   ② 시스템 장애   ③ 네트워크 장애   ④ 미디어 장애

11 여러 개의 비소멸성 저장 장치를 이용해 데이터 복사본을 만드는 방법으로, 어떤 장애가 발생해도 데이터 손실이 발생하지 않고 데이터를 영구적으로 저장할 수 있는 저장 장치는?

① 캐시 저장 장치   ② 휘발성 저장 장치   ③ 비휘발성 저장 장치   ④ 안정 저장 장치

12 디스크 블록에 저장되어 있는 데이터 X를 메인 메모리의 버퍼 블록으로 이동시키는 연산은?

① input(X)   ② output(X)   ③ read(X)   ④ write(X)

13 프로그램의 변수 값을 메인 메모리 버퍼 블록에 있는 데이터 X에 기록하는 연산은?

① input(X)　　　② output(X)　　　③ read(X)　　　④ write(X)

14 데이터베이스의 회복 기법에 해당하지 않는 것은?

① 로그 회복 기법　　　　　　② 미디어 회복 기법
③ 검사 시점 회복 기법　　　　④ 로킹 회복 기법

15 데이터베이스 회복 기법 중 덤프를 이용하는 것으로 장애가 발생하면 가장 최근에 복사해둔 덤프를 이용해 장애 발생 이전의 일관된 데이터베이스 상태로 복구하는 것은?

① 로그 이용 회복 기법　　　　② 미디어 회복 기법
③ 검사 시점 회복 기법　　　　④ 로킹 회복 기법

16 병행 제어를 하지 않고 여러 트랜잭션을 동시에 수행하게 되는 경우 발생할 수 있는 문제점이 아닌 것은?

① 갱신 분실　　　② 중복성　　　③ 모순성　　　④ 연쇄 복귀

17 병행 제어를 하지 않고 여러 트랜잭션을 동시에 수행하게 되는 경우 발생할 수 있는 문제점 중 다음 설명이 의미하는 것은?

> 하나의 트랜잭션이 수행한 데이터 변경 연산의 결과를 다른 트랜잭션이 덮어써 변경 연산이 무효화되는 것

① 갱신 분실　　　② 중복성　　　③ 모순성　　　④ 연쇄 복귀

18 병행 제어의 목적으로 옳지 않은 것은?

① 시스템 활용도 최대화　　　　② 응답 시간 최대화
③ 데이터베이스 공유 최대화　　④ 데이터베이스 일관성 유지

19 로킹 기법에서 트랜잭션들이 상대가 독점하고 있는 데이터에 대한 unlock 연산이 실행되기를 기다리면서 수행을 중단하고 있는 상태를 무엇이라 하는가?

① 중단 상태　　　② 회피 상태　　　③ 대기 상태　　　④ 교착 상태

20 로킹locking 단위에 대한 설명으로 옳지 않은 것은?

① 로킹 단위가 커질수록 병행성이 낮아진다.

② 로킹 단위가 커질수록 lock 연산의 개수가 적어진다.

③ 로킹 단위가 작아질수록 제어 기법이 단순해진다.

④ 데이터베이스도 로킹 단위가 될 수 있다.

21 병행 제어에서 로킹 단위가 큰 경우에 비해 작은 경우에 대한 설명으로 옳지 않은 것은?

① lock 연산의 개수가 많아진다.

② 병행성의 수준이 낮아진다.

③ 병행 제어 기법이 복잡해진다.

④ 교착 상태가 발생하는 경우가 많아진다.

22 로킹 기법에서 트랜잭션이 데이터에 대한 독점권을 요청하는 연산은?

① lock 연산　　　② unlock 연산　　　③ redo 연산　　　④ undo 연산

23 2단계 로킹 규약에 대한 설명으로 옳은 것은?

① 트랜잭션이 lock 연산만 실행할 수 있고, unlock 연산은 실행할 수 없는 축소 단계가 있다.

② 트랜잭션이 unlock 연산만 실행할 수 있고, lock 연산은 실행할 수 없는 확장 단계가 있다.

③ 직렬 가능성이 보장된다.

④ 교착 상태가 발생하지 않도록 예방할 수 있다.

24 트랜잭션이 무엇인지 설명하시오.

25 데이터 무결성과 일관성을 보장하기 위한 트랜잭션의 특성 네 가지가 무엇인지 설명하시오.

26 한빛 은행에서 A라는 사람이 고객 인증 절차를 거쳐 잔액을 조회한 후, 타인에게 송금하는 도중 장애가 발생하였을 경우 문제가 생긴다. 이러한 경우의 부작용을 방지할 수 있는 트랜잭션의 특성은 무엇인가?

27 트랜잭션과 관련된 다음 설명을 읽고 Ⓐ와 Ⓑ를 적절히 채우시오.

> 트랜잭션의 수행이 성공적으로 완료됐음을 선언하는 연산은 (Ⓐ)이고, 트랜잭션을 수행하기 이전 상태로 되돌리기 위해 작업 취소를 선언하는 연산은 (Ⓑ)이다.

28 트랜잭션의 다섯 가지 상태를 나타내는 다음 그림을 보고 각 물음에 답하시오.

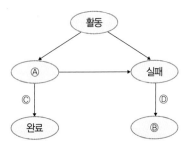

(1) Ⓐ와 Ⓑ의 상태는 무엇인가?
(2) Ⓐ 상태에서 완료 상태가 되기 위해 필요한 Ⓒ 연산은 무엇인가?
(3) 실패 상태에서 Ⓑ 상태가 되기 위해 필요한 Ⓓ 연산은 무엇인가?

29 데이터베이스 회복을 위해 복사본을 만드는 방법에 대한 다음 설명을 읽고 Ⓐ와 Ⓑ를 적절히 채우시오.

> (Ⓐ) : 데이터베이스 전체 내용을 다른 저장 장치에 주기적으로 복사하는 방법
> (Ⓑ) : 데이터베이스에서 변경 연산이 수행될 때마다 변경된 데이터의 이전 값과 새로운 값을 별도의 파일에 기록하는 방법

30 데이터베이스 회복을 위한 기본 연산에 대한 다음 설명을 읽고 Ⓐ와 Ⓑ를 적절히 채우시오.

> (Ⓐ) 연산 : 로그에 기록된 변경 연산 후의 새로운 값을 이용해 변경 연산을 재실행
> (Ⓑ) 연산 : 로그에 기록된 변경 연산 이전의 값을 이용해 변경 연산을 취소

31 다음 설명은 데이터베이스 회복 기법 중 무엇에 대한 설명인가?

> 트랜잭션이 데이터를 변경하면 트랜잭션이 부분 완료되기 전이라도 즉시 데이터베이스에 반영하는 기법으로,
> 장애가 발생하여 회복 작업을 하게 되는 경우를 대비하여 데이터 변경에 대한 내용을 로그 파일에 기록한다.
> 회복 작업을 수행하는 경우 redo와 undo 연산이 모두 수행 가능하다.

32 rollback 연산에 대해 간단히 설명하시오.

33 검사 시점 회복 기법이 검사 시점을 이용하지 않는 일반 로그 회복 기법에 비해 어떠한 장점이 있는지 설명하시오.

34 직렬 스케줄과 직렬 가능 스케줄의 공통점과 차이는 무엇이라고 생각하는가?

35 기본 로킹 규약의 문제를 해결하고 트랜잭션의 직렬 가능성을 보장하기 위해 lock과 unlock 연산의 실행 시점에 대한 새로운 규약을 추가한 것이 2단계 로킹 규약이다. 2단계 로킹 규약에 대한 다음 설명을 읽고 Ⓐ와 Ⓑ를 적절히 채우시오.

> (Ⓐ) 단계 : 트랜잭션이 lock 연산만 수행할 수 있고 unlock 연산은 수행할 수 없는 단계
> (Ⓑ) 단계 : 트랜잭션이 unlock 연산만 수행할 수 있고 lock 연산은 수행할 수 없는 단계

36 A계좌에서 B계좌로 100원을 이체하는 트랜잭션 T₁과, C계좌에서 200원을 출금하는 트랜잭션 T₂의 수행과 관련한 로그와 데이터베이스 기록 상태를 보여주는 다음 그림을 보고 각 물음에 답하시오.

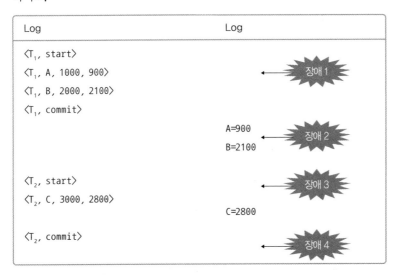

(1) T_1은 로그 이용 회복 기법 중 어떤 회복 기법을 사용하고 있는가?

(2) T_2는 로그 이용 회복 기법 중 어떤 회복 기법을 사용하고 있는가?

(3) 장애 1 시점에서 장애가 발생하면 트랜잭션별로 이루어져야 하는 회복 연산은 무엇인가?

(4) 장애 2 시점에서 장애가 발생하면 트랜잭션별로 이루어져야 하는 회복 연산은 무엇인가?

(5) 장애 3 시점에서 장애가 발생하면 트랜잭션별로 이루어져야 하는 회복 연산은 무엇인가?

(6) 장애 4 시점에서 장애가 발생하면 트랜잭션별로 이루어져야 하는 회복 연산은 무엇인가?

37 4개의 트랜잭션이 수행되는 과정을 보여주는 다음 그림을 보고 각 물음에 답하시오.

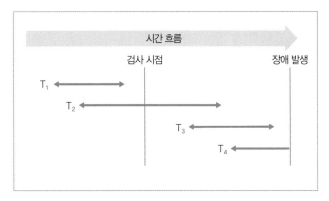

(1) 검사 시점이 없다고 가정하고, 즉시 갱신 회복 기법을 이용하는 경우 undo 연산이 필요한 트랜잭션은 무엇인가?

(2) 검사 시점이 없다고 가정하고, 즉시 갱신 회복 기법을 이용하는 경우 redo 연산이 필요한 트랜잭션은 무엇인가?

(3) 검사 시점을 고려하여 즉시 갱신 회복 기법을 이용하는 경우 트랜잭션별로 어떠한 회복 작업을 수행해야 하는지 설명하시오.

38 병행 제어가 무엇인지 설명하시오.

39 트랜잭션 스케줄이 무엇인지 설명하시오.

40 세 가지 유형의 트랜잭션 스케줄에 대한 다음 설명에서 Ⓐ는 무엇인가?

> 직렬 스케줄 : 인터리빙 방식을 이용하지 않고 트랜잭션별로 연산들을 순차적으로 실행시키는 것
> 비직렬 스케줄 : 인터리빙 방식을 이용해 트랜잭션들을 병행해서 실행시키는 것
> (Ⓐ) : 직렬 스케줄과 동일한 정확한 결과를 생성하는 비직렬 스케줄

41 다음과 같이 병행 제어 없이 두 트랜잭션 T_1과 T_2가 수행되는 경우 최종적으로 X의 값은 얼마가 되는가? 처음 X의 값은 100이다.

트랜잭션 T_1	트랜잭션 T_2
read(X);	
X = X + 30;	
write(X);	
	read(X);
rollback;	
	X = X - 50;
	write(X);

시간

보안과 권한 관리

학습목표

- 데이터베이스 보안의 개념과 유형을 이해한다.
- 권한을 부여하고 부여한 권한을 취소하는 방법을 익힌다.
- 역할의 개념과 필요성을 이해한다.
- 역할을 이용해 권한 관리를 수행하는 방법을 익힌다.

PREVIEW

가족이 함께 생활하는 집에는 소중한 물건이 많이 있을 것이다. 여러분은 이런 소중한 물건을 보호하고 집의 보안을 유지하기 위해 어떤 방법을 사용하고 있는가? 아마 열쇠를 가진 사람만 들어오게 하거나, 집 안에 있는 사람이 허락한 사람만 들어오게 하는 방법을 사용할 것이다.

조직을 운영하는 데 필수적인 데이터를 저장하고 있는 데이터베이스도 여러분의 집처럼 보호해야 한다. 그런데 데이터베이스는 많은 사용자가 함께 사용하므로 보안을 유지하기가 쉽지 않다. 집의 보안 유지처럼 계정이 있는 사용자가 로그인에 성공한 경우에만 데이터베이스에 접근하도록 할 수 있지만 이것만으로 보안을 유지할 수 있을까?

집에는 가족이 함께 쓰는 물건도 있지만 개인 물건도 있다. 가족 간에도 개인 물건을 함부로 사용하면 다툼이 일어날 수 있다. 그러므로 개인 물건은 소유자에게 허락을 받은 후 사용해야 한다. 데이터베이스에 저장된 객체에도 모두 소유자가 있다. 소유자가 허락한 경우에만 해당 객체를 사용할 수 있도록 해야 불필요한 다툼을 방지하고 데이터의 보안을 유지할 수 있다.

이 장에서는 데이터베이스 보안의 개념과 유형을 소개하고 허가된 사용자가 부여된 권한 내에서 데이터베이스에 접근하도록 하는 방법을 알아본다. 그리고 역할을 이용해 권한 관리를 좀더 편하게 수행하는 방법도 제시할 것이다. 이 장에서 학습한 내용을 충분히 익혀 데이터베이스의 보안을 잘 유지해 소중한 데이터가 손상되는 일이 없도록 하자.

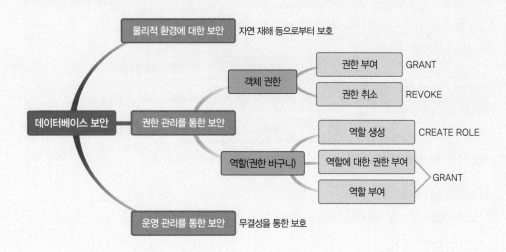

01 | 보안

데이터베이스에 저장된 데이터는 조직을 운영하는 데 꼭 필요한 것으로, 조직 내 사용자들이 공유하여 사용한다. 만약 사용이 허락되지 않은 외부인이 데이터베이스에 침입하여 데이터를 유출하거나 손상한다면 조직에 치명적인 손실이 발생할 것이다. 그러므로 조직에서 허가한 사용자만 데이터베이스에 접근할 수 있도록 통제하여 보안을 유지하는 일이 무척 중요하다.

데이터베이스의 보안을 유지하여 데이터를 보호하는 방법은 고려하는 측면에 따라 다양하게 구분할 수 있지만, 일반적으로 다음 세 가지 유형으로 구분한다.

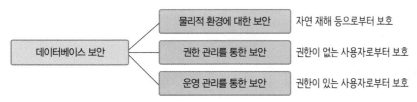

그림 11-1 데이터베이스 보안의 유형

❶ 물리적 환경에 대한 보안

자연 재해처럼 데이터베이스에 물리적으로 손실을 발생시키는 위험으로부터 데이터베이스를 보호해야 한다.

❷ 권한 관리를 통한 보안

접근이 허락된 사용자만 부여된 권한 내에서 데이터베이스를 사용할 수 있도록 한다. 그러려면 계정이 발급된 사용자만 데이터베이스에 접근할 수 있도록 통제하고, 사용자별로 데이터베이스의 사용 범위와 수행 가능한 작업 내용을 제한할 수 있어야 한다.

❸ 운영 관리를 통한 보안

접근이 허락된 사용자가 부여된 권한 내에서 데이터베이스를 사용하더라도 실수 등의 이유로 데이터 무결성을 위반할 수 있다. 그러므로 데이터 무결성을 유지하기 위한 올바른 제약조건을 정의하고, 사용자들이 정의된 제약조건을 위반하지 않도록 통제해야 한다.

보안의 세 가지 유형 중 권한 관리를 통한 보안은 권한이 없는 사용자로부터 데이터베이스를 보호하는 것이고, 운영 관리를 통한 보안은 무결성 유지를 위해 권한이 있는 사용자로부터 데이터베이스를 보호한다는 차이가 있다. 예를 들어 [그림 11-2]와 같이 중요한 미술품이 전시된 미술관에서 출입증이 있는 사람에게만 출입을 허용하는 것은 권한 관리를 통한 보안 유지를 의미한다. 만약 출입증을 지닌 사람이 미술관에 들어가더라도 운영 요원이 아니면 미술 작품을 만지지 못하도록 한다면 이것은 운영 관리를 통한 보안 유지로 볼 수 있다.

무결성 유지를 위한 제약조건에 대해서는 앞에서 이미 살펴보았다. 그러므로 다음 절부터는 권한 관리를 통한 보안을 중심으로 살펴볼 예정이다.

그림 11-2 보안과 무결성 유지

1 권한 관리의 개념

데이터베이스 관리 시스템은 데이터베이스의 보안을 유지하기 위해, 계정이 발급된 사용자가 로그인에 성공했을 경우에만 데이터베이스에 접근이 가능하도록 하는 접근 제어access control 기능을 기본으로 제공한다. 그러므로 모든 사용자는 자신에게 발급된 계정으로 로그인해야 데이터베이스에 접근할 수 있다.

새로운 사용자의 계정과 암호를 생성하고, 기존 사용자의 계정을 변경 및 제거하는 사용자 계정 관리는 데이터베이스 관리 시스템의 데이터베이스 관리자가 담당한다. 데이터베이스 관리자는 데이터베이스 전체의 보안을 관리하기 위해 필요한 모든 권한을 가지고 있다.

로그인을 통해 데이터베이스에 접근할 수 있더라도 데이터베이스 안에 있는 모든 데이터를 사용할 수 있는 것은 아니다. 보안을 위한 데이터 단위는 데이터베이스 전체부터 특정 테이블의 특정 행과 열 위치에 있는 특정 데이터 값에 이르기까지 다양하다. 데이터베이스 관리 시스템이 [그림 11-3]과 같이 사용자별로 데이터베이스의 사용 범위와 수행 가능한 작업을 제한할 수 있어, 각 사용자는 자신에게 허용된 권한 내에서만 데이터베이스를 사용할 수 있다.

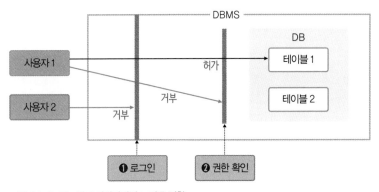

그림 11-3 로그인과 데이터베이스 접근 권한

테이블이나 뷰와 같이 데이터베이스에 존재하는 모든 객체는 기본적으로 해당 객체를 생성한 사용자만 사용 권한을 가지게 된다. 즉, 객체가 사용자별로 관리되므로 데이터베이스에 접근이 허락된 사용자일지라도 자신이 생성하지 않은 객체는 사용할 수 없다. 그런데 데이터베이스는 여러 사용자가 공유해서 사용할 목적으로 만들어진 것이므로 다른 사용자가 생성한 객체에도 필요에 따라 접근할 수 있어야 한다. 데이터베이스 객체의 소유자는 필요에 따라 다른 사용자에게 자신이 소유한 객체에 대한 사용 권한을 부여할 수 있다. SQL 문을 이용해 다른 사용자에게 자신이 생성한 객체에 대한 적절한 수준의 사용 권한을 부여하거나 취소하면 된다.

SQL 문을 이용해 데이터베이스 객체에 사용 권한을 부여하거나 부여한 권한을 취소하는 방법을 차례로 살펴보고, 데이터베이스에서 권한을 관리하는 방법을 생각해보자. 그리고 권한들의 그룹인 역할이라는 것을 이용해 권한을 부여하는 작업을 좀 더 편리하게 수행하는 방법을 알아보자.

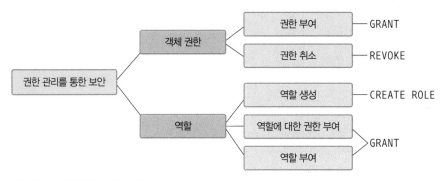

그림 11-4 권한 관리를 통한 보안

② 권한의 부여

객체의 소유자가 다른 사용자에게 객체에 대한 사용 권한을 부여하기 위해 필요한 SQL 명령어는 GRANT다. GRANT 문의 기본 형식은 다음과 같다.

```
GRANT 권한 ON 객체 TO 사용자 [WITH GRANT OPTION];
```

데이터베이스에 존재하는 모든 유형의 객체에 다른 사용자 권한을 부여할 수 있다. 하지만 일반적으로 테이블에 권한을 부여하는 경우가 많으므로 여기서는 테이블을 대상으로 하는 권한 부여를 중심으로 설명한다.

테이블과 관련하여 다른 사용자에게 부여할 수 있는 주요 권한으로는 INSERT, DELETE, UPDATE, SELECT, REFERENCES가 있는데, 여러 권한을 한 번에 동시에 부여할 수도 있다. REFERENCES는 외래키 제약조건을 정의할 수 있는 권한이다. REFERENCES 권한을 부여받은 사용자는 권한 부여 대상인 테이블의 기본키를 참조하는 외래키를 자신이 생성하는 테이블에 포함할 수 있다. GRANT는 기본적으로 테이블을 구성하는 모든 속성에 권한을 부여하지만, UPDATE와 SELECT는 테이블을 구성하는 속성들 중 일부 속성만 수정 또는 검색하는 권한을 부여할 수도 있다. 일부 속성만 권한을 부여하려면 권한과 함께 권한을 부여하고 싶은 속성의 이름을 ( ) 안에 나열하면 된다. 모든 사용자에게 권한을 똑같이 부여하고 싶다면 특정 사용자를 지정하는 대신 PUBLIC 키워드를 이용하여 GRANT 문을 작성한다.

GRANT 문으로 부여받은 권한은 기본적으로 다른 사용자에게 부여할 수 없다. 하지만 WITH GRANT OPTION을 포함하면 권한을 부여받은 사용자가 자신이 부여받은 권한을 다른 사용자에게도 부여할 수 있다.

GRANT 문을 이용해 테이블에 대한 사용 권한을 부여하는 예제를 몇 개 살펴보자. 고객 테이블의 소유자는 Kim이라 가정한다.

예제 11-1

고객 테이블에 대한 검색 권한을 사용자 Hong에게 부여해보자.

▶▶ GRANT SELECT ON 고객 TO Hong;

[예제 11-1]의 GRANT 문이 실행되면 사용자 Hong이 고객 테이블에 접근하여 원하는 데이터를 검색할 수 있는 권한을 가지게 된다. 하지만 사용자 Hong은 부여받은 권한을 다른 사용자에게는 부여할 수 없다.

예제 11-2

고객 테이블에 대한 삽입과 삭제 권한을 모든 사용자에게 부여해보자.

▶▶ GRANT INSERT, DELETE ON 고객 TO PUBLIC;

[예제 11-2]의 GRANT 문이 실행되면 데이터베이스의 모든 사용자가 고객 테이블에 접근하여 새로운 데이터를 삽입하거나 기존 데이터를 삭제하는 작업을 수행할 수 있다. 이처럼 여러 권한을 한 번에 부여할 수도 있다.

예제 11-3

> 고객 테이블을 구성하는 속성 중 등급과 적립금 속성에 대한 수정 권한을 사용자 Park에게
> 부여해보자.

▶▶ `GRANT UPDATE(등급, 적립금) ON 고객 TO Park;`

[예제 11-3]의 GRANT 문이 실행되면 사용자 Park이 고객 테이블의 등급과 적립금 속성의
데이터를 수정할 수 있게 된다.

예제 11-4

> 고객 테이블에 대한 검색 권한을 WITH GRANT OPTION을 포함하여 사용자 Lee에게
> 부여해보자.

▶▶ `GRANT SELECT ON 고객 TO Lee WITH GRANT OPTION;`

[예제 11-4]의 GRANT 문이 실행되면 사용자 Lee가 고객 테이블에 접근하여 데이터를 검색
할 수 있을 뿐 아니라, 부여받은 검색 권한을 GRANT 문을 통해 다른 사용자에게 부여할 수
도 있다. 그리고 사용자 Lee도 WITH GRANT OPTION을 포함하여 GRANT 문을 작성할
수 있다.

보안을 강화하기 위해 뷰를 이용할 수도 있다. 뷰를 이용하면 사용자가 테이블에 직접 접근하
지 못하게 하면서 사용자에게 필요한 테이블 일부만 제공할 수 있다. 따라서 사용자와 관련
없는 테이블의 다른 부분을 숨겨 보안을 유지하는 데 도움이 된다. 테이블에서 사용자가 업
무를 수행하는 데 필요한 테이블의 일부분을 뷰로 생성한 후 사용자에게 이 뷰에 대한 권한을
부여하는 것도 보안을 유지하는 데 도움이 될 수 있다.

객체에 대한 권한은 해당 객체의 소유자가 부여하지만 시스템 권한은 데이터베이스 관리자
가 부여할 수 있다. 시스템 권한은 특정 객체에 대한 작업이 아닌, 데이터베이스 관리와 관련
된 작업에 대한 권한이다. 테이블을 생성할 수 있는 CREATE TABLE, 뷰를 생성할 수 있는
CREATE VIEW 등 데이터 정의어DDL와 관련된 작업에 대한 권한들이 시스템 권한에 속한
다. 데이터베이스 관리자가 시스템 권한을 부여할 때도 GRANT 명령어를 이용한다. 단, 특정
객체에 대한 권한을 부여하는 것이 아니므로 시스템 권한을 부여할 때는 객체를 지정할 필요
가 없다.

테이블을 생성할 수 있는 시스템 권한을 사용자 Song에게 부여해보자.

▶▶ `GRANT CREATE TABLE TO Song;`

[예제 11-5]의 GRANT 문이 실행되면 사용자 Song이 데이터베이스에 새로운 테이블을 생성할 수 있다.

뷰를 생성할 수 있는 시스템 권한을 사용자 Shin에게 부여해보자.

▶▶ `GRANT CREATE VIEW TO Shin;`

[예제 11-6]의 GRANT 문이 실행되면 사용자 Shin이 데이터베이스에 새로운 뷰를 생성할 수 있다.

③ 권한의 취소

GRANT 명령어를 통해 다른 사용자에게 권한을 부여한 사용자가 자신이 부여한 권한을 취소할 수도 있다. 다른 사용자에게 부여된 객체의 사용 권한을 취소하기 위해 필요한 SQL 명령어는 REVOKE다. REVOKE 문의 기본 형식은 다음과 같다.

```
REVOKE 권한 ON 객체 FROM 사용자 CASCADE | RESTRICT;
```

앞서 WITH GRANT OPTION을 포함하여 GRANT 문을 수행하면 권한을 부여받은 사용자가 자신이 부여받은 권한을 다른 사용자에게도 부여할 수 있었다. 이 경우 사용자의 권한이 취소되었을 때, 권한이 취소된 사용자가 다른 사용자에게 부여한 권한을 처리하는 방법이 중요한 문제로 남는다.

[그림 11-5]와 같이 고객 테이블의 소유자인 Kim이 고객 테이블에 대한 검색 권한을 WITH GRANT OPTION과 함께 Hong에게 부여했고, Hong은 부여받은 권한을 Park에게 부여했다고 가정하자.

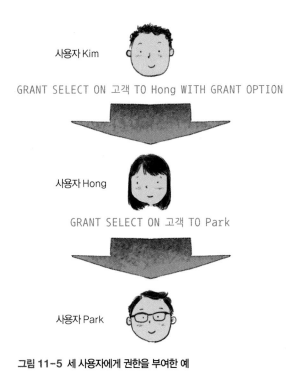

사용자 Kim

GRANT SELECT ON 고객 TO Hong WITH GRANT OPTION

사용자 Hong

GRANT SELECT ON 고객 TO Park

사용자 Park

그림 11-5 세 사용자에게 권한을 부여한 예

[그림 11-5]에서 Kim이 REVOKE 문을 이용해 Hong에게 부여한 고객 테이블에 대한 검색 권한을 취소한다면 Park에게 부여된 검색 권한은 어떻게 처리해야 할까?

권한을 취소할 사용자 A가 사용자 B에게, 사용자 B는 사용자 C에게 같은 권한을 부여한 경우에 처리하는 방법을 REVOKE 문을 작성할 때 선택할 수 있다. 권한을 취소할 사용자 A가 사용자 B뿐 아니라 C에게 부여한 권한도 연쇄적으로 함께 취소하고자 한다면 REVOKE 문을 작성할 때 CASCADE 옵션을 지정하면 된다. 반면, 권한을 취소할 사용자 A가 사용자 C에게 부여한 권한은 취소하지 않도록 하려면 RESTRICT 옵션을 지정한다.

[그림 11-5]와 같이 권한이 부여된 상황에서, Kim이 Hong에게 부여한 고객 테이블에 대한 검색 권한을 취소하면서 Hong이 다른 사용자에게 부여한 고객 테이블에 대한 검색 권한도 함께 취소하도록 해보자.

▶▶ REVOKE SELECT ON 고객 FROM Hong CASCADE;

[예제 11-7]과 같이 CASCADE 옵션을 포함한 REVOKE 문을 이용해 사용자 Kim이 Hong에게 부여한 고객 테이블에 대한 검색 권한을 취소하면 Park에게 부여했던 검색 권한도 함께 취소된다.

[그림 11-5]와 같이 권한이 부여된 상황에서, Hong이 다른 사용자에게 권한을 부여한 적이 없는 경우에만 Kim이 Hong에게 부여한 고객 테이블에 대한 검색 권한을 취소하는 명령문을 작성해보자.

▶▶ REVOKE SELECT ON 고객 FROM Hong RESTRICT;

[예제 11-8]과 같이 RESTRICT 옵션을 포함한 REVOKE 문을 작성하여 수행하면 Kim이 Hong에게 부여한 권한을 취소할 수 없게 된다. Hong이 Park에게 권한을 부여한 내용이 남아 있기 때문이다.

CASCADE 옵션을 포함하여 권한을 취소하면 연관된 다른 사용자들의 권한도 함께 취소되므로 권한 취소 전에는 신중히 판단해야 한다. 테이블의 소유주는 사용자들에게 각 테이블에 대해 어떤 권한을 부여

표 11-1 고객 테이블에 대한 각 사용자의 권한 목록

사용자 \ 권한	고객 테이블에 대한 권한
Kim	소유자
Hong	INSERT / DELETE / SELECT
Park	INSERT / DELETE / UPDATE(등급, 적립금)

했는지, WITH GRANT OPTION을 포함하여 권한을 부여했는지 등의 여부도 기록해둘 필요가 있다. 특히 데이터베이스 전반에 대한 관리를 책임지고 있는 데이터베이스 관리자는 [표 11-1]과 같이 사용자별로 테이블에 부여된 권한 목록을 작성해두고 관리하는 것이 좋다.

데이터베이스 관리자가 다른 사용자에게 부여한 시스템 권한을 취소할 때도 REVOKE 문을 이용한다. 단, 특정 객체에 대한 권한을 취소하는 것이 아니므로, 시스템 권한을 취소하고자 할 때는 REVOKE 문에서 객체를 지정할 필요가 없다.

Hong에게 부여한 테이블 생성 권한을 취소해보자.

▶▶ REVOKE CREATE TABLE FROM Hong;

[예제 11-9]의 REVOKE 문이 실행되면 사용자 Hong에게 부여된 테이블 생성 권한이 취소된다.

④ 역할의 부여와 취소

데이터베이스 객체의 소유자는 조직의 업무를 수행하기 위해 자신이 소유한 객체에 대한 권한들을 여러 사용자에게 부여하는 경우가 많다. 특히, 함께 업무를 수행하는 사용자들에게 동일한 권한들을 부여할 때가 많아 권한마다 GRANT 문을 따로 작성하여 부여하기가 매우 번거롭다. 그리고 여러 사용자에게 동일하게 부여했던 많은 권한을 한 번에 취소할 때도 신중함을 요한다. 여러 사용자에게 동일한 권한들을 부여하고 취소하는 번거로운 작업을 편리하게 수행할 수 있도록 도움을 주는 것이 역할role이다.

예를 들어 사용자 Kim이 자신의 고객 테이블에 대한 검색·삽입·삭제 권한을 Hong, Park, Lee 사용자에게 모두 부여하고자 한다면 [그림 11-6]과 같이 9개의 GRANT 문을 작성하여 수행해야 한다.

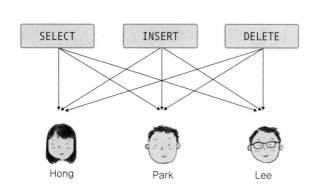

```
GRANT SELECT ON 고객 TO Hong;
GRANT INSERT ON 고객 TO Hong;
GRANT DELETE ON 고객 TO Hong;

GRANT SELECT ON 고객 TO Park;
GRANT INSERT ON 고객 TO Park;
GRANT DELETE ON 고객 TO Park;

GRANT SELECT ON 고객 TO Lee;
GRANT INSERT ON 고객 TO Lee;
GRANT DELETE ON 고객 TO Lee;
```

그림 11-6 3개의 권한을 사용자 세 명에게 부여하는 예

물론 SELECT, INSERT, DELETE 3개의 권한을 다음과 같이 각 사용자에게 한 번에 부여할 수도 있지만 이렇게 하면 GRANT 문이 복잡해진다. 훨씬 더 많은 권한을 부여해야 할 때는 더 복잡한 GRANT 문을 작성해야 한다.

```
GRANT SELECT, INSERT, DELETE ON 고객 TO Hong;
```

권한 부여 작업을 좀 더 편리하게 수행하고 싶을 때는 역할의 개념을 활용하면 된다. 역할은 여러 권한을 그룹으로 묶어놓은 것으로, 권한들을 넣어둔 바구니로 이해하면 쉽다. 사용자

그림 11-7 권한과 역할

에게 부여하고 싶은 여러 권한을 역할에 미리 넣어두고 필요할 때 역할을 부여하면 여러 권한을 한 번에 쉽게 부여할 수 있다.

새로운 역할을 생성하는 기능은 데이터베이스 관리자가 담당한다. 역할을 생성하는 데 필요한 SQL 명령어는 CREATE ROLE이다. CREATE ROLE 문의 기본 형식은 다음과 같다.

```
CREATE  ROLE  롤이름;
```

> role_1이라는 이름의 역할을 생성해보자.

▶▶ CREATE ROLE role_1;

role_1 역할을 생성하는 작업은 데이터베이스 관리자만 할 수 있으므로 [예제 11-10]의 CREATE ROLE 문은 데이터베이스 관리자가 작성하여 수행해야 한다.

역할에 필요한 권한들을 넣을 때는 GRANT 명령어를 이용한다. 역할에 객체와 관련된 권한을 넣는 작업은 객체의 소유자가 담당한다. 역할에 권한을 넣는 GRANT 문의 기본 형식은 다음과 같다.

```
GRANT  권한  ON  객체  TO  롤이름;
```

예제 11-11

> 고객 테이블에 대한 검색·삽입·삭제 권한을 [예제 11-10]에서 생성한 role_1 역할에 넣어보자.

▶▶ GRANT SELECT, INSERT, DELETE ON 고객 TO role_1;

role_1 역할에 고객 테이블에 대한 검색·삽입·삭제 권한을 부여하는 것은 고객 테이블의 소유자가 할 수 있는 작업이다. 그러므로 [예제 11-11]의 GRANT 문은 고객 테이블의 소유자가 수행해야 한다.

438 데이터베이스 개론

역할을 사용자에게 부여하는 것은 데이터베이스 관리자가 담당하며 GRANT 문을 이용한다. 역할을 사용자에게 부여하는 GRANT 문의 기본 형식은 다음과 같다.

```
GRANT  롤이름  TO  사용자;
```

예제 11-12

고객 테이블에 대한 검색·삽입·삭제 권한을 포함하고 있는 role_1 역할을 사용자 Hong에게 부여해보자.

▶▶ GRANT role_1 TO Hong;

role_1 역할을 사용자에게 부여하는 [예제 11-12]의 GRANT 문은 데이터베이스 관리자가 수행한다. 데이터베이스 관리자에게 role_1 역할을 부여받은 사용자는 role_1 역할에 포함된 SELECT, INSERT, DELETE 권한을 모두 부여받아 고객 테이블에 대한 검색·삽입·삭제 연산을 수행할 수 있다.

고객 테이블에 대한 검색·삽입·삭제 권한을 Hong, Park, Lee 사용자에게 모두 부여할 때는 [예제 11-10]에서 생성한 role_1 역할을 이용하면 된다. role_1 역할을 이용하여 권한을 부여하는 과정은 [그림 11-8]과 같다.

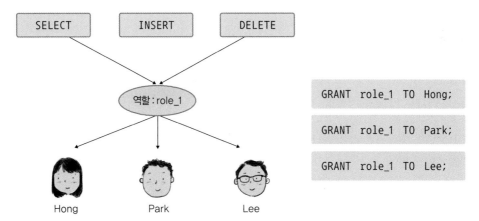

그림 11-8 역할을 이용해 3개의 권한을 세 명의 사용자에게 부여하는 예

역할을 이용하면 GRANT 문 하나만으로도 여러 권한을 한 번에 부여할 수 있다. 그리고 또다른 사용자에게 고객 테이블에 대한 검색·삽입·삭제 권한을 부여해야 하는 경우에도 이 role_1 역할만 부여하면 된다.

새로운 권한의 추가, 기존 권한의 취소 등 역할에 변화가 생기면 해당 역할을 부여받은 모든 사용자에게 변화가 그대로 전달된다. 즉, 역할을 부여받은 모든 사용자의 권한도 변경된 역할에 맞게 자동으로 변경되므로 역할을 이용하면 권한을 관리하기가 더 쉬워진다.

예를 들어 [그림 11-8]에서 세 명의 사용자에게 고객 테이블에 대한 UPDATE 권한을 추가로 부여하고 싶으면 각 사용자에게 권한을 따로 부여할 필요가 없다. GRANT 문을 이용하여 role_1 역할에 UPDATE 권한을 다음과 같이 추가해주면 role_1 역할을 이미 부여받은 세 명의 사용자에게 UPDATE 권한이 자동으로 부여된다.

```
GRANT UPDATE ON 고객 TO role_1;
```

사용자에게 부여한 역할을 취소하는 작업은 데이터베이스 관리자가 담당하며, 권한 취소처럼 REVOKE 문을 이용한다. 사용자에게 부여된 역할을 취소하는 REVOKE 문의 기본 형식은 다음과 같다.

REVOKE 롤이름 FROM 사용자;

예제 11-13

사용자 Hong에게 부여한 role_1 역할을 취소해보자.

▶▶ REVOKE role_1 FROM Hong;

role_1 역할이 취소되면 사용자 Hong은 고객 테이블에 대한 검색·삽입·삭제 연산을 더는 수행할 수 없게 된다.

역할을 제거하면 제거된 역할을 부여받은 모든 사용자도 역할에 속해 있던 권한을 더는 가지지 못하게 된다. 역할 제거는 데이터베이스 관리자가 담당하며 DROP ROLE 문을 이용한다. 역할을 제거하는 DROP ROLE 문의 기본 형식은 다음과 같다.

DROP ROLE 롤이름;

[예제 11-10]에서 생성한 role_1 역할을 제거해보자.

▶▶ DROP ROLE role_1;

role_1 역할이 제거되면 role_1 역할을 부여받았던 모든 사용자가 고객 테이블에 대해 검색·
삽입·삭제 연산을 더는 수행할 수 없게 된다.

NOTE 데이터베이스와 암호화

데이터베이스 시스템의 권한 관리를 통한 보안만으로 데이터를 보호하기에 충분하지 않을 때는 데이터를 암호화
하여 저장해서 보호할 수도 있다.

암호문을 평문으로 바꾸는 것을 암호화encryption, 평문을 암호문으로 바꾸는 것을 복호화decryption라고 한다. 암호
화를 수행하거나, 복호화를 수행할 때 양쪽이 서로 알고 있어야 할 수단을 암호화 알고리즘encryption algorithm, 약속
한 규칙을 키key라고 한다.

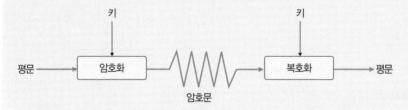

암호화 방식에는 대칭 암호화와 비대칭 암호화 방식이 있다. 대칭 암호화는 암호화 키를 복호화 키로도 사용하므
로 암호화 키와 복호화 키가 같은 방식이다. 대칭 암호화의 표준인 DESData Encryption Standard는 64비트의 블록
암호화 알고리즘이며, 56비트 크기의 키로 암호화하여 암호화 키를 최대 256(약 7200조)가지 생성할 수 있다.
DES의 암호화 강도가 점점 약해지면서 AESAdvanced Encryption Standard가 개발되었다. AES는 128비트의 블록
암호화 알고리즘으로, 다양한 크기(128/192/256비트)의 키로 암호화된다.

비대칭 암호화asymmetric encryption는 공개키 암호화public-key encryption라고도 하는데, 권한이 있는 모든 사용자가 공
개키public key와 개인키private key로 구성된 키 쌍을 가지는 방식이다. 암호화 키는 공개해서 누구든지 평문을 암호
문으로 만들 수 있지만, 복호화 알고리즘과 복호화 키는 비밀로 유지한다. 그리고 한 쌍의 개인키와 공개키에 의해
암호화와 복호화가 이루어진다. 즉, 개인키로 암호화된 메시지는 공개키로 복호화되고, 공개키로 암호화된 메시지
는 개인키로만 복호화가 가능하다.

비대칭 암호화 알고리즘으로 가장 많은 지지를 받고 있으며 오늘날 산업 표준으로 사용되는 방법은 RSARivest,
Sharmir, Adleman다. RSA는 이 방법을 고안한 MIT의 로널드 리베스트Ronald Rivest, 아디 샤미르Adi Shamir, 레오나르도
애들먼Leonard Adleman의 성에서 첫 자를 딴 것이다.

01 데이터베이스 보안의 목표

조직에서 허가한 사용자만 데이터베이스에 접근할 수 있도록 통제하여 보안을 유지하는 것이다.

02 데이터베이스 보안 유형

- 물리적 환경에 대한 보안 : 물리적 손실을 발생시키는 위험으로부터 데이터베이스를 보호한다.
- 권한 관리를 통한 보안 : 접근이 허락된 사용자만 권한 내에서 데이터베이스를 사용하도록 보호한다.
- 운영 관리를 통한 보안 : 무결성 제약조건을 정의하고 이 제약조건을 위반하지 않도록 통제한다.

03 권한 부여와 취소

데이터베이스 객체는 소유자가 모든 권한을 가지고 있고, 소유자가 사용 권한을 부여하거나 취소할 수 있다.

- GRANT 문 : 다른 사용자에게 객체에 대한 사용 권한 부여
- REVOKE 문 : 다른 사용자에게 부여된 객체에 대한 권한 취소

04 역할

권한 부여와 취소 등의 관리를 편리하게 수행할 수 있도록 여러 권한을 그룹으로 묶어놓은 것이다.

- CREATE ROLE 문 : 데이터베이스 관리자가 새로운 역할 생성
- GRANT 문 : 객체의 소유자가 역할에 객체에 대한 권한 추가

05 역할의 부여와 취소

데이터베이스 관리자가 역할을 부여하거나 취소한다.

- GRANT 문 : 다른 사용자에게 역할 부여
- REVOKE 문 : 사용자에게 부여된 역할 취소

01 다음 설명의 Ⓐ와 Ⓑ의 내용이 올바르게 짝지어진 것은?

> (Ⓐ)는 권한이 없는 사용자가 데이터베이스에 접근할 수 없도록 보호하는 것이고, (Ⓑ)는 데이터베이스의 정확성을 유지하기 위해 권한이 있는 사용자로부터 데이터베이스를 보호하는 것이다.

① Ⓐ 보안, Ⓑ 병행 제어
② Ⓐ 보안, Ⓑ 무결성
③ Ⓐ 무결성, Ⓑ 병행 제어
④ Ⓐ 무결성, Ⓑ 보안

02 데이터베이스 보안에 대한 설명으로 옳지 않은 것은?

① 권한이 없는 사용자의 불법적인 데이터 접근으로부터 데이터베이스를 보호하는 것이다.
② 데이터베이스 객체에 대하여 사용자마다 서로 다른 다양한 권한을 가지게 된다.
③ 사용자에 대한 권한 부여는 관리자가 아닌 DBMS 자체가 담당한다.
④ 테이블 전체뿐만 아니라 테이블의 일부 속성만 권한을 부여할 수도 있다.

03 사용자에게 객체에 대한 사용 권한을 부여하는 SQL 명령어는?

① CREATE
② REVOKE
③ GRANT
④ ROLE

04 사용자에게 부여된 객체의 사용 권한을 취소하는 SQL 명령어는?

① CREATE
② REVOKE
③ GRANT
④ ROLE

05 권한을 부여받은 사용자가 다른 사용자에게도 권한을 부여할 수 있도록 SQL 문을 작성할 때 필요한 옵션은?

① WITH REVOKE OPTION

② WITH CREATE OPTION

③ WITH GRANT OPTION

④ WITH ROLE OPTION

06 다음과 같이 권한 부여를 위한 3개의 SQL 명령문을 순서대로 수행하였다. 수행 결과에 대한 설명 중 옳지 않은 것은?

```
DBA> GRANT SELECT ON STUDENT TO U1 WITH GRANT OPTION;
U1> GRANT SELECT ON STUDENT TO U2;
DBA> REVOKE SELECT ON STUDENT FROM U1 CASCADE;
```

① DBA는 STUDENT에 대한 검색 권한이 있다.

② U1은 STUDENT에 대한 검색 권한이 없다.

③ U2는 STUDENT에 대한 검색 권한을 다른 사용자에게 부여할 수 없다.

④ U2는 STUDENT에 대한 검색 권한이 있다.

07 Hong이 제품이라는 테이블을 생성하고 "GRANT SELECT ON 제품 TO Kim WITH GRANT OPTION"을 실행하였다. 다음 중 옳지 않은 것은?

① Kim은 제품 테이블의 기본키를 외래키로 참조하는 배송 테이블을 생성할 수 있다.

② Kim은 제품 테이블에 대한 검색용 뷰를 생성할 수 있다.

③ Hong은 추가로 "GRANT UPDATE ON 제품 TO Kim"을 실행할 수 있다.

④ Kim은 "GRANT SELECT ON 제품 TO Park"을 실행할 수 있다.

08 사용자 A가 어떤 테이블에 대한 INSERT 권한을 'WITH GRANT OPTION'과 함께 사용자 B에게 허가하고, 사용자 B가 그 테이블에 대한 INSERT 권한을 'WITH GRANT OPTION'과 함께 사용자 C에게 허가하고, 사용자 C가 그 테이블에 대한 INSERT 권한을 'WITH GRANT OPTION'과 함께 사용자 D에게 허가했다. 이후 사용자 A가 사용자 B의 INSERT 권한을 취소했을 때 사용자 C와 D의 권한에 대한 설명으로 옳은 것은?

① C의 권한은 취소되고, D의 권한은 취소되지 않는다.

② C와 D 모두 권한이 취소되지 않는다.

③ C의 권한은 취소되지 않고, D의 권한은 취소된다.

④ C와 D도 연쇄적으로 권한이 취소된다.

09 역할을 사용하면 얻게 되는 장점을 설명하시오.

10 사용자 Kim에게 테이블을 생성할 수 있는 시스템 권한을 부여하면서 다른 사용자에게도 이 권한을 부여할 수 있도록 SQL 문을 작성하고자 한다. 다음 SQL 문의 빈칸을 적절히 채우시오.

```
GRANT _____①_____ _____②_____ Kim _____③_____ ;
```

11 모든 사용자에게 주문 테이블에 대한 검색·수정·삽입 연산의 권한을 부여하는 SQL 문을 작성하시오.

12 사용자 Kim의 사원 테이블에 대한 검색 권한을 취소하면서, 사용자 Kim이 다른 사용자에게 부여한 권한도 함께 취소하는 SQL 문을 작성하고자 한다. 다음 SQL 문의 빈칸을 적절히 채우시오.

```
_____①_____ SELECT _____②_____ 사원 _____③_____ Kim _____④_____ ;
```

13 emp_role이라는 이름의 역할을 생성하는 SQL 문을 작성하시오.

14 emp_role이라는 이름의 역할을 사용자 Kim에게 부여하는 SQL 문을 작성하시오.

15 emp_role이라는 이름의 역할을 제거하는 SQL 문을 작성하시오.

데이터베이스 응용 기술

학습목표

• 새로 제안된 데이터 모델의 특징을 관계 데이터 모델과 비교하여 알아본다.
• 데이터베이스 분야의 최신 응용 기술을 살펴본다.

PREVIEW

세상에 변하지 않는 것은 없다. 물론 변함없는 사랑, 보존해야 하는 전통문화처럼 변하지 않아야 좋은 것도 있다. 하지만 그런 것들도 좋은 방향으로 바뀐다면 환영할 만한 일이다. 특히 기술은 끊임없이 변화해야 발전할 수 있다.

데이터베이스는 컴퓨터 분야에서 오래된 학문이므로 크게 바뀌는 내용이 없다고 생각하기 쉽다. 하지만 데이터베이스도 다양한 방면으로 계속 변화를 시도하고 있다. 비효율적이거나 불편한 기능을 수정하고 새 기능을 추가하기도 한다. 관계 데이터 모델이 적합하지 않은 분야를 위해 새로운 데이터 모델이 제안되기도 한다. 그리고 데이터베이스와 관련 없이 발전한 기술에 데이터베이스를 적용하여 더 큰 효과를 기대하기도 한다.

지금까지 데이터베이스를 이해하고 설계하는 데 필요한 핵심 개념과 구조, 기술을 학습하였다. 이 장에서는 데이터베이스의 새로운 모습과 변화된 내용을 소개하고자 한다. 특히 관계 데이터 모델 이후 새로 제안된 데이터 모델들과 데이터베이스 분야의 최신 응용 기술들을 살펴볼 것이다. 데이터베이스에 익숙해진 여러분에게 어려운 신기술을 나열하려는 것이 아니다. 다만, 데이터베이스의 변화 가능성과 방향을 간단히 소개함으로써 앞으로 데이터베이스가 어떤 모습으로 어떻게 발전할 수 있을지를 이야기하려고 한다. 이 장을 공부하면서 미래의 데이터베이스를 자유롭게 상상해보기 바란다.

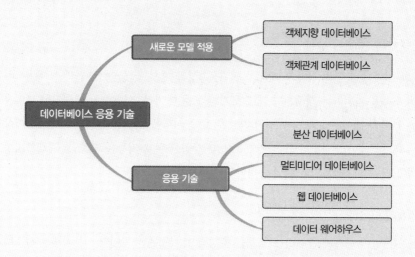

01 객체지향 데이터베이스

일반적으로 많이 사용되는 관계 데이터베이스는 현실 세계의 데이터를 관계 데이터 모델의 구조적 특성을 만족하면서 정규화 규칙을 따르는 릴레이션으로 저장하고 관리한다. 사용자는 SQL을 사용해 관계 데이터베이스를 정의하거나 조작 및 제어할 수 있다. 하지만 관계 데이터베이스는 관계 데이터 모델의 기능적 제약조건과 SQL의 표현력 한계로 인해 CADComputer-Aided Design, CAMComputer-Aided Manufacturing, CAEComputer-Aided Engineering, CASEComputer-Aided Software Engineering 등의 다양한 응용 분야에 부적합하다는 문제가 제기되었다. 이런 이유로 1980년대 초반부터 관계 데이터베이스와 다른 형태의 데이터베이스를 구축하기 위해 새로운 데이터 모델을 연구해왔는데, 이 중 하나가 객체지향 데이터 모델이다.

1 객체지향 데이터 모델

객체지향 데이터 모델은 객체와 객체 식별자, 속성과 메서드, 클래스, 클래스 계층 및 상속, 복합 객체 등을 지원하는 객체지향 개념에 기반을 둔 데이터 모델이다. 객체지향 모델은 다양한 응용 분야의 데이터 모델링을 위한 새로운 요구 사항을 지원할 뿐만 아니라, 의미상 관계가 있는 데이터베이스 구조를 표현하려고 할 때 강력한 설계 기능을 제공한다. 객체지향 데이터 모델이 지원하는 객체지향 개념을 하나씩 살펴보자.

객체와 객체 식별자

객체object는 현실 세계에 존재하는 개체를 추상적으로 표현한 것이다. 각 객체는 시스템 전체에서 유일하게 식별될 수 있는 객체 식별자OID; Object Identifier를 가지고, 객체 식별자를 특정 객체에 접근하기 위한 유일한 수단으로 사용한다. 객체 간의 관계는 객체 식별자를 사용해 참조할 수 있다.

> **NOTE** 객체는 관계 데이터 모델의 개체와 유사한 의미로 이해하면 되지만 객체지향 데이터 모델에서는 객체라는 용어로 불린다는 점에 주의해야 한다.

속성과 메서드

객체지향 데이터 모델을 구성하는 기본 요소인 객체는 해당 객체의 상태를 나타내는 하나 이상의 속성과 객체의 상태를 조작할 수 있는 하나 이상의 메서드로 구성된다.

객체지향 데이터 모델의 속성attribute은 관계 데이터 모델의 속성과 같은 의미로 볼 수 있다. 하지만 관계 데이터 모델의 속성은 기본으로 제공된 데이터 타입을 도메인으로 하는 단일(원자) 값만 가질 수 있는 반면, 객체지향 데이터 모델의 속성은 값을 여러 개 가질 수 있다. 그리고 객체지향 데이터 모델의 속성은 사용자가 정의한 클래스뿐 아니라 해당 클래스의 하위 클래스도 도메인으로 정의할 수 있다.

객체지향 데이터 모델의 메서드method는 객체에 수행할 수 있는 연산이다. 객체의 속성 값을 검색하거나 추가·삭제·수정하는 데 주로 사용한다. 프로그래밍 언어로 작성한 프로그램의 함수와 유사하다고 볼 수 있다.

특정 객체의 속성과 해당 속성에 대한 메서드에 접근하려면 메시지message를 사용해야 한다. 한 객체의 속성 값을 수정하려면 이 역할을 담당하는 메서드를 실행시키는 메시지를 해당 객체에 보내야 한다. 즉, 메시지는 객체에 접근하기 위한 공용 인터페이스 역할을 담당한다.

클래스

클래스class는 속성과 메서드를 공유하는 유사한 성질의 객체들을 하나로 그룹화한 것이다. 객체는 클래스의 구성원으로, 클래스 인스턴스class instance 또는 객체 인스턴스object instance라고도 한다. 클래스 내부에는 해당 클래스의 객체를 위한 데이터 구조와 메서드 구현에 관한 세부 사항을 기술한다. 예를 들어 [그림 12-1]과 같이 속성 4개와 메서드 2개를 포함하는 사원 클래스를 정의할 수 있다. 사원 클래스에는 객체가 3개 속해 있는데, 모두 속성이 같고 같은 메시지에 응답한다.

그림 12-1 사원 클래스와 객체 인스턴스

클래스 계층과 상속

클래스를 단계적으로 세분화specialization하면 클래스 간의 계층 관계가 발생하여 결과적으로 클래스 계층class hierarchy이 하나 형성된다. 클래스 계층에서 상위에 있는 클래스를 상위클래스superclass라 하고, 하위에 있는 클래스를 하위클래스subclass라고 한다. 상위클래스와 하위클래스는 일반적으로 IS-A 관계가 성립한다.

> **NOTE** IS-A는 A is B(A는 B다)라는 의미다.

예를 들어 운동선수 클래스는 축구선수, 야구선수 클래스로 세분화할 수 있다. 축구선수, 야구선수 클래스를 다시 각각 세분화하면 [그림 12-2]와 같은 클래스 계층 관계가 성립한다. 그림에서 운동선수 클래스는 축구선수 클래스의 상위클래스이고, 축구선수 클래스는 운동선수 클래스의 하위클래스다. 축구선수, 야구선수 클래스가 운동선수 클래스의 세분화된 개념이라면, 운동선수 클래스는 축구선수, 야구선수 클래스의 일반화된 개념이다.

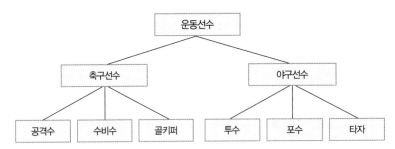

그림 12-2 클래스 계층의 예

클래스 계층 개념은 상속inheritance이라는 강력한 객체지향 개념을 지원한다. 상속은 상위클래스의 속성과 메서드를 자신의 모든 하위클래스에 물려주는 개념이다. 하위클래스가 단 하나의 상위클래스로부터 속성과 메서드를 상속받는 것을 단일 상속이라 하고, 여러 개의 상위클래스로부터 속성과 메서드를 상속받는 것을 다중 상속이라 한다.

[그림 12-2]에서는 상위클래스가 존재하지 않는 운동선수 클래스를 제외한 모든 클래스가 단 하나의 상위클래스로부터 속성과 메서드를 상속받는다. 반면, [그림 12-3]에서는 스마트폰 클래스가 컴퓨터 클래스와 휴대전화 클래스라는 2개의 상위클래스로부터 속성과 메서드를 상속받는다.

그림 12-3 다중 상속의 예

복합 객체

시스템에서 기본으로 제공하지 않는 사용자 정의 클래스user-defined class를 도메인으로 하는 속성을 가진 객체를 복합 객체composite object라 한다. 복합 객체에서 사용자 정의 클래스를 도메인으로 하는 속성은 해당 클래스에 속하는 객체 인스턴스의 객체 식별자OID를 값으로 가지게 된다. 즉, 복합 객체는 속성 값으로 다른 객체를 참조한다. 일반적으로 복합 객체는 Is-Part-Of 관계가 있는 객체를 표현하는 데 사용한다.

> **NOTE** Is-Part-Of는 전체와 부분으로 이루어진 포함 관계다.

예를 들어 [그림 12-4]에서 운동선수 클래스는 속성이 4개다. 이 중 소속팀 속성은 사용자정의 클래스인 팀 클래스가 도메인이므로 운동선수 클래스는 복합 객체를 위한 클래스가 된다. 축구선수, 야구선수, 농구선수 클래스는 운동선수 클래스와 IS-A 관계가 성립하고, 운동선수 클래스의 모든 속성과 메서드를 상속받는다. 반면, 운동선수 클래스와 소속팀 클래스는 상속과 관련이 없는 Is-Part-Of 관계가 성립한다.

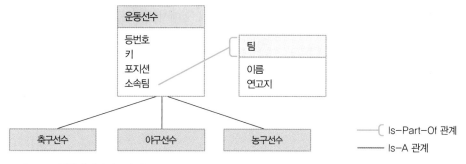

그림 12-4 복합 객체 클래스의 예

② 객체지향 질의 모델

관계 데이터베이스에서는 질의 대상과 결과가 모두 릴레이션이지만, 객체지향 데이터베이스에서는 질의 대상이 클래스이고 질의 결과는 클래스에 속하는 객체 집합이다. 객체지향 데이터베이스에서는 객체지향 개념을 기반으로 클래스, 속성, 메서드, 객체 등을 이용해 질의를 표현한다. 객체지향 데이터베이스에서 클래스 하나 또는 클래스 하나와 해당 클래스의 하위 클래스 전체를 대상으로 하는 질의를 단일 오퍼랜드single operand 질의라 한다. 그리고 여러 클래스를 대상으로 하는 질의를 다중 오퍼랜드multiple operand 질의라고 한다.

간단한 예를 통해 객체지향 데이터베이스의 질의 방법을 알아보자. [그림 12-4]에서 정의한 운동선수 클래스에 대해 키가 180 이상이고, 소속팀의 연고지가 서울인 모든 운동선수 객체를 검색하는 객체지향 데이터베이스의 질의문은 다음 예와 같이 작성할 수 있다. 운동선수 클래스에 속하는 객체를 P로 선언하고 객체가 가지고 있는 속성에 접근하기 위해 연산자를 이용하였다.

예 SELECT P
   FROM P : 운동선수
   WHERE P.키 >= 180 AND P.소속팀.연고지 = '서울';   키가 180 이상이고, 소속팀의 연고지가
                                                 서울인 모든 운동선수 검색

관계 데이터베이스와 달리 객체지향 데이터베이스의 데이터 모델과 질의어는 표준화되지 못했다. 특히 객체지향의 개념을 완벽하게 표현하면서도 쉽게 사용할 수 있는 질의어가 아직 개발되지 않은 상태다. 이 때문에 객체지향 데이터베이스는 널리 사용되지 못하고 특수한 몇몇 분야에서만 사용되고 있다. 그래서 등장한 것이 다음 절에서 살펴볼 객체관계 데이터베이스다.

02 객체관계 데이터베이스

객체지향 데이터베이스가 특수한 몇몇 분야에서만 많이 사용되는 한계를 극복하기 위해, 널리 사용되는 관계 데이터 모델과 다양하고 복잡한 분야의 데이터 모델링에 활용이 가능한 객체지향 데이터 모델의 장점을 모두 가진 새로운 데이터 모델의 필요성이 대두되었다. 이러한 이유로 관계 데이터 모델에 객체지향 개념을 적용한 객체관계 데이터 모델을 사용하는 객체관계 데이터베이스가 주목받았다.

객체관계 데이터 모델은 객체지향 개념과 관계 데이터 모델의 개념을 통합한 것으로, 릴레이션, 객체, 메서드, 클래스, 상속, 캡슐화, 복합 객체 등을 모두 지원한다. 그리고 관계 데이터베이스의 표준 질의어인 SQL을 표준으로 채택하여 계속 발전하고 있다. 특히 1999년에 발표된 SQL3부터는 객체지향 개념을 지원함으로써 표준화된 SQL을 객체관계 데이터베이스에 적용할 수 있게 되었다. 객체관계 데이터베이스를 위한 SQL은 관계 데이터베이스에서 제공하는 기본 질의어의 기능은 물론 사용자 정의 타입, 객체, 객체 식별자, 메서드 등과 같은 객체지향 특성도 함께 가지고 있다.

객체지향 데이터베이스와 객체관계 데이터베이스는 둘 다 객체의 개념을 지원하고, 사용자 정의 타입, 객체 식별자, 상속 등을 포함한다는 점에서 유사점이 많다. 하지만 두 데이터베이스는 개발 목적에서 근본적인 차이가 있다. 객체지향 데이터베이스가 객체지향 프로그래밍 개념에 기반을 두고 데이터베이스의 기능을 추가하는 데 목적을 두고 있다면, 객체관계 데이터베이스는 관계 데이터베이스에 기반을 두고 사용자가 더 풍부한 데이터 타입을 추가할 수 있도록 하는 데 목적을 두고 있다. 그러므로 두 데이터베이스는 기능 면에서 유사성이 많지만, 기본 철학과 구현 방식이 달라 데이터베이스를 설계하거나 조작하는 방법 등이 다르다.

분산 데이터베이스 시스템

데이터베이스 시스템을 물리적으로 한 장소에 설치하여 운영하는 것을 중앙 집중식 데이터베이스 시스템이라 한다. 하지만 데이터베이스 시스템을 한 곳에 설치하지 못하고 여러 곳에 분산 설치하여 운영하는 경우가 종종 있다. 물리적으로 분산된 데이터베이스 시스템을 네트워크로 연결해, 사용자가 논리적으로는 하나의 중앙 집중식 데이터베이스 시스템처럼 사용할 수 있도록 한 것을 분산 데이터베이스 시스템distributed database system이라 한다.

1 분산 데이터베이스 시스템의 구성

분산 데이터베이스 시스템은 [그림 12-5]와 같이 분산 처리기, 분산 데이터베이스, 통신 네트워크로 구성된다.

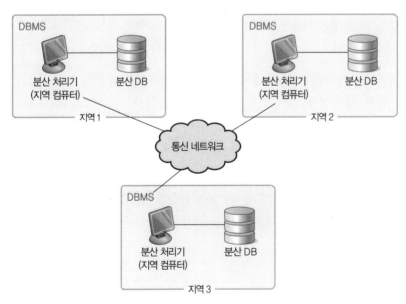

그림 12-5 분산 데이터베이스 시스템의 구성

■ 분산 처리기

분산 데이터베이스 시스템은 물리적으로 분산되어 지역별로 필요한 데이터를 처리할 수 있는 지역 컴퓨터local computer가 필요하다. 지역 컴퓨터를 분산 처리기distributed processor라고 한다. 분산 처리기는 지역에서 운영하는 데이터베이스를 자체적으로 관리할 수 있는 데이터베이스 관리 시스템DBMS을 가지고 있다.

■ 분산 데이터베이스

분산 데이터베이스distributed database는 물리적으로 분산된 지역 데이터베이스local database다. 분산 데이터베이스는 해당 지역의 분산 처리기와 함께 지역의 데이터 처리를 지원한다. 분산 데이터베이스는 보통 해당 지역에서 가장 많이 사용하는 데이터를 저장한다. 그리고 각 지역의 분산 처리기에 설치된 데이터베이스 관리 시스템이 이를 관리한다.

■ 통신 네트워크

지역의 분산 처리기는 네트워크network를 통해 자원을 공유하기 때문에 논리적으로는 하나의 시스템과 같은 기능을 제공할 수 있다. 통신 네트워크에 있는 모든 분산 처리기는 특정 통신규약에 따라 데이터를 전송하고 수신한다. 그런데 통신 네트워크는 그 구조가 데이터 통신에 많은 영향을 주므로 효율적으로 설계해야 한다.

2 분산 데이터베이스 시스템의 주요 목표

분산 데이터베이스 시스템에서는 데이터베이스가 분산되어 있음을 사용자가 인식하지 못하게 하는 것이 중요한데, 이를 분산 데이터 독립성distributed data independency이라 한다. 분산 데이터 독립성은 데이터베이스가 분산되지 않은 것처럼 사용할 수 있다는 의미로 분산 데이터베이스 시스템의 주요 목표다. 분산 데이터 독립성을 지원하기 위해서는 분산 투명성distribution transparency을 보장해야 한다. 분산 투명성에는 위치 투명성, 중복 투명성, 단편화 투명성, 병행 투명성, 장애 투명성이 있다.

위치 투명성

위치 투명성location transparency은 데이터베이스가 지역적으로 분산되어 있지만, 사용자가 접근하려는 데이터의 실제 저장 위치를 알 필요 없이 데이터베이스의 논리적인 이름만으로 데이터에 접근할 수 있다는 의미다. 데이터베이스 관리 시스템이 시스템 카탈로그에서 데이터의 모든 위치 정보를 관리하다가 데이터 접근에 대한 요구가 발생하면 이 정보를 제공함으로써 데이터에 대한 접근을 수행한다. 분산 데이터베이스 시스템에서는 다른 지역에 있는 데이터에 접근하려는 요청이 들어오면 다음과 같은 방법으로 처리한다.

- 다른 지역에 있는 데이터를 가져와 처리한다.
- 데이터 접근 요청을 하는 트랜잭션을 데이터가 있는 지역으로 보내 처리한 후, 결과 데이터만 가져온다.
- 위 두 가지 방법을 모두 사용해 처리한다.

위치 투명성이 보장되면 데이터베이스 관리 시스템이 시스템 카탈로그에서 관리하는 위치 정보를 통해 데이터를 제공하기 때문에, 응용 프로그램이 데이터의 저장 위치를 알 필요가 없어 응용 프로그램의 처리가 간단해진다. 그리고 자주 사용하는 데이터는 요청이 발생한 지역으로 가져가 처리함으로써 효율적으로 처리할 수 있다.

중복 투명성

데이터베이스를 여러 지역에 분산해 저장할 때 두 가지 방법을 생각할 수 있다. 첫째 방법은 데이터가 중복되지 않게 분할하여 지역의 분산 데이터베이스에 저장하는 것이다. 둘째 방법은 지역의 분산 데이터베이스에 데이터를 중복하여 저장하는 것이다.

데이터를 중복 저장했을 때 단점만 있는 것은 아니다. 데이터를 여러 지역에 중복 저장하면 한 지역의 데이터베이스에 문제가 생기더라도 다른 지역 데이터베이스를 이용할 수 있기 때문에 신뢰성과 가용성을 높일 수 있다. [표 12-1]은 분산 데이터베이스 시스템에서 데이터를 중복 저장함으로써 얻을 수 있는 장점과 단점이다.

표 12-1 데이터 중복의 장단점

구분	내용
장점	• 한 지역에서 문제가 발생해도 동일한 데이터가 저장되어 있는 다른 지역에서 작업을 계속 수행할 수 있으므로 신뢰성과 가용성이 높아진다. • 동일한 데이터가 저장된 여러 지역에서 병렬 처리를 수행할 수 있어 데이터 처리 성능이 향상된다. • 데이터 처리 요청이 한 지역에 집중되지 않고 여러 지역에 분산되므로 처리 부담을 줄일 수 있다.
단점	• 동일한 데이터를 중복 저장하므로 저장 공간을 많이 사용한다. • 데이터를 변경하려면 중복 저장된 데이터를 모두 함께 변경해야 하므로 비용이 증가하고, 변경 도중에 문제가 생겨 데이터 불일치가 발생할 수도 있다.

데이터를 중복해서 저장하면 몇 가지 단점이 발생한다. 그러나 데이터 처리의 효율성, 신뢰성, 가용성과 같은 장점이 크기 때문에 분산 데이터베이스에서는 여러 지역 데이터베이스에 데이터를 중복해서 저장하는 방법을 많이 사용한다.

분산 데이터베이스 시스템에서 데이터를 중복하여 저장하는 방법에는 완전 중복과 부분 중복이 있다. 완전 중복은 동일한 데이터를 둘 이상의 지역에 있는 분산 데이터베이스에 저장하는 것이고, 부분 중복은 일부 데이터만 중복하여 저장하는 것이다. 지역의 분산 데이터베이스에 중복되는 데이터가 전혀 없는 경우를 특히 분할 데이터베이스라고 한다.

데이터 중복을 지원하는 분산 데이터베이스 시스템은 중복 투명성을 제공해야 한다. 중복 투명성replication transparency은 동일한 데이터가 여러 지역에 중복 저장되더라도 사용자가 중복을 인식하지 못하고, 하나의 데이터베이스 시스템에 데이터가 저장된 것처럼 사용하는 것이다. 물론 중복된 데이터에 대한 처리는 분산 데이터베이스 시스템이 사용자 모르게 자동으로 수행한다.

단편화 투명성

단편화fragmentation는 하나의 릴레이션을 더 작은 조각(단편)으로 나누고 각 조각을 별개의 릴레이션으로 처리하는 것이다. 단편화를 하면 각 조각이 전체 릴레이션이 아니라 전체 릴레이션의 일부가 되기 때문에 저장 공간을 적게 사용할 뿐만 아니라, 관리할 데이터 수도 줄어든다. 그러므로 단편화를 통해 데이터 중복의 장점은 그대로 취하면서 데이터 중복의 단점을 보완할 수 있다.

단편화를 수행할 때는 [그림 12-6]의 세 가지 조건을 만족시켜야 한다.

완전성	전체 릴레이션의 모든 데이터는 어느 한 조각에는 꼭 속해야 한다.
회복성	단편화된 조각들로부터 원래의 전체 릴레이션을 회복할 수 있어야 한다.
분리성	전체 릴레이션의 모든 조각을 서로 중복되지 않게 분리해야 한다.

그림 12-6 단편화 수행 조건

릴레이션을 단편화하는 방법에는 수평적 단편화, 수직적 단편화, 혼합 단편화가 있다.

■ 수평적 단편화

수평적 단편화는 릴레이션을 수평적으로 단편화하는 것으로, [그림 12-7]과 같이 릴레이션을 투플(행) 단위로 나눈다. 그림은 수평적 단편화 방법을 통해 제품 릴레이션을 두 조각으로 나누어 서로 다른 지역에 위치시킨 예다.

제품 릴레이션

제품번호	제품명	재고량	단가	제조업체
p01	그냥만두	5000	4500	대한식품
p02	매운쫄면	2500	5500	민국푸드
p03	쿵떡파이	3600	2600	한빛제과

제품번호	제품명	재고량	단가	제조업체
p01	그냥만두	5000	4500	대한식품
p02	매운쫄면	2500	5500	민국푸드

지역 1

제품번호	제품명	재고량	단가	제조업체
p03	쿵떡파이	3600	2600	한빛제과

지역 2

그림 12-7 수평적 단편화의 예

■ **수직적 단편화**

수직적 단편화는 릴레이션을 수직적으로 단편화하는 것으로, [그림 12-8]과 같이 릴레이션을 속성(열) 단위로 나눈다. 그림은 수직적 단편화 방법을 통해 제품 릴레이션을 두 조각으로 나누어 서로 다른 지역에 위치시킨 예다.

제품 릴레이션

제품번호	제품명	재고량	단가	제조업체
p01	그냥만두	5000	4500	대한식품
p02	매운쫄면	2500	5500	민국푸드
p03	쿵떡파이	3600	2600	한빛제과

제품번호	제품명	재고량
p01	그냥만두	5000
p02	매운쫄면	2500
p03	쿵떡파이	3600

지역 1

제품번호	단가	제조업체
p01	4500	대한식품
p02	5500	민국푸드
p03	2600	한빛제과

지역 2

그림 12-8 수직적 단편화의 예

■ **혼합 단편화**

혼합 단편화는 수평적 단편화와 수직적 단편화를 모두 사용하여 릴레이션을 나눈다.

분산 데이터베이스 시스템은 앞서 설명한 세 가지 방법으로 단편화된 데이터를 여러 지역에 나누어 저장한다. 그러나 사용자가 데이터를 쓸 때는 데이터가 단편화된 것을 인식할 수 없도록 단편화 투명성fragmentation transparency을 제공해야 한다.

병행 투명성

병행 투명성concurrency transparency은 분산 데이터베이스와 관련된 트랜잭션들이 동시에 수행되더라도 결과는 항상 일관성을 유지하는 것이다.

장애 투명성

장애 투명성failure transparency은 특정 지역 시스템에 문제가 발생하더라도 전체 시스템이 작업을 계속 수행할 수 있는 것이다.

❸ 분산 데이터베이스의 구조

[그림 12-9]는 분산 데이터베이스의 일반 구조다. 모든 분산 데이터베이스가 이러한 구조로 개발되는 것은 아니지만 기본 구조로 알아둘 필요가 있다. 그림에서는 3개의 지역에 데이터를 분산하여 저장하는 분산 데이터베이스를 가정했다.

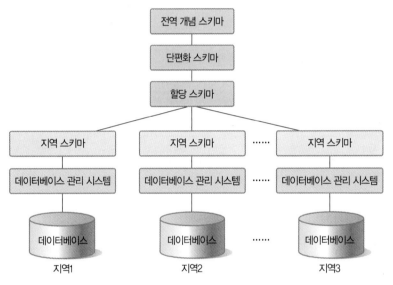

그림 12-9 분산 데이터베이스의 일반 구조

■ **전역 개념 스키마**

전역 개념 스키마global conceptual schema는 분산 데이터베이스에 저장할 모든 데이터 구조와 제약조건을 정의한다. 전역 개념 스키마를 정의할 때 데이터의 분산은 고려하지 않는다. 전역 개념 스키마는 관계 데이터 모델의 관점에서 보면 데이터베이스 안에 존재하는 모든 릴레이션 스키마의 집합이다.

- **단편화 스키마**

  분산 데이터베이스에서는 분산을 위해 전체 데이터 구조도 여러 조각으로 분할해야 한다. 단편화 스키마fragmentation schema는 전역 개념 스키마를 분할하는 방법인 단편화를 정의한다. 그리고 전역 개념 스키마와 각 조각 스키마의 대응 관계도 정의한다.

- **할당 스키마**

  단편화는 전역 개념 스키마를 논리적으로 분할한 것이고 분할된 각 조각 스키마의 인스턴스는 실제로 하나 이상의 지역에 물리적으로 저장된다. 할당 스키마allocation schema는 각 조각 스키마의 인스턴스를 물리적으로 저장해야 되는 지역을 정의한다.

- **지역 스키마**

  지역 스키마local schema는 지역별로 저장하고 있는 데이터 구조와 제약조건을 정의한다.

4 분산 데이터베이스의 질의 처리

중앙 집중식 데이터베이스 시스템에서는 최선의 질의 처리 전략을 선택하는 기준으로 데이터베이스가 위치한 디스크에 접근하는 횟수를 이용한다. 반면, 분산 데이터베이스 시스템에서는 디스크 접근 횟수뿐만 아니라, 네트워크에서 데이터를 전송하는 비용과 하나의 질의문을 분해하여 여러 지역에서 병렬 처리함으로써 얻는 성능상의 이점도 고려한다.

5 분산 데이터베이스 시스템의 장·단점

중앙 집중식 데이터베이스 시스템과 달리 데이터베이스를 분산시키면 여러 장점을 얻을 수 있지만 단점도 함께 발생한다. 분산 데이터베이스 시스템의 장단점을 각각 알아보자.

분산 데이터베이스 시스템의 장점

분산 데이터베이스 시스템은 중앙 집중식 데이터베이스 시스템에 비해 다음과 같은 장점이 있다.

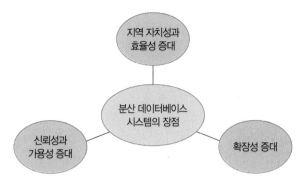

그림 12-10 분산 데이터베이스 시스템의 장점

- **신뢰성과 가용성 증대**

  중앙 집중식 데이터베이스 시스템에서는 장애가 발생하면 전체 시스템이 작업을 중지하지만, 분산 데이터베이스 시스템에서는 장애가 발생하지 않은 다른 지역의 데이터베이스를 이용해 작업을 계속 수행할 수 있다. 즉, 분산 데이터베이스를 이용하면 시스템의 신뢰성과 가용성을 높일 수 있다.

- **지역 자치성과 효율성 증대**

  분산 데이터베이스 시스템에서는 데이터베이스를 지역별로 독립적으로 관리할 수 있다. 특히 가장 많이 사용하는 지역에 해당 데이터를 분산시켜 저장하면 데이터 요청에 대한 응답 시간을 줄이고 통신 비용도 절약된다.

- **확장성 증대**

  처리할 데이터의 양이 증가하면 중앙 집중식 데이터베이스 시스템에서는 작동을 중단하고 시스템 자체를 교체해야 한다. 반면, 분산 데이터베이스 시스템에서는 새로운 지역에 데이터베이스를 설치하여 운영하면 되기 때문에 확장이 쉽다.

분산 데이터베이스 시스템의 단점

분산 데이터베이스 시스템은 데이터의 분산, 단편화, 중복 등 중앙 집중식 데이터베이스 시스템에 비해 추가로 고려할 사항이 많아 설계 및 구축 비용이 더 많이 든다. 그리고 물리적으로 분산된 여러 지역을 모두 관리해야 하기 때문에 중앙 시스템만 관리하면 되는 중앙 집중식 데이터베이스 시스템보다 관리가 복잡하고, 관리 비용도 더 많이 든다. 또한 데이터 처리 요청이 발생하면 여러 지역에 있는 분산 데이터베이스를 함께 이용해야 하기 때문에 중앙 집중식 데이터베이스 시스템에는 필요 없는 추가 통신 비용이나 처리 비용이 발생한다.

04 | 멀티미디어 데이터베이스 시스템

이미지나 동영상 같은 멀티미디어 데이터를 이용하는 다양한 응용 분야가 나타나면서 멀티미디어 데이터를 관리하고 이에 대한 질의를 효율적으로 처리하는 멀티미디어 데이터베이스 시스템의 필요성이 늘고 있다. 멀티미디어 데이터는 일반 데이터와는 다른 특성이 있다. 그래서 기존의 데이터베이스 시스템을 그대로 이용하면 여러 문제가 발생할 수 있어 멀티미디어 데이터를 위한 데이터베이스 시스템이 따로 필요하다. 멀티미디어 데이터베이스 시스템은 숫자나 문자 데이터와 같은 일반 데이터를 처리하는 기능뿐 아니라 영상, 음향 및 애니메이션과 같은 멀티미디어 데이터도 효과적으로 저장하고 처리하는 기능을 함께 제공해야 한다.

멀티미디어 데이터베이스를 알아보기에 앞서 이 데이터베이스가 처리해야 하는 멀티미디어 데이터의 특성부터 알아보자.

1 멀티미디어 데이터의 특성

현실 세계에는 문자나 숫자 같은 데이터뿐 아니라 그래픽, 이미지, 비디오, 오디오 등 다양한 타입의 데이터가 존재한다. 일반적으로 데이터의 각 타입을 미디어media라 하고, 여러 미디어의 조합으로 이루어진 데이터를 멀티미디어 데이터multimedia data라고 한다. [표 12-2]는 멀티미디어 데이터의 다양한 유형이다.

표 12-2 멀티미디어 데이터의 유형

유형	의미
텍스트	문자로 구성된 데이터
그래픽	수학 공식을 기반으로 제작된 벡터 이미지 데이터
이미지	정적 이미지나 사진과 같이 픽셀 단위로 표현되는 비트맵 이미지
비디오	동영상, 애니메이션
오디오	음성, 소리, 음악

멀티미디어 데이터의 특성은 다음 세 가지로 요약할 수 있다.

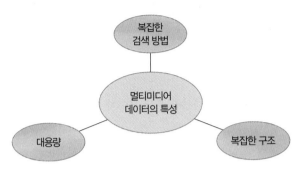

그림 12-11 멀티미디어 데이터의 특성

■ **대용량 데이터**

멀티미디어 데이터는 일반적으로 숫자나 문자 데이터와 달리, 크기가 수 킬로바이트에서 수십 메가바이트 이상이다. 그래서 압축해서 저장해야 한다. 즉, 일반 데이터와는 다른 구조로 별도의 저장 공간을 구성하여 관리해야 한다.

■ **검색 방법이 복잡한 데이터**

멀티미디어 데이터는 일반 데이터와 달리 검색 방법이 복잡하다. 멀티미디어 데이터를 검색하는 방법에는 설명 기반 검색과 내용 기반 검색이 있다.

• **설명 기반 검색**description-based retrieval : 초기의 멀티미디어 검색 시스템에서 많이 사용한 방법이다. 멀티미디어 데이터의 특성을 나타내는 키워드나 자세한 설명을 멀티미디어 데이터와 함께 저장해두었다가 이를 검색에 이용한다. 많은 양의 멀티미디어 데이터를 처리하는 데 적합하지 않고, 설명을 작성하는 사람의 주관적인 관점이 반영되어 같은 멀티미디어 데이터에 대한 설명이 달라질 수 있다.

• **내용 기반 검색**content-based retrieval : 멀티미디어 데이터의 실제 내용을 이용하여 검색하는 방법이다. 특정 객체를 포함한 멀티미디어 데이터를 검색한다. 예를 들어 손흥민(객체)이 포함된 비디오를 검색하는 방법이다. 멀티미디어 데이터가 포함한 내용에 대한 정보를 추출해서 데이터베이스에 저장하는 기술과 이 정보를 이용해 사용자의 질의를 처리하는 멀티미디어 데이터용 질의 처리 기법이 별도로 필요하다.

■ **구조가 복잡한 데이터**

멀티미디어 데이터는 원시 데이터raw data, 등록 데이터registration data, 서술 데이터description data 등으로 구성된다. 원시 데이터는 텍스트, 그래픽, 이미지, 비디오, 오디오 등 기본 타입의 데이터다. 등록 데이터는 멀티미디어 데이터의 특성과 필요한 정보를 별도로 추출한 데이터다. 예들 들어 이미지에서 해상도, 픽셀 수, 색상, 크기, 포맷 등의 정보를 추출한 데이터가 등록 데이터다. 등록 데이터는 원시 데이터를 처리하는 데 도움이 된다. 서술 데이터는 멀티미디어 데이터를 검색할 때 사용되는 것으로 멀티미디어 데이터에 지정된 키워드나 자세한 설명 등이 이에 해당한다. 멀티미디어 데이터들은 공간이나 시간적으로 관련이 있는 경우가 많으므로 이러한 복잡한 관계성을 표현하고 관리할 수 있는 기술이 필요하다.

❷ 멀티미디어 데이터베이스의 발전 과정

멀티미디어 데이터를 저장하고 처리하는 방법은 크게 두 가지로 발전하였다. 첫 번째 방법은 관계 데이터베이스 시스템을 확장하여 멀티미디어 데이터를 처리하는 것이고, 두 번째 방법은 객체지향 데이터베이스를 확장하여 멀티미디어 데이터를 처리하는 것이다.

관계 데이터베이스에서의 멀티미디어 데이터 처리

관계 데이터베이스에 멀티미디어 데이터를 위한 새로운 데이터 타입을 추가하여 멀티미디어 데이터를 저장하고 처리하는 방법이다. 멀티미디어 데이터베이스 개발 초기에 이미지와 같은 대용량 멀티미디어 데이터를 저장하고 관리하기 위해 많이 사용했다. 이 방법을 적용한 시스템으로 GENESIS, STAIRS 등이 있다. 이러한 시스템에서는 이미지, 그래픽 등의 대용량 멀티미디어 데이터를 처리하기 위해 이진 대형 객체BLOB; Binary Large Object라는 새로운 데이터 타입을 지원한다.

관계 데이터베이스를 확장하여 멀티미디어 데이터를 저장하고 관리하면 관계 데이터베이스가 제공하는 안정적인 이론과 다양한 기법을 그대로 이용할 수 있다는 장점이 있다. 그러나 멀티미디어 데이터를 단순히 저장하고 검색하는 일부 기능만 제공할 뿐, 멀티미디어 데이터가 가진 시공간적인 특성 표현, 다양한 미디어 데이터들의 통합 모델링 기능, 사용자의 요구에 맞는 다양한 연산 표현 및 조작 기능 등은 거의 제공하지 못한다는 한계가 있다.

객체지향 데이터베이스에서의 멀티미디어 데이터 처리

1980년대 후반부터 객체지향 데이터베이스를 멀티미디어 데이터 처리에 이용하려고 시도하기 시작했다. 객체지향 데이터베이스는 다양한 관계의 표현, 데이터 추상화와 캡슐화, 상속 등 멀티미디어 데이터를 처리하는 데 필요한 다양한 기능을 제공한다. 멀티미디어 데이터를 객체지향 개념에 기반을 두고 처리하는 시스템으로는 ORION, MULTOS, MINOS 등이 있다. 이 시스템들의 공통 특징은 멀티미디어 데이터를 객체와 클래스로 표현하고, 데이터 추상화와 캡슐화, 상속 등의 개념을 지원한다는 것이다. 객체지향 데이터베이스를 이용해 멀티미디어 데이터를 처리하는 시스템도 멀티미디어 데이터의 복잡하고 다양한 모델링 요구 사항을 완벽히 만족시키지 못한다는 한계가 있다.

❸ 멀티미디어 데이터베이스 관리 시스템의 구성

멀티미디어 데이터베이스는 단순 텍스트뿐만 아니라 오디오, 비디오 같은 다양한 형태의 데이터를 다룬다. 데이터베이스 시스템의 기본 기능은 데이터를 저장하고, 검색을 요청하는 사용자의 질의를 처리하여 원하는 결과를 제공하는 것이다. 멀티미디어 데이터베이스 시스템은 데이터베이스 시스템의 기본 기능을 제공할 뿐만 아니라, 멀티미디어 데이터 특성에 따른 다양하고 새로운 사항도 고려해야 한다.

멀티미디어 데이터는 일반 데이터와 달리 보통 대용량이고 시공간적 연속성을 가지고 있다. 예를 들어 동영상 데이터를 사용자에게 제공할 때는 중간에 끊어지는 일 없이 연속으로 전달해야 한다. 대용량이나 시공간적 연속성과 같은 멀티미디어 데이터만의 특성을 지원하려면 멀티미디어 데이터베이스 시스템에서 데이터베이스 관리 시스템의 역할이 무엇보다 중요하다. 멀티미디어 데이터를 관리하는 기능을 제공하는 상용화된 데이터베이스 관리 시스템으로는 UniSQL, 오라클, 인포믹스, O2, DB2 UDB 등이 있다.

대상으로 하는 미디어 데이터의 유형에 따라 멀티미디어 데이터베이스 관리 시스템의 구성이 달라진다. 미디어 데이터 하나를 대상으로 하는 경우와 대용량의 텍스트, 이미지, 비디오 등 여러 종류의 미디어 데이터를 대상으로 하는 경우의 데이터베이스 관리 시스템은 내부 구조가 다를 수밖에 없기 때문이다. 일반적으로는 다양한 유형의 미디어 데이터를 지원하는 데이터베이스 관리 시스템을 더 요구한다.

다음과 같이 여러 방식을 적용하여 다양한 유형의 멀티미디어 데이터를 지원하는 데이터베이스 관리 시스템을 구성할 수 있다. 상황에 따라 적절한 방식을 선택하면 된다.

■ 파일 시스템을 이용하는 방식

초기에 많이 사용하던 방식으로, 응용 프로그램에 필요한 멀티미디어 데이터를 파일로 저장하고 관리한다. 프로그래밍 언어로 데이터를 처리하는 코드를 직접 작성하여 응용 프로그램에 포함시킨다. 다양한 응용 분야에서 사용할 수 있지만 데이터를 응용 프로그램에서 직접 관리해야 하기 때문에 응용 프로그램 개발이 어렵고, 파일의 단순한 저장 구조에 복잡한 멀티미디어 데이터를 저장하기도 쉽지 않다. 그리고 데이터의 동시 공유, 회복, 보안 등 데이터베이스 관리 시스템의 고급 기능을 제공하기 어렵다는 문제가 있다.

■ 관계 데이터베이스 관리 시스템을 이용하는 방식

텍스트 같은 일반 데이터는 관계 데이터베이스에 저장하고, 이미지나 비디오 같은 데이터는 파일에 저장한다. 지리 정보 시스템GIS; Geographical Information Systems 등에서 많이 사용한다. 파일에 저장된 데이터에 대한 처리 요청을 프로그래밍 언어로 작성하고, 관계 데이터베이스에 저장된 데이터에 대한 처리 요청을 SQL로 작성한다. 즉, 데이터 처리 요청을 위해 두 가지 방법을 모두 지원해야 한다는 부담이 있다. 그리고 파일에 저장되는 멀티미디어 데이터에 데이터베이스 관리 시스템의 고급 기능을 제공할 수 없다는 문제가 있다.

■ 확장된 관계 데이터베이스 관리 시스템을 이용하는 방식

텍스트뿐만 아니라 이미지, 오디오, 비디오 같은 대용량의 멀티미디어 데이터를 모두 저장할 수 있도록, 기존의 관계 데이터베이스 관리 시스템을 확장한 방식이 있다. 예를 들어 기존 관계 데이터베이스 관리 시스템에 대용량 멀티미디어 데이터를 위한 이진 대형 객체BLOB라는 새로운 데이터 타입을 추가하는 것이다. 모든 멀티미디어 데이터에 데이터베이스 관리 시스템의 고급 기능을 제공할 수 있지만, 이 특성을 완벽히 지원하기 어렵고, 멀티미디어 데이터의 특성을 반영한 처리 요청을 SQL로 표현하기도 쉽지 않다.

■ 객체지향 데이터베이스 관리 시스템을 이용하는 방식

객체지향 개념을 지원하는 데이터베이스 관리 시스템을 이용하는 방식이다. 객체지향 데이터베이스 관리 시스템은 다양한 관계의 표현, 데이터 추상화와 캡슐화, 상속 등의 객체지향 개념을 지원하므로 멀티미디어 데이터를 처리하는 데 필요한 여러 가지 기능을 제공한다. 하지만 기존 관계 데이터베이스 관리 시스템에서 제공하는 동시성 제어, 질의 최적화, 회복 기능 등의 고급 기능을 제공하지 못하는 경우가 많다.

4 멀티미디어 데이터의 질의

멀티미디어 데이터에 대한 검색 요청을 기존의 SQL로 완벽하게 표현하기 어려울 뿐만 아니라, 경우에 따라서는 불가능할 수도 있다. 멀티미디어 데이터에 대한 사용자 질의를 적절히 표현하고 처리하려면 멀티미디어 데이터베이스 관리 시스템만의 질의 처리 기법이 필요하다.

멀티미디어 데이터베이스에서는 데이터 자체에 대한 질의보다는 데이터에 포함된 특정 객체, 데이터에 대한 설명이나 키워드를 이용한 질의를 주로 사용한다. 멀티미디어 데이터에 대한 질의 처리가 어려운 가장 큰 이유는 미디어에 따라 다양한 유형의 질의가 존재하기 때문이다. 멀티미디어 데이터의 질의 유형을 예와 함께 하나씩 살펴본 후, 이를 처리하는 기법을 알아보자.

멀티미디어 데이터의 질의 유형

멀티미디어 데이터의 유형에 따라 가능한 질의의 유형을 분류하면 다음과 같다.

- **텍스트 질의** : 사용자가 제시한 키워드를 포함하는 문서를 검색하는 질의가 대부분이다.
  예 '한빛'과 '데이터베이스' 키워드를 포함하는 문서를 모두 검색하는 질의
- **이미지 질의** : 사용자가 제시한 키워드와 관련 있는 이미지를 검색하는 내용 검색이나, 사용자가 제시한 이미지와 유사한 이미지를 검색하는 유사도 검색 질의가 많다.
  예 '개'를 포함하는 이미지를 검색하는 질의, 제시한 이미지와 유사한 이미지를 검색하는 질의
- **비디오 질의** : 비디오는 장면이라는 여러 정지 화면으로 구성되므로, 장면을 대상으로 하는 검색 질의가 많다.
  예 '미녀'와 '야수'가 식사하는 장면을 검색하는 질의
- **공간 질의** : 주어진 범위 조건에 맞는 특정 위치를 검색하는 질의가 많다.
  예 '한빛아카데미'를 기준으로 5Km 이내에 있는 식당을 검색하는 질의, '한빛아카데미'에서 가장 가까운 식당을 검색하는 질의

멀티미디어 데이터의 질의 처리

멀티미디어 데이터에 대한 다양한 유형의 검색 질의를 처리하기 위해 다음과 같은 기법이 자주 사용된다.

- **매칭**matching **기법** : 수학 함수로 저장된 데이터와 질의 조건으로 주어진 데이터 간의 유사도를 수학 함수로 계산하여, 유사도가 높은 데이터를 검색한다.
- **랭킹**ranking **기법** : 검색 결과를 질의 조건과의 관련 정도에 따라 정렬하여, 관련성이 높은 결과부터 제공한다.
- **필터링**filtering **기법** : 질의 조건과 관련성이 적은 데이터를 단계적으로 제거하여 검색 범위를 줄여가면서 검색한다.
- **인덱스**index **기법** : 인덱스 구조를 이용해 질의 조건에 적합한 데이터를 검색한다.

05 기타 데이터베이스 응용 기술

1 웹 데이터베이스

WWWWorld Wide Web 서비스, 즉 인터넷 서비스는 누구나 쉽게 사용할 수 있다는 장점 때문에 인터넷의 대중화를 이루어냈다. 초기의 인터넷 서비스는 단순한 정보 검색 기능만 제공했다. 그러나 인터넷이 활성화됨에 따라 전자 상거래, 디지털 라이브러리 등 다양한 분야에서 대량의 데이터를 관리해야 하는 새로운 유형의 웹 서비스가 출현하였다. 새로운 유형의 웹 서비스에서 대용량 데이터를 효율적으로 관리하려면 데이터베이스 시스템에서 제공하는 기능이 반드시 필요하다. 이러한 이유로 웹 서비스와 데이터베이스 시스템을 통합한 웹 데이터베이스가 등장하게 되었다. 웹 데이터베이스web database는 웹 서비스의 특성과 데이터베이스 시스템의 데이터 관리 기능을 통합한 것으로 다양한 웹 서비스 분야에서 활용할 수 있다.

웹 데이터베이스를 올바르게 수행하려면 웹 서비스와 데이터베이스 시스템을 연결해주는 미들웨어middleware가 필요하다. 웹 서비스는 미들웨어를 통해 데이터베이스 시스템의 기능을 제공 받는다. 그래서 미들웨어를 데이터베이스 통로database gateway라고도 한다. 미들웨어를 구현하는 방법은 두 가지로 분류할 수 있다. 첫째는 미들웨어를 통해 데이터베이스에 접근하는 프로그램을 웹 서버 쪽에 두는 서버 확장 방법이고, 둘째는 클라이언트 쪽에 두는 클라이언트 확장 방법이다. 둘 중에서 서버 확장 방법을 주로 이용한다.

2 데이터 웨어하우스

다양한 분야에서 데이터를 관리하고 처리하기 위해 데이터베이스 시스템을 이용하는 일이 보편화되고, 기술의 발달로 데이터베이스에 저장하는 데이터의 양이 크게 증가하였다. 그래서 데이터베이스에 많은 양의 데이터를 효과적으로 저장하는 것도 중요하지만 사용자가 원하는 데이터를 빠르게 검색하여 제공하는 기능이 무엇보다 중요해졌다.

데이터베이스에 저장된 엄청난 양의 데이터를 분석하여 사용자에게 필요한 정보를 효율적으로 추출하는 일은 결코 쉽지 않다. 여러 데이터베이스에서 필요한 정보를 추출하는 경우에는 더 복잡하다. 특히 기업과 같은 대규모 조직에서는 정보 시스템에 저장된 데이터를 분석하고 요약하여 추출한 유용한 정보를 의사 결정에 이용하는 의사 결정 지원 시스템DSS; Decision Support System이 많이 사용되고 있다. 이 때문에 데이터베이스에 저장된 수많은 데이터 중에서 의사 결정에 도움이 되는 데이터를 빠르고 정확히 추출할 수 있는 방법에 대한 연구가 많이 이루어졌다. 그중 한 가지 방법이 데이터 웨어하우스다.

데이터 웨어하우스data warehouse는 [그림 12-12]와 같이 데이터베이스 시스템에서 의사 결정에 필요한 데이터를 미리 추출하여, 이를 원하는 형태로 변환하고 통합한 읽기 전용의 데이터 저장소다. 데이터 웨어하우스는 데이터베이스 시스템 하나를 대상으로 할 수도 있고 여러 개를 대상으로 할 수도 있다.

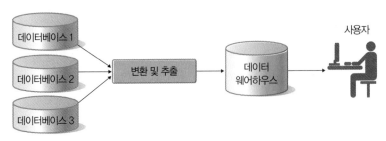

그림 12-12 데이터 웨어하우스 개념

데이터 웨어하우스도 데이터베이스의 일종이지만 일반 데이터베이스와는 여러 가지 차이가 있다. 일반 데이터베이스는 운영 데이터의 집합으로, 트랜잭션에 의해 데이터의 삽입·삭제·수정이 수행되는 트랜잭션 처리 중심의 업무를 위한 것이다. 반면 데이터 웨어하우스는 의사 결정을 위한 정보의 집합으로, 검색 위주의 의사 결정 업무를 위한 것이다. 그리고 일반 데이터베이스는 최신 데이터를 유지하지만, 데이터 웨어하우스는 올바른 의사 결정을 위해 현재의 데이터와 과거의 데이터를 함께 유지하는 경우가 많다.

데이터 웨어하우스가 일반 데이터베이스와 다른 주요 특징 몇 가지는 다음과 같다.

■ 주제 지향적subject-oriented 내용이다

일반 데이터베이스가 업무 처리 중심의 데이터로 구성된 반면, 데이터 웨어하우스는 의사 결정이 필요한 주제를 중심으로 데이터를 구성한다. 즉, 일반 데이터베이스는 의사 결정에 필요 없어도 업무 처리에 필요한 데이터를 모두 유지하지만, 데이터 웨어하우스는 의사 결정에 필요한 주제와 관련된 데이터만 유지한다. 일반 데이터베이스는 업무 담당자가 업무를 처리할 때 주로 사용하지만 데이터 웨어하우스는 최고 경영자나 데이터 분석가 등이 사용하므로 데이터를 좀 더 이해하기 쉬운 형태로 제공하기 위해 주제 지향적 특징을 지닌다.

- **통합된**integrated **내용이다**

데이터 웨어하우스는 여러 데이터베이스에서 필요한 데이터를 추출하여 의사 결정에 필요한 분석 및 비교 작업을 지원한다. 구조가 다른 여러 데이터베이스에서 데이터를 추출할 때는 이름이나 타입 등에서 충돌이 발생할 수 있다. 예를 들어 서로 다른 두 데이터베이스에서 추출한 데이터가 이름은 같지만 내용이 다르거나, 타입이 다른 경우를 생각해볼 수 있다. 데이터 웨어하우스는 내부적으로 데이터가 항상 일관된 상태를 유지하도록 여러 데이터베이스에서 추출한 데이터를 통합하여 저장하는 특징이 있다.

- **시간에 따라 변하는**time-variant **내용이다**

일반 데이터베이스는 현재의 데이터만 유지하지만 데이터 웨어하우스는 올바른 의사 결정을 위해 현재와 과거 데이터를 함께 유지한다. [그림 12-13]과 같이 해당 시점의 데이터를 주기적으로 유지해두는 것이다. 이는 중요한 순간마다 사진을 찍어두는 것과 유사하다. 데이터 웨어하우스가 저장하고 있는 각 시점의 데이터를 스냅샷snapshot이라 한다. 데이터 웨어하우스가 이처럼 과거와 현재의 데이터를 동시에 유지하는 이유는 데이터 간의 시간적 관계나 동향을 분석하여 의사 결정에 반영할 수 있도록 하기 위해서다.

현재의 데이터   데이터 웨어하우스

그림 12-13 시간에 따라 변화하는 데이터 웨어하우스

- **비소멸성**nonvolatile**을 가진 내용이다**

일반 데이터베이스에 저장된 데이터는 삽입·삭제·수정 작업이 자주 발생한다. 하지만 데이터 웨어하우스는 검색 작업만 수행되는 읽기 전용의 데이터를 유지한다. 물론 계획된 정책에 따라 정기적인 데이터 변경이 이루어지기는 하지만, 트랜잭션 단위로 변경 작업을 처리하는 일반 데이터베이스와는 다르다. 검색 작업 위주의 데이터 웨어하우스는 삽입·삭제·갱신(수정) 이상이 발생할 염려가 없어, 검색의 효율성을 고려하여 설계하는 경우가 많다.

01 객체지향 데이터베이스

객체지향 개념에 기반을 둔 객체지향 데이터 모델을 지원하는 데이터베이스다.

- **객체** : 현실 세계에 존재하는 개체를 추상적으로 표현한 것
- **객체 식별자**OID : 각 객체를 유일하게 식별
- **속성** : 객체의 상태나 특성
- **메서드** : 객체에 수행할 수 있는 연산으로 객체의 속성 값을 조작
- **클래스** : 속성과 메서드를 공유하는 유사한 성질의 객체들을 그룹화한 것
- **복합 객체** : 사용자 정의 클래스를 도메인으로 하는 속성을 가지고 있는 객체
- 질의 대상은 클래스이고 질의 결과는 클래스에 속하는 객체 집합

02 객체관계 데이터베이스

관계 데이터 모델에 객체지향 개념을 적용한 객체관계 데이터 모델을 기반으로 하는 데이터베이스다. 객체지향 개념을 지원하는 표준 SQL을 사용할 수 있다.

03 분산 데이터베이스 시스템

물리적으로 분산된 데이터베이스 시스템을 연결하여 하나의 중앙 집중식 데이터베이스 시스템처럼 사용하는 시스템이다.

- **구성** : 분산 처리기, 분산 데이터베이스, 통신 네트워크
- **목표** : 위치 투명성, 중복 투명성, 단편화 투명성, 병행 투명성, 장애 투명성 보장
- **장점** : 신뢰성, 가용성, 지역 자치성, 효율성, 확장성 지원
- **단점** : 개발 및 관리 비용이 많이 소요됨
- **구조** : 전역 개념 스키마, 단편화 스키마, 할당 스키마, 지역 스키마

04 멀티미디어 데이터베이스 시스템

다양한 미디어가 조합된 멀티미디어 데이터를 저장하고 관리하는 시스템이다.

- 데이터 유형 : 텍스트, 그래픽, 이미지, 비디오, 오디오
- 데이터 특성 : 대용량 데이터, 검색 방법과 구조가 복잡한 데이터
- 미디어 종류에 따라 다양한 질의 유형과 처리 기법이 존재함

05 웹 데이터베이스

웹 서비스와 데이터베이스 시스템이 제공하는 데이터 관리 기능을 통합한 데이터베이스다.

06 데이터 웨어하우스

데이터베이스 시스템에서 의사 결정에 필요한 데이터를 미리 추출하여 원하는 형태로 변환하고 통합한 읽기 전용의 데이터 저장소다. 주제 지향적이고 통합적이며 비소멸성이면서, 시간에 따라 변화하는 데이터베이스다.

01 객체지향 데이터베이스에 대한 설명으로 옳지 않은 것은?

① 질의 대상이 클래스이고, 질의 결과로 해당 클래스에 속하는 객체 집합을 반환한다.

② 객체지향 개념에 기반을 둔 데이터 모델을 이용한다.

③ 객체지향 데이터베이스의 데이터 모델과 질의어는 정형화되고 표준화되어, 특수 분야에서 주로 사용되는 관계 데이터베이스보다 널리 사용된다.

④ 시스템에서 기본으로 제공하지 않고 사용자가 정의한 클래스를 속성의 도메인으로 허용한다.

02 분산 데이터베이스 시스템에 대한 설명으로 옳지 않은 것은?

① 중앙 집중식 데이터베이스 시스템에 비해 설계 및 구축 비용이 증가한다.

② 중앙 집중식 데이터베이스 시스템에 비해 확장이 용이하다.

③ 한 지역에서 장애가 발생하더라도 전체 시스템에 영향을 주지 않는다.

④ 사용자는 접근하려는 데이터가 어느 지역 데이터베이스에 있는지 실제 저장 위치를 알고 있어야 한다.

03 분산 데이터베이스 시스템의 장점이 아닌 것은?

① 신뢰성과 가용성이 증대된다.

② 지역 자치성이 증대된다.

③ 시스템의 관리가 용이하고 관련 소프트웨어 개발 비용이 감소한다.

④ 시스템의 확장이 용이하다.

04 분산 데이터베이스에 대한 설명으로 옳지 않은 것은?

① 분산 데이터베이스는 데이터의 처리나 이용이 많은 지역에 데이터베이스를 위치시켜 지역적으로 데이터의 처리가 가능하도록 하는 데이터베이스 시스템이다.

② 분산 데이터베이스에서 수평적 단편화는 릴레이션을 구성하는 투플들을 부분 집합으로 분할하는 방법을 의미한다.

③ 데이터베이스를 여러 지역에 분산시켜 저장할 때 데이터가 중복되지 않게 분할하는 방법과 데이터를 여러 지역에 중복되게 저장하는 방법이 있다.

④ 분산 데이터베이스 시스템의 주요 목표는 사용자들이 자신이 원하는 데이터가 어느 지역 데이터베이스에 위치하고 있는지를 알 수 있도록 하는 것이다.

05 분산 데이터베이스 시스템에 대한 설명으로 옳지 않은 것은?

① 데이터의 공유성이 향상된다.

② 질의 처리의 효율성이 증대된다.

③ 관리가 용이하고 처리 비용이 적게 든다.

④ 분산 제어가 가능하다.

06 분산 데이터베이스의 투명성에 대한 설명으로 옳지 않은 것은?

① 위치 투명성 : 사용자가 접근하려는 데이터의 실제 저장 위치를 알고 있을 필요가 없다.

② 단편화 투명성 : 단편화된 데이터가 여러 지역에 나누어 저장되더라도 사용자가 단편화되지 않은 것처럼 사용할 수 있다.

③ 중복 투명성 : 사용자는 동일한 데이터가 어떤 지역에 중복 저장되어 있는지를 알고 있어야 한다.

④ 장애 투명성 : 특정 지역에서 문제가 발생하더라도 전체 시스템은 영향을 받지 않아야 한다.

07 분산 데이터베이스의 목표 중 데이터베이스가 지역적으로 분산되어 있지만 사용자는 접근하려는 데이터의 실제 저장 위치를 알 필요 없이 마치 자신의 지역에 있는 데이터베이스에 있는 것처럼 접근할 수 있다는 의미는?

① 위치 투명성
② 중복 투명성
③ 병행 투명성
④ 장애 투명성

08 데이터 웨어하우스에 대한 설명으로 옳지 않은 것은?

① 데이터 웨어하우스는 의사 결정에 필요한 주제와 관련된 데이터만 유지하는 주제 지향적인 특징을 가진다.
② 데이터 웨어하우스는 데이터가 항상 일관된 상태를 유지하도록 여러 데이터베이스에서 추출한 데이터를 통합하여 저장하는 특징을 가진다.
③ 데이터 웨어하우스는 과거와 현재의 데이터를 동시에 유지하여 데이터 간의 시간적 관계나 동향을 분석해 의사 결정에 반영할 수 있도록 하는 특징을 가진다.
④ 데이터 웨어하우스에 저장된 데이터는 삽입·삭제·수정 작업이 자주 발생하는 특징을 가진다.

09 멀티미디어 데이터에 대한 설명으로 옳지 않은 것은?

① 멀티미디어 데이터는 대용량 데이터다.
② 멀티미디어 데이터는 검색 방법이 복잡하다.
③ 멀티미디어 데이터는 구조가 복잡하다.
④ 멀티미디어 데이터는 숫자나 문자와 같은 일반 데이터를 제외하고 그래픽, 이미지, 비디오, 오디오 등과 같은 타입의 데이터를 대상으로 한다.

10 멀티미디어 데이터의 질의 처리 기법에 대한 설명으로 옳지 않은 것은?

① 매칭 기법은 질의 조건으로 주어진 데이터와 유사도가 높은 데이터를 결과로 반환한다.

② 랭킹 기법은 질의 조건과의 관련성이 낮은 결과부터 반환한다.

③ 필터링 기법은 질의 조건과의 관련성이 낮은 데이터를 단계적으로 제거해 검색 범위를 줄여 나간다.

④ 인덱스 기법은 인덱스 구조를 이용해 질의 조건에 적합한 데이터를 검색한다.

11 객체지향 데이터 모델에 대한 다음 설명을 읽고 Ⓐ와 Ⓑ를 적절히 채우시오.

> 객체지향 데이터 모델을 구성하는 기본 요소인 객체는 해당 객체의 상태를 나타내는 하나 이상의 (Ⓐ)와 객체의 상태를 조작할 수 있는 하나 이상의 (Ⓑ)로 구성된다.

12 객체지향 데이터 모델의 속성과 관계 데이터 모델의 속성 간 차이를 비교해서 설명하시오.

13 객체지향 데이터 모델에서 사용자가 정의한 클래스를 도메인으로 하는 속성이 있는 객체를 무엇이라 하는가?

14 분산 데이터베이스에서 릴레이션을 단편화하는 방법에 대한 다음 설명을 읽고 Ⓐ와 Ⓑ를 적절히 채우시오.

> (Ⓐ) : 릴레이션을 투플(행) 단위로 단편화하는 방법
> (Ⓑ) : 릴레이션을 속성(열) 단위로 단편화하는 방법

15 분산 데이터베이스 시스템의 주요 목표인 다섯 가지 투명성에 대한 다음 각 물음에 답하시오.

(1) 동일한 데이터가 여러 지역에 중복되어 저장되더라도 사용자가 중복을 알 필요 없이 마치 하나의 데이터베이스에 데이터가 저장된 것처럼 사용할 수 있어야 하는 투명성은?

(2) 사용자가 접근하려는 데이터가 실제로 어느 지역 데이터베이스에 저장되어 있는지 알 필요 없이 데이터베이스의 논리적인 이름만으로도 접근할 수 있어야 하는 투명성은?

(3) 분산 데이터베이스와 관련된 여러 트랜잭션이 동시에 수행되더라도 결과는 항상 일관성을 유지해야 하는 투명성은?

(4) 특정 지역 데이터베이스에 문제가 발생하더라도 전체 시스템은 영향을 받지 않고 계속 작업을 수행할 수 있어야 하는 투명성은?

(5) 단편화된 데이터가 여러 지역에 나누어 저장되더라도 사용자가 단편화되지 않은 것처럼 사용할 수 있어야 하는 투명성은?

16 데이터베이스 시스템에서 의사 결정에 필요한 데이터를 미리 추출하여 원하는 형태로 변환하고 통합한 읽기 전용의 데이터 저장소를 무엇이라 하는가?

데이터 과학과 빅데이터

학습목표

- 데이터 과학의 개념과 빅데이터의 관련성을 이해한다.
- 빅데이터의 개념과 특징을 이해한다.
- 빅데이터의 저장 기술에 대해 살펴본다.
- 빅데이터의 분석 기술에 대해 살펴본다.
- 빅데이터의 표현 기술에 대해 살펴본다.

점쟁이 문어에 대해 들어본 적이 있는가? 월드컵이 개최될 때마다 우승 팀을 예측하는 문어 이야기가 이슈로 떠오르곤 한다. 가장 유명한 점쟁이 문어는 독일의 어느 수족관에 살았던 '파울'이란 이름의 문어다. 경기 시작 전, 수족관 안에 문어 먹이가 든 유리 상자 2개를 넣어두고 각 상자 앞면에 양쪽 시합 팀의 국기 그림을 붙여둔 다음 파울의 선택을 기다리는 것이다. 파울이 어느 상자를 선택하느냐에 따라 경기의 승패를 예측했는데, 적중률이 상당히 높아 파울은 엄청난 인기를 누렸다. 파울이 죽은 뒤에도 문어뿐 아니라 고양이 등을 이용해 경기 결과를 예측하는 이벤트가 계속되는 것을 보면, 사람들은 중요한 미래의 일들에 대해 그 결과를 미리 알고 싶어 하는 바람이 큰 것 같다.

최근에는 문어나 고양이보다 좀 더 객관적이고 신뢰도가 높은 결과 예측 프로그램을 통해 우승 팀을 예측할 수 있게 되었다. 이 프로그램은 경기가 진행되는 장소와 날씨는 물론 선수들에 대한 여러 가지 데이터와 그간의 경기 성적, 온라인 검색 및 SNS에 등록된 글 등을 수집하여 분석한 후 높은 적중률로 결과를 예측한다. 스포츠 분야뿐 아니라 다양한 제품과 서비스를 판매하는 수많은 기업들에서 고객에 대한 여러 가지 데이터를 수집하고 분석하여 미래의 판매 전략을 세우는 데 이런 예측 프로그램을 활용하는 사례들이 많다.

이제는 단순히 많은 데이터를 수집하는 것만으로는 경쟁력이 없다. 지금은 데이터 혁명으로 표현되는 기술 혁신의 시대다. 엄청난 데이터 홍수 속에서 나에게 꼭 필요한 데이터들을 선별하고, 앞으로 일어날 일들에 대해 결정을 내릴 때 신뢰도 높은 방법으로 분석한 결과를 사용할 수 있어야 한다는 점이 중요하다. 바로 이것이 요즘 많은 관심이 집중되고 있는 데이터 과학이 필요한 이유다.

많은 이들이 데이터 과학자를 꿈꾼다. 만약 여러분 중에 데이터 과학자를 꿈꾸며 이 책을 공부하는 이가 있다면, 이번 장을 통해 데이터 과학의 기본 개념을 이해하고 빅데이터와의 관련성을 생각해보기 바란다. 그리고 데이터 과학의 재료로서 빅데이터의 의미와 특징을 이해하고 빅데이터의 대표적인 저장·분석·표현 기술에 대해서도 살펴보는 시간이 되길 바란다. 사실, 데이터 과학과 빅데이터에 대한 기본적인 이해는 4차 산업혁명 시대를 살아가는 현대인에게 꼭 필요한 소양이라 할 수 있다.

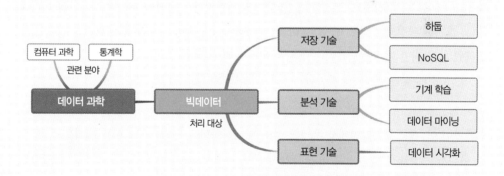

01 데이터 과학

1 데이터 과학의 필요성

빅데이터, 사물 인터넷, 인공지능 등은 4차 산업혁명 시대를 이야기할 때 빠지지 않고 등장하는 핵심 기술 용어들이다. 컴퓨터 관련 분야에 종사하지 않더라도 4차 산업혁명 시대에 뒤처지지 않으려면 이러한 용어들과 친해져야 한다고 생각할 것이다. 이런 핵심 기술들의 공통점은 그 중심에 데이터가 있다는 것이다. 빅데이터는 그 자체가 엄청난 양의 데이터를 의미한다. 사물 인터넷은 사물들로 구성된 인터넷이다. 세상에 존재하는 모든 것이 서로 연결되고 소통하면서 다양한 형태의 데이터가 생산되고 수집된다. 또한 인공지능 기술을 통해 마치 인간처럼 지능을 가지고 생각할 수 있는 기계를 성공적으로 개발하려면 무엇보다 방대한 양의 데이터를 이용해 학습을 시키는 과정이 필요하다. 이와 더불어 구글, 페이스북, 네이버와 같이 데이터를 수집해서 가공한 후 제공하는 IT 관련 기업들의 성장을 보면 21세기의 원유는 데이터라는 말에 고개가 끄덕여질 수밖에 없다.

물론 예전부터 데이터는 중요한 자산으로 인식되고 사용되어 왔다. 그래서 사람들은 남보다 더 많은 데이터를 수집하고, 수집한 데이터를 저장·관리하는 방법에 지속적으로 관심을 가져 왔다. 그러한 관심의 결과로 데이터베이스, 데이터베이스 관리 시스템 등과 관련한 기술이 발전해왔다. 하지만 이제는 단순히 수집된 데이터를 데이터베이스에 저장해두었다가 사용자가 제시한 조건에 맞는 데이터를 제공하는 것으로는 부족하다.

전 세계 사람들이 하루 동안 유튜브에 올리는 영상, SNS에 작성하는 글이 얼마나 될까? 온라인뿐만이 아니다. 오프라인에서 우리의 삶도 데이터화되고 있다. 카드 사용 내역을 통해 오늘 우리가 무엇을 먹고 어떤 활동을 했는지 모두 데이터로 수집되고 있다. 24시간 돌아가는 CCTV도 계속해서 엄청난 양의 데이터를 생산하고 있다. 이제 데이터의 방대한 규모와 다양한 형태는 전통적인 방식으로 수집하고 저장하기에는 버거울 정도다. 그리고 사람들은 단순히 데이터를 분류하고 검색하는 것을 넘어, 방대한 양의 데이터 속에 숨겨진 규칙과 패턴을 찾아내 문제 해결에 활용하고 앞으로 벌어질 일을 예측하여 미리 준비하기를 원한다. 이러한 사람들의 요구를 만족시키기 위해 필요한 것이 데이터 과학Data Science이다.

② 데이터 과학의 개념

데이터 과학은 데이터를 수집한 후 분석을 통해 데이터를 정확히 이해함으로써 그 속에 숨겨진 새로운 지식을 발견하고 이를 문제 해결에 활용하는 모든 과정의 활동을 의미하며, 그러한 활동을 지원하는 수단이자 기술을 포함한다.

데이터 과학의 목표를 보다 잘 이해하기 위해서는 데이터가 지혜가 되는 과정을 설명할 때 많이 언급되는 DIKWData-Information-Knowledge-Wisdom 계층 구조를 살펴볼 필요가 있다.

그림 13-1 DIKW 계층 구조

데이터data는 관찰하거나 측정하여 수집한 사실이나 값을 의미한다. 이러한 데이터를 상황에 대한 이해를 바탕으로 목적에 맞게 가공한 것이 정보information다. 그리고 규칙과 패턴을 통해 찾아낸 의미 있고 유용한 정보가 지식knowledge이다. 최종적으로 지식에 통찰력을 더해 새롭고 창의적인 아이디어를 도출한 것이 지혜wisdom다. 수집된 데이터로부터 가공된 정보를 거쳐 지식과 지혜를 추출하는 것이 데이터 과학의 목표라 할 수 있다.

출판사를 예로 들어보자. 3년간 1월부터 12월까지 매달 책의 판매량을 조사한 결과는 가공하지 않은 그대로의 데이터가 된다. 연간 분기별 판매량의 합계를 계산한 것은 데이터를 가공한 정보가 된다. 연간 분기별 판매량을 분석하여 3분기가 되면 책의 판매량이 증가하는 규칙을 찾아내고, 더운 여름에 시원한 장소에서 독서를 즐기는 사람들이 많아지게 된 것이 그 원인임을 찾아냈다면 이는 지식이 된다. 이러한 지식을 토대로 내년 3분기에 새로 출간할 책의 콘텐츠를 기획하고 적합한 홍보 전략을 세우는 것은 지혜에 해당된다.

많은 기업에서 잠재 고객에 대한 마케팅 방법을 결정하고 미래를 예측하여 의사 결정에 활용함으로써 기업의 가치를 향상시킬 수 있는 전략을 세우는 데 데이터 과학을 적용한다. 게임 회사에서는 동시 접속자 수, 아이템 구매 정보 등을 분석하여 마케팅은 물론 새로운 게임 개발에 접목하기도 한다. 기업뿐 아니라 정치 분야에서는 선거 전략을 세우고 당선자를 예측하는 데, 스포츠 분야에서는 선수와 경기장, 날씨 등의 데이터를 분석하여 경기 결과를 예측하는 데 데이터 과학 기술을 사용한다. 이처럼 사회 전반의 폭넓은 분야에서 데이터 과학의 필요성과 중요성이 커지고 있다.

데이터 생성, 수집, 저장, 분석, 표현의 전 과정을 포함하는 데이터 과학에서 많은 양의 데이터를 수집하고 분석하기 위해서는 컴퓨터 과학 분야의 데이터 마이닝, 기계 학습, 프로그래밍 능력 등과 함께 통계학 분야의 다양한 통계 기법을 활용할 수 있는 능력이 필요하다. 그리고 폭넓은 분야의 데이터를 대상으로 하기 때문에 적용 분야에 대한 이해도 필요하다. 따라서 데이터 과학은 컴퓨터 과학과 통계학의 교집합 영역에 있으며, 적용 대상이 되는 분야에 대한 업무적 이해를 필요로 하는 복합적인 기술이다.

데이터 과학의 특징을 잘 나타내는 드류 콘웨이Drew Conway의 데이터 과학 벤다이어램을 간략하게 표현하면 [그림 13-2]와 같다.

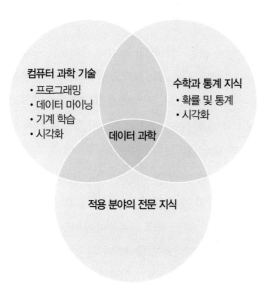

그림 13-2 데이터 과학의 특징

데이터 과학의 전문 인력, 즉 데이터 과학자가 되고 싶다면 컴퓨터 과학과 통계학 분야의 기술을 보유해야 함은 물론 분석 대상 데이터 분야에 대한 깊이 있고 전문적인 이해를 갖춰야 한다. 최근에는 분석 결과를 적절하게 표현하는 시각화 기술도 중요한 자질로 평가되고 있다. 예전에는 일반 프로그래머보다 통계학을 잘하는 프로그래머, 프로그래밍 기술을 보유하고 있는 통계학자를 데이터 과학자로 정의하기도 했다. 하지만 데이터 과학 기술이 더욱 발전하고 활용 범위가 다양해질수록 프로그래머나 통계학자를 넘어서는 데이터 과학자 고유의 영역이 생겨나고 있다.

데이터 과학을 적용하는 대상, 즉 재료가 되는 데이터가 반드시 빅데이터일 필요는 없다. 데이터 과학은 생각보다 오래된 학문으로, 대량의 데이터가 생성되기 전부터 데이터베이스에 저장된 데이터를 분석하여 가치 있는 지식을 찾아내는 역할을 담당했다. 그러니 데이터 과학자가 되고자 하는 목표가 있다면 조급해할 필요가 없다. 앞서 소개한 데이터베이스를 이용해 정형화된 일정 크기의 데이터를 저장하고 분석하는 기술을 먼저 이해하는 것이 빅데이터를 대상으로 하는 데이터 과학 기술을 익히는 데 도움이 될 것이다.

02 빅데이터

1 빅데이터의 개념

현대사회에서는 데이터를 많이 확보하는 것이 매우 중요하지만 우리 주변에는 이미 엄청난 양의 데이터가 존재한다. 이처럼 방대한 데이터로부터 추출할 수 있는 가치 있는 정보의 힘은 상상을 초월할 만큼 크다.

요즘 스마트폰이나 태블릿 PC 같은 모바일 기기를 갖고 있지 않은 사람을 찾아보기가 힘들다. 그만큼 다양한 모바일 기기가 흔하게 사용되고 있어, 사람들은 시간과 장소에 얽매이지 않고 네트워크 서비스를 이용할 수 있게 되었다. 단순 이메일 확인뿐 아니라 은행 업무, 인터넷 쇼핑에 이르기까지 다양한 네트워크 서비스를 이용하며 자신도 모르는 사이에 많은 양의 데이터를 생성하고 있다. 즉, 누군가와 계속 주고받는 이메일 내용, 웹 사이트 방문 기록, 쇼핑 구매 기록 등 다양한 종류의 데이터가 생성되고 어디엔가 저장되고 있는 것이다. 특히 다양한 소셜 네트워크 서비스SNS:SocialNetwork Service를 통해 전 세계 사람들이 실시간으로 엄청난 양의 데이터를 생성하고 있다. 물론 데이터는 모바일 기기나 소셜 네트워크 서비스가 아니더라도 일상 속에서도 끊임없이 생성되고 있다. 도로와 건물 곳곳에 설치된 CCTV가 촬영하는 영상, 차량에 설치된 블랙박스의 녹화 영상, RFID와 같은 센싱 장비를 통해 수집되는 데이터 등 일상의 모든 행동이 디지털 데이터로 수집되어 저장되고 있다고 해도 과언이 아니다.

수집한 대규모 데이터에서 추출한 정보는 엄청난 힘을 지니고 있다. 인터넷 쇼핑몰에 방문한 기록을 분석하면 사람들이 어떤 상품에 관심이 있는지, 쇼핑에 얼마나 많은 시간을 투자하는지 등의 소비 행태 정보를 추출할 수 있어 이를 마케팅과 영업에 활용할 수 있다. 그리고 SNS를 통해 생성된 데이터를 분석하면 작성자의 성향이나 다른 사람들과의 연결 관계를 파악할 수 있어, 사람들의 생각과 의견을 예측하여 문제 해결에 활용할 수 있다.

데이터를 많이 확보하면 그만큼 가치 있는 정보를 많이 만들 수 있지만 문제는 수집한 엄청난 양의 데이터를 기존 데이터베이스 시스템에 저장하고 관리하기가 어렵다는 것이다. 그래서 기존 데이터베이스의 주요 기능을 포함하면서도 대규모 데이터에 적합한 새로운 저장 및 관리 기술이 필요하게 되었다. 그리고 엄청난 양의 데이터를 분석하여 가치 있는 정보를 추출하려면 기존 분석 기술보다 훨씬 복잡하고 정교한 분석 기술이 필요하게 되었다. 이러한 다양한 요구에 부응하기 위해 등장한 것이 빅데이터다.

빅데이터big data를 기존의 데이터베이스가 저장하고 관리할 수 있는 범위를 넘어서는 대규모의 다양한 데이터로 좁게 정의하기도 한다. 하지만 최근에는 대규모의 데이터를 저장 및 관리하는 기술과 가치 있는 정보를 만들기 위해 분석하는 기술까지도 포함하여 빅데이터를 정의한다.

다양한 유형의 대규모 데이터를 저장 및 관리, 분석하는 빅데이터 기술은 빠르게 변하는 현대 사회에서 개인의 성향을 정확히 예측하여 맞춤형 정보를 제공할 수 있게 해준다. 실제로 아마존 닷컴에서는 빅데이터 기술을 활용해 상품 구매 내역을 저장하고 분석하여 고객의 소비 성향을 파악한다. 그리고 파악한 정보를 활용해 고객이 관심을 가질 만한 상품에 대한 소개를 메일로 전달하거나, 고객이 로그인할 때 자동으로 제시한다. 전 세계 사람들이 매일 이용한다고 해도 과언이 아닌 구글이나 페이스북도 마찬가지다. 구글은 사용자의 개인 정보와 사용자가 입력한 검색 조건 등을 분석해 사용자에게 맞춤형 광고를 제시하는 데 빅데이터 기술을 활용한다. 페이스북도 사용자가 작성한 글과 사진, 동영상 데이터를 분석하여 사용자가 관심을 가질 만한 광고를 제시하는 데 빅데이터 기술을 활용한다.

빅데이터 기술은 정치 분야에서도 활용된다. 우리나라에서는 인터넷이나 SNS를 통한 선거운동이 허용되면서 여론조사 기관들이 투표 결과를 더 정확히 예측하기 위해 SNS를 통해 생성된 선거 관련 데이터를 빅데이터 기술을 활용해 분석하기도 한다. 미국에서도 대통령 선거를 위해 다양한 경로로 수집한 유권자의 데이터를 분석하여 유권자의 성향을 파악하고 이를 바탕으로 선거 전략을 세우기도 한다.

❷ 빅데이터의 특징

빅데이터를 단순히 대규모의 데이터로 특징 짓기에는 부족한 면이 있다. 대규모의 데이터로부터 정보를 추출하려는 시도는 예전에도 있었기 때문이다. 일반적으로 빅데이터의 특징은 데이터양Volume, 속도Velocity, 다양성Variety을 의미하는 3V로 요약한다.

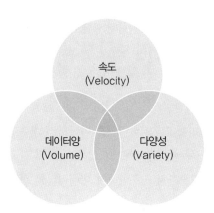

그림 13-3 빅데이터의 기본 특징 : 3V

■ **데이터양**

빅데이터는 테라바이트TB 단위 이상의 대량 데이터다. 이는 빅데이터의 가장 기본이 되는 특징으로, 여러 경로를 통해 계속 생성되고 있는 많은 양의 데이터임을 의미한다.

■ **속도**

빅데이터는 데이터의 수집과 분석을 정해진 시간 내에 처리해야 한다. 많은 양의 데이터가 생성되고 전달되는 속도가 빨라, 여기서 가치 있는 정보를 추출하려면 대규모의 데이터를 사용자의 요구에 맞게 수집하고 분석하는 작업을 빠른 시간 내에 처리하는 것이 중요하다.

■ **다양성**

빅데이터는 형태의 다양성을 띤다. 즉 정형, 반정형, 비정형 같은 다양한 형태의 데이터를 모두 포함한다. 빅데이터 이전의 데이터 분석은 기본적으로 관계 데이터베이스에 저장된 정형 데이터를 대상으로 수행되었다. 반면, 빅데이터는 반정형, 비정형 데이터도 분석 대상으로 삼는다. 책, 잡지, 의료 기록, 비디오, 오디오 같은 전통적인 비정형 데이터 외에도 위치 정보, 이메일, SNS 등에서 생성되는 비정형 데이터도 포함한다.

> **NOTE** 반정형 데이터는 관계 데이터베이스와 같은 정형화된 시스템에 저장되어 있지 않지만 내부적으로 스키마, 즉 구조를 어느 정도 포함하고 있는 XML, HTML 등을 의미한다. 비정형 데이터는 텍스트, 이미지, 오디오, 비디오와 같이 구조가 정해져 있지 않은 데이터다.

빅데이터의 특징에 비추어 보아, 빅데이터는 [그림 13-4]와 같이 단순히 양적 측면의 대규모 데이터를 넘어서 질적 측면의 다양한 형태를 포함하는 대규모 데이터로 이해해야 한다.

그림 13-4 빅데이터의 유형

빅데이터의 활용 영역이 넓어지고 관련 기술이 발전하면서 빅데이터의 특징도 계속 확장되고 있다. 최근에는 가치Value와 정확성Veracity을 추가해 5V로 빅데이터의 특징을 설명하는 경우가 많고 시각화Visualization와 가변성Variability을 추가해 7V를 언급하기도 한다. 새로 추가된 특징들을 통해 일반적인 데이터와 구분되는 빅데이터의 개념을 보다 정확하게 이해하는 것이 중요하다.

■ 가치

수집된 빅데이터에 대한 분석으로 얻은 결과는 문제 해결을 위한 의사 결정에 활용될 만한 유용한 가치를 가지고 있어야 한다. 많은 양의 다양한 데이터를 빠른 속도로 수집하고 분석했지만, 그 결과가 유용한 가치를 가지고 있지 않다면 무슨 의미가 있겠는가? 따라서 가치 있는 정보를 추출할 수 있는 빅데이터를 수집하고 분석 작업을 진행할 수 있도록 미리 계획을 세우고 고민해야 한다.

■ 정확성

가치 있는 결과를 만들려면 빅데이터는 정확하고 신뢰할 수 있어야 한다. 빅데이터 활용 분야에 대한 업무적 이해를 바탕으로 잘못된 데이터, 올바른 분석을 방해하는 데이터를 확인해서 제거하는 가공 작업을 통해 되도록 높은 정확성을 유지하는 것이 중요하다.

■ **시각화**

많은 양의 빅데이터를 힘들게 분석해서 좋은 결과가 나왔지만 그 결과를 실제로 활용해야 하는 대상자가 내용을 제대로 이해하지 못한다면 그동안의 시간과 노력은 아무 의미가 없어진다. 빅데이터의 활용 분야가 넓어지고 빅데이터 기술이 주는 혜택을 원하는 사람이 많아질수록 이 문제는 중요하게 인식될 것이다. 따라서 빅데이터의 분석 결과는 좀 더 이해하기 쉽고 보기 좋게 그림이나 도표로 시각화해서 표현하는 것이 좋다.

■ **가변성**

최근의 빅데이터는 생각이나 의견, 감정을 자유롭게 소통하기 위해 이메일, SNS 등을 통해 생성되는 텍스트 형태의 비정형 데이터가 많다. 하지만 이러한 텍스트 형태의 데이터는 설명이 부족하거나, 맥락에 따라 데이터를 해석하는 의미가 달라질 수 있어 오해가 생기기도 한다. 따라서 빅데이터가 맥락에 따른 가변성을 가지고 있음을 인식하고 수집과 분석 작업에서 데이터의 원래 의미가 그대로 반영될 수 있도록 노력해야 한다.

새롭게 추가된 특징을 포함해서 빅데이터를 다음과 같이 요약할 수 있다. 빠른 속도로 생성되는 대량의 다양한 데이터를 정확성을 유지하도록 가공하고 맥락에 따른 가변성을 고려한 분석을 통해 가치 있는 결과를 도출해서 이를 이해하기 쉽게 시각화하여 제공하는 것이 중요하다.

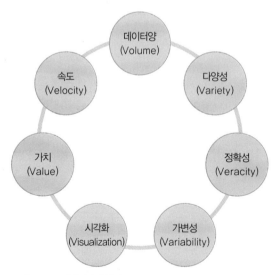

그림 13-5 빅데이터의 특징 : 7V

❸ 빅데이터의 기술

빅데이터 기술은 기업이나 공공 기관 등 여러 곳에서 이미 활용되고 있다. 기업은 빅데이터 기술을 활용해 고객 성향을 파악하고 고객의 행동을 미리 예측한다. 이를 통해 고객 맞춤형 마케팅 전략을 수립하고 새로운 비즈니스 가치를 창출할 수 있다. 공공 기관도 빅데이터 기술을 이용해 사용자들의 요구와 성향을 정확히 파악하여 이에 맞는 서비스를 제공할 수 있다.

빅데이터를 이렇게 다양하게 활용할 수 있는 것은 [그림 13-6]과 같은 저장 기술, 분석 기술, 표현 기술이 존재하기 때문이다. 각각의 기술을 좀 더 자세히 살펴보자.

그림 13-6 빅데이터의 기술

■ **저장 기술**

대량의 데이터를 데이터베이스에 저장하고 관리하는 기술은 꾸준히 발전해왔기 때문에 기존 데이터베이스를 빅데이터의 저장과 관리에 이용할 수도 있다. 하지만 기존 관계 데이터베이스가 저장하고 관리할 수 있는 범위를 넘어서는 다양한 형태의 대규모 데이터는 새로운 저장 및 관리 기술이 필요하다. 이러한 요구에 따라 빅데이터 시대에 크게 주목받고 있는 대표적인 기술로 하둡Hadoop과 NoSQLNot Only SQL이 있다. 이 두 가지 기술은 특히 비정형 데이터를 관리하는 데 기존 데이터베이스보다 뛰어나다는 평가를 받고 있다.

하둡은 대용량 데이터를 분산 처리할 수 있는 자바 기반의 오픈 소스 프레임워크다. 하둡은 분산 파일 시스템인 HDFSHadoop Distributed File System에 데이터를 저장하고, 분산 처리 시스템인 맵리듀스MapReduce를 이용해 데이터를 처리한다. 오픈 소스이기 때문에 기존 데이터베이스 시스템보다 비용이 적게 들고, 여러 대의 서버에 데이터를 분산해서 저장해두기 때문에 처리 속도가 빠르다는 장점이 있다.

NoSQL은 관계 데이터 모델과 SQL을 사용하지 않는 데이터베이스 시스템으로, 기존 관계 데이터베이스의 일관성보다는 가용성과 확장성에 중점을 두고 있다. 비정형 데이터를 저장하기 위해 유연한 데이터 모델을 지원하고, 관계 데이터베이스와 동일한 데이터 처리가 가능하면서도 더 저렴한 비용으로 분산 처리와 병렬 처리를 할 수 있다. NoSQL 제품으로는 H베이스HBase, 카산드라Casandra, 몽고DBMongoDB, 카우치DBCouchDB 등이 있다.

하둡, NoSQL, 기존 관계 데이터베이스는 각기 장단점이 존재하기 때문에 데이터의 용도와 환경에 맞게 선택하면 된다. 그러므로 빅데이터의 저장과 관리를 위해 하둡과 NoSQL이 기존 데이터베이스를 대체한다기보다는 상호 보완적인 관계로 이해해야 한다.

■ 분석 기술

통계학이나 컴퓨터 과학 분야에서 데이터 분석을 하는 데 사용하는 데이터 마이닝, 기계학습, 자연어 처리, 패턴 인식 등의 기술을 빅데이터에서 데이터 분석을 하는 데 사용한다. 빅데이터는 다양한 유형의 데이터를 포함하는데, 특히 반정형 데이터나 비정형 데이터가 크게 증가하는 추세다.

데이터가 구조적이지 않으면서 분류가 되어 있지 않은 비정형 데이터로 대표적인 것이 텍스트다. 그래서 텍스트와 관련한 분석 기술로 다음과 같이 텍스트 마이닝, 오피니언 마이닝, 소셜 네트워크 분석, 군집 분석이 많이 사용된다.

- **텍스트 마이닝**text mining : 반정형 또는 비정형 텍스트에서 자연어 처리 기술을 기반으로 가치 있는 정보를 추출하고 가공한다.
- **오피니언 마이닝**opinion mining : SNS, 블로그, 게시판 등에 기록된 사용자들의 의견을 수집하고 분석하여, 제품이나 서비스에 대한 긍정, 부정, 중립 등의 선호도를 추출한다.
- **소셜 네트워크 분석**social network analysis : 소셜 네트워크의 연결 구조나 강도 등을 바탕으로 소셜 네트워크에 나타난 영향력, 관심사, 성향, 행동 패턴 등을 추출한다.
- **군집 분석**cluster analysis : 데이터 간의 유사도를 측정한 후 이를 바탕으로 특성이 비슷한 데이터를 합쳐가면서 최종적으로 유사 특성의 데이터 집합을 추출한다.

■ 표현 기술

빅데이터에서는 데이터 분석을 통해 추출한 의미와 가치를 시각적으로 표현하기 위해서 R을 주로 사용한다. 오픈 소스인 R은 통계 기반 데이터 분석과 다양한 시각화를 위한 언어와 개발 환경을 제공한다. R 언어를 이용해 기본 통계 기법부터 최신 데이터 마이닝 기법까지 적용할 수 있다. 특히 R 언어는 다양한 프로그래밍 언어와 연동되고 다양한 운영체제를 지원하며, 하둡 환경에서 분산 처리를 지원하는 라이브러리를 제공하기 때문에 빅데이터 분석과 시각화를 위해 주로 사용되고 있다.

NOTE 빅데이터 이전 데이터와 빅데이터의 비교

구분	빅데이터 이전의 데이터	빅데이터
데이터 유형	정형화된 문자, 수치 데이터 중심	정형, 반정형, 비정형 데이터 모두 포함
관련 기술	• 관계 데이터베이스 • SAS, SPSS와 같은 통계 패키지 • 데이터 마이닝 • 기계 학습	• 저장 기술 : 하둡, NoSQL • 분석 기술 : 텍스트 마이닝, 오피니언 마이닝, 소셜 네트워크 분석, 군집 분석 • 표현 기술 : R 언어
저장 장치	데이터베이스나 데이터 웨어하우스와 같은 고가의 저장 장치	비용이 저렴한 클라우드 컴퓨팅 장비 활용 가능

03 빅데이터 저장 기술 : NoSQL

1 NoSQL의 등장

NoSQL은 Not Only SQL의 약자로 관계 데이터베이스만 고집하지 말고 필요에 따라 다른 특성을 제공하는 데이터베이스를 사용하는 것이 좋다는 의미로 이해하는 것이 적절하다. NoSQL이란 이름은 1998년에 SQL을 사용하지 않는 관계 데이터베이스를 만든 개발자가 처음 언급하였다. 하지만 단순히 SQL을 사용하지 않는다기보다 관계 데이터베이스 관점에서 지금과 같은 의미를 가지게 된 것은 2009년 요한 오스칼손Johan Oskarsson이 언급한 이후부터로 보는 시각이 많다.

관계 데이터베이스는 정형화된 데이터를 저장하기 때문에 데이터의 형태와 크기를 미리 정하고 테이블 단위로 구분하여 데이터를 저장할 수 있다. 그리고 트랜잭션을 통해 ACID(원자성, 일관성, 격리성, 지속성)를 보증하여 안정적인 데이터 관리가 가능하고, 조인을 포함해 복잡한 조건을 포함하는 데이터 검색이 가능하다는 장점도 존재한다.

하지만 웹이 기하급수적으로 성장하면서 이미지, 동영상 같은 멀티미디어 데이터뿐 아니라, SNS를 통해 작성되는 자유로운 형태의 텍스트와 로그 기록 같은 다양한 유형의 비정형 데이터가 빠른 속도로 대량 생산되고 있다. 이런 환경에서 관계 데이터베이스의 장점을 유지하려면 엄청나게 많은 비용이 든다. 특히, 여러 컴퓨터가 연결되어 하나의 시스템을 구성하는 클러스터 환경에서는 확장성이 무엇보다 중요한데 단일 컴퓨터 환경에서 주로 사용되는 관계 데이터베이스는 클러스터 환경에서 효율적으로 동작하도록 설계되지 않았다는 문제점도 지니고 있다. 웹에서 대량의 비정형 데이터의 저장과 처리를 위해 관계 데이터베이스를 대신할 새로운 대안으로 제시된 것이 NoSQL이다. 실제로 소셜 네트워크 서비스를 제공하는 기업들을 중심으로 NoSQL 관련 기술이 발전해왔다.

2 NoSQL의 특징

NoSQL은 빠른 속도로 생성되는 대량의 비정형 데이터를 저장하고 처리하기 위해 ACID를 위한 트랜잭션 기능을 제공하지 않는 대신, 저렴한 비용으로 여러 대의 컴퓨터에 데이터를 분산·저장·처리하는 것이 가능한 데이터베이스다. NoSQL은 관계 모델보다 더 융통성 있는 데이터 모델을 사용하고 스키마 없이 동작하기 때문에 데이터 구조를 미리 정의할 필요가 없고, 수시로 그 구조를 바꿀 수 있어서 비정형 데이터를 저장하기에 적합하며 대부분 오픈 소스로 제공된다.

이처럼 NoSQL은 엄청난 속도로 대량 생산되는 빅데이터를 처리하기 위해, 관계 데이터 모델을 고집하지 않고 미리 정의된 스키마를 사용하지 않는 대신 클러스터 환경에 맞는 데이터베이스를 만들기 위해 노력해온 결과물이라 할 수 있다.

NoSQL을 관계 데이터베이스의 경쟁자로 볼 필요는 없다. 관계 데이터베이스와 NoSQL의 사용 목적이 다르기 때문에 NoSQL이 관계 데이터베이스를 완전히 대체하기는 어렵다. 관계 데이터베이스는 트랜잭션을 통해 일관성을 유지하고 외래키로 테이블 간의 관계를 표현함으로써 조인과 같은 복잡한 질의를 처리할 수 있지만 빠른 속도로 증가하는 대량의 비정형 데이터를 저장하기에는 확장성 측면에서 비효율적이다. NoSQL은 트랜잭션 기능을 제공하지 않고 정해진 스키마도 없기 때문에 자유롭게 구조를 바꾸며 대량의 비정형 데이터를 빠르게 저장하고 처리할 수 있다. 하지만 구조적인 언어 SQL을 이용해 조인과 같이 복잡한 조건을 기반으로 원하는 데이터를 검색하기 좋은 관계 데이터베이스와 달리, NoSQL은 데이터 마이닝과 같은 별도의 분석 기술을 적용해 숨겨진 의미를 찾아내야 한다.

관계 데이터베이스와 NoSQL 중에 무엇을 선택해야 할지 고민한다면 자신이 데이터베이스를 사용하는 업무 환경과 역량에 가장 적합한 것을 고르면 된다고 조언하고 싶다. NoSQL은 관계 데이터베이스가 적합하지 않은 새로운 환경에서 선택의 폭을 넓히기 위한 대안이기 때문이다. 따라서 저장될 데이터의 형태와 처리 목적에 더 적합한 것을 선택하면 된다.

만약 기업의 인사, 회계 자료와 같이 일관성이 중요하고 조인과 같은 복잡한 질의 처리가 필요한 정형화된 데이터를 관리하는 용도라면 관계 데이터베이스를 이용하는 것이 적합할 것이다. 반면 SNS를 통해 양산되는 이미지와 텍스트 데이터, CCTV를 통해 촬영되는 영상들, 센싱 데이터와 같이 빠른 속도로 엄청난 양이 생성되지만 수정보다는 삽입 연산 위주의 데이터를 저장하고 관리하는 용도라면 NoSQL이 적합할 것이다.

[표 13-1]은 관계 데이터베이스와 NoSQL을 몇 가지 측면에서 간단히 비교한 것이다.

표 13-1 관계 데이터베이스와 NoSQL의 비교

구분	관계 데이터베이스	NoSQL
처리 데이터	정형 데이터	정형 데이터, 비정형(반정형 포함) 데이터
대용량 데이터	대용량 처리 시 성능 저하	대용량 데이터 처리 지원
스키마	미리 정해진 스키마가 존재	스키마가 없거나 변경이 자유로움
트랜잭션	트랜잭션을 통해 일관성 유지를 보장함	트랜잭션을 지원하지 않아 일관성 유지를 보장하기 어려움
검색 기능	조인 등의 복잡한 검색 기능 제공	단순한 데이터 검색 기능 제공
확장성	클러스터 환경에 적합하지 않음	클러스터 환경에 적합함
라이선스	고가의 라이선스 비용	오픈 소스
대표적 사례	Oracle, MySQL, MS SQL 서버 등	카산드라, 몽고DB, H베이스 등

3 NoSQL의 종류

NoSQL은 어떤 데이터 모델로 데이터를 저장하느냐에 따라 다음과 같이 크게 네 가지로 분류할 수 있다.

키-값key-value 데이터베이스

NoSQL의 가장 단순한 형태로, [그림 13-7]과 같이 키와 값의 쌍으로 데이터가 저장된다. 이미지와 동영상은 물론 어떠한 형태의 값도 저장할 수 있고 질의 처리 속도도 빠르다. 다만, 키를 통해 특정 값을 지정하기 때문에 키를 이용해 값 전체를 검색할 수는 있지만 값의 일부를 검색하거나 값의 내용을 이용한 질의는 할 수 없고 별도의 처리가 필요하다.

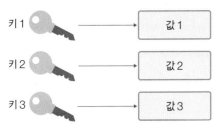

그림 13-7 키-값 데이터베이스 저장 구조

키-값 데이터 모델을 사용하는 NoSQL 데이터베이스로는 아마존의 다이나모DB_DynamoDB와 트위터 등에서 사용되는 레디스_Redis 등이 대표적이다.

문서 기반_document-based 데이터베이스

키-값 데이터 모델이 확장된 형태로, [그림 13-8]과 같이 키와 문서의 쌍으로 데이터를 저장한다. 키-값 모델과 달리 트리 형태의 계층적 구조가 존재하는 JSON, XML 등과 같은 반정형 형태의 문서로 데이터를 저장한다. 문서는 객체지향에서 객체의 개념과 유사하다. 키를 통해 문서 전체를 검색하는 것도 가능하지만 XQuery와 같은 특별한 문서 대상 질의 언어를 이용하면 문서 내의 일부를 검색하거나 질의에 활용할 수 있다.

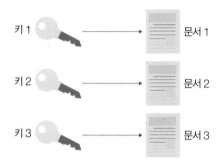

키1 → 문서1

키2 → 문서2

키3 → 문서3

그림 13-8 문서 기반 데이터베이스 저장 구조

문서 기반 데이터 모델을 사용하는 NoSQL 데이터베이스로는 몽고DB_MongoDB, 카우치DB_CouchDB 등이 대표적이다.

컬럼 기반_column-based 데이터베이스

컬럼 기반 데이터 모델은 [그림 13-9]와 같이 언뜻 보면 관계 데이터 모델의 테이블과 비슷한 컬럼 패밀리와 키의 쌍으로 데이터를 저장한다. 컬럼 패밀리는 관련 있는 컬럼 값들이 모여서 구성되는데, 컬럼의 이름과 값이 모여 있는 모습이 마치 테이블에서 속성의 이름과 값이 모여 있는 모습과 유사해 보인다. 컬럼 패밀리_column family는 테이블에서 1개의 투플, 즉 1개의 행을 구성하는 속성들의 모임으로 생각할 수 있고 각 행(로우_row)을 구분하는 키로 각 컬럼 패밀리를 식별한다. 다만, 관계 데이터 모델의 테이블과 달리 다양한 형태의 데이터를 값으로 저장할 수 있고 컬럼 패밀리, 즉 행마다 컬럼의 구성을 다르게 할 수 있다.

그림 13-9 컬럼 기반 데이터베이스 저장 구조

컬럼 기반 데이터 모델을 사용하는 NoSQL 데이터베이스로는 구글의 빅테이블BigTable, H베이스HBase, 카산드라Cassandra 등이 대표적이다.

그래프 기반graph-based 데이터베이스

그래프 데이터 모델은 관계 데이터 모델과 비슷하게 데이터는 물론 데이터 간의 관계를 표현하는 데 적합하다. [그림 13-10]과 같이 노드에 데이터를 저장하고 간선으로 데이터 간의 관계를 표현하는 그래프의 형태로, 질의는 그래프 순회 과정을 통해 처리한다. 다른 NoSQL 데이터 모델과 달리 트랜잭션을 통해 ACID를 지원하며 클러스터 환경에는 적합하지 않다. 연관 데이터를 추천해주거나 소셜 네트워크에서 친구 찾기 질의를 효율적으로 수행하는 데 적합한 데이터베이스다.

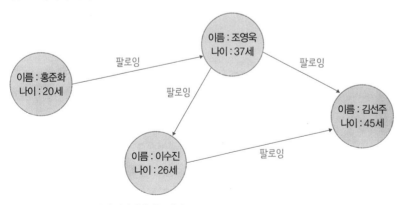

그림 13-10 그래프 기반 데이터베이스 저장 구조

그래프 기반 데이터 모델을 사용하는 NoSQL 데이터베이스로는 네오포제이Neo4J, 오리엔트DBOrientDB, 아젠스그래프AgensGraph 등이 대표적이다.

04 빅데이터 분석 기술 : 데이터 마이닝

1 데이터 분석의 개념

데이터 과학에서 분석 기술은 엄청나게 쌓여 있는 데이터 안에 숨겨진 유용한 정보, 즉 지식을 찾아내기 위해 가공하는 역할을 담당한다. 데이터베이스에서 SQL 문을 통해 자신이 원하는 데이터를 추출하여 분석했다면 그것 또한 데이터 분석 기술이라 할 수 있다. 물론 지금의 데이터 과학에서는 꽁꽁 숨겨져 있어 쉽게 추출할 수 없는 규칙과 패턴을 찾아 복잡한 문제를 해결하는 데 필요한 의사 결정에 도움이 되는 수준을 요구하기 때문에 보다 심화된 데이터 분석 기술을 요구한다. 하지만 기본 없이 어떻게 심화가 가능하겠는가? 앞서 SQL 문을 공부한 여러분은 데이터 분석의 기본기를 갖춘 것이니, 이제 심화 과정에 도전해볼 수 있다.

데이터 분석 기술은 빅데이터의 개념이 등장하기 훨씬 전부터 꾸준히 연구되고 발전되어 왔다. 다만, 데이터 과학과 빅데이터의 가치와 중요성이 높아지면서 많은 사람들이 데이터 분석 기술에 더 큰 관심을 나타내고 있는 것이다. 물론 빅데이터를 대상으로 한 데이터 분석 기술은 기존의 정형화된 데이터보다 다양한 형태의 비정형 데이터를 기반으로 엄청난 양의 데이터를 처리한다는 특징이 있다. 따라서 빅데이터 분석은 기존의 데이터 분석 기술에 이러한 빅데이터의 특징을 반영한 것으로 이해하면 된다.

2 기계 학습과 데이터 마이닝

빅데이터 분석에 많이 사용되는 대표적인 기술로 데이터 마이닝data mining과 기계 학습machine learning을 생각해볼 수 있다. 데이터 마이닝과 기계 학습은 거의 같은 개념으로, 통계학 분야에서 바라보면 데이터 마이닝, 컴퓨터 과학 분야에서 바라보면 기계 학습이라는 의견도 있다. 이는 두 기술에 워낙 중복되는 부분이 많기 때문이다. 그러나 두 기술의 차이를 명확하게 구분해보는 것도 데이터 과학을 이해하는 데 도움이 될 수 있다.

데이터 마이닝과 기계 학습은 초점을 어디에 두느냐에 따라 구분할 수 있다. 분석 목적을 발견에 두는 것이 데이터 마이닝이고, 예측에 두는 것이 기계 학습이다. 수집된 데이터에서 숨겨진 규칙과 패턴을 찾아 가치 있는 유용한 정보, 즉 지식을 발견하는 것이 데이터 마이닝이라면, 기계 학습은 수집된 데이터로 프로그램을 학습시켜서 유사한 상황의 새로운 데이터가 입력되었을 때 결과를 예측하는 것이다.

그림 13-11 데이터 마이닝과 기계 학습

보통 기계 학습에서는 프로그램을 학습시키기 위해 수집된 데이터에서 규칙과 패턴을 찾게 되는데 이 과정에서 데이터 마이닝의 다양한 기법들을 활용하는 경우가 많다. 그리고 데이터 마이닝에서는 알려지지 않은 규칙과 패턴을 발견하기 위해 기계 학습의 다양한 학습 기법을 활용하는 경우도 많다. 결과적으로 기계 학습과 데이터 마이닝에서 각자의 목적을 위해 서로의 기법을 활용하기 때문에 겹치는 부분이 많아 그 경계가 모호하게 느껴지는 것이다.

원래 기계 학습은 인공지능 분야에 뿌리를 두고 오랫동안 발전한 기술이기 때문에 다양한 학습 기법들을 보유하고 있었다. 현실의 데이터에 숨겨진 가치 있고 유용한 정보를 찾아내야 할 필요성이 커지면서 기계 학습의 기법들을 활용해 지식을 발견하는 데이터 마이닝이 발전한 것으로 볼 수 있다. 이런 흐름 속에서 데이터 마이닝의 기법들이 기계 학습에 영향을 끼치기도 한 것이다. 흔히 '데이터베이스에서의 지식 발견'이라고 할 만큼 데이터 마이닝의 시작은 데이터베이스에 저장된 정형화된 데이터를 대상으로 하는 것이었지만 이제는 빅데이터를 대상으로 하는 대표적인 데이터 분석 기술로 그 영역을 넓히고 있다.

❸ 데이터 마이닝

데이터 마이닝은 대표적인 데이터 분석 기술로서, 대량의 데이터 안에 숨겨진 지식을 발견하기 위해 규칙과 패턴을 찾아내는 기술로 정의할 수 있다. 다양한 데이터 마이닝 기술을 통해 데이터 안에서 의미 있는 규칙과 패턴을 찾아내 문제를 해결하는 데 필요한 올바른 의사 결정을 도울 수 있다.

데이터 마이닝의 대표적인 분석 기법은 다음과 같이 세 가지로 나눌 수 있다.

■ **분류 분석** classification analysis

새로운 데이터가 어떤 그룹 또는 등급에 속하는지를 판단하는 데 사용되는 분석 기법이다. 그룹을 구분하는 것은 군집 분석과 유사하지만 분류 분석은 군집 분석과 달리 미리 정의된 기준에 따라 기존 데이터의 그룹이 나뉘어 있다. 예를 들어, 의사가 기존 환자들의 데이터를 토대로 새로운 환자의 증상을 듣고 병명을 진단하는 것이 분류 분석에 해당한다. 분류 분석에 주로 사용되는 데이터 마이닝 기법으로 로지스틱 회귀모형, 의사결정나무, K-최근접 이웃모형, 베이즈분류모형, 인공신경망, 지지벡터기계, 유전 알고리즘 등이 있다.

그림 13-12 분류 분석의 의미

■ **군집 분석**cluster analysis

미리 정해진 기준이 없는 상태에서 유사한 특성을 공유하는 데이터들을 여러 개의 독립적인 군집으로 나누는 것이다. 군집의 개수나 형태를 미리 가정하지 않은 상태에서 데이터 간의 유사성에 기반을 두고 거리가 가까운 데이터들을 하나의 군집으로 모은다. 형성된 군집들의 특성을 파악하여 군집들 사이의 관계를 분석하는 것도 군집 분석의 목적이다. 예를 들어, 성격적 특징에 따라 심리학적으로 유사한 사람들의 집단을 나누는 것을 생각해볼 수 있다. 군집 분석에는 계층적 군집 분석과 비계층적 군집 분석이 있다. 계층적 군집 분석은 가장 유사한 데이터를 묶어나가는 과정을 반복하면서 원하는 개수의 군집을 형성하는 방법이다. 거리를 정의하는 방법에 따라 최단 연결법, 최장 연결법, 평균 연결법, 중심 연결법, 와드 연결법 등으로 세분화된다. 비계층적 군집 분석은 데이터를 군집으로 나눌 수 있는 모든 방법을 생각해본 후 가장 최적화된 군집을 형성하는 방법이다. 대표적인 방법으로 K-중심 군집이 있다.

그림 13-13 군집 분석의 의미

■ **연관 분석**association analysis

연관 분석은 데이터 마이닝의 대표적인 분석 기법으로, 장바구니 분석market basket analysis이라고도 한다. 데이터 간의 발생 빈도를 분석하여 그 속에 숨겨진 연관 규칙association rule을 파악하는 방법으로, 상품이나 서비스 간의 연관 관계를 분석하여 마케팅에 주로 활용한다.

예를 들어, 동시 구매가 자주 발생하는 상품들의 연관 규칙을 파악하면 해당 상품들을 묶음으로 판매하거나 인접한 진열대에 두어 매출을 올릴 수 있다. 연관 규칙을 평가하기 위해서 지지도, 신뢰도, 향상도 지표를 이용한다. 대표적인 연관 분석 방법으로 Apriori 알고리즘이 있다.

그림 13-14 연관 분석의 의미

데이터 마이닝 분석 기법은 마케팅에 많이 활용된다. 예를 들어, 서비스 분야에서는 상품의 연관 분석을 통해 고객의 성향을 파악하여 판매 전략을 세우는 데 쓰이고, 금융권에서는 개인의 신용 등급을 판단하는 데 사용된다. 제조업 분야에서는 불량품이 발생하는 원인을 파악하고 개선하는 데 활용되기도 한다.

분석의 대상이 되는 데이터가 많아지면 그 속에서 발견할 수 있는 지식도 많아진다. 물론 빅데이터와 같은 대용량 비정형 데이터를 대상으로 하면서 의미 있는 지식을 찾아내는 일은 쉽지 않을 뿐 아니라 많은 시간을 요구하는 작업이 될 것이다. 따라서 자신의 데이터 유형에 맞게 분석 방법을 선택하는 것이 중요한데, 이러한 선택에서 데이터 마이닝은 중요한 후보자가 될 수 있다. 데이터 마이닝은 빅데이터와 함께 앞으로 더욱 발전할 것으로 기대되는 분야다.

05 빅데이터 표현 기술 : 데이터 시각화

1 데이터 시각화 개념

빅데이터의 표현 기술은 데이터 분석을 통해 추출한 결과를 모두가 이해하기 쉽고 보기 좋게 그림이나 그래프 등으로 표현해주는 데이터 시각화를 의미한다. 빅데이터의 활용 분야가 넓어지고 빅데이터 기술을 이용하는 사람들이 많아지면서 표현 기술도 중요한 기술로 인식되고 있다. 최근에 인포그래픽과 데이터 시각화를 같은 의미로 사용하는 경우가 많지만 인포그래픽은 정보의 내용을 명확하고 직관적으로 전달하는 데 초점을 맞춘 것이라면, 데이터 시각화는 이해하기 쉽게 시각적으로 정보를 제시해서 분석에 활용하는 데 초점을 맞춘 것이다. 데이터 시각화는 데이터 분석 결과를 그대로 표현하는 것에 그치지 않고 시각화 전에는 보이지 않던 규칙이나 패턴을 찾는 분석 작업의 한 과정으로 볼 수도 있다.

2 데이터 시각화 방법

시각화하는 목적과 데이터 유형에 따라 시각화 방법을 크게 5가지로 분류할 수 있다.

■ 시간 시각화

시간의 흐름에 따른 데이터의 변화나 경향을 시각적으로 표현하는 방법으로 막대그래프, 누적 막대그래프, 점그래프 등을 주로 활용한다. 예를 들어, 편의점의 요일별 매출을 표현한 막대그래프를 생각해볼 수 있다.

■ 분포 시각화

선택이나 분류 기준에 따라 전체적으로 데이터가 각 부분에 어떻게 분포되어 있는지를 시각적으로 표현하는 방법이며 트리맵, 원그래프, 도넛 차트 등을 주로 활용한다. 예를 들어, 스마트폰 시장 점유율을 표현한 원그래프를 생각해볼 수 있다.

■ **관계 시각화**

데이터 간에 어떤 관계가 있는지, 즉 어떤 상관관계가 있는지를 시각적으로 표현하는 방법이며 버블 차트, 산점도 등을 주로 활용한다. 예를 들어, 빵과 버터 판매량의 상관관계를 표현하는 산점도를 생각해볼 수 있다.

■ **비교 시각화**

여러 항목의 데이터 값을 함께 비교해서 유사성이나 차이를 시각적으로 표현하기 위한 방법이며 방사형 차트, 히트맵, 스타 차트 등을 주로 활용한다. 예를 들어, 운동선수들의 기록별 점수를 표현한 히트맵을 통해 선수들 간의 차이와 유사성을 생각해볼 수 있다.

■ **공간 시각화**

지도 위에 데이터를 표시하여 장소나 지역에 따른 데이터의 분포를 시각화하는 방법으로 지도 매핑, 통계 주제도, 단계 구분도 등을 주로 활용한다. 예를 들어, 대한민국의 도시별 인구 현황이나 보행자 교통사고 발생 현황을 지도 위에 표현하는 통계 주제도를 생각해볼 수 있다.

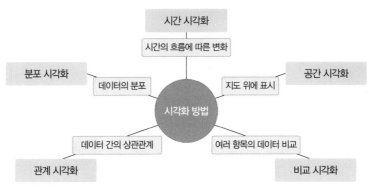

그림 13-15 데이터 시각화 방법

③ 데이터 시각화 도구

데이터 시각화를 지원하는 다양한 도구들이 존재한다. 예전에는 쉽게 접할 수 있는 엑셀이나 파워포인트를 이용해 그림이나 그래프를 작성하는 경우가 많았다. 하지만 빅데이터를 대상으로 하는 시각화에 대한 필요성이 증가하면서 태블로Tableau, 그래프비즈GraphViz, 태그 클라우드Tag Cloud, 게피Gephi, 프로세싱Processing, 퓨전 테이블Fusion Tables 등 다양한 시각화 도구가 출시되었고 이 중에는 오픈 소스로 제공되어 무료로 사용 가능한 도구들도 많다. 따라서 데이터 분석과 시각화의 목적에 따라 어떤 유형의 시각화를 제공하고 싶은지를 결정해서 그에 맞는 데이터 시각화 도구를 선택하면 된다.

태블로는 대표적인 데이터 시각화 도구로, 다양한 그래프 시각화 결과물을 쉽고 빠르게 만들어낼 수 있어 많이 사용되고 있다. 빠른 그래프 변형과 실시간 공유가 큰 장점이다.

최근에는 다양한 패키지를 제공하여 시각화는 물론 데이터 분석에 특화된 도구로 평가받고 있는 R도 큰 인기를 얻고 있다. R은 1993년 뉴질랜드 오클랜드 대학교의 로버트 젠틀맨과 로스 이하카가 개발한 프로그래밍 언어이자 데이터 분석을 위한 소프트웨어다. 함수를 이용해 명령문을 작성하면 바로 실행 결과를 확인할 수 있는 대화형 방식으로 운영되고 R 스튜디오를 추가로 설치하여 그래픽 사용자 환경GUI에서 보다 편하게 작업을 수행할 수도 있다. 데이터 분석뿐만 아니라 다양한 분야에서 활용 가능한 프로그래밍 언어인 파이썬Python도 데이터 시각화 도구로 주목받고 있다.

[그림 13-16]은 어느 편의점의 거래 내역을 분석해서 판매 상품 간의 연관 규칙을 파악하기 위해 필요한 명령문을 R 언어로 작성한 예다.

```
install.packages("arules")
library(arules)
tr <- read.transactions("food.txt", format="basket", sep=",")
as(tr, "data.frame")
summary(tr)
rules <- apriori(tr, parameter = list(supp=0.4, conf=0.4))
inspect(rules)
```

그림 13-16 연관 분석을 위한 R 프로그래밍 예

[그림 13-17]은 R을 이용하여 애국가가 작성된 텍스트 파일에서 단어를 추출하고, 단어들의 출현 빈도수를 계산하여 구름 모양으로 시각화한 워드 클라우드의 예다.

그림 13-17 R을 이용해 워드 클라우드를 작성한 예

성공적인 데이터 시각화를 위해서는 우선 해당 분야에 대한 전문적인 이해를 바탕으로 시각화의 목적과 데이터의 유형을 잘 파악해야 한다. 그런 다음 자신의 환경에 적합한 데이터 시각화 방법과 도구를 선택할 수 있어야 한다.

01 데이터 과학

데이터를 수집한 후 분석을 통해 데이터를 정확히 이해함으로써 그 속에 숨겨진 새로운 지식을 발견하고, 이를 문제 해결에 활용하는 모든 과정의 활동과 그 활동을 지원하는 수단이나 기술을 포함한다.

02 DIKW 계층 구조

- 데이터 : 관찰하거나 측정하여 수집한 사실이나 값이다.
- 정보 : 상황에 대한 이해를 바탕으로 데이터를 목적에 맞게 가공한 것이다.
- 지식 : 규칙과 패턴을 통해 찾아낸 의미 있고 유용한 정보다.
- 지혜 : 지식에 통찰력을 더해 새롭고 창의적인 아이디어를 도출한 것이다.

03 빅데이터

기존의 데이터베이스가 저장하고 관리할 수 있는 범위를 넘어서는 대규모의 다양한 데이터로, 이를 저장 및 관리하는 기술과 가치 있는 정보를 만들기 위해 분석하는 기술까지 포함한다(특징과 기술은 489~495쪽 참고).

04 NoSQL

웹에서 대량의 비정형 데이터를 저장하고 처리하기 위해 관계 데이터베이스를 대신할 새로운 대안으로 제시된 데이터베이스다. 데이터 모델에 따라 키-값key-value, 문서 기반document-based, 컬럼 기반column-based, 그래프 기반graph-based으로 나뉜다.

05 데이터 분석 기술

엄청나게 쌓여 있는 데이터 안에 숨겨진 유용한 정보, 즉 지식을 찾아내기 위해 가공하는 역할을 담당한다.

- 기계 학습 : 프로그램을 학습시켜서 새로운 데이터의 입력 결과를 예측하는 기술이다.
- 데이터 마이닝 : 데이터로부터 숨겨진 규칙과 패턴을 찾아 지식을 발견하는 분석 기술이다.

06 데이터 시각화

- 데이터 분석을 통해 추출한 결과를 모두가 이해하기 쉽고 보기 좋게 그림이나 그래프 등으로 표현해주는 기술을 의미한다.

- 목적과 데이터 유형에 따라 시간 시각화, 분포 시각화, 관계 시각화, 비교 시각화, 공간 시각화로 분류할 수 있다.

- 다양한 패키지를 제공하고 시각화는 물론 데이터 분석에 특화된 도구인 R을 많이 사용한다.

01 DIKW 계층 구조에 대한 설명으로 가장 적합한 것은?

① 상황에 대한 이해를 바탕으로 목적에 맞게 정보를 가공한 것이 데이터다.

② 가공하기 전에 수집된 사실이나 값이 정보다.

③ 정보에 통찰력을 더해 새롭고 창의적인 아이디어를 도출한 것이 지혜다.

④ 규칙과 패턴을 통해 찾아낸 의미 있고 유용한 정보가 지식이다.

02 준화네 동네에는 피자 가게가 두 군데 있다. 준화가 피자를 주문하기 위해 가게를 결정하는 과정과 DIKW 계층 구조가 올바르게 짝지어진 것은?

> ㉮ 한빛 피자 가게의 고구마 피자 가격은 5,000원이고, 두빛 피자 가게의 고구마 피자 가격은 7,000원이다.
> ㉯ 한빛 피자 가게의 고구마 피자가 더 저렴하다.
> ㉰ 더 저렴한 한빛 피자 가게에서 고구마 피자를 주문하는 게 이익이다.
> ㉱ 다른 종류의 피자도 한빛 피자 가게가 더 저렴할 것 같으니 다음에도 한빛 피자 가게에서 주문해야겠다.

① ㉮-정보, ㉯-지혜, ㉰-지식, ㉱-데이터

② ㉮-데이터, ㉯-정보, ㉰-지식, ㉱-지혜

③ ㉮-지혜, ㉯-지식, ㉰-데이터, ㉱-정보

④ ㉮-지식, ㉯-데이터, ㉰-정보, ㉱-지혜

03 다음 중 NoSQL에 대한 설명으로 거리가 먼 것은?

① 대량의 비정형 데이터를 포함하는 빅데이터를 저장하고 처리하기 위해 관계 데이터 모델을 고집하지 않는다.

② 저렴한 비용으로 여러 대의 컴퓨터에 데이터를 분산하여 저장하고 처리하는 것이 가능하도록 개발된 데이터베이스다.

③ 트랜잭션 기능을 제외하는 경우가 많아 일관성 유지를 보장하기 어렵다.

④ 관계 데이터베이스를 대체할 수 있는 데이터베이스로 평가된다.

04 고객의 구매 내역에 대한 분석을 통해 함께 구매할 제품을 예측해볼 수 있는 데이터 마이닝 기법은?

① 분류 분석　　　　② 군집 분석　　　　③ 연관 분석　　　　④ 회귀 분석

05 빅테이블BigTable, H베이스HBase, 카산드라Cassandra는 어떤 NoSQL 데이터베이스 유형에 속하는가?

① 키-값 데이터베이스   ② 문서 기반 데이터베이스

③ 컬럼 기반 데이터베이스   ④ 그래프 기반 데이터베이스

06 다음이 설명하는 NoSQL 데이터베이스 유형은?

> 데이터는 물론 데이터 간의 관계를 표현할 수 있으며 연관 데이터를 추천해주거나 소셜 네트워크에서 친구 찾기 질의를 효율적으로 수행하는 데 적합한 데이터베이스이다.

① 키-값 데이터베이스   ② 문서 기반 데이터베이스

③ 컬럼 기반 데이터베이스   ④ 그래프 기반 데이터베이스

07 다음 중 데이터를 가공 및 처리하여 얻을 수 없는 것은?

① 지식Knowledge   ② 기호Sign

③ 정보Information   ④ 지혜Wisdom

08 다음 DIKW 단계를 설명하는 것 중 다른 것은?

① 작년 매출액의 50%는 5월에 집중되었다.

② 작년 매출은 1월부터 5월까지 꾸준히 증가하다가, 6월부터 감소하였다.

③ 작년에 A 서비스를 이용한 고객의 40%는 40대 여성 고객이었다.

④ 올해는 지점이 늘어났기 때문에 작년보다 매출액이 20% 증가할 것으로 예상한다.

09 보험회사에서 피보험인 성명, 나이, 차종, 성별 등으로 이루어진 과거 사고 처리 데이터를 이용하여 신규 보험 가입 회원의 승인 여부를 판단하고자 한다. 다음 중 가장 적절한 데이터 마이닝 기법은?

① 분류 분석   ② 군집 분석

③ 연관 분석   ④ 회귀 분석

10 우리 마트에서는 금요일 밤에 피자를 구매하는 사람이 맥주를 함께 구매하는 경우가 많다는 규칙을 발견하고 두 상품을 가까운 곳에 진열하기로 결정했다. 다음 중 어떤 데이터 마이닝 기법을 활용한 것인가?

① 분류 분석　　　　② 군집 분석　　　　③ 연관 분석　　　　④ 회귀 분석

11 데이터 과학의 개념과 데이터 과학자가 되기 위해 필요한 역량을 설명하시오.

12 빅데이터의 개념과 5V로 대표되는 빅데이터의 특징을 설명하시오.

13 다음 사례들에서 공통으로 활용하고 있는 기술을 쓰시오.

> • 아마존닷컴에서 고객의 상품 구매 내역을 저장하고 분석해 소비 성향을 파악한다. 그리고 이를 활용해 고객이 관심을 가질 만한 상품에 대한 소개를 메일로 전달하거나 고객이 로그인할 때 자동으로 제시한다.
> • 여론조사 기관이 투표 결과를 더 정확히 예측하기 위해 SNS를 통해 생성된 선거 관련 데이터를 분석한다.

14 (A)와 (B)는 빅데이터 분석 기법 중 어떤 분석 기법에 대한 설명인지 각각 쓰시오.

> (A) 수집된 데이터로부터 숨겨진 규칙과 패턴을 찾아 가치 있는 유용한 정보, 즉 지식을 발견하여 올바른 의사 결정에 도움을 준다.
> (B) 수집된 데이터에서 추출한 속성으로 프로그램을 학습시켜서 유사한 상황의 새로운 데이터가 입력되었을 때의 결과를 예측하는 데 초점을 맞추고 있다.

15 데이터 시각화의 개념과 장점을 설명하시오.

16 데이터 시각화 방법 중 지도 위에 데이터를 표시하여 장소나 지역에 따른 데이터의 분포를 시각화하는 방법으로 지도 매핑, 통계 주제도, 단계 구분도 등을 주로 활용하는 것은 무엇인가?

17 우리 마트의 요일별 매출을 막대그래프로 표현한 시각화를 진행하였다. 이것은 시각화 방법 중 무엇을 적용한 것인가?

데이터베이스의 활용

01 오라클의 소개와 설치

1 오라클의 소개

오라클은 사용자와 CPU 수에 따라 적합한 에디션을 사용하면 된다. 무료로 사용할 수 있는 오라클 익스프레스xE는 초보자도 쉽게 설치할 수 있으므로 여기서는 최신 19c 설치 방법을 소개한다. 현재 오라클 홈페이지에서 제공하는 가장 최신 버전은 21c이지만 아직까지는 리눅스 운영체제에 적합한 설치 파일만 다운로드할 수 있다. 그래서 안정성을 보장하고 다양한 운영체제를 지원하면서 2027년 4월까지 기술 지원이 가능한 19c를 설치하고자 한다.

표 A-1 오라클 데이터베이스의 유형

종류	특징
엔터프라이즈 에디션 EE : Enterprise Edition	• CPU의 개수 제한 없이 사용 가능하다. • 대규모의 데이터베이스 시스템을 개발하기 위해 고성능, 확장성, 높은 보안성 및 신뢰성 등을 요구하는 기업 환경에 적합하며, 포괄적이고 광범위한 기능을 제공한다. • OLTP 및 데이터 웨어하우징 환경에 적합하다.
스탠다드 에디션 SE : Standard Edition	• CPU를 4개까지 지원한다. • 엔터프라이즈 에디션보다 소규모 조직에 적합하다. • 클러스터 서버로 확장이 가능하고, 엔터프라이즈 에디션과 호환된다.
스탠다드 에디션 1 SE1 또는 SE One : Standard Edition One	• CPU를 2개까지 지원한다. • 엔터프라이즈 에디션보다 사용자가 적은 조직에 적합하다. • 엔터프라이즈 에디션 및 스탠다드 에디션과 호환된다.
개인용 에디션 PE : Personal Edition	• CPU 개수는 상관없으나 단일 사용자만 사용 가능하다. • 윈도우를 지원하는 단일 사용자 개발 환경에 적합해 응용 프로그램 개발에 주로 사용한다. • 관리 기능만 제외되었을 뿐 기본 기능은 모두 포함되어 있다. • 엔터프라이즈 에디션 및 스탠다드 에디션과 호환된다.
오라클 익스프레스 XE : Oracle eXpress	• 개발, 배포, 보급이 무료다. • 듀얼 코어 CPU 1개만 지원한다. • 최대 12GB 사용자 데이터만 사용 가능하고, 최대 2GB 메모리만 사용 가능하다. • 소규모나 학습용 데이터베이스에 적합하다. • 필요하다면 스탠다드 에디션이나 엔터프라이즈 에디션으로 업그레이드 가능하다.

2 오라클의 설치

오라클 설치 과정을 단계별로 살펴보자. 오라클 데이터베이스를 다운로드하려면 오라클 홈페이지(http://www.oracle.com/kr) 계정이 있어야 한다. 아직 계정이 없다면 홈페이지 오른쪽 상단에 있는 [계정 보기]-[계정 만들기]를 이용해 계정을 만들고 로그인한다.

그림 A-1 오라클 홈페이지

1 설치 파일 다운로드하기 ❶ 오라클 홈페이지에서 [제품]-❷ [Oracle Database 21c]-❸ [Oracle Database 19c 다운로드] 메뉴를 차례로 선택한다. ❹ 자신의 운영체제에 적합한 설치 파일을 클릭한 다음 ❺ [Oracle License Agreement]에 체크하여 라이선스에 동의하고 ❻ 📥다운로드 버튼을 클릭한다.

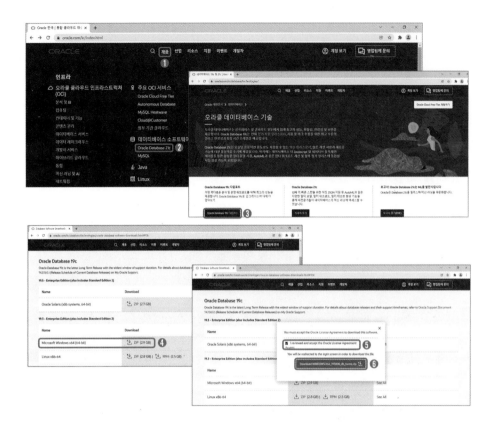

2 오라클 데이터베이스 설정 마법사 실행하기 ❶ 다운로드한 파일의 압축을 풀어 [WINDOWS. X64_193000_db_home] 폴더의 setup.exe 파일을 더블 클릭하면 ❷ 오라클 DBMS의 전체 설치 과정을 안내하는 오라클 데이터베이스 설정 마법사가 실행된다. 운영체제의 언어에 따라 설치 과정을 안내하는 언어가 결정된다. 한글 윈도우 환경에서 오라클을 설치하면 이후의 설치 과정은 모두 한글로 안내될 것이다.

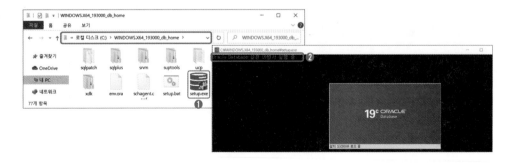

3 오라클 설치 1단계 오라클은 총 8단계로 설치를 진행하는데, 1단계에서는 오라클 설치 옵션을 선택한다. 오라클을 설치한 후에 새 데이터베이스를 구성해야 하는 불편함이 없도록 ❶ [단일 인스턴스 데이터베이스 생성 및 구성] 옵션을 선택하고 ❷ [다음]을 누른다.

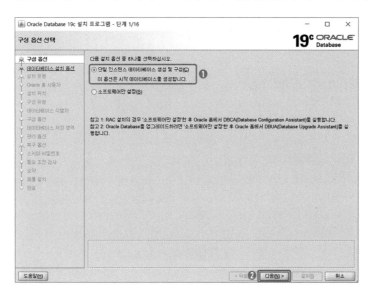

- **단일 인스턴스 데이터베이스 생성 및 구성** 오라클을 설치한 후 새 데이터베이스를 샘플 스키마와 함께 생성해준다.
- **소프트웨어만 설정** 오라클 파일만 설치하여 설치 시간이 짧지만, 새 데이터베이스를 구성하기 위해 Database Configuration Assistant를 실행하여 별도의 작업을 수행해야 한다.

4 오라클 설치 2단계 시스템 클래스를 선택한다. ❶ 노트북이나 데스크톱 컴퓨터에 설치하기
위해 [데스크톱 클래스] 옵션을 선택하고 ❷ [다음]을 누른다.

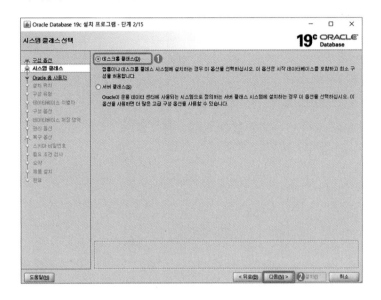

5 오라클 설치 3단계 ❶ [가상 계정 사용] 옵션을 선택하고 ❷ [다음]을 누른다.

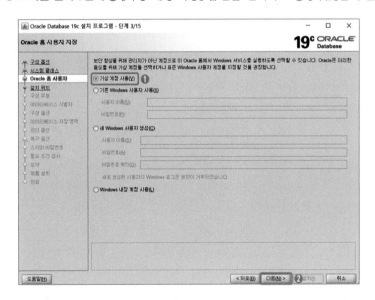

6 오라클 설치 4단계 ❶ 오라클 설치와 관련한 경로와 이름을 설정하고, 관리자 권한이 있는 오라클 계정의 비밀번호를 설정한 뒤 ❷ [다음]을 누른다.

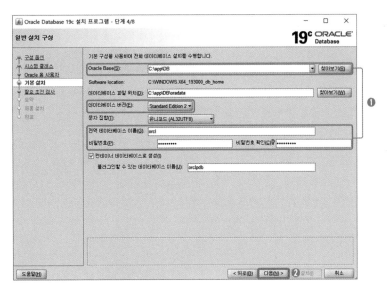

- Oracle Base 오라클 설치와 관련된 최상위 폴더로, 이름에 공백이나 한글이 포함되지 않도록 하는 것이 좋다. 입력한 'C:\app\DB' 폴더가 존재하지 않으면 자동으로 생성된다.

- Software location 오라클 설치 파일이 저장되어 있는 경로를 보여준다.

- 데이터베이스 파일 위치 오라클을 통해 생성될 데이터베이스 파일이 저장되는 위치를 지정한다. Oracle Base의 하위에 구성되고 원하는 경로로 변경할 수 있으나 공백이나 한글이 포함되지 않도록 지정한다. 여기서는 기본으로 표시된 경로로 지정하였다.

- 데이터베이스 버전 여기서는 오라클 유형을 'Standard Edition 2'로 선택하였다.

- 문자 집합 데이터베이스에 저장될 문자 데이터를 지정한다. 오라클을 설치하는 컴퓨터의 운영체제와 같은 언어 집합이 기본으로 선택되어 있으나, 다른 언어 집합을 선택할 수도 있다. 여기서는 기본으로 표시된 문자 집합을 선택하였다.

- 전역 데이터베이스 이름 네트워크에 있는 다른 데이터베이스와 구분하기 위해 생성할 데이터베이스에 부여하는 이름이다. 전역 데이터베이스 이름은 데이터베이스 이름과 도메인 이름으로 구성되어 있고, 컴퓨터의 도메인은 이미 지정되어 있으므로 데이터베이스 이름만 입력하면 된다. 여기서는 'orcl'을 지정하였다.

- **비밀번호** 오라클이 기본으로 제공하는 데이터베이스 관리자 계정인 SYS와 SYSTEM의 비밀 번호를 설정한다. 비밀번호는 꼭 입력해야 하고, 기본 요구 사항이 만족되지 않으면 설치가 중단된다. 비밀번호는 관리자 계정의 이름과 달라야 하고 최소 8자 이상, 최대 30자 이하로 작성해야 한다. 그리고 되도록 소문자, 대문자, 숫자를 각각 하나 이상 포함해야 한다.

7 오라클 설치 5단계 설치에 필요한 최소 시스템 요구 사항을 충족하는지 확인한다. 요구 사항을 충족하지 못하는 문제점이 있으면, [수정 및 다시 확인] 메뉴를 통해 문제를 해결한 후 다시 확인할 수 있다. 모든 항목이 요구 사항을 충족하여 성공 상태가 되면 다음 단계로 넘어간다.

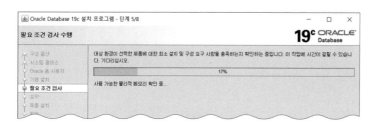

8 오라클 설치 6단계 이전 단계에서 설정한 내용과 설치에 필요한 정보를 요약한 내용을 확인할 수 있다. 내용을 간단히 확인한 후 [설치]를 누른다.

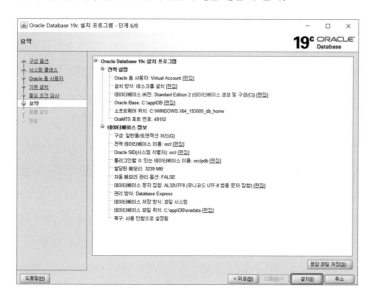

9 오라클 설치 7단계 오라클 설치가 본격적으로 진행된다. 설치 준비 과정과 주요 구성 도구들의 설치 상태, 전체 설치 진행률을 확인할 수 있다.

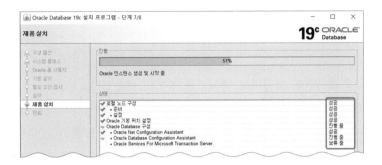

10 오라클 설치 8단계 오라클 설치와 데이터베이스 생성이 성공했음을 최종적으로 확인하고 [닫기]를 눌러 설치를 완료한다.

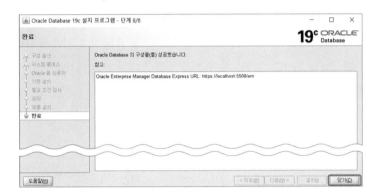

11 오라클 설치 확인하기 [시작]–[Windows 시스템]–[제어판]–[시스템 및 보안]–[관리 도구]–[서비스] 메뉴를 차례로 실행한 후, 설치 과정 중에 지정한 이름의 데이터베이스 서비스가 목록에 존재하는지 확인한다. 설치 4단계에서 데이터베이스 이름을 orcl로 설정하였으므로 OracleServiceORCL이라는 서비스가 존재할 것이다. 이 화면에서 오라클 데이터베이스를 시작하거나 중지시킬 수 있으며, 현재 상태도 확인할 수 있다.

02 오라클을 이용한 데이터베이스 구축과 활용

오라클 DBMS에 접속해 테이블을 생성하고 데이터를 조작할 때는 SQL Plus나 SQL Developer 도구를 이용한다. SQL Plus는 텍스트 기반의 사용자 인터페이스를 제공하고, SQL Developer는 그래픽 사용자 인터페이스를 제공하므로 사용자의 취향에 따라 적절히 선택하면 된다. 단, SQL Developer는 자바 기반의 프로그램이기 때문에 JDK가 설치된 컴퓨터에서 제대로 동작한다.

SQL Plus와 SQL Developer를 이용해 오라클에 접속해보자. 이름이 C##DBTEST이고 비밀번호가 dbgood인 사용자 계정을 만든 다음, 데이터베이스에 접속할 수 있는 권한과 테이블을 생성·변경·삭제할 수 있는 권한을 부여하는 SQL 문을 작성해 실행한 후 접속을 끊어보자. 테이블을 생성하고 데이터를 조작할 수 있도록 권한을 설정할 때는 11장에서 학습한 사용자 계정을 생성하고 권한을 설정하는 SQL 문을 이용한다.

1 SQL Plus를 이용해 오라클에 접속하고 해제하기

1 SQL Plus 실행하기 [시작]-[Oracle-OraDB19Home1]-[SQL Plus]를 차례로 눌러 SQL Plus를 실행한다. 데이터베이스에 접속하기 위한 계정과 비밀번호를 차례로 입력한다. 실습에 사용할 사용자 계정을 만들기 위해, 기본으로 제공하는 관리자 계정인 sys 또는 system으로 접속해야 한다. 데이터베이스 관리 권한이 있는 sys 계정으로 접속하기 위해 사용자명에 'sys as sysdba'라고 입력한다. 접속에 성공하면 이제 SQL Plus를 이용해 필요한 SQL 문을 직접 작성하고 실행 결과를 바로 확인할 수 있다.

2 사용자 생성하고 권한 설정하기 실습을 위한 사용자를 생성하고 권한을 설정하자. 다음과 같이 SQL 문을 입력하고 실행한다. 단, 사용자 계정 이름은 반드시 C##으로 시작해야 한다.

NOTE

사용자를 생성하고 권한을 설정하기 위해 실행하는 SQL 문은 다음과 같은 내용을 담고 있다.

(1) 사용자 생성 SQL 문

CREATE USER C##DBTEST IDENTIFIED BY dbgood → 계정명은 C##DBTEST, 비밀번호는 dbgood 으로 새로운 사용자 생성

DEFAULT TABLESPACE users → 테이블을 생성할 공간을 users로 설정

TEMPORARY TABLESPACE temp → 임시로 사용할 공간을 temp로 설정

QUOTA UNLIMITED ON users; → 테이블을 생성할 users 공간에서 사용 가능한 크기를 제한 없이 설정

(2) 사용자 권한 설정 SQL 문

GRANT CONNECT, RESOURCE TO C##DBTEST; → 접속, 생성과 관련한 권한이 포함되어 있는 역할을 C##DBTEST 사용자에게 부여. 만약 일반 사용자가 아닌 데이터베이스 관리자로서의 권한을 부여하고 싶다면 다음과 같은 SQL 문을 실행해도 좋다.

GRANT DBA TO C##DBTEST;

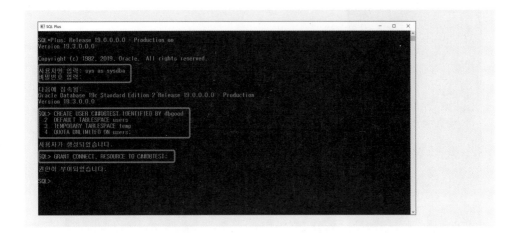

3 데이터베이스 접속 끊기 실습을 완료한 후 데이터베이스 접속을 끊고 싶다면 exit 또는 quit 명령을 입력한다.

2 SQL Developer를 이용해 오라클에 접속하고 해제하기

1 SQL Developer 다운로드하기 오라클 19c를 설치하면 바로 이용할 수 있는 SQL Plus와 달리 SQL Developer는 오라클 홈페이지(http://www.oracle.com/kr)에서 별도로 다운로드해야 한다. ❶ 오라클 홈페이지에서 [제품]-❷ [Oracle Database 21c]-❸ [애플리케이션 개발]-❹ [Oracle SQL Developer] 메뉴를 차례로 선택한다.

❺ 다시 한 번 [SQL Developer] 메뉴를 선택한 다음 ❻ 자신의 운영체제에 적합한 설치 파일을 클릭한다. ❼ [Oracle License Agreement]에 체크하여 라이선스에 동의하고 ❽ 🔽다운로드 버튼을 클릭한다.

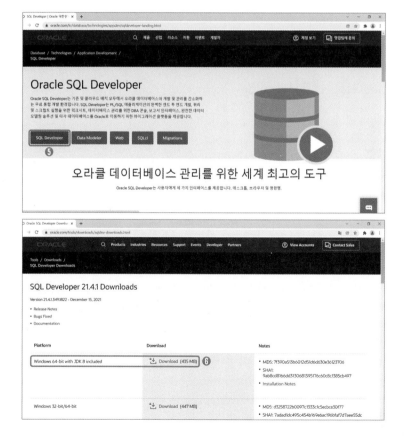

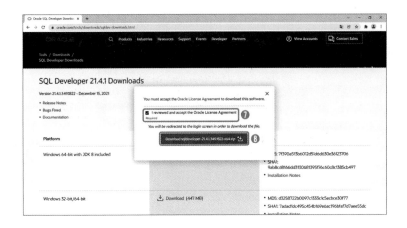

2 SQL Developer 실행하기 SQL Developer는 별도의 설치 과정 없이 다운로드한 파일의
압축을 풀어 [sqldeveloper] 폴더의 sqldeveloper.exe 파일을 더블 클릭하면 바로 실행
된다.

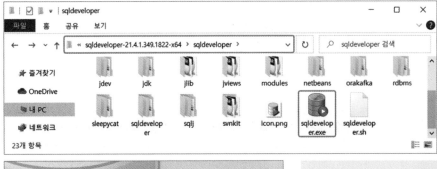

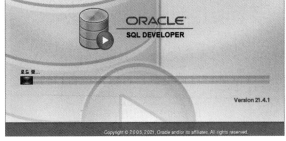

3 오라클 데이터베이스에 접속하기 ❶ 초기 화면에서 ➕새 접속을 클릭(또는 [파일]-[새로 만들기]-[접속]-[데이터베이스 접속] 메뉴)한다. ❷ 데이터베이스에 접속하기 위한 정보를 입력하는 창에서 각 항목을 정확히 입력한 다음 ❸ [접속]을 누른다. [테스트]를 눌러 미리 접속 성공 여부를 확인해도 좋다.

NOTE

간혹 사용 환경에 따라 [접속] 버튼이 보이지 않는 경우가 있다. 그럴 때는 [테스트] 버튼을 눌러 접속 성공 여부를 확인한 다음 [저장] 버튼을 눌러 일단 접속 정보를 저장한다. 그리고 나서 왼쪽 탐색창에서 새로 만든 접속 이름을 더블 클릭하면 접속할 수 있다.

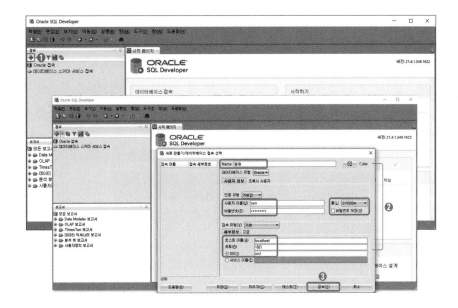

- **접속 이름** 접속 정보를 별도로 저장하기 위한 이름으로, 다른 접속 정보와 구별되는 이름을 지정한다. 여기서는 '실습'이라고 입력하였다. 이후부터는 SQL Developer 화면에서 '실습'이라는 접속 이름을 더블 클릭하여 해당 데이터베이스에 접속할 수 있다.

- **사용자 이름과 비밀번호** 데이터베이스에 접속하기 위한 계정과 비밀번호다. 오라클을 설치한 후 최초로 접속하는 경우에는 기본으로 제공하는 관리자 계정인 SYS나 SYSTEM 계정을 입력한다. 여기서는 오라클을 설치하면서 입력한 'sys' 계정의 비밀번호를 입력하였다. [비밀번호 저장] 옵션을 체크해두면 이후 접속할 때 비밀번호를 묻지 않아 편하다.

- **롤** 관리자 계정인 sys로 접속하므로, 데이터베이스 관리와 관련된 다양한 권한이 있는 'SYSDBA'를 선택하였다.
- **호스트 이름** 오라클이 설치된 서버 컴퓨터의 이름을 입력한다. 개인 컴퓨터에 직접 접속하는 경우 기본값은 'localhost'다.
- **SID** 설치 과정 중에 지정한 전역 데이터베이스의 이름을 입력한다. 여기서는 'orcl'을 입력하였다.

4 사용자 생성하고 권한 설정하기 필요한 정보를 모두 입력하면 SQL Developer가 orcl 데이터베이스에 접속한다. SQL 입력창에 SQL 문을 입력하고 실행하면, 결과 표시창에 실행 결과가 표시된다. 이후 실습부터는 SQL Developer를 실행한 후, 접속 목록에 있는 [실습]을 더블 클릭하면 해당 데이터베이스에 접속된다. 실습을 위한 사용자를 생성하고 권한을 설정하자. 단, 사용자 계정 이름은 반드시 C##으로 시작해야 한다. 워크시트에 다음과 같이 입력하고 █스크립트 실행을 눌러 실행한다. 워크시트에 작성한 모든 질의문을 한꺼번에 실행하고 싶을 때는 █을 누르고, 하나만 실행하고 싶을 때는 해당 질의문을 마우스로 드래그하여 선택한 후 ▶명령문 실행을 누른다.

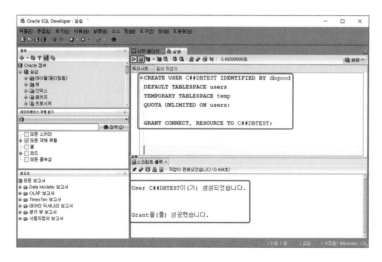

- **접속** 오라클에 접속되는 경로가 저장되어 있다.
- **보고서** 데이터 모델링과 구조, 보안, 성능 등에 대한 모니터링과 보고서를 확인할 수 있다.
- **워크시트** SQL 문을 직접 작성하는 편집 영역이다.
- **스크립트 출력** SQL 문의 실행 결과가 출력되는 영역이다.

5 오라클 데이터베이스와의 접속 해제하기 [접속]-[실습]에서 마우스 오른쪽 버튼을 누르고 [접속 해제]를 선택한다. [실습] 탭을 닫으면 저장하겠느냐는 메시지가 나온다. [아니오]를 누른다. SQL Developer 창도 닫아 종료한다.

③ 테이블 생성하기

새로 만든 사용자 계정으로 로그인하여 212쪽의 고객·제품·주문 테이블을 생성하고 수정하는 간단한 실습을 수행해보자. SQL Plus를 이용하는 방법은 실습 화면만 다르므로 SQL Developer를 이용한 실습 과정만 제시한다.

> **NOTE** SQL Developer를 이용해서 실습하는 경우 오라클 설치 환경에 따라 SQL 문의 실행 시간이 오래 걸리기도 한다. 조금 여유를 가지고 실행 결과를 기다리는 것이 좋다. 만약 좀 더 빠르게 실행 결과를 확인하고 싶다면 SQL Plus를 이용해 실습하는 것을 추천한다.

1 새로 생성한 C##DBTEST 계정으로 데이터베이스에 접속하기 앞에서 생성한 C##DBTEST 계정으로 데이터베이스에 접속하기 위해 ➕ 새 접속을 클릭(또는 [파일]-[새로 만들기]-[접속]-[데이터베이스 접속] 메뉴)한 후 데이터베이스에 접속하기 위한 정보를 입력하는 창에서 각 항목을 정확히 입력한 다음 [접속]을 누른다. 사용자 이름은 'C##DBTEST', 비밀번호는 'dbgood'다. DBTEST 사용자는 관리자 권한이 없으므로 [롤]은 '기본값'을 선택한다.

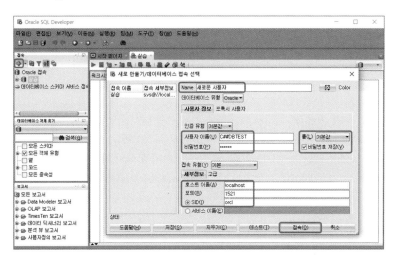

2 세 개의 테이블 생성하기 데이터베이스에 접속되면 SQL 입력창에 고객 테이블을 생성하기 위한 SQL 문을 입력한 후 실행 버튼을 눌러 실행시킨다. 고객 테이블을 생성한 후 왼쪽의 탐색창에서 [테이블] 항목의 ➕ 버튼을 클릭해서 펼치면, 생성된 고객 테이블이 나타난다. 같은 방법으로 제품, 주문 테이블을 생성한 후 왼쪽의 탐색창에서 [테이블] 항목을 눌러 생성된 테이블 목록을 확인한다([예제 7-1]~[예제 7-3] 참고).

고객, 제품, 주문 테이블을 생성하기 위한 세 개의 SQL 문을 모두 입력한 후 한꺼번에 실행하여, 테이블 세 개를 한 번에 생성할 수도 있다.

NOTE 기본키로 지정한 속성은 자동으로 NOT NULL 특성을 갖지만, 기본키로 사용할 속성은 널 값을 가질 수 없다는 제약조건을 더 명확히 표기하기 위해 NOT NULL을 표기했다. 오라클은 VARCHAR보다 성능이 개선된 VARCHAR2를 더 많이 사용하지만 여기서 다루는 예제는 그 정도의 성능이 필요하지 않으므로 VARCHAR을 사용한다. 단, 주문 테이블의 주문일자 속성은 DATE를 사용한다.

④ 데이터 입력하기

고객, 제품, 주문 테이블에 투플을 입력하는 SQL 문을 작성하고, 이를 실행한 결과를 살펴보자. 각 테이블별로 투플을 입력하는 INSERT 문을 여러 개 작성한 후 한꺼번에 실행시켜 결과를 확인하였다. 새로운 투플을 입력한 결과가 데이터베이스에 빠르고 정확하게 반영되기를 원한다면 INSERT 문을 모두 실행하고 난 다음 COMMIT; 명령문을 직접 작성하여 실행하거나 워크시트 위에 🏷️커밋을 눌러 실행한다. 데이터 수정이나 삭제를 위한 SQL 문을 실행하는 경우에도 COMMIT; 명령문을 마지막에 실행해주는 것이 좋다.

1 고객 테이블에 투플 7개 삽입하기

```
INSERT INTO 고객 VALUES ('apple', '정소화', 20, 'gold', '학생', 1000);
INSERT INTO 고객 VALUES ('banana', '김선우', 25, 'vip', '간호사', 2500);
INSERT INTO 고객 VALUES ('carrot', '고명석', 28, 'gold', '교사', 4500);
INSERT INTO 고객 VALUES ('orange', '김용욱', 22, 'silver', '학생', 0);
INSERT INTO 고객 VALUES ('melon', '성원용', 35, 'gold', '회사원', 5000);
INSERT INTO 고객 VALUES ('peach', '오형준', NULL, 'silver', '의사', 300);
INSERT INTO 고객 VALUES ('pear', '채광주', 31, 'silver', '회사원', 500);
```

2 제품 테이블에 투플 7개 삽입하기

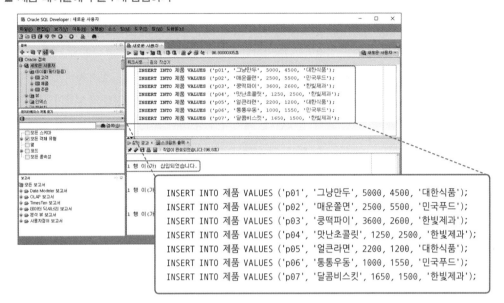

```
INSERT INTO 제품 VALUES ('p01', '그냥만두', 5000, 4500, '대한식품');
INSERT INTO 제품 VALUES ('p02', '매운쫄면', 2500, 5500, '민국푸드');
INSERT INTO 제품 VALUES ('p03', '쿵떡파이', 3600, 2600, '한빛제과');
INSERT INTO 제품 VALUES ('p04', '맛난초콜릿', 1250, 2500, '한빛제과');
INSERT INTO 제품 VALUES ('p05', '얼큰라면', 2200, 1200, '대한식품');
INSERT INTO 제품 VALUES ('p06', '통통우동', 1000, 1550, '민국푸드');
INSERT INTO 제품 VALUES ('p07', '달콤비스킷', 1650, 1500, '한빛제과');
```

3 주문 테이블에 투플 10개 삽입하기

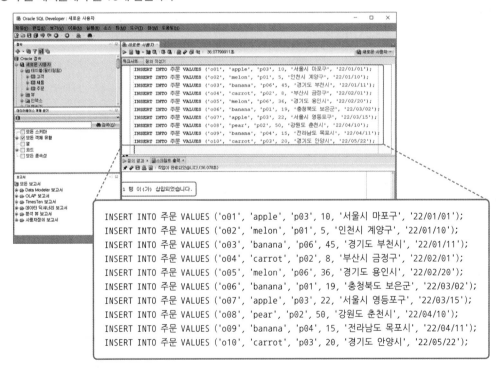

```
INSERT INTO 주문 VALUES ('o01', 'apple', 'p03', 10, '서울시 마포구', '22/01/01');
INSERT INTO 주문 VALUES ('o02', 'melon', 'p01', 5, '인천시 계양구', '22/01/10');
INSERT INTO 주문 VALUES ('o03', 'banana', 'p06', 45, '경기도 부천시', '22/01/11');
INSERT INTO 주문 VALUES ('o04', 'carrot', 'p02', 8, '부산시 금정구', '22/02/01');
INSERT INTO 주문 VALUES ('o05', 'melon', 'p06', 36, '경기도 용인시', '22/02/20');
INSERT INTO 주문 VALUES ('o06', 'banana', 'p01', 19, '충청북도 보은군', '22/03/02');
INSERT INTO 주문 VALUES ('o07', 'apple', 'p03', 22, '서울시 영등포구', '22/03/15');
INSERT INTO 주문 VALUES ('o08', 'pear', 'p02', 50, '강원도 춘천시', '22/04/10');
INSERT INTO 주문 VALUES ('o09', 'banana', 'p04', 15, '전라남도 목포시', '22/04/11');
INSERT INTO 주문 VALUES ('o10', 'carrot', 'p03', 20, '경기도 안양시', '22/05/22');
```

5 데이터 검색·수정·삭제하기

1 고객 테이블의 모든 튜플 검색하기(예제 7-12)

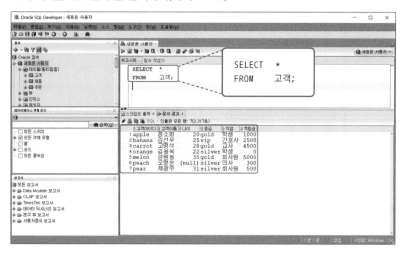

```
SELECT    *
FROM      고객;
```

2 주문 테이블에서 주문제품별 수량의 합계 구하기(예제 7-32)

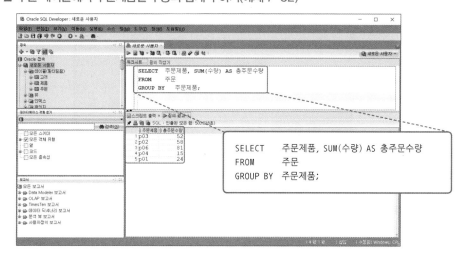

```
SELECT    주문제품, SUM(수량) AS 총주문수량
FROM      주문
GROUP BY  주문제품;
```

3 제품 테이블에서 모든 제품의 단가를 10% 인상하고 확인하기(예제 7-50)

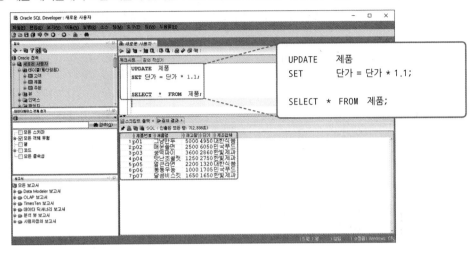

```
UPDATE    제품
SET       단가 = 단가 * 1.1;

SELECT  *  FROM  제품;
```

4 주문 테이블에서 정소화 고객이 주문한 내역을 삭제하고 확인하기(예제 7-53)

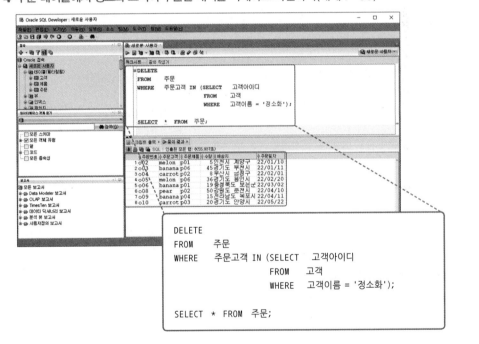

```
DELETE
FROM    주문
WHERE   주문고객 IN (SELECT   고객아이디
                     FROM     고객
                     WHERE    고객이름 = '정소화');

SELECT  *  FROM  주문;
```

03 Live SQL을 이용한 데이터베이스 구축과 활용

오라클 DBMS 설치에 실패했거나 설치할 수 없는 상황이라도 걱정할 필요는 없다. 오라클 DBMS를 내 컴퓨터에 직접 설치하지 않아도 사용할 수 있도록 서비스를 제공하는 Live SQL 웹 사이트가 있기 때문이다. 오라클에서 제공하는 Live SQL 웹 사이트는 기능의 제약은 있지만 간단한 테스트나 학습용으로 적합하다. 오라클 계정이 있고, 웹 브라우저 사용이 가능하다면 누구나 오라클 DBMS의 기본적인 서비스를 편하게 만나볼 수 있다.

> **NOTE** 집필 시점에 Live SQL 웹 사이트는 19c 엔터프라이즈 에디션Enterprise Edition 오라클 DBMS의 서비스를 제공하였다. 실습 시점에 따라 오라클 DBMS의 버전은 달라질 수 있지만, 이 책에서 소개한 예제 SQL 문의 실행 결과에는 차이가 없을 것이다.

1 Live SQL에 접속하기

Live SQL 웹 사이트(https://livesql.oracle.com)에 접속해서 오라클 계정으로 로그인만 하면 바로 SQL 문을 작성하고 실행한 결과를 확인할 수 있다. ❶ 로그인에 성공하면 ❷ [Start Coding Now] 메뉴를 클릭하고 SQL 문 작성을 준비하면 된다.

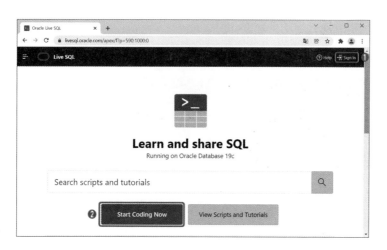

② 테이블 생성하고 데이터 입력하기

SQL 문의 실행 결과는 SQL Plus나 SQL Developer를 이용해 실습한 것과 같으므로 여기서는 고객 테이블을 생성하고 투플을 삽입한 다음 간단한 검색을 수행하는 과정을 통해 Live SQL의 사용법을 익히도록 하자.

1 고객 테이블 생성하기 [Start Coding Now] 메뉴를 클릭하면 나타나는 SQL 워크시트SQL Worksheet 창에 ❶ 고객 테이블을 생성하기 위한 SQL 문을 입력한 후 ❷ Run ▶ 실행 메뉴를 클릭하면 ❸ 실행 결과를 확인할 수 있다([예제 7-1] 참고).

2 고객 테이블에 투플 7개 삽입하기 여러 개의 SQL 문을 작성한 후 한꺼번에 실행시키는 것도 가능하다. ❶ ◇ Clear지우기 메뉴를 클릭해서 입력된 SQL 문을 지우고, ❷ 고객 테이블에 7명 고객 투플을 입력하는 INSERT 문을 여러 개 작성한 후 모든 명령문을 선택하고 나서 ❸ Run ▶ 실행 메뉴를 클릭해 ❹ 실행 결과를 확인할 수 있다.

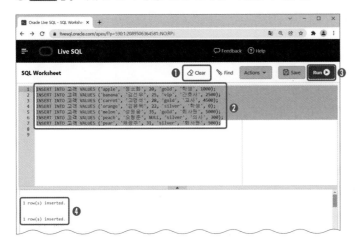

3 고객 테이블에서 성이 김 씨인 고객 검색하기(예제 7-22) 성이 김 씨인 고객의 고객이름, 나이, 등급, 적립금을 검색하기 위한 SQL 문을 다음과 같이 작성하고 실행 결과를 확인해본다.

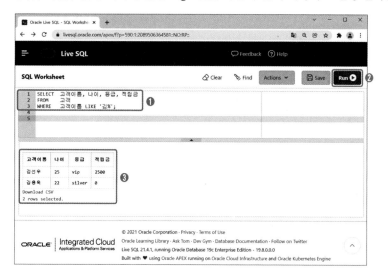

4 Live SQL의 다른 기능 살펴보기 왼쪽 위에 메뉴 목록 펼침 버튼을 클릭하면 Live SQL에서 제공하는 다른 기능들도 만나볼 수 있다. SQL 문을 작성하고 실행할 때 꼭 필요한 핵심 기능을 살펴보도록 하자.

숨겨진
메뉴 확인

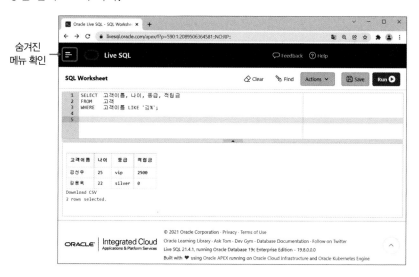

지금까지 내가 만든 테이블에 대해 자세한 정보를 알고 싶다면 ❶ 🗄 Schema 메뉴를 선택하면
된다. ❷ 고객 테이블이 생성되어 있음을 확인할 수 있다. 🎟 버튼을 클릭하면 고객 테이블
이 어떤 속성으로 구성되어 있는지 확인할 수 있다. 즉, 속성의 데이터 타입, 제약 조건 등
고객 테이블과 관련하여 더 자세한 정보를 알아볼 수 있다.

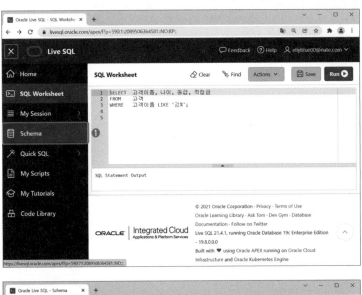

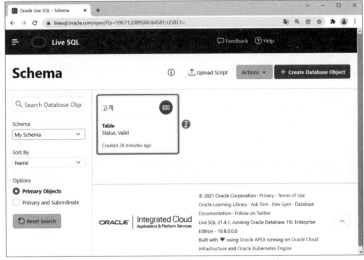

지금까지 실행한 모든 SQL 문이 궁금하다면 ▤ My Session 메뉴를 선택하면 된다. 작성한 모든 SQL 문과 실행 결과를 확인할 수 있고, SQL 문을 다시 실행하거나 편집 및 삭제하는 것도 가능하다. 🗎 Save 메뉴를 이용해 모든 SQL 문을 따로 저장해두고 필요할 때 편하게 사용하는 것도 좋다. 저장한 SQL 문은 🗎 My Scripts 메뉴를 이용해 관리하고 필요하다면 파일로 저장하는 것도 가능하다.

Live SQL 서비스 이용 시 불편한 점은 일정 시간이 지나면 세션이 끊기고 생성했던 테이블도 모두 지워진다는 것이다. 새로 로그인을 하는 경우도 마찬가지다. 따라서 로그인할 때마다 실습을 위해 필요한 SQL 문을 다시 작성하고 실행해야 한다. 이때, [Previous Sessions] 메뉴를 클릭하면 작업 시간별로 이전에 실행한 모든 SQL 문을 확인하고 다시 실행해서 실습 환경을 좀 더 편하게 구성할 수 있다.

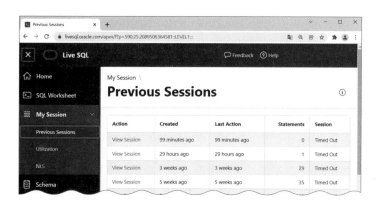

04 프로젝트 : 친구야 함께 쓰자

지금까지 사용자 요구에 맞는 데이터베이스를 설계·구축·활용하는 방법과 관련하여 반드시 알아야 할 이론적인 내용들을 살펴보았다. 그리고 오라클을 기준으로, SQL을 이용해 실제로 데이터베이스를 구축하고 활용하는 과정을 7장과 부록의 1~3절에서 살펴보았다. 이제, 제시된 주제에 맞는 데이터베이스를 여러분 스스로 설계하고 구축하여 자신에게 필요한 데이터를 검색하고 분석하는 과정을 종합적으로 실습할 수 있는 프로젝트에 도전해보길 바란다.

1 프로젝트 환경 구성

프로젝트를 수행하려면 오라클, MS SQL 서버, MySQL 같은 관계 DBMS 중에서 자신의 환경에 적합한 DBMS를 한 가지 선택하여 컴퓨터에 설치해두면 된다. 만약 E-R 다이어그램을 작성하는 별도의 도구가 설치되어 있다면 설계할 때 그 도구를 사용해도 된다. 별도의 도구가 없다면 4장에서 공부한 모델링 과정에 따라 연습장에 직접 작성해도 상관없다.

2 프로젝트 시나리오

요즘은 물건이나 서비스를 여러 사람이 공유하는 공유 경제의 개념이 낯설지 않다. 숙소를 공유하는 에어비앤비AirBnB, 자동차를 공유하는 우버Uger가 대표적인 공유 경제의 예다. 평소 공유 경제에 관심이 많은 명기는 친구들이 가지고 있는 물건을 공유할 수 있도록 연결해주는 "친구야 함께 쓰자" 시스템을 개발하려고 한다. 하지만 명기는 데이터베이스를 잘 몰라 여러분에게 개발할 시스템에 필요한 데이터베이스의 설계와 구축을 부탁했다. 다음의 각 단계를 따라가면서 명기에게 필요한 좋은 데이터베이스를 설계해서 구축해보길 바란다.

1단계 명기를 인터뷰하여 명기가 필요로 하는 데이터베이스에 대한 요구 사항을 분석해 요구 사항 명세서를 작성한다.

> **NOTE** 명기의 시스템이 제대로 운영되려면 우선 공유되는 물건이 있어야 하고, 물건을 제공한 사람과 물건을 요청한 사람이 있어야 한다. 따라서 물건의 관리, 제공자와 요청자에 대한 관리, 물건을 대여한 내역에 대한 관리가 무엇보다 중요하다. 꼭 물건으로 한정할 필요는 없다. 재능이나 서비스가 될 수도 있다.

2단계 개념적 모델링 과정을 통해 E-R 다이어그램을 작성해본다.

3단계 변환 규칙에 따라 테이블 스키마를 설계한다.

4단계 이상 현상이 발생하는 테이블은 없는지 확인하고 모든 테이블이 제3정규형에 속할 수 있도록 한다.

5단계 각 테이블을 구성하는 속성의 데이터 형식과 제약조건 등을 정하고, 테이블의 참조 관계를 다시 확인한 다음, 각 테이블을 생성하기 위한 SQL 문을 작성하여 실행한다.

6단계 각 테이블에 새로운 데이터를 삽입하기 위한 SQL 문을 작성하여 실행한다.

7단계 업무 처리에 도움이 되고 시스템을 운영하는 데 필요한 정보를 추출하여 새로운 지식을 발견할 수 있도록 테이블에 저장된 데이터를 분석하는 질의 내용을 생각해본다. 그리고 다음 예와 같은 질의 내용에 적합한 SQL 문을 작성하여 실행 결과를 확인해본다.

- 물건별 공유요청건수를 검색하여 요청자들에게 인기가 있는 물건이 무엇인지 파악해서 앞으로 더 많은 수량을 확보할 수 있도록 노력한다.
- 공유요청자별 대여일수의 평균을 검색하여 주로 장기간 대여하는 공유요청자에 대해 할인쿠폰을 제공하는 등의 이벤트 마케팅을 진행한다.
- 남성 공유요청자가 대여한 물건의 목록과 여성 공유요청자가 대여한 물건의 목록을 각각 검색하여 성별에 따른 마케팅 전략을 생각해본다.
- 공유된 적이 없는 물건을 검색하여 공유 물건에서 제외할지, 아니면 어떠한 판촉 활동을 진행할 수 있을지 생각해본다.
- 공유제공자별 공유제공건수를 검색하여 많은 물건을 제공하는 경우 수수료를 감면해주는 등의 혜택을 줌으로써 우수 공유제공자들을 관리할 수 있는 방법을 생각해본다.

3 프로젝트 확장

명기의 시스템을 위한 데이터베이스를 성공적으로 개발하였다면 좀 더 복잡한 데이터베이스에 도전해보자. 예를 들어, 영화관을 운영하기 위한 데이터베이스를 설계하고 구현해보자. 영화관은 상영되는 영화의 관리, 상영관 관리, 상영관 내 좌석의 관리, 티켓 구매 내역 관리 등 처리할 업무의 범위가 상당히 넓은 편이다. 요구 사항 분석 단계에서 데이터베이스가 책임져야 할 업무 처리 범위를 먼저 결정한 뒤, 앞서 진행했던 것과 마찬가지 방법으로 각 단계를 순서대로 수행해보자. 그리고 영화관 운영에 필요한 우수 고객 확보를 위해 마케팅, 판촉 전략 등을 결정하는 데 도움이 될 수 있도록 필요한 데이터를 검색하여 분석하는 과정을 수행해보자. 이를 통해 데이터베이스를 대상으로 하는 데이터 분석 과정을 경험해볼 수 있을 것이다.